Peine/Knopp/Radcke

Das Recht der Errichtung von Biogasanlagen

Peine/Knopp/Radcke

Das Recht der Errichtung von Biogasanlagen

Der juristische Verlag
lexxion
Berlin

Bibliografische Informationen der Deutschen Bibliothek

Die Deutsche Bibliothek verzeichnet diese Publikation in der Deutschen Nationalbibliografie; detaillierte bibliografische Daten sind im Internet über <http://dnb.ddb.de> abrufbar.

ISBN Print: 978-3-869 65-004-3
ISBN E-Book: 978-3-869 65-005-0

www.lexxion.de

Lektorat: Silke Renner
Satz: G.K.W. Kuhle Werbung GmbH, Michael Bellenbaum
Umschlag: Tina Tozman

Vorwort

Die vorliegende Abhandlung, die auf einem gemeinsamen Projekt von dem Zentrum für Rechts- und Verwaltungswissenschaften/BTU Cottbus und dem Lehrstuhl für Öffentliches Recht, insbesondere Verwaltungsrecht, Europa-Universität Viadrina/Frankfurt (O.) beruht, möchte dazu beitragen, Schwierigkeiten rechtlicher Art bei der Errichtung von Biogasanlagen aus dem Weg zu räumen. Die behandelten Fragen sind deshalb durchweg solche, die sich in der Praxis gestellt haben. Die Antwortfindung war geleitet von dem Gedanken, nicht irgendwelche theoretischen Erwägungen darzulegen, sondern dogmatisch korrekt und schnell ein praktikables Ergebnis zu finden. Ferner sollen die Darlegungen im Anhang eine Überprüfung der gefundenen Ergebnisse erleichtern.

Die Autoren sind Frau Britta Burisch und den Herren Christian Roloff und Peter Sobosczyk für ihre Hilfe bei der Materialbeschaffung sehr dankbar. Die Autoren danken ferner Herrn Ingmar Piroch, der das Gesamtmanuskript redaktionell und druckfertig bearbeitet hat.

Frankfurt (O.) und Cottbus, im April 2009

Andrea Radcke
Franz-Joseph Peine
Lothar Knopp

Inhaltsverzeichnis

Abkürzungsverzeichnis

ABl.	Amtsblatt
Abs.	Absatz
Abschn.	Abschnitt
AbfallR	Zeitschrift für das Abfallrecht
AGTierNebG	Gesetz zur Ausführung des Tierische Nebenprodukte-Beseitigungsgesetzes
ARGEBAU	Arbeitsgemeinschaft der für Städtebau, Bau- und Wohnungsbau zuständigen Minister und Senatoren der Länder (Bauministerkonferenz)
Art.	Artikel
AUR	Zeitschrift für Agrar- und Umweltrecht
AVV	Abfallverzeichnisverordnung
BAnz.	Bundesanzeiger
BauGB	Baugesetzbuch
BauNVO	Baunutzungsverordnung
BauR	Baurecht (Zeitschrift)
BayBO	Bayrische Bauordnung
BayLfU	Bayrisches Landesamt für Umwelt
BB	Der Betriebsberater (Zeitschrift)
Bbg	Brandenburg, brandenburgisch
Bd.	Band
BGB	Bürgerliches Gesetzbuch
BGBl.	Bundesgesetzblatt
BImSchG	Bundes-Immissionsschutzgesetz
BImSchV	Bundes-Immissionsschutzverordnung
BioAbfV	Bioabfallverordnung
BiomasseV	Biomasseverordnung
BMU	Bundesministerium für Umwelt, Naturschutz und Reaktorsicherheit
BO	Bauordnung
BR-Drucks.	Drucksache des Deutschen Bundesrates
BRS	Baurechtssammlung
BT-Drucks.	Drucksache des Deutschen Bundestages
BVerwG	Bundesverwaltungsgericht
BVerwGE	Entscheidungen des Bundesverwaltungsgerichts
bzw.	beziehungsweise

ca.	circa
dB(A)	Dezibel
DÖV	Die Öffentliche Verwaltung (Zeitschrift)
DüMV	Düngemittelverordnung
DüngG	Düngegesetz
DVBl.	Deutsches Verwaltungsblatt
EAG Bau	Europarechtsanpassungsgesetz Bau
EEG	Erneuerbare-Energien-Gesetz
EG	Europäische Gemeinschaft
Einf.	Einführung
etc.	et cetera
EU	Europäische Union
EuGH	Europäischer Gerichtshof
e.V.	eingetragener Verein
f.	folgende
FAZ	Frankfurter Allgemeine Zeitung
ff.	fortfolgende
Fn.	Fußnote
GasNEV	Verordnung über die Entgelte für den Zugang zu Gasversorgungsnetzen
GasNZV	Gasnutzungsverordnung
GBl.	Gesetzblatt
GE/m^3	Geruchseinheit pro Kubikmeter
GewArch	Gewerbearchiv (Zeitschrift)
ggf.	gegebenenfalls
GIRL	Geruchsimmissions-Richtlinie
GMBl.	Gemeinsames Ministerialblatt
GV	Gemeinsame Verfügung (mehrere Ministerien)
GVBl./ GVOBl.	Gesetz- und Verordnungsblatt
HBauO	Hamburgische Bauordnung
HBO	Hessische Bauordnung
Hmb	Hamburg
Hrsg.	Herausgeber

i.S.v.	im Sinne von
i.V.m.	in Verbindung mit
JA	Juristische Arbeitsblätter
Jg.	Jahrgang
Kap.	Kapitel
KrW-/AbfG	Kreiskaufwirtschafts- und Abfallgesetz
kW	Kilowatt
KWK-Bonus	Kraft-Wärme-Kopplung-Bonus
LAI	Länderausschuss für Immissionsschutz
LBO	Landesbauordnung
lit.	Buchstabe
LKV	Landes- und Kommunalverwaltung (Zeitschrift)
LSA	Land Sachsen-Anhalt
m	Meter
MBl.	Ministerialblatt
MBO	Musterbauordnung
Mg	Megagramm
Mg/a	Megagramm pro Jahr
MIR	Ministerium für Infrastruktur und Raumordnung des Landes Brandenburg
MLUV	Ministerium für ländliche Entwicklung, Umwelt und Verbraucherschutz des Landes Brandenburg
mm	Millimeter
MU	Niedersächsisches Ministerium für Umwelt und Klimaschutz
M-V	Mecklenburg-Vorpommern
MW	Megawatt
m.w.N.	mit weiteren Nachweisen
NawaRo-Bonus	Nachwachsende-Rohstoffe-Bonus
Nds.	Niedersachsen, niedersächsisch
NJOZ	Neue Juristische Onlinezeitschrift
NJW	Neue Juristische Wochenschrift
NordÖR	Zeitschrift für Öffentliches Recht in Norddeutschland
Nr./n.	Nummer/n
NRW	Nordrhein-Westfahlen

NuR	Natur und Recht (Zeitschrift)
NVwZ	Neue Zeitschrift für Verwaltungsrecht
NVwZ-RR	Neue Zeitschrift für Verwaltungsrecht RechtsprechungsReport
NWVBl.	Nordrhein-Westfälische Verwaltungsblätter
OLG	Oberlandesgericht
OVG	Oberverwaltungsgericht
RdL	Recht der Landwirtschaft (Zeitschrift)
RL	Richtlinie
Rn.	Randnummer
S.	Seite
SächsBO	Sächsische Bauordnung
SächsGVBl.	Sächsisches Gesetz- und Verwaltungsblatt
SächsVbl.	Sächsische Verwaltungsblätter
Schl.-H.	Schleswig-Holstein
StrEG/StromEG	Stromeinspeisungsgesetz
TA-Lärm	Technische Anleitung Lärm
TA-Luft	Technische Anleitung Luft
TA-Siedlungsabfall/ TASi	Technische Anleitung Siedlungsabfall
ThürBO	Thüringische Bauordnung
ThürVAwS	Thüringer Verordnung über Anlagen zum Umgang mit wassergefährdenden Stoffen und über Fachbetriebe
TierNebG	Tierische Nebenprodukte-Beseitigungsgesetz
TierNebV	Verordnung zur Durchführung des Tierische Nebenprodukte-Beseitigungsgesetzes
u. a.	unter anderem
UPR	Umwelt- und Planungsrecht (Zeitschrift)
u. U.	unter Umständen
UVP	Umweltverträglichkeitsprüfung
UVPG	Gesetz über die Umweltverträglichkeitsprüfung
VAwS	Verordnung über Anlagen zum Umgang mit wassergefährdenden Stoffen und über Fachbetriebe
VBlBW.	Verwaltungsblätter für Baden-Württemberg

VDI	Verein Deutscher Ingenieure
VG	Verwaltungsgericht
VGH	Verwaltungsgerichtshof
vgl.	vergleiche
VV-VawS	Verwaltungsvorschrift zum Vollzug der Landesordnung über Anlagen zum Umgang mit wassergefährdenden Stoffen
VwVfG	Verwaltungsverfahrensgesetz
VwVwS	Verwaltungsvorschrift wassergefährdender Stoffe
WHG	Wasserhaushaltsgesetz
z. B.	zum Beispiel
ZfBR	Zeitschrift für deutsches und internationales Baurecht
ZNER	Zeitschrift für Neues Energierecht
ZUR	Zeitschrift für Umweltrecht

Peine/Knopp/Radcke

Das Recht der Errichtung von Biogasanlagen

Der Ausgangspunkt der Untersuchung: Die Erzeugung von Biogas als Rechtsproblem

Durch den Klimawandel entstand insbesondere in den letzten Jahren ein großes Interesse an Erneuerbaren Energien. Teil dieser Bewegung ist auch die Erzeugung von Biogas. Der Stellenwert der Biogaserzeugung ist seit der Jahrtausendwende beträchtlich gestiegen.

Insbesondere der so genannte „Energielandwirt" ist nicht mehr aus dem Bereich der Erneuerbaren Energien wegzudenken. Der althergebrachte Beruf des Landwirts als Erzeuger von Lebensmitteln bzw. Vorprodukten von Lebensmitteln hat in den letzten Jahren eine neue Ausrichtung erhalten. Mit der Stromerzeugung im landwirtschaftlichen Betrieb ist es der Landwirtschaft gelungen, neue Einnahmequellen zu erschließen. In den letzten fünf Jahren war beinahe eine Vervierfachung der errichteten Anlagen zur Stromerzeugung und der durch diese gewonnene Energie zu verzeichnen. Die Entwicklung des „Energielandwirts" beruht vor allem auf der regen Tätigkeit des Gesetzgebers. Er erließ das Erneuerbare-Energien-Gesetz (EEG), welches zwischenzeitlich mehrfach novelliert wurde und welches spezielle Vorschriften zugunsten der Erzeugung von Biogas innerhalb eines landwirtschaftlichen Betriebs erhielt. Besondere Bedeutung hatte aber die Einführung des § 35 Abs. 1 Nr. 6 BauGB, der die Errichtung und den Betrieb von Biomasseanlagen – das sind Biogasanlagen; Anlagen, die zur Stromerzeugung Holz verbrennen; Anlagen, die Bioethanol erzeugen – im Rahmen eines landwirtschaftlichen Betriebs privilegiert. Infolge des Erlasses dieser Vorschrift waren sowohl die Verwaltungspraxis und die Literatur als auch die Rechtsprechung nicht untätig. Diese Tätigkeit hat aber nicht zur Rechtssicherheit geführt, sondern eine Anzahl von Rechtsproblemen erzeugt. Diesen Problemen ist nachzugehen. Es ist insbesondere eine Bestandsaufnahme hinsichtlich der Zulässigkeit von Biogasanlagen durchzuführen. Der Schwerpunkt der Betrachtung soll aufgrund der Entwicklung des „Energielandwirts" auf der Zulässigkeit von Biogasanlagen im ländlichen Raum liegen.

Kapitel 1: Technische und rechtliche Grundlagen der Biogaserzeugung im Überblick

Um die rechtliche Zulässigkeit von Biogasanlagen betrachten zu können, ist es zunächst erforderlich, grundlegende Fragen hinsichtlich des Betriebs von Biogasanlagen zu beantworten.

A. Die Natur des Biogases: chemisch und rechtlich

Biogas ist ein so genanntes Faulgas. Faulgas entsteht beim bakteriellen Abbau einer organischen Substanz[1] ohne Sauerstoffzufuhr, genannt anaerobe Gärung oder Fermentierung. Solche Faulgase entstehen vielerorts unkontrolliert: z. B. in Sümpfen und Seen, auf Deponien (Deponiegas) oder in Kläranlagen (Klärgas).[2] Faulgas besteht aus Methan (CH_4) [45 bis 75 %], Kohlendioxid (CO_2) [30 bis 55 %] sowie Sauerstoff, Stickstoff und Spurengasen (u. a. Schwefelwasserstoff).[3] Methan ist ein Treibhausgas,[4] das wegen seiner hohen Brennbarkeit als Energiequelle verwendbar ist.[5] Es ist auch Hauptbestandteil des Erdgases.

Der kontrollierten Gewinnung von Methan aus der anaeroben Gärung dienen die so genannten Biogasanlagen. Biogas im allgemeinen und überwiegend rechtlichen Sprachgebrauch ist Gas, welches in Biogasanlagen entsteht, vgl. § 27 EEG 2009. Das dort entstandene Gas kann u. a. direkt für Heizzwecke oder mittels eines Blockheizkraftwerks zur gekoppelten Produktion von Strom und Wärme genutzt werden; eine Einspeisung ins Gasnetz ist ebenfalls denkbar.[6]

Biogas gilt als Biomasse im Sinne des § 27 EEG 2009. Die aus Biogas gewonnene Energie ist erneuerbar, da sie aus immer neu auftretender organischer Substanz stammt.[7]

---

1 *Eder/Schulz*, Biogas Praxis, 8.

2 *Eder/Schulz*, Biogas Praxis, 8; *Graf*, Der Biogasreport, 13 f.

3 Fachagentur Nachwachsende Rohstoffe e.V. (Hrsg.), Handreichung Biogasgewinnung und -nutzung, 17.

4 Fachagentur Nachwachsende Rohstoffe e.V. (Hrsg.), Handreichung Biogasgewinnung und -nutzung, 19.

5 Fachagentur Nachwachsende Rohstoffe e.V. (Hrsg.), Handreichung Biogasgewinnung und -nutzung, 101–115; *Eder/Schulz*, Biogas Praxis, 8.

6 *Eder/Schulz*, Biogas Praxis, 8 f.

7 *Eder/Schulz*, Biogas Praxis, 9.

B. Die Biogasanlage: technische Einzelheiten

Biogasanlagen dienen der Kontrolle eines natürlichen bakteriellen Abbauprozesses von organischen Stoffen unter Einsatz technischer Mittel. Dabei entstehende Stoffe (das so genannte Biogas, Gärrest) werden gewinnbringend genutzt.[8]

I. Der mechanische und chemische Prozessablauf

Trotz technischer Unterschiede weisen alle Biogasanlagen die gleiche Funktionsweise auf. Biologische Stoffe (Einsatzstoffe/Substrate) werden angeliefert, sortiert und zerkleinert. Die bearbeiteten Einsatzstoffe, die aus hochmolekularen organischen Substanzen wie Kohlenhydraten, Proteinen und Fetten (Polymere) bestehen,[9] gelangen danach in den so genannten Fermentierer/Fermenter.[10] In diesem findet die notwendige biologische Reaktion statt, bei der das oben näher dargestellte Biogas entsteht. Das Gas dient dann der Gewinnung von Wärme oder Strom/Wärme. Der angefallene Gärrest wird gelagert oder sogleich genutzt, z. B. für die Düngung.

Im Mittelpunkt der Biogasherstellung steht die Fermentierung, bei der mehrere Mikroorganismen in einem gestuften, verketteten Prozess unter Ausschluss von Sauerstoff biologische, abbaubare Einsatzmaterialien in Methan und Kohlendioxid umsetzen.[11] Die Fermentierung besteht aus folgenden Stufen: Hydrolyse, Acidogenese, Acetogenese und Methanogenese.[12]

Während der Hydrolyse werden die hochmolekularen Substanzen in ihre Grundbausteine (Monomere) oder andere lösliche Abbauprodukte aufgespalten. Fette werden in Fettsäuren, Kohlenhydrate (Polysaccharide) in Mono- oder Oligosaccharide und Proteine in Peptide bzw. Aminosäuren zerlegt. Im Rahmen der Acidogenese (Versäuerung) entstehen aus den langkettigen Verbindungen kurzkettige Fettsäuren, niedermolekulare Alkohole und Gase wie Kohlendioxid, Wasserstoff, Schwefelwasserstoff und Ammoniak. In dieser Phase sinkt der pH-Wert. Während der Acetogenese setzen acetogene Mikroorganismen die niederen Fett- und Karbonsäuren sowie die niederen Alkohole zu Essigsäure (Anion Acetat) um. In der letzten ablaufenden Phase (Methanogenese) entsteht aus der Essigsäure Methan.

---

8 Fachagentur Nachwachsende Rohstoffe e.V. (Hrsg.), Handreichung Biogasgewinnung und -nutzung, 18.

9 *Graf*, Der Biogasreport, 15.

10 Fachagentur Nachwachsende Rohstoffe e.V. (Hrsg.), Handreichung Biogasgewinnung und -nutzung, 18.

11 Fachagentur Nachwachsende Rohstoffe e.V. (Hrsg.), Handreichung Biogasgewinnung und -nutzung, 18.

12 Fachagentur Nachwachsende Rohstoffe e.V. (Hrsg.), Handreichung Biogasgewinnung und -nutzung, 25.

Die Ausbeute an Methan hängt dabei entscheidend von der Struktur der Einsatzstoffe ab.[13]

Zurück bleibt der so genannte Gärrest, der als Dünger dienen kann, da er noch alle Spurenelemente und annähernd noch den gesamten Stickstoff des Substrats enthält.

Alle vier Phasen finden ausschließlich in feuchtem Niveau statt.[14] Bei der Vergärung von Feststoffen ist folglich immer die Zuführung von Wasser notwendig.

Verunreinigungen durch Schwefelwasserstoff und Ammoniak wirken sich negativ auf die Nutzung von Biogas aus. Es ist daher fast immer notwendig, eine Reinigung und Aufbereitung vorzunehmen.[15]

Die Einsatzstoffe werden gleichmäßig in kurzen Zeitabständen in den Fermentierer/Fermenter eingebracht.[16] Dieses gewährleistet eine gleich bleibende Entstehung von Biogas, ohne dabei die Mikroorganismen zu schädigen. Die jeweiligen Zeitabstände bestimmen sich nach dem Grad der Abbaubarkeit der Substrate.[17]

II. Zum Einsatz in einer Biogasanlage geeignete Stoffe

Die Einsatzsubstrate bestehen wie bereits dargestellt aus Kohlenhydraten, Proteinen und Fetten. Ob ein Substrat für die Biogasherstellung geeignet ist, richtet sich vor allem nach dem Methanertragspotential. Dieses Potential bestimmt sich allein nach der Konzentration der oben genannten Stoffgruppen.[18] Andere Stoffe wie Wasser etc. sind bei der Bestimmung des Ertragspotentials zu vernachlässigen. Fette und Proteine weisen einen höheren Gasertrag als Kohlenhydrate auf. Aber auch der Einfluss auf die eingesetzte Mikrobiologie und der mögliche Eintrag von Schadstoffen sowie Fragen der Hygiene spielen eine Rolle, wenn bestimmt werden soll, ob sich das Substrat tatsächlich als Einsatzstoff für die Biogasherstellung eignet.[19] Natürlich sind Fragen der Wirtschaftlichkeit (Kosten für die Beschaffung des Einsatzstoffs) nicht zu vernachlässigen.

Einsatzsubstrate sind landwirtschaftliche Stoffe (Gülle, Mist, Reststoffe aus der Pflanzenproduktion und so genannte nachwachsende Rohstoffe, NawaRo), Stof-

13 Fachagentur Nachwachsende Rohstoffe e.V. (Hrsg.), Handreichung Biogasgewinnung und -nutzung, 25 ff.; *Graf,* Der Biogasreport, 14 ff.

14 *Eder/Schulz,* Biogas Praxis, 20.

15 Fachagentur Nachwachsende Rohstoffe e.V. (Hrsg.), Handreichung Biogasgewinnung und -nutzung, 97–100.

16 *Eder/Schulz,* Biogas Praxis, 21.

17 *Eder/Schulz,* Biogas Praxis, 21.

18 Fachagentur Nachwachsende Rohstoffe e.V. (Hrsg.), Handreichung Biogasgewinnung und -nutzung, 153.

19 *Eder/Schulz,* Biogas Praxis, 56 ff.

fe nach der Verordnung (EG) Nr. 1774/2002 über tierische Nebenprodukte[20] (z. B. Schlachtabfälle), organische Reststoffe aus der Industrie und organische Kommunal- und Gewerbeabfälle. Die Biogasgewinnung aus Abfällen ist eine Form der Abfallentsorgung und fällt damit unter das Regime des Abfallrechts. Die Nutzung solcher Stoffe geht daher mittlerweile wegen der hohen Genehmigungsanforderungen und der Förderung von nachwachsenden Rohstoffen zurück.[21] Im Gegenzug dazu hat der Einsatz von nachwachsenden Rohstoffen wegen der besonderen Vergütung nach dem EEG zugenommen.

III. Die Komponenten einer Biogasanlage

Jede Biogasanlage weist eine Mindestausstattung auf. Diese besteht aus einem Zwischenlager für die Substrate, einem Fermentierer/Fermenter, aus den erforderlichen technischen Steuerungsanlagen, einer Vorrichtung zur Erfassung und Zwischenlagerung von Biogas und Gärresten sowie aus Verstromungseinrichtungen (z. B. ein Blockheizkraftwerk).[22]

C. Einige Hinweise zur Entwicklung der Biogasanlage

I. Die Entwicklung bis 1990

Die Entstehung von Gasen aus Faulprozessen organischer Materialien ist schon seit langer Zeit bekannt.[23] Bereits im 16. Jahrhundert entdeckte *Alessandro Volta* das damals so genannte Sumpfgas und führte erste wissenschaftliche Versuche mit diesem Gas durch. Die Sumpfgase entstanden jedoch nur in natürlichen und unkontrollierten Prozessen. Im 17. Jahrhundert fand man heraus, dass es sich bei den Gasen, welche bei den von *Volta* beschriebenen Faulprozessen entstehen, überwiegend um Methan oder Kohlendioxid handelt.

Die erste „Biogasanlage" entstand im Jahre 1897 in Indien. Diese Anlage diente der Beleuchtung und später dem Betrieb eines Motors zur Stromerzeugung.

In Deutschland begann die Nutzung von Faulgasen im Rahmen der Klärung von Abwasser Anfang des 20. Jahrhunderts. Hier ist der so genannte Emscherbrunnen, den der Klärtechniker *Karl Imhoff* entwickelte, zu nennen. Das Abwasser wurde darin mit Hilfe einer mechanischen Klärtechnik in seine Bestandteile – Wasser und

---

20 ABl. EG L 273 vom 10.10.2002, S. 1–95.

21 *Eder/Schulz*, Biogas Praxis, 15.

22 *Meyer*, in: Görisch/Helm (Hrsg.), Biogasanlagen, 13.

23 Näher zu der Entwicklung bis 1990 vgl. *Eder/Schulz*, Biogas Praxis, 8 ff.

Schlamm – getrennt. Der Schlamm gelangte in einen Faulraum und die dabei entstehenden Faulgase wurden in einer Gasfanghaube aufgefangen. Das so genannte Klärgas wurde nutzbar gemacht. Die Nutzung erfuhr bis zum 2. Weltkrieg rasche Fortschritte. Es fanden auch erste Versuche statt, die Entstehung der Faulgase bewusst zu vermehren, indem Abfälle dem Faulprozess beigemengt wurden.

Nach dem Ende des 2. Weltkriegs entdeckte *Karl Imhoff*, dass bei der Vergärung tierischer Exkremente weit mehr Faulgas entsteht als aus Klärschlamm. Aus dieser Feststellung entwickelte sich die landwirtschaftliche Biogasgewinnung. Eine erste Biogasanlage im Rahmen eines landwirtschaftlichen Betriebs entstand 1949. Danach gingen in Deutschland mehrere, auch größere, Biogasanlagen in Betrieb („Erste Biogas-Bewegung"), in denen überwiegend Festmist zur Biogasproduktion genutzt wurde. Die zum Teil mangelnde Funktionsfähigkeit und die geringe Nachfrage nach Biogas in den 60er Jahren führten allerdings zur Einstellung der meisten Anlagen. Die geringe Nachfrage beruhte auf dem zu dieser Zeit niedrigen Ölpreis. Lediglich zwei Biogasanlagen blieben in Deutschland bestehen, was zunächst das Ende der Biogas-Bewegung bedeutete.

Erst in den 70er Jahren gab es ein erneutes Interesse an der Herstellung von Biogas. Ursächlich hierfür waren die Ölkrise von 1972 und der damit einhergehende Anstieg des Ölpreises. Daraufhin gingen erneut mehrere Anlagen in Betrieb und Mitte der 80er Jahre gab es wieder ca. 75 Anlagen. Die meisten dieser Anlagen befanden sich in Bayern und Baden-Württemberg, da die Tierproduktion in diesen Regionen eine große Bedeutung hatte. Einsatzstoff war nämlich im Gegensatz zur ersten Biogas-Bewegung Gülle, die jetzt in der Tierhaltung vermehrt entstand. Das entstehende Biogas diente überwiegend der Wärmegewinnung.

Seit 1985 zeichnete sich abermals ein Rückgang der vorhandenen Biogasanlagen ab.

II. Die Entwicklung seit 1990

1. Das Stromeinspeisungsgesetz: Auslöser eines Neuanfangs

Mit dem Wirksamwerden des Stromeinspeisungsgesetzes von 1990 (StrEG)[24] erfuhr die Biogas-Bewegung erneut einen bedeutenden Aufschwung. Nach den Vorstellungen des Gesetzgebers sollte dieses Gesetz das Hauptinstrument zur Markteinführung der Stromerzeugung aus Erneuerbaren Energien sein.[25] Erneuerbare Energien dienen der Ressourcenschonung und dem Klimaschutz. Mit dem StrEG sollte der Anteil der Erneuerbaren Energien an der Energieversorgung steigen.

24 Stromeinspeisungsgesetz vom 7.12.1990, BGBl. I S. 2633.

25 *Oschmann*, in: Danner/Theobald, Energierecht, EEG, Bd. 2, VI B1 Einf. Rn. 1.

Hierzu erließ der Gesetzgeber zum einen feste Vergütungssätze für Strom aus Erneuerbaren Energien. Zum anderen entstand die Pflicht von Energieversorgungsunternehmen, Strom aus Erneuerbaren Energien abzunehmen. Das StrEG fand indes keine Anwendung auf Anlagen mit einer Generatorleistung von mehr als 5 MW, auch wenn sie Strom aus Erneuerbaren Energien gewannen. Diese Beschränkung war Folge der gesetzlichen Begrenzung der Abnahmepflicht.

Das StrEG sprach zunächst nicht von Biogas oder von Energiegewinnung aus Biomasse, sondern von Energiegewinnung aus Produkten oder biologischen Rest- und Abfallstoffen der Land- und Forstwirtschaft (§§ 1 Satz 1, 3 Abs. 1 Satz 1 StrEG 1990). Mit der Gesetzesnovelle von 1994 kamen Produkte der gewerblichen Be- und Verarbeitung von Holz ausdrücklich als begünstigte Stoffe, aus denen Energie gewonnen werden kann, hinzu. Die letzte Novelle des StrEG von 1998 führte den Begriff der „Biomasse" ein, ohne indes die Stoffe, aus denen Energie im Sinne des StrEG gewonnen werden durfte, zu benennen.[26]

Bis zum Jahr 2000 entstanden in Deutschland unter der Geltung des StrEG ca. 1000 landwirtschaftliche Biogasanlagen.[27] Die Energiegewinnung aus Biomasse spielte allerdings wegen des beschränkten Anwendungsbereichs des StrEG nur eine untergeordnete Rolle.[28] Der Anteil des Stroms, der insgesamt aus Biomasse gewonnen wurde, lag im Jahr 1999 weit unter 1 % der gesamten Stromerzeugung.[29] Die Anreizwirkung des StrEG war offenbar nicht hoch genug.

2. Das Erneuerbare-Energien-Gesetz 2000: Verstärker eines Aufschwungs

Einen weiteren Aufschwung der Biogasherstellung verursachte der Erlass des Erneuerbare-Energien-Gesetzes (EEG) im Jahre 2000.[30] Das EEG 2000 bezweckte in Fortführung des StrEG, im Interesse des Klima- und Umweltschutzes den Beitrag Erneuerbarer Energien an der Stromversorgung deutlich zu erhöhen. Danach sollte der Anteil des Stroms aus Erneuerbaren Energien bis zum Jahr 2010 verdoppelt werden (§ 1 EEG 2000).

Um dieses Ziel zu erreichen, regelte das EEG 2000 ähnlich wie das StrEG eine Anschlusspflicht, eine Abnahmepflicht und eine Vergütungspflicht. Damit sollten die Investoren die nötige Investitionssicherheit erhalten und es sollte ein Anreiz

---

26 *Altrock/Oschmann/Theobald*, EEG, § 8 Rn. 9.

27 *Eder/Schulz*, Biogas Praxis, 14; vgl. weiter Angaben des Biogas e.V. unter: http://www.biogas.org/datenbank/file/notmember/presse/09-01-16_PM_IGW.pdf.

28 *Altrock/Oschmann/Theobald*, EEG, § 8 Rn. 10.

29 BMU (Hrsg.), Erneuerbare Energien in Zahlen, Stand: Juni 2008, S. 16.

30 Gesetz für den Vorrang erneuerbarer Energien vom 29.3.2000, BGBl. I S. 305.

geschaffen werden, die Nutzung Erneuerbarer Energien auszubauen.[31] Nach § 3 EEG 2000 waren die Netzbetreiber verpflichtet, Anlagen zur Erzeugung von Strom aus Erneuerbaren Energien an ihr Netz anzuschließen, den gesamten angebotenen Strom aus diesen Anlagen vorrangig anzunehmen und den eingespeisten Strom zu vergüten. Das EEG 2000 legte außerdem feste Preise für den Strom aus Erneuerbaren Energien für einen Zeitraum von 20 Jahren ohne Berücksichtigung des Inbetriebnahmejahres fest (§ 9 Abs. 1 EEG 2000). Das EEG sah sowohl eine Vergütung für Strom aus Deponie-, Gruben- und Klärgas (§ 4 EEG 2000) als auch für Strom aus Biomasse (§ 5 EEG 2000) vor.

a. Der Begriff der Biomasse

Biomasse ist grundsätzlich der Oberbegriff für sämtliche Stoffe organischer Herkunft.[32] Energie aus Biomasse umfasst damit solche, die bei der Verbrennung fester Biomasse entsteht, oder solche, die aus hergestelltem Biogas oder Pflanzenöl einen Motor antreibt.[33]

Den Begriff der Biomasse definierte das EEG 2000 nicht. Hierfür enthielt das Gesetz eine Verordnungsermächtigung an das Bundesumweltministerium, vgl. § 1 Abs. 1 Satz 2 EEG 2000. Auf dieser Grundlage erließ das Bundesumweltministerium im Jahr 2001 die so genannte Biomasseverordnung (BiomasseV).[34] Biomasse ist demnach ein Energieträger aus Phyto- und Zoomasse. Hierzu gehören auch aus Phyto- und Zoomasse resultierende Folge- und Nebenprodukte, Rückstände und Abfälle, deren Energiegehalt aus Phyto- und Zoomasse stammt. Biomasse besteht insbesondere aus folgenden Stoffen:

- Pflanzen und Pflanzenbestandteile,
- aus Pflanzen oder Pflanzenbestandteilen hergestellte Energieträger, deren sämtliche Bestandteile und Zwischenprodukte aus Biomasse im Sinne des Absatzes 1 erzeugt wurden,
- Abfälle und Nebenprodukte pflanzlicher und tierischer Herkunft aus der Land-, Forst- und Fischwirtschaft,
- Bioabfälle im Sinne von § 2 Nr. 1 der Bioabfallverordnung (BioAbfV)[35],
- aus Biomasse durch Vergasung oder Pyrolyse erzeugtes Gas (Biogas) und daraus resultierende Folge- und Nebenprodukte und

31 *Oschmann*, NVwZ 2004, 910 (912).

32 *Altrock/Oschmann/Theobald*, EEG, § 8 Rn. 23.

33 *Altrock/Oschmann/Theobald*, EEG, § 8 Rn. 31.

34 Biomasseverordnung vom 21.6.2001, BGBl. I S. 1234, geändert durch die Verordnung vom 9.8.2005, BGBl. I S. 2419.

35 Bioabfallverordnung vom 21.9.1998, BGBl. I S. 2955, zuletzt geändert durch Art. 5 der Verordnung vom 20.10.2006, BGBl. I S. 2298.

- aus Biomasse erzeugte Alkohole, deren Bestandteile, Zwischen-, Folge- und Nebenprodukte aus Biomasse erzeugt wurden.

Insbesondere gilt auch durch anaerobe Vergärung erzeugtes Biogas als Biomasse.

Bezüglich des Stroms aus Biomasse galt das Ausschließlichkeitsprinzip.[36] Nur wenn ausschließlich Biomasse im Sinne der BiomasseV zur Energiegewinnung eingesetzt wurde, entstand ein Vergütungsanspruch. Dieses Ausschließlichkeitsprinzip betraf aber nur solche Stoffe, die selbst Energieträger sind. Der Anlagenbetreiber durfte Stoffe, die keine Energieträger sind, aber die Energieausbeute erhöhen können, ohne Verstoß gegen den Ausschließlichkeitsgrundsatz zu den Einsatzstoffen hinzugeben, ohne den Vergütungsanspruch zu verlieren (so genannte Betriebshilfsmittel).[37]

b. Die Vergütungsregelung

Die Vergütung für Strom aus Biomasse war nach Anlagengröße gestaffelt. Die kleinsten Anlagen (bis einschließlich einer installierten elektrischen Leistung von 500 kW) erhielten mindestens 10,23 Cent pro Kilowattstunde. Die gesetzliche Begrenzung der Abnahmepflicht für Strom aus Biomasse lag nunmehr anders als im StrEG bei 20 MW statt 5 MW pro Anlage.

Zu beachten war die Degression der Vergütungssätze, § 5 Abs. 2 EEG 2000.

c. Die Wirkungen des Erneuerbare-Energien-Gesetzes 2000

Durch die Regelungen des EEG 2000 verzeichneten die Erneuerbaren Energien insgesamt ein sehr hohes Wachstum. Bis Ende 2003 stieg die Leistung aus Biomassekraftwerken zwar um über 100 %.[38] Jedoch erzielte das EEG 2000 nicht die erwünschte Wirkung für die Stromerzeugung aus Biomasse. Die Potentiale der Bioenergie waren noch nicht vollständig erschöpft. Die Vergütungsregelungen des § 5 EEG 2000 ermöglichten keinen wirtschaftlichen Betrieb, weswegen es hauptsächlich kleineren Biomasseanlagen an Wirtschaftlichkeit fehlte. Trotz der verbesserten Regelungen hinsichtlich der Energieerzeugung aus Biomasse zeichnete sich eine nicht wirtschaftliche Produktion von Energie ab; insbesondere Energie aus nachwachsenden Rohstoffen war wegen der hohen Rohstoffpreise im Vergleich zu Biomasse aus Abfällen unrentabel.[39] Für Landwirte, die überwiegend Adressat

---

36 *Altrock/Oschmann/Theobald*, EEG, § 8 Rn. 23; *Salje*, EEG, § 8 Rn. 18.

37 OLG Sachsen-Anhalt, Urteil vom 27.3.2008 – 9 U 105/07 (Hs), ZNER 2008, 174; der Einsatz von Betriebshilfsmittel verstößt nach dem Willen des Gesetzgebers ausdrücklich nicht gegen das Ausschließlichkeitsprinzip, vgl. BT-Drucks. 16/8148, S. 79.

38 *Altrock/Oschmann/Theobald*, EEG, Einf. Rn. 19.

39 BT-Drucks. 15/2864, S. 39.

der Anreizwirkungen des EEG 2000 hinsichtlich Biomasse sein sollten, stellte die Energieerzeugung aus nachwachsenden Rohstoffen keine Alternative dar.

3. Das Erneuerbare-Energien-Gesetz 2004: Motor alternativer Stromerzeugung

Im Jahr 2004 erfolgte eine Novellierung des EEG.[40] Das Ziel der Förderung von Erneuerbaren Energien wurde dahingehend konkretisiert und erweitert, dass der Anteil Erneuerbarer Energien an der Stromversorgung bis zum Jahr 2010 auf mindestens 12,5 % und bis zum Jahr 2020 auf mindestens 20 % steigen sollte.

a. Die Gründe für die Änderung des Erneuerbare-Energien-Gesetzes

Im Bereich der Erzeugung von Energie aus Biomasse nahm der Gesetzgeber die Ergebnisse der Studien auf, die eine unwirtschaftliche Stromproduktion insbesondere in kleineren Anlagen belegten. Die Vergütung von Strom aus Biomasse sollte auf die realen Marktbedingungen zugeschnitten werden. Der Gesetzgeber bezweckte damit eine Anreizwirkung, um das vorhandene Biomassepotential besser zu erschließen, ohne dabei Mitnahmeeffekte auszulösen.[41] Die Novellierung des EEG im Jahr 2004 schuf hierzu bedeutende Verbesserungen. Der Gesetzgeber erhöhte insgesamt die Vergütung für Strom aus Biomasse. Entgegen der Regelungen des EEG 2000 führte er zudem eine kleine Anlagenklasse mit einer Leistung von bis zu 150 kW ein. Die Vergütung für Strom aus solchen Kleinanlagen ist seitdem die höchste, vgl. § 8 Abs. 1 Nr. 1 EEG 2004.

Die Degression der Vergütungssätze blieb bestehen, § 8 Abs. 5 EEG 2004.

b. Die gesetzlichen Bonusregelungen

Zur Änderung der Vergütungsregeln traten die Bonusregelungen für nachwachsende Rohstoffe (§ 8 Abs. 2 EEG 2004), Kraft-Wärme-Koppelungsstrom (§ 8 Abs. 3 EEG 2004) und innovative Technologien (§ 8 Abs. 4 EEG 2004) hinzu. Für diese Boni galt die Degression des § 8 Abs. 5 EEG 2004 nicht.

aa. Der Nachwachsende-Rohstoffe-Bonus

Insbesondere die Bonusregel für nachwachsende Rohstoffe („NawaRo-Bonus") gewann große Bedeutung für Betreiber von Biogasanlagen. Es entstand eine Privilegierung bestimmter Einsatzstoffe, wodurch der Markt für nachwachsende Rohstoffe auch für die Energieerzeugung erschlossen wurde. Diese Privilegierung beruhte

40 Erneuerbare-Energien-Gesetz vom 21.7.2004, BGBl. I S. 1918.

41 BT-Drucks. 15/2864, S. 39.

auf den Erkenntnissen, nach denen der Betrieb kleiner Anlagen unwirtschaftlich ist.[42] Der ausschließliche Einsatz nachwachsender Rohstoffe ist im Vergleich mit dem Einsatz von Abfällen weit teurer. Kleine landwirtschaftliche Anlagen sind nur dann wirtschaftlich, wenn energiereiche organische Substanzen eingesetzt werden. Zu diesen zählen z. B. an tierischen Fetten reichhaltige Abfälle. Durch den „NawaRo-Bonus" kann der Anteil nachwachsender Rohstoffe zur Energiegewinnung erhöht und der Anteil von Abfall zurückgedrängt werden.
Privilegierte Einsatzstoffe sind demnach:

- Pflanzen oder Pflanzenbestandteile, die in landwirtschaftlichen, forstwirtschaftlichen oder gartenbaulichen Betrieben oder im Rahmen der Landwirtschaftspflege anfallen (pflanzliche Rohstoffe, Waldrestholz, Landschaftspflegeschnitt etc.) und die keiner weiteren als der zur Ernte, Konservierung oder Nutzung in der Biomasseanlage erfolgten Aufbereitung oder Veränderung unterzogen wurden (§ 8 Abs. 2 Nr. 1 lit. a) EEG 2004);
- Gülle im Sinne der Verordnung (EG) Nr. 1774/2002 über tierische Nebenprodukte[43] und Schlempe aus landwirtschaftlichen Brennereien (§ 8 Abs. 2 Nr. 1 lit. b) EEG 2004);
- eine Kombination aus beiden Stoffgruppen (§ 8 Abs. 2 Nr. 1 lit. c) EEG 2004).

Bei Einsatz solcher Stoffe ist seitdem ein Vergütungszuschlag pro Kilowattstunde vorgesehen. Damit entstand eine Förderung von rein pflanzlichen Stoffen aus Landwirtschaft und Gartenbau sowie von Fäkalien aus der Landwirtschaft. Zu beachten ist allerdings der Ausschließlichkeitsgrundsatz.[44] Der „NawaRo-Bonus" entstand nach § 8 Abs. 2 Satz 1 EEG 2004 nur, wenn ausschließlich die in § 8 EEG 2004 definierten nachwachsenden Rohstoffe Verwendung fanden. Hinzu trat, dass auf demselben Betriebsgelände keine Biomasseanlage betrieben werden durfte, in der Strom aus sonstigen Stoffen gewonnen wurde, § 8 Abs. 2 Satz 1 Nr. 1 lit. c) EEG 2004. Dieses sollte der Vermeidung von Missbrauchsfällen dienen.[45]

Damit gewann die landwirtschaftliche Produktion eine andere Ausrichtung. Diente die Landwirtschaft früher ausschließlich der Erzeugung von Nahrungs- und Futtermitteln, ist nun auch die Energieproduktion eine Aufgabe der Landwirtschaft geworden, was für Landwirte ertragsreicher sein kann.[46]

Der Gesetzgeber verringerte im Gegenzug die Anreize für die Verstromung von Althölzern. Die Vergütungserhöhung fiel hier im Vergleich zu den anderen Einsatzstoffen geringer aus.

42 BT-Drucks. 15/2864, S. 39.
43 ABl. EG L 273 vom 10.10.2002, S. 1–95.
44 BT-Drucks. 15/2864, S. 39.
45 BT-Drucks. 15/2864, S. 40.
46 *Oschmann*, NVwZ 2004, 910 (912).

bb. Der Kraft-Wärme-Koppelung-Bonus

Der so genannte „KWK-Bonus“ begünstigte solche Anlagen, die gleichzeitig Strom und Wärme erzeugen und der Nutzung durch Dritte zuführen. Eine Möglichkeit, die gewonnene Wärme zu nutzen, ist die Beheizung eines Treibhauses.

cc. Der Technologie-Bonus

Der „Technologie-Bonus“ schaffte einen Anreiz, innovative technische Verfahren zur Anwendung zu bringen und möglichst hohe Wirkungsgrade sowie niedrige Schadstoffwerte anzustreben. Solche Anlagentechniken sind in der Regel mit höheren Investitionen verbunden. Der „Technologie-Bonus“ sollte diese hohen Kosten ausgleichen. Zu nennen sind hier z.B. die Förderung von Gasreinigungsanlagen, die gewonnenes Biogas in Erdgasqualität überführen, die so genannte Trockenfermentation oder folgende Einrichtungen zur Stromgewinnung: Brennstoffzellen, Gasturbinen, Dampfmotoren, Organic-Rankine-Anlagen, Mehrstoffgemisch-Anlagen, insbesondere Kalina-Cycle-Anlagen oder Stirling-Motoren.

Die Vergütung stieg mit dem „Technologie-Bonus“ um weitere 2 Cent pro Kilowattstunde. Diese Vergütung war jedoch daran geknüpft, dass in der Anlage zeitweise auch Kraft-Wärme-Koppelung betrieben wurde. Im Bereich der Stromerzeugung aus Biomasse war damit der „Technologie-Bonus“ mit dem „NawaRo-Bonus“ und dem „KWK-Bonus“ kumulierbar.[47]

c. Die Wirkungen des Erneuerbare-Energien-Gesetzes 2004

Infolge dieser Neuregelungen erhöhte sich insgesamt die Stromerzeugung aus Biomasse. Die erzeugte Strommenge hat sich in den Jahren 2004 bis 2006 beinahe verdoppelt.[48] Insbesondere Anlagen im kleinen und mittleren Leistungsbereich sind entstanden.

Die Biogasherstellung erlebte in den Jahren 2004 bis 2006 eine Hochkonjunktur. In diesem Zeitraum hat sich die erzeugte Strommenge beinahe vervierfacht.[49] In kürzester Zeit wuchs die Zahl der Anlagen. Im Jahr 2006 wurden ca. 820 Anlagen errichtet; insgesamt waren etwa 3.300 Anlagen in Betrieb.[50] Für diesen enormen Aufschwung war insbesondere die Einführung des „NawaRo-Bonus“ maßgeblich. Im Jahr 2006 nahmen ca. 60 % aller Anlagenbetreiber diesen Bonus in Anspruch.[51] Einsatzstoffe waren dabei überwiegend Energiepflanzen. Gülle wurde anteilsmäßig

47 BT-Drucks. 15/2864, S. 39 f.

48 BMU (Hrsg.), EEG-Erfahrungsbericht 2007, S. 80 f.

49 BMU (Hrsg.), EEG-Erfahrungsbericht 2007, S. 81.

50 Vgl. Ausführungen des Biogas e.V. unter: http://www.biogas.org/datenbank/file/notmember/presse/09-01-16_PM_IGW.pdf, S. 3, Abb. 1.

51 BMU (Hrsg.), EEG-Erfahrungsbericht 2007, S. 81.

wenig eingesetzt.[52] Aufgrund der Zunahme des Einsatzes nachwachsender Rohstoffe nahm der Einsatz industrieller und landwirtschaftlicher Rohstoffe in landwirtschaftlichen Biogasanlagen ab.[53] Die wichtigsten Einsatzstoffe waren Mais und Getreide.[54]

In der Biogasherstellung war bis zum Jahr 2006 insgesamt ein Trend zu größeren Anlagen erkennbar.

Ende 2007 produzierten mehr als 3.700 Anlagen in ganz Deutschland Energie aus Biogas.[55] Allerdings war bereits im Jahr 2007 ein Abschwung der Biogaskonjunktur zu verzeichnen. Die Preise für die wichtigen Einsatzstoffe Mais und Getreide stiegen rasant an. Investitionen in der Biogasbranche gingen zurück. In den Jahren 2007 und 2008 gingen jeweils nur noch ca. 200 Neuanlagen in Betrieb.[56] Im landwirtschaftlichen Bereich ist der Neubau von Biogasanlagen beinahe eingeschlafen. Es trat zum Teil sogar der Effekt auf, dass die steigenden Preise einen sehr negativen Einfluss auf die Wirtschaftlichkeit hatten. Dadurch konnte die Kostenoptimierung in anderen Bereichen die Unwirtschaftlichkeit der Anlage nicht auffangen.[57]

Der Deponie- und Klärgasmarkt ist weitestgehend gesättigt.

4. Das Erneuerbare-Energien-Gesetz 2009: Instrument zur weiteren Steigerung der Gewinnung von Strom aus Erneuerbaren Energien

Im Jahr 2008 hat der deutsche Gesetzgeber das EEG nochmals novelliert.[58] Das EEG 2009 trat zum 1.1.2009 in Kraft.

Die Zielsetzung des EEG 2004 (§ 1 Abs. 2) hat eine Änderung erfahren. Das EEG 2009 verfolgt das Ziel, den Anteil Erneuerbarer Energien an der Stromversorgung bis zum Jahr 2020 auf mindestens 30 % und danach kontinuierlich weiter zu erhöhen.

Im Bereich der Stromerzeugung aus Biomasse wollte der Gesetzgeber insbesondere den Abschwung der Konjunktur im Bereich der Biogasanlagen abfedern, aber auch bestimmte Fehlleitungen korrigieren.

---

52 BT-Drucks. 16/8148, S. 81.

53 BMU (Hrsg.), EEG-Erfahrungsbericht 2007, S. 81.

54 Vgl. Ausführungen des Biogas e.V. unter: http://www.biogas.org/datenbank/file/notmember/presse/08-06-06_PM_EEG-Novelle.pdf.

55 Vgl. Ausführungen des Biogas e.V. (Fn. 50).

56 Vgl. Ausführungen des Biogas e.V. (Fn. 54).

57 Vgl. Ausführungen des Biogas e.V. (Fn. 54).

58 Erneuerbare-Energien-Gesetz vom 25.10.2008, BGBl. I S. 2074.

a. Die Vergütungsregelungen

Die Vergütung des Stroms aus Biomasse regelt nunmehr § 27 EEG 2009.

Die Grundvergütung ist lediglich im Bereich der Kleinanlagen gestiegen, vgl. § 27 Abs. 1 Satz 1 Nr. 1 EEG 2009. Bei Anlagen mit einer Leistung über 5 MW besteht nur dann ein Vergütungsanspruch, wenn der Strom in Kraft-Wärme-Koppelung erzeugt wird, § 27 Abs. 3 Nr. 1 EEG 2009. Es besteht derzeit für solche Anlagen eine Pflicht zur Stromerzeugung in Kraft-Wärme-Koppelung, wenn sie nach dem EEG 2009 vergütet werden wollen. Doch entfällt insgesamt die 20-MW-Deckelung der Abnahmepflicht. Für Anlagen mit einer Leistung von über 20 MW fehlt die Möglichkeit des „KWK-Bonus“.

b. Der Begriff der Biomasse

Der Begriff der Biomasse findet eine Erweiterung dadurch, dass das bisher geltende Ausschließlichkeitsprinzip eine Milderung erfährt.[59] Es gilt weiterhin die BiomasseV. Allerdings kann auch Biomasse im Sinne der Definition der Richtlinie 2001/77/EG[60] in Biomasseanlagen eingesetzt werden. Aber nur der aus Biomasse im Sinne der BiomasseV entstandene Strom ist anteilsmäßig zu vergüten.[61] Um diesen Anteil berechnen zu können, ist ein Einsatztagebuch zu führen, § 27 Abs. 3 Nr. 2 EEG 2009. Der Anspruch auf Vergütung nach dem EEG 2009 besteht im Sinne des Ausschließlichkeitsprinzips nur für Biomasse im Sinne der BiomasseV.

c. Die gesetzlichen Bonusregelungen

Die Bonusregelungen für innovative, energieeffiziente Verfahren (Anlage 1 zum EEG 2009), für nachwachsende Rohstoffe (Anlage 2 zum EEG 2009) und für Kraft-Wärme-Koppelung (Anlage 3 zum EEG 2009) bleiben im Grunde bestehen, vgl. § 27 Abs. 4 EEG 2009.

aa. Der Nachwachsende-Rohstoffe-Bonus

Von großer Bedeutung ist weiterhin der „NawaRo-Bonus“. Er erfährt durch das EEG 2009 Konkretisierungen, aber auch Veränderungen, vgl. Anlage 2 zum EEG 2009.

---

59 BT-Drucks. 16/8148, S. 55.

60 Richtlinie zur Förderung der Stromerzeugung aus erneuerbaren Energiequellen im Elektrizitätsbinnenmarkt vom 27.9.2001, ABl. EG L 283 S. 33–40.

61 BT-Drucks. 16/8148, S. 55.

(1) Der Begriff Nachwachsender Rohstoff

Insbesondere der Begriff „Nachwachsender Rohstoff" hat eine besondere Konkretisierung erfahren. Eine Positivliste bestimmt solche Einsatzstoffe, die in jedem Fall als nachwachsender Rohstoff gelten, vgl. Nr. III Anlage 2 zum EEG 2009. Eine Negativliste bestimmt dagegen die Stoffe, die nicht als nachwachsender Rohstoff Verwendung finden können, vgl. Nr. IV Anlage 2 zum EEG 2009. Damit ist annähernd genau das geregelt, was ein nachwachsender Rohstoff ist. Schlempe aus landwirtschaftlichen Brennereien ist aus dem Katalog der nachwachsenden Rohstoffe gestrichen worden. Der Einsatz von Gülle kann weiterhin einen Anspruch auf die Bonusvergütung für den Einsatz nachwachsender Rohstoffe begründen, Nr. I.1. lit. a) Anlage 2 zum EEG 2009.

Insgesamt ist ein Trend dahin zu beobachten, dass Stoffe wie Palm- oder Sojaöl keine oder nur eine geringe Anwendung in Biomasseanlagen finden sollen. Zum einen besteht der Bonus für Strom aus flüssiger Biomasse (z. B. Öle – gilt nicht für Gülle) nur für Anlagen mit einer Leistung von bis zu 150 kW. Hinzu tritt, dass Soja- oder Palmöl nur dann als Biomasse gilt, wenn beim Anbau der eingesetzten Biomasse bestimmte Anforderungen an eine nachhaltige Bewirtschaftung land- und forstwirtschaftlicher Flächen und zum Schutz natürlicher Lebensräume beachtet worden sind. Dieses beruht auf dem Umstand, dass häufig zur Gewinnung von Palmöl Ölpalmplantagen anstelle von (illegal) vernichtetem Tropenwald angelegt wurden. Insbesondere der maßgebliche Grundsatz der Nachhaltigkeit ist mit solchen Praktiken gerade nicht gewahrt.[62]

(2) Der Ausschließlichkeitsgrundsatz

Der Gesetzgeber hat auch hier den Ausschließlichkeitsgrundsatz gelockert. Nach dem EEG 2004 entstand bisher ein Bonus für den Einsatz nachwachsender Rohstoffe nur, soweit der Strom ausschließlich aus nachwachsenden Rohstoffen gewonnen wurde. Zwischenzeitlich darf in der Biogasgewinnung eine Kombination aus nachwachsenden Rohstoffen und rein pflanzlichen Nebenprodukten Einsatz finden, ohne den Anspruch auf den „NawaRo-Bonus" auszuschließen, vgl. Nr. I.1. lit. a) Anlage 2 zum EEG 2009. Die zulässigen pflanzlichen Nebenprodukte sind in Nr. V. Anhang 2 zum EEG 2009 abschließend geregelt. Der „NawaRo-Bonus" fällt allerdings nur für den Teil des erzeugten Stroms an, der auf den Einsatz von nachwachsenden Rohstoffen zurückzuführen ist. Für die Berechnung des Stromanteils ist ein Einsatztagebuch zu führen.

Betriebshilfsmittel, aus denen selbst keine Energie gewonnen werden kann, können weiterhin ohne Verstoß gegen das Ausschließlichkeitsprinzip Verwendung fin-

62 BT-Drucks. 16/8148, S. 80.

den.[63] Diese Betriebshilfsmittel verfolgen das Ziel, die Prozessführung zu stabilisieren und zu verbessern, um so eine höhere Effizienz zu erreichen. Für den Anspruch auf den „NawaRo-Bonus" unerheblich ist daher der Einsatz von Betriebshilfsmitteln, die der Anlagen- und Verfahrenstechnik zuzurechnen sind und aus denen selbst nachweislich keine nennenswerte Gas- bzw. Stromproduktion erfolgt.

(3) Die Vergütungshöhe

Der „NawaRo-Bonus" hat sich im Vergleich zum EEG 2004 erhöht. Anlagen mit einer Leistung bis zu 500 kW erhalten nunmehr 7 Cent pro Kilowattstunde. Diese Erhöhung beruht auf den steigenden Agrarpreisen.

Bei Anlagen ab einer Leistung von über 150 kW besteht der Vergütungsanspruch jedoch nur, wenn ausschließlich gasförmige oder feste Biomasse zur Stromerzeugung eingesetzt wird. Flüssige Biomasse ist von der Vergütung ausgeschlossen, vgl. Nr. I.2. Satz 1 Anlage 2 zum EEG 2009.

Beachtenswert ist auch die Einbindung immissionsschutzrechtlicher Anforderungen an das Entstehen der Vergütung, vgl. Nr. I.4. Anlage 2 zum EEG 2009. Für Strom aus nach § 4 Abs. 1 BImSchG genehmigungsbedürftigen Biogasanlagen besteht der „NawaRo-Bonus" nur, wenn bei der Erzeugung des Biogases das Gärrestlager gasdicht abgedeckt und zusätzliche Gasverbrauchseinrichtungen für einen Störfall oder eine Überproduktion (so genannte Gasfackel) verwendet werden. Transportbehälter zählen nicht zu diesen Lagerstätten.[64]

Auf demselben Betriebsgelände dürfen keine Biomasseanlagen betrieben werden, in denen gleichzeitig Strom aus sonstigen Stoffen, die keine nachwachsenden Roststoffe sind, gewonnen wird, vgl. Nr. I.1. lit. c) Anlage 2 zum EEG 2009. Demnach dürfen auf demselben Betriebsgelände[65] keine anderen Stoffe als nachwachsende Rohstoffe, Gülle oder die in der Liste Nr. V Anlage 2 zum EEG 2009 bezeichneten rein pflanzlichen Nebenprodukte Verwendung finden. Diese Regelung dient der Vermeidung von Missbrauchsfällen.[66] Nr. VII.2. Anlage 2 zum EEG 2009 sichert diese Forderung ab, da bei Nichtbeachtung dieser Forderung der dauerhafte Verlust des „NawaRo-Bonus" zu erwarten ist.

Neben die Erhöhung des Grundbonus, des „NawaRo-Bonus", tritt der so genannte „Güllebonus" bei Biogasanlagen. Anlagen mit einer Leistung von bis zu 150 kW erhalten einen um 4 Cent erhöhten Bonus und Anlagen mit einer Leistung bis 500 kW einen um 1 Cent erhöhten Bonus pro Kilowattstunde (8 statt 10 Cent),

63 *Walter*, Der NawaRo-Bonus, in: Loibl/Maslaton/von Bredow (Hrsg.), Biogasanlagen im EEG 2009, 87 (101), Rn. 52.

64 *Walter*, Der NawaRo-Bonus, in: Loibl/Maslaton/von Bredow (Hrsg.), Biogasanlagen im EEG 2009, 87 (110), Rn. 85.

65 Zum Begriff des Betriebsgeländes vgl. *Walter*, Der NawaRo-Bonus, in: Loibl/Maslaton/von Bredow (Hrsg.), Biogasanlagen im EEG 2009, 87 (107 f.), Rn. 71 ff.

66 BT-Drucks. 16/8148, S. 80.

wenn die Masse der Einsatzstoffe jederzeit mindestens aus 30 % Gülle besteht. Ein Gutachten muss den tatsächlichen Einsatz der Gülle nachweisen, um Missbrauch vorzubeugen. Grund für diesen Sonderbonus ist das abnehmende bzw. stagnierende Interesse an der Vergärung von Gülle in Biogasanlagen. Das bestehende Potential blieb bisher ungenutzt.[67] Der „Güllebonus" soll insbesondere Vieh haltende Landwirtschaftsbetriebe dazu animieren, eine Biogasanlage zu errichten. Damit kann neben der Gasproduktion ein Düngemittel entstehen, was schadstoffärmer als unbehandelte Gülle ist und synthetische Düngemittel ersetzen kann.[68]

Der Gesetzgeber führt einen weiteren Sonderbonus im Rahmen der nachwachsenden Rohstoffe ein: der Bonus für Landschaftspflegematerial. Der „NawaRo-Bonus" erhöht sich für Strom aus Biogasanlagen bis einschließlich einer Leistung von 500 kW um 2 Cent pro Kilowattstunde, wenn zur Stromerzeugung überwiegend Pflanzen oder Pflanzenbestandteile, die im Rahmen der Landschaftspflege anfallen, eingesetzt werden. „Überwiegend" ist derart zu interpretieren, dass mehr als 50 % der Gesamtmasse der Einsatzstoffe aus Landschaftspflegematerial bestehen müssen.[69] Landschaftspflegematerial umfasst Pflanzen und Pflanzenteile, die im Rahmen der Landschaftspflege anfallen, wie z. B. Grasschnitt.[70]

Das Ausschließlichkeitsprinzip im Sinne des § 8 Abs. 2 Satz 1 Nr. 1c) EEG 2004 bleibt in Nr. I.1.c) Anlage 2 zum EEG 2009 bestehen.

bb. Der Kraft-Wärme-Koppelung-Bonus

Der „KWK-Bonus" hat sich ebenfalls erhöht. Die Anforderungen zum Erhalt des Bonus sind indes gestiegen.[71]

cc. Der Technologie-Bonus

Der Gesetzgeber hat auch am „Technologie-Bonus" festgehalten, diesen jedoch geringfügig geändert, vgl. Anlage 2 zum EEG 2009. Zunächst zählt die Trockenfermentation nicht mehr zu den innovativen Technologien. Der „Technologie-Bonus" besteht nunmehr nur für Strom aus Anlagen mit einer Leistung bis einschließlich 5 MW.

---

67 BT-Drucks. 16/8148, S. 81; vgl. weiter: *Heigl*, Der Güllebonus, in: Loibl/Maslaton/von Bredow (Hrsg.), Biogasanlagen im EEG 2009, 117 (118), Rn. 6.

68 Vgl. Ausführungen des Biogas e.V. unter: http://www.biogas.org/datenbank/file/notmember/presse/08-08-26_PM_Entw_Biogas2009.pdf.

69 *Wernsmann*, AUR 2008, 329 (332).

70 *Altrock/Oschmann/Theobald*, EEG, § 8 Rn. 65; *Poppe*, Der Landschaftspflegebonus, in: Loibl/Maslaton/von Bredow (Hrsg.), Biogasanlagen im EEG 2009, 127 (129), Rn. 9.

71 Vgl. näher zum „KWK-Bonus", *Loibl*, Der KWK-Bonus, in: Loibl/Maslaton/von Bredow (Hrsg.), Biogasanlagen im EEG 2009, 141 ff.

Die Anforderungen an die Gasaufbereitung wurden erweitert und konkretisiert, Nr. 1 Anlage 1 zum EEG 2009. Eine Gasaufbereitungsanlage führt nur noch dann zu einem „Technologie-Bonus“, soweit das eingespeiste Gas auf Erdgasqualität aufbereitet und es nachgewiesen wird, dass folgende Voraussetzungen eingehalten werden:

- maximale Methanemissionen in die Atmosphäre bei der Aufbereitung von 0,5 % (lit. a),
- ein maximaler Stromverbrauch für die Aufbereitung von 0,5 kW pro Normkubikmeter Rohgas (lit. b),
- Bereitstellung der Prozesswärme für die Aufbereitung und die Erzeugung des Klär- oder Biogases aus Erneuerbaren Energien, Grubengas oder aus der Abwärme der Gasaufbereitungs- oder Einspeiseanlage ohne den Einsatz zusätzlicher fossiler Energie (lit. c) und
- maximale Kapazität der Gasaufbereitungsanlage von 700 Normkubikmetern aufbereitetem Rohgas pro Stunde (lit. d).

Erfolgt eine Gasaufbereitung, beträgt der Bonus je nach Menge des aufbereiteten Gases 1 oder 2 Cent pro Kilowattstunde.

Die Liste der weiteren innovativen Anlagentechnik wird erweitert, Nr. 2 Anlage 1 zum EEG 2009. Die Notwendigkeit einer nur für eine bestimmte Zeit installierten Kraft-Wärme-Koppelung neben dem Einsatz innovativer Anlagentechnik bleibt im Grunde bestehen. Eine Kraft-Wärme-Koppelung ist jedoch nicht erforderlich, wenn die Anlage einen elektrischen Wirkungsgrad von mindestens 45 % erreicht.

Im Rahmen des „Technologie-Bonus“ besteht nicht das Ausschließlichkeitsprinzip. Nur ein Teil des erzeugten Gases oder Stroms muss solche innovative Technologien durchlaufen haben.[72]

Alle drei bisher erläuterten Boni sind miteinander kumulierbar.[73]

dd. Der Emissionsminderungs-Bonus

Zu den drei Boni für Strom aus Biomasse tritt der „Emissionsminderungs-Bonus“ nach § 27 Abs. 5 EEG 2009. Für Strom aus nach dem BImSchG genehmigungsbedürftigen Anlagen, die durch anaerobe Vergärung gewonnenes Gas (Biogas) einsetzen, erhöht sich die Vergütung um jeweils 1 Cent pro Kilowattstunde, wenn die dem Emissionsminimierungsgebot der TA Luft entsprechenden Formaldehydgrenzwerte (vgl. Nr. 5.4.1.4 TA Luft) eingehalten werden und dies durch eine Bescheinigung der zuständigen Behörde nachgewiesen wird.[74]

---

72 *Von Bredow*, Der Technologiebonus für innovative Anlagentechnik, in: Loibl/Maslaton/von Bredow (Hrsg.), Biogasanlagen im EEG 2009, 71 (75), Rn. 16.

73 BT-Drucks, 16/8148, S. 56.

74 Vgl. näher zum Luftreinhaltebonus, *von Bredow/Hammon*, Der Luftreinhaltebonus, in: Loibl/Maslaton/von Bredow (Hrsg.), Biogasanlagen im EEG 2009, 165 ff.

d. Die Wirkungen des Erneuerbare-Energien-Gesetzes 2009

Die Biogasindustrie verbindet mit den Neuregelungen die Erwartung, die Konjunktur der Biogasanlagen wiederzubeleben. Eine Prognose hofft auf 780 Neuanlagen im Jahr 2009.[75] Die Stärkung der Wirtschaftskraft im ländlichen Raum kann durch Biogas über den Klein- und Mittelstand fortgesetzt werden. Insbesondere die Vieh haltende Landwirtschaft kann von den Neuregelungen profitieren. Es wird eine bessere „Verzahnung" der Viehhaltung mit der Biogaserzeugung erreicht.

Jedoch könnte sich der neue Anlagenbegriff nachteilig auf die erhoffte Entwicklung auswirken. Der Anlagenbegriff ist für die Vergütung nach dem EEG entscheidend, da jede Anlage grundsätzlich einen Vergütungsanspruch je nach Anlagengröße hat.

Nach § 3 Abs. 2 EEG 2004 war eine Anlage jede selbständige technische Einrichtung zur Erzeugung von Strom aus Erneuerbaren Energien. Mehrere Anlagen zur Erzeugung von Strom aus gleichartigen Erneuerbaren Energien galten als eine Anlage, soweit die Anlagen mit gemeinsamen für den Betrieb technisch erforderlichen Einrichtungen oder baulichen Anlagen unmittelbar verbunden waren.

§ 3 Nr. 1 EEG 2009 führt einen anderen Anlagenbegriff ein. Eine Anlage ist zunächst eine Einrichtung zur Erzeugung von Strom aus Erneuerbaren Energien. Der Anlagenbegriff soll auf Wunsch des Gesetzgebers ein weiter sein, so dass neben der Strom erzeugenden Einheit auch sämtliche technisch und baulich erforderlichen Einrichtungen, die für die Stromerzeugung notwendig sind, zur Anlage zählen; hierzu gehören bei einer Biogasanlage immer das Blockheizkraftwerk, der Fermentierer/Fermenter und der Gärrestbehälter.[76] Wenn die Anlage mehrere Verstromungseinrichtungen hat, gilt diese trotzdem nur als eine Anlage.[77]

Darüber hinaus bringt § 19 EEG 2009 eine weitgehende Neuerung. Zwar ändert § 19 EEG 2009 nicht den Anlagenbegriff als solchen, regelt aber Besonderheiten der Vergütung bei mehreren miteinander verbundenen Anlagen.[78] Danach gelten mehrere Anlagen unabhängig von den Eigentumsverhältnissen und ausschließlich zum Zweck der Ermittlung der Vergütung für den jeweils zuletzt in Betrieb gesetzten Generator als eine Anlage, wenn

- sie sich auf demselben Grundstück oder sonst in unmittelbarer räumlicher Nähe befinden (Nr. 1),
- sie Strom aus gleichartigen Erneuerbaren Energien erzeugen (Nr. 2),

75 Vgl. Ausführungen des Biogas e.V. unter: http://www.biogas.org/datenbank/file/notmember/presse/09-01-16_PM_IGW.pdf, S. 3 Abb. 2.

76 BT-Drucks. 16/8148, S. 38.

77 *Loibl*, Der Anlagenbegriff des EEG 2009 und seine Auswirkungen auf Biogasanlagen, in: Loibl/Maslaton/von Bredow (Hrsg.), Biogasanlagen im EEG 2009, 21 (35), Rn. 50.

78 *Loibl*, Der Anlagenbegriff des EEG 2009 und seine Auswirkungen auf Biogasanlagen, in: Loibl/Maslaton/von Bredow (Hrsg.), Biogasanlagen im EEG 2009, 21 (29), Rn. 25.

- der in ihnen erzeugte Strom nach den Regelungen dieses Gesetzes in Abhängigkeit von der Leistung der Anlage vergütet wird (Nr. 3) und
- sie innerhalb von zwölf aufeinander folgenden Kalendermonaten in Betrieb gesetzt worden sind (Nr. 4).

Im Vergleich mit § 3 Abs. 2 Satz 2 EEG 2004 stellt § 19 EEG 2009 eine strengere Regelung dar, da nun bereits solche Anlagen eine Anlage im vergütungstechnischen Sinne bilden, wenn sie sich in räumlicher Nähe befinden. Eine unmittelbare Verbindung ist nicht mehr notwendig. Nach § 3 Abs. 2 Satz 2 EEG 2004 bedurfte es einer Verbindung mit gemeinsam genutzten erforderlichen Einrichtungen oder baulichen Anlagen; fehlte diese, galten Anlagen in unmittelbarer Nähe nicht als eine Anlage. Nunmehr genügt eine räumliche Nähe.

Auslegungsbedürftig ist der Begriff der „unmittelbaren Nähe“, da eine gesetzliche Definition fehlt. Die Auslegung hat sich am Zweck des Gesetzes auszurichten.[79] Hintergrund dieser neuen Regelung war, dass häufig mehrere kleinere Anlagen nebeneinander errichtet wurden, wobei jede als einzelne Anlage galt, für die die höchstmögliche Vergütung zu zahlen war.[80] Damit entstanden regelrechte Anlagenparks, bestehend aus hoch vergüteten Einzelmodulen.[81] Die Bundesregierung empfand diese „vergütungsoptimierte Anlagenteilung“[82] als Missbrauch der Vergütungsregeln und will diesem mit § 19 Abs. 1 EEG 2009 ausdrücklich entgegentreten. Die „räumliche Nähe“ ist demnach dann anzunehmen, wenn ein Missbrauchsfall als wahrscheinlich gilt.[83]

Insgesamt hat § 19 EEG 2009 erhebliche Auswirkungen auf die Vergütung.[84]

Gegen den neuen § 19 EEG 2009 werden verfassungsrechtliche Einwände erhoben, da hinsichtlich des § 19 EEG 2009 keine Übergangsregeln geschaffen wurden, vgl. § 66 EEG 2009. § 19 EEG 2009 findet mithin auch auf Altanlagen Anwendung. Dieses führt dazu, dass Anlagenbetreiber, die mindestens zwei Anlagen in räumlicher Nähe innerhalb von zwölf Monaten vor Ende des Jahres 2008 errichtet haben, nur noch die Vergütung für eine Anlage erhalten. Damit fällt für die entstandenen Anlagenparks ein Großteil der Vergütung weg, wodurch mehreren Betreibern die Insolvenz drohen kann.[85]

---

79 *Loibl*, Der Anlagenbegriff des EEG 2009 und seine Auswirkungen auf Biogasanlagen, in: Loibl/Maslaton/von Bredow (Hrsg.), Biogasanlagen im EEG 2009, 21 (32), Rn. 40.

80 *Schumacher*, ZUR 2008, 121 (123).

81 Vgl. FAZ vom 3.2.2009, S. 11.

82 *Wernsmann*, AUR 2008, 329 (330).

83 Vgl. zu möglichen Indizien für einen Missbrauchsfall: *Loibl*, Der Anlagenbegriff des EEG 2009 und seine Auswirkungen auf Biogasanlagen, in: Loibl/Maslaton/von Bredow (Hrsg.), Biogasanlagen im EEG 2009, 21 (32), Rn. 40.

84 Vgl. näher *Loibl*, Der Anlagenbegriff des EEG 2009 und seine Auswirkungen auf Biogasanlagen, in: Loibl/Maslaton/von Bredow (Hrsg.), Biogasanlagen im EEG 2009, 21 (40 ff.), Rn. 73 ff.

85 Vgl. FAZ vom 3.2.2009, S. 11.

Hierin könnte eine unechte Rückwirkung liegen. Eine solche Rückwirkung ist dann verfassungsrechtlich ausgeschlossen, wenn die Anlagenbetreiber ein schutzwürdiges Vertrauen hinsichtlich der alten Regelung des § 3 Abs. 2 Satz 2 EEG 2004 darlegen können. *Loibl* nimmt ein solch schutzwürdiges Vertrauen an.[86] Er zieht den seiner Ansicht nach klaren Wortlaut des § 3 Abs. 2 Satz 2 EEG 2004 heran, um ein schutzwürdiges Vertrauen der Anlagenbetreiber zu begründen. Bisherige Äußerungen des Gesetzgebers zur Handhabung des § 3 Abs. 2 EEG 2004 beachtet er nicht. Ob diese Sichtweise tragbar ist, wird sich in Zukunft zeigen. Mehrere durch diese Regelung betroffene Anlagenbetreiber haben wegen der fehlenden Übergangsregelung Verfassungsbeschwerde eingelegt. Gleichzeitig haben sie beantragt, § 19 Abs. 1 EEG 2009 im Wege einer einstweiligen Anordnung außer Kraft zu setzen. Einen dieser Anträge hat das Bundesverfassungsgericht abgelehnt.[87]

Die besseren Gründe sprechen gegen die Anerkennung eines schutzwürdigen Vertrauens. Der Gesetzgeber verweist in der Gesetzesbegründung zu § 19 Abs. 1 EEG 2009 ausdrücklich darauf, dass eine Änderung der tatsächlichen Gesetzeslage nicht vorläge, sondern lediglich eine Klarstellung. Der Gesetzgeber sah in der Errichtung solcher Anlagenparks eine bewusste Umgehung der Leistungsklassen, die er bereits nach dem EEG 2004 als rechtswidrig erachtet hat.[88] Dieses hat der Gesetzgeber auch später klargestellt. Nach dieser Klarstellung kann ohne Weiters die Auffassung vertreten werden, dass die Anlagenbetreiber mit einer Gesetzesänderung rechnen mussten. Dieser Klarstellung keinerlei Bedeutung zuzurechnen,[89] ist schwerlich nachzuvollziehen. Der Gesetzgeber weist auch darauf hin, dass dieser Missbrauch gegen die schutzwürdigen Interessen des zuständigen Netzbetreibers und der Letztversorger und mittelbar der Stromverbraucher, die die entstehenden Mehrkosten zu tragen haben, verstößt.[90]

e. Ergebnis

Das EEG 2009 hebt in gesteigerter Weise hervor, dass kleinere Biogasanlagen im Rahmen eines landwirtschaftlichen Betriebs vorrangig zu fördern sind. Maßgeblich für diese Tendenz ist die Erweiterung des „NawaRo-Bonus" und des Anlagenbegriffs im Bereich der Vergütung. In diesem Bereich ist demnach entsprechend

---

86 Vgl. hierzu näher *Loibl*, Der Anlagenbegriff des EEG 2009 und seine Auswirkungen auf Biogasanlagen, in: Loibl/Maslaton/von Bredow (Hrsg.), Biogasanlagen im EEG 2009, 21 (54 f.), Rn. 135 ff.

87 BVerfG, Beschluss vom 18.2.2009 – 1 BvR 3076/08.

88 BT-Drucks. 16/8148, S. 50; BT-Drucks. 16/2455, S. 13 f.

89 So *Loibl*, Der Anlagenbegriff des EEG 2009 und seine Auswirkungen auf Biogasanlagen, in: Loibl/Maslaton/von Bredow (Hrsg.), Biogasanlagen im EEG 2009, 21 (52), Rn. 127.

90 BT-Drucks. 16/8148, S. 50.

der dargelegten Ansicht der Biogasbranche mit einem weiteren Anstieg zu rechnen. Dieses führt zu einer erhöhten Bedeutung der Rechtsvorschriften bezüglich kleiner Biogasanlagen im Rahmen eines landwirtschaftlichen Betriebs, z. B. § 35 Abs. 1 Nr. 6 BauGB.

5. Die Einspeisung des Biogases in das Gasnetz: Die Gasnetzzugangsverordnung

Hinsichtlich der Biogasherstellung bringt das EEG nur dann einen finanziellen Vorteil, wenn aus dem Gas Strom und/oder Wärme erzeugt wird. Es fehlt an einem gesetzlichen Vergütungsanspruch für die unmittelbare Einspeisung des Biogases in das Gasnetz.[91]

Indes hat der Gesetzgeber zumindest die Pflicht geschaffen, an das Gasnetz angeschlossen zu werden. Die Aussagen zur Einspeisung des Biogases in das Erdgasnetz finden sich in den §§ 41 lit. a)–g) Gasnetzzugangsverordnung (GasNZV).[92]

Ziel dieser Regeln ist es, die Einspeisung des in Deutschland bestehenden Biogaspotentials von sechs Milliarden Kubikmetern jährlich bis 2020 und zehn Milliarden Kubikmetern jährlich bis zum Jahr 2030 in das Erdgasnetz zu ermöglichen. Hierfür begründet § 41 lit. c) GasNZV die Pflicht der Netzbetreiber, Anlagen auf Antrag eines Anschlussnehmers vorrangig an die Gasversorgungsnetze anzuschließen. Netzbetreiber sind verpflichtet, Einspeisungsverträge und Ausspeisungsverträge vorrangig mit Transportkunden von Biogas abzuschließen und Biogas vorrangig zu transportieren, soweit diese Gase netzkompatibel sind, § 41 lit. d) GasNZV.[93]

Die Vergütung nach dem EEG erfolgt weiterhin über die Verstromung des Biogases.[94] Grundlage ist hierfür § 27 Abs. 2 EEG 2009. Danach gilt aus einem Gasnetz entnommenes Gas als Biomasse, soweit die Menge des entnommenen Gases im Wärmeäquivalent am Ende eines Kalenderjahres der Menge von Gas aus Biomasse entspricht, das an anderer Stelle im Geltungsbereich des Gesetzes in das Gasnetz eingespeist worden ist.[95]

91 *Wernsmann*, AUR 2008, 329 (334).

92 Gasnetzzugangsverordnung vom 25.7.2005, BGBl. I S. 2210, zuletzt geändert durch Art. 2 der Verordnung vom 17.10.2008, BGBl. I S. 2006.

93 Vgl. näher zur GasNZV und Biogas, *Altrock/Schmeding*, Die Regelungen der GasNZV und GasNEV für die Einspeisung von Biogas, in: Loibl/Maslaton/von Bredow (Hrsg.), Biogasanlagen im EEG 2009, 281 ff.

94 *Wernsmann*, AUR 2008, 329 (334).

95 Vgl. näher zum Gasäquivalent, *Graßmann*, Die Vergütung für Strom aus Biomasse bei Gasäquivalentnutzung nach § 27 Abs. 2 EEG 2009, in: Loibl/Maslaton/von Bredow (Hrsg.), Biogasanlagen im EEG 2009, 251 ff.

D. Anmerkungen zum tatsächlichen Interesse an Biogasanlagen

Das Hauptinteresse an der Erzeugung von Biogas in Biogasanlagen ist der Klima-, Umwelt- und Ressourcenschutz.[96] Die Vorteile der Biogasanlagen sind:

- Biogas kann fossile Brennstoffe ersetzen.
- Bei der Herstellung von Strom aus Biogas entsteht CO_2 nur in der Menge, die bereits vorher durch die eingesetzten Pflanzen gebunden wurde; Methan gelangt nicht mehr unkontrolliert in die Atmosphäre.
- Dadurch, dass Gülle zum Einsatz kommt, die sonst ggf. unbehandelt als Dünger für Agrarböden gedient hätte, wird der Wert der Gülle verbessert. Die in Biogasanlagen eingesetzte Gülle verliert nach ihrer „Verarbeitung“ im Fermentierer/Fermenter zum einen an Geruchsintensität. Zum anderen weist diese Gülle eine bessere Düngewirkung auf und ist auch pflanzenverträglicher als unbehandelte Gülle.
- Es findet eine Reduzierung der Keime in Abfällen und Gülle statt (Hygienisierungswirkung)[97].

Neben der positiven Wirkung auf Umwelt und Klima besteht zwischenzeitlich auch ein wirtschaftliches Interesse am Betrieb einer Biogasanlage. Die Vergütungsbedingungen, die das EEG geschaffen hat (vgl. oben Kap. 1 C.II.2.–4.), machen den Betrieb rentabel. Insbesondere landwirtschaftliche Betriebe sind Adressat der Anreizwirkung, die das EEG setzt. Kleine landwirtschaftliche Betriebe können nunmehr eine doppelte Ausrichtung haben: zum einen die Erzeugung von Futter- und Lebensmitteln wie bisher, zum anderen die Energieherstellung.

E. Anmerkungen zu möglichen negativen Wirkungen der Biogasanlagen

Trotz des umweltpolitischen und wirtschaftlichen Interesses an Biogasanlagen ist nicht zu verkennen, dass auch diese wie jede andere Industrieanlage schädliche Auswirkungen auf die Umwelt haben können. Zu nennen ist hier die Entstehung von Emissionen und Immissionen in Form von Lärm und Gerüchen.

---

96 *Eder/Schulz*, Biogas Praxis, 18, 180 ff.

97 *Eder/Schulz*, Biogas Praxis, 184 ff.

Bei der Gasproduktion und -verwendung treten Gasemissionen auf. Gerüche sind hierbei die häufigste Belastung. Bei der Vergärung biologischer Substanzen entsteht, ähnlich wie in der Tierhaltung, insbesondere Ammoniak.[98] Allerdings ist die Ammoniakkonzentration in einer Biogasanlage höher als in einer Tierhaltungsanlage. Die Steigerung der Konzentration beruht auf der erhöhten Stickstofffracht der Substrate. Häufigste Ammoniakquelle in der Biogasanlage ist der Gärrest. Weitere Geruchsquellen entstehen bei der Anlieferung, Lagerung, Sortierung und Zerkleinerung der Substrate, bei Betriebsstörungen und bei der Ausbringung der Gärreste. Auch Methan kann in einer geringen Menge insbesondere aus dem Gärrest entweichen. Ein solches Entweichen kann negative Auswirkungen auf das Klima haben.

Da in Biogasanlagen organische Materialien Verwendung finden, die häufig aus Tierhaltungsanlagen stammen (Gülle, Mist), ist eine Belastung durch Keime nicht auszuschließen. Relevante Bakterien sind z. B. Kolibakterien oder Salmonellen. Die Keimbelastung stellt überwiegend eine Gefahr für die Arbeiter in der Anlage dar, da sie innerhalb des Gärprozesses selbst abnimmt. Ein Gesundheitsrisiko für die umliegende Bevölkerung ist nur dann denkbar, wenn eine ausreichende Vergärung der Substrate fehlt.[99]

Ebenso kann eine Schadstoffbelastung in den entstandenen Feststoffen (Gärrest) auftreten. Mögliche Schadstoffe sind: Stickstoff, Phosphor, Kalium, Blei und Cadmium.[100] Ursache für diese Schadstoffbelastung ist die Schadstoffbelastung einiger Ausgangssubstrate. Mit dem Ausbringen der Gärreste als Dünger gelangen die Schadstoffe in den Boden.

Wegen des Einsatzes von Gülle und Mist ist nicht auszuschließen, dass Antibiotika im Gärrest zu finden sind.[101]

Da die Biogasherstellung immer Wasser als Einsatzstoff benötigt, ist die Wasser- und Abwasserproblematik beachtlich.

Emissionen entstehen ebenfalls bei der Biogasnutzung. Bei der Verbrennung des Biogases zur Energiegewinnung können Stickoxide, Kohlenmonoxid, Schwefeldioxid, Rußpartikel und Kohlenwasserstoffe auftreten.[102]

Um diese negativen Auswirkungen zu vermeiden, ist durch die zuständige Behörde genau zu prüfen, ob eine Biogasanlage zulässig ist.

---

98 BayLfU (Hrsg.), Biogashandbuch Bayern 2007, Kap. 1.6, S. 6.

99 BayLfU (Hrsg.), Biogashandbuch Bayern 2007, Kap. 1.6, S. 10.

100 BayLfU (Hrsg.), Biogashandbuch Bayern 2007, Kap. 1.6, S. 16.

101 BayLfU (Hrsg.), Biogashandbuch Bayern 2007, Kap. 1.6, S. 25.

102 BayLfU (Hrsg.), Biogashandbuch Bayern 2007, Kap. 1.6, S. 36.

F. Zusammenfassende Betrachtung der jüngeren Entwicklung

Aus den vorherigen Ausführungen ist ersichtlich, dass sowohl ein privates als auch ein öffentliches Interesse an der Errichtung von Biogasanlagen besteht. Insbesondere infolge des EEG 2009 ist ein erneuter Anstieg der Anzahl neuer Biogasanlagen zu erwarten. Jedoch ist es wahrscheinlich, dass die Menge großer Anlagen abnehmen wird. Der Gesetzgeber hat mit der Einführung des § 19 Abs. 1 EEG 2009 ausdrücklich gezeigt, dass er kleine Anlagen im Rahmen eines landwirtschaftlichen Betriebs fördern möchte. Die „industrielle" Biogasherstellung in Anlagenparks wird wohl insbesondere nach dem Beschluss des Bundesverfassungsgerichts der Vergangenheit angehören.[103] § 35 Abs. 1 Nr. 6 BauGB gewinnt damit eine höhere Bedeutung, da diese Vorschrift speziell einzelne Anlagen innerhalb eines landwirtschaftlichen Betriebs privilegieren möchte.

Den Vorteilen solcher Anlagen stehen indes auch Nachteile gegenüber. Aus diesem Grund ist es notwendig, die rechtlichen Voraussetzungen, unter denen eine Biogasanlage errichtet werden kann, näher zu betrachten. Besonderes Augenmerk ist dabei auf die Errichtung von Biogasanlagen im Außenbereich zu richten.

103 BVerfG, Beschluss vom 18.2.2009 – 1 BvR 3076/08.

Kapitel 2: Das dominierende Rechtsproblem: Die allgemeine Pflicht zur Genehmigung einer Biogasanlage

Um später die rechtlichen Anforderungen an eine Biogasanlage betrachten zu können, ist zunächst zu klären, welche Rechtsgrundlagen für die Errichtung oder Änderung einer Biogasanlage maßgeblich sind. Grundlegend für die Auswahl der Rechtsgrundlagen ist die Frage, ob Biogasanlagen überhaupt und, wenn ja, nach welcher Norm genehmigungspflichtig sind.

A. Zur Notwendigkeit einer Genehmigung nach dem Bundes-Immissionsschutzgesetz

Für Biogasanlagen kann u. U. eine Genehmigung nach dem Bundes-Immissionsschutzgesetz (BImSchG)[104] erforderlich sein.

I. Die Notwendigkeit einer Genehmigung nach § 4 BImSchG

Ob eine Anlage im Sinne des BImSchG genehmigungspflichtig ist, regelt § 4 Abs. 1 BImSchG. Danach bedürfen die Errichtung und der Betrieb von Anlagen, die aufgrund ihrer Beschaffenheit oder ihres Betriebs in besonderem Maße geeignet sind, schädliche Umwelteinwirkungen hervorzurufen oder in anderer Weise die Allgemeinheit oder die Nachbarschaft zu gefährden, erheblich zu benachteiligen oder erheblich zu belästigen, sowie die Errichtung und der Betrieb ortsfester Abfallentsorgungsanlagen zur Lagerung oder Behandlung von Abfällen einer Genehmigung. § 4 Abs. 1 BImSchG regelt nicht unmittelbar, welche Anlagen genehmigungspflichtig sind. Um eindeutig die genehmigungspflichtigen Anlagen regeln zu können, erließ der Gesetzgeber eine Verordnungsermächtigung, § 4 Abs. 1 Satz 3 BImSchG. Von dieser Ermächtigung machte die damalige Bundesregierung Gebrauch und erließ die 4. Bundes-Immissionsschutzverordnung (4. BImSchV).[105] Diese regelt abschließend, welche Anlagen nach dem BImSchG genehmigungspflichtig sind.

104 Bundes-Immissionsschutzgesetz in der Fassung der Bekanntmachung vom 26.9.2002, BGBl. I S. 3830, zuletzt geändert durch Art. 1 des Gesetzes vom 23.10.2007, BGBl. I S. 2470.

105 Verordnung über genehmigungsbedürftige Anlagen in der Fassung der Bekanntmachung vom 14.3.1997, BGBl. I S. 504, zuletzt geändert durch Art. 3 des Gesetzes vom 23.10.2007, BGBl. I S. 2470.

Die 4. BImSchV ordnet die Genehmigungspflicht für die Produktion von Biogas in Biogasanlagen ausdrücklich nicht an. Trotzdem ist die Genehmigungspflicht für solche Anlagen nicht ausgeschlossen. Diese Pflicht kann zum einen wegen der Einsatzstoffe und zum anderen wegen der produzierten Strommenge bestehen.

1. Die Biogasanlage als Stromerzeuger

Das EEG sieht bisher lediglich die gesetzliche Vergütung des aus Biogas gewonnenen Stroms vor. In der Folge ist die Erzeugung von Strom unumgänglich, nachdem das Gas entstanden und aufgefangen ist. Aus diesem Grund gehört in der Regel ein Blockheizkraftwerk, welches der Verstromung des Gases und der Wärmeerzeugung dient, zur Grundausstattung einer Biogasanlage. Auch andere Verstromungseinrichtungen sind vorstellbar. Diese Verstromungsanlagen können zur Genehmigungspflicht nach dem BImSchG führen.
Zu nennen sind:

- Anlagen mit Verbrennungseinrichtungen zur Erzeugung von Strom, Dampf, Warmwasser, Prozesswärme und Ähnlichem auch durch den Einsatz gasförmiger Brennstoffe wie Biogas mit einer Feuerungswärmeleistung ab 10 MW, Anhang zur 4. BImSchV Nr. 1.2 Spalte 2 lit. b);
- Verbrennungsmotoranlagen auch für den Einsatz gasförmiger Brennstoffe wie Biogas mit einer Feuerungswärmeleistung von mindestens 1 MW, Anhang zur 4. BImSchV Nr. 1.4;
- Gasturbinenanlagen auch für den Einsatz gasförmiger Brennstoffe wie Biogas mit einer Feuerungswärmeleistung von mindestens 1 MW, Anhang zur 4. BImSchV Nr. 1.5.

Die Feuerungswärmeleistung stellt dabei auf die zugeführte Energie und nicht auf die erzeugte elektrische Energie ab.[106] Der Begriff beschreibt den Brennwert des Biogases und nicht die Anlagenleistung.[107] Auch die erzeugte Wärme ist von der Feuerungswärmeleistung erfasst.[108] Feuerungswärmeleistung ist demnach der auf den unteren Heizwert bezogene Wärmeinhalt des Brennstoffs, der einer Feuerungsanlage im Dauerbetrieb je Zeiteinheit zugeführt werden kann, § 2 Nr. 6 der 1. BImSchV.[109] Um eine Leistung von 0,5 MW zu erreichen, bedarf es einer Ein-

106 *Meyer*, in: Görisch/Helm (Hrsg.), Biogasanlagen, 15.

107 *Lampe*, NuR 2006, 152 (156).

108 *Hinsch*, ZUR 2007, 401.

109 Verordnung über kleine und große Feuerungsanlagen in der Fassung der Bekanntmachung vom 14.3.1997, BGBl. I S. 490, zuletzt geändert durch Art. 4 der Verordnung vom 14.8.2003, BGBl. I S. 1614.

gangsleistung (Brennwert) von 2 MW.[110] Anlagen mit einer installierten elektrischen Leistung von maximal 340 kW liegen gerade noch unter der Grenze von 1 MW Gesamtsfeuerungsleistung und sind nicht nach dem BImSchG genehmigungspflichtig.[111]

Zu beachten ist, dass es immer auf die Leistung der Verstromungsanlage ankommt. Fehlt es an solchen Verstromungsanlagen, besteht nach den oben genannten Nummern keine Genehmigungspflicht. Das Fehlen dieser Verstromungsanlagen ist nicht auszuschließen. Es besteht die Möglichkeit, das Gas an anderer Stelle zu verstromen. Auch die nunmehr bestehende Förderung der Direkteinspeisung nach den §§ 41 lit. a)–g) GasNZV kann das Bestehen einer Verstromungsanlage entbehrlich machen. Danach ist eine Direkteinspeisung des gewonnenen Gases unmittelbar in das Erdgasnetz möglich, soweit das Biogas Erdgasqualität erreicht. Auch § 27 Abs. 2 EEG sieht die Direkteinspeisung von Biogas vor. Der Anlagenbetreiber kann im Ergebnis eine Genehmigungspflicht nach § 4 BImSchG umgehen, indem er keine oder eine leistungsschwache Verstromungsanlage einrichtet und die erzeugten Biogasmengen an anderer Stelle verstromen lässt.

Führt die Verstromungseinrichtung innerhalb der Biogasanlage zur Genehmigungspflicht, so betrifft diese die gesamte Anlage und nicht ausschließlich die Betriebseinheit zur Verstromung des Gases. Das Genehmigungserfordernis erstreckt sich auf alle vorgesehenen Anlagenteile und Verfahrensschritte, die zum Betrieb notwendig sind, und auf die Nebeneinrichtungen, die mit diesen Anlagenteilen und Verfahrensschritten in einem räumlichen und betriebstechnischen Zusammenhang stehen, § 1 Abs. 2 der 4. BImSchV. Zumindest der Fermentierer/Fermenter ist für den bestimmungsgemäßen Betrieb der Anlage notwendig, auch wenn die Genehmigungspflicht lediglich durch die Verstromungseinrichtung ausgelöst wird. Genehmigungsbedürftig sind damit zunächst alle diejenigen Betriebseinheiten, die erforderlich sind, um den eigentlichen Betriebszweck zu erreichen.[112] Der Anlagenzweck kann nur mittels aller Verfahrensschritte erreicht werden.[113]

Zu unterscheiden sind ferner zwei Genehmigungsverfahren. Je nach Feuerungswärmeleistung ist ein Regelgenehmigungsverfahren nach § 10 BImSchG (Anlage – Spalte 1) oder ein vereinfachtes Verfahren nach § 19 BImSchG (Anlage – Spalte 2) durchzuführen.

---

110 *Hinsch*, ZUR 2007, 401 (402); *Krautzberger*, in: Battis/Krautzberger/Löhr, BauGB, § 35 Rn. 38a.

111 *Lampe*, NuR 2006, 152 (156).

112 BVerwG, Urteil vom 6.7.1984 – 7 C 71/82, NVwZ 1985, 46.

113 Vgl. *Hansmann/Röckinghausen*, in: Landmann/Rohmer, Umweltrecht, Bd. II, § 1 4. BImSchV Rn. 14.

2. Die Biogasanlage als Abfallbehandlungsanlage

a. Die Abfallbehandlung nach Nr. 8.6 des Anhangs zur 4. BImSchV

Einen weiteren Fall der Genehmigungspflicht für Biogasanlagen kann Nr. 8.6 des Anhangs zur 4. BImSchV begründen. Danach können Anlagen zur biologischen Behandlung von Abfällen genehmigungspflichtig sein. Zu unterscheiden sind hier gefährliche und nicht gefährliche Abfälle. Anlagen, die nicht gefährliche Abfälle behandeln, sind ab einer täglichen Durchsatzleistung von 10 Tonnen genehmigungspflichtig. Der Abfallbegriff ist gesetzlich in § 3 Kreislaufwirtschafts- und Abfallgesetz (KrW-/AbfG)[114] definiert. Dieser Definition liegt ein weiter Abfallbegriff zugrunde,[115] der auf Art. 1a Abfallrahmenrichtlinie[116] beruht. Hintergrund dieses weiten Abfallbegriffs ist der Wunsch nach einem Umweltschutz auf hohem Niveau,[117] so dass noch verwertbare Stoffe dem Abfallbegriff zu subsumieren sind.[118] Abfälle im Sinne dieses Gesetzes sind alle beweglichen Sachen, die unter die in Anhang I zum KrW-/AbfG aufgeführten Gruppen fallen, und derer sich ihr Besitzer entledigt, entledigen will oder entledigen muss. Gefährlich sind die Abfälle im Sinne des § 3 Abfallverzeichnisverordnung (AVV)[119]; nicht gefährlich sind alle übrigen Abfälle, vgl. § 3 Abs. 8 KrW-/AbfG. Gefährliche Abfälle kommen in der Regel in Biogasanlagen nicht zum Einsatz.[120]

Die Durchsatzleistung bestimmt, ob ein Regelgenehmigungsverfahren nach § 10 BImSchG (Anlage – Spalte 1) oder ein vereinfachtes Verfahren nach § 19 BImSchG (Anlage – Spalte 2) durchzuführen ist.

b. Die Biomasse als Abfall

aa. Der Begriff der Biomasse im Allgemeinen

Zur Biomasse gehören, wie bereits erwähnt, aus Phyto- und Zoomasse resultierende Folge- und Nebenprodukte, Rückstände und Abfälle, deren Energiegehalt aus pflanzlichem und tierischem Material stammt, § 2 Abs. 1 Satz 2 BiomasseV. Unter Biomasse in diesem Sinne fallen insbesondere auch Abfälle und Nebenprodukte

114 Kreislaufwirtschafts- und Abfallgesetz vom 17.9.1994, BGBl. I S. 2705, zuletzt geändert durch Art. 5 des Gesetzes vom 22.12.2008, BGBl. I S. 2986.

115 *Herbert*, NVwZ 2007, 617 (619).

116 Richtlinie 75/442/EWG des Rates vom 15.7.1975 über Abfälle, ABl. EG L 194, S. 39; ersetzt durch die Richtlinie 2006/12/EG des Europäischen Parlaments und des Rates vom 5.4.2006, ABl. EU L 114, S. 9.

117 EuGH, Urteil vom 15.6.2000 – Rs. C-419/97, NVwZ 2000, 1156 f.

118 *Beckmann/Kersting,* in: Landmann/Rohmer, Umweltrecht, Bd. III, § 3 KrW-/AbfG Rn. 7, 28.

119 Abfallverzeichnisverordnung vom 10.12.2001, BGBl. I S. 3379, zuletzt geändert durch Art. 7 des Gesetzes vom 15.7.2006, BGBl. I S. 1619.

120 *Meyer,* in: Görisch/Helm (Hrsg.), Biogasanlagen, 15.

pflanzlicher und tierischer Herkunft aus der Land-, Forst- und Fischwirtschaft oder Bioabfälle im Sinne von § 2 Nr. 1 BioAbfV. Bioabfälle sind Abfälle tierischer oder pflanzlicher Herkunft zur Verwertung, die durch Mikroorganismen, bodenbürtige Lebewesen oder Enzyme abgebaut werden können. Anhang 1 der BioAbfV konkretisiert diese Definition, indem bestimmte Stoffe exemplarisch aufgeführt werden. Der Katalog des Anhangs 1 ist nicht abschließend. Der Hauptanwendungsfall betrifft gemischte Siedlungsabfälle.

bb. Tierische Ausscheidungen als Abfall

Indes benennt die BioAbfV insbesondere auch tierische Ausscheidungen wie Gülle oder Mist als Bioabfall (02 01 06). Die als nachwachsender Rohstoff deklarierte Gülle, deren Einsatz das EEG 2009 besonders fördern soll, fiele demnach unter den Abfallbegriff, was bei der entsprechenden Durchsatzleistung zur Genehmigungspflicht der Anlage nach BImSchG führte.

Die Vorschriften des KrW-/AbfG gelten nicht für die nach der Verordnung (EG) Nr. 1774/2002 abzuholenden, zu sammelnden, zu befördernden, zu lagernden, zu behandelnden, zu verarbeitenden, zu verwendenden, zu beseitigenden oder in den Verkehr zu bringenden tierischen Nebenprodukte. Gülle gilt als tierisches Nebenprodukt im Sinne der Verordnung (EG) Nr. 1774/2002, vgl. Art. 5. Demnach findet das KrW-/AbfG dem Wortlaut nach keine Anwendung auf Gülle. Die Entsorgung tierischer Nebenprodukte geht als besonderes Abfallrecht den allgemeinen Vorschriften des KrW-/AbfG vor.[121]

Wenn Gülle damit nicht dem Anwendungsbereich des KrW-/AbfG unterliegt, ist fraglich, ob eine Güllebehandlung als eine Abfallbehandlung im Sinne des § 4 Abs. 1 BImSchG i.V.m. der 4. BImSchV zu betrachten ist. Grundsätzlich regelt der Anwendungsbereich des KrW-/AbfG nicht den Anwendungsbereich des BImSchG. Der Anwendungsbereich des BImSchG kennt die Beschränkungen des KrW-/AbfG nicht; die Vorschriften des BImSchG über genehmigungsbedürftige Anlagen sind nicht beschränkt auf Anlagen zum Umgang mit Abfällen nach dem KrW-/AbfG, sondern erfassen auch Abfälle, auf die andere Vorschriften Anwendung finden.[122] Jedoch enthält Nr. 8.6 des Anhangs der 4. BImSchV eine Einschränkung. Bei Anlagen zur biologischen Behandlung von Abfällen muss der Anwendungsbereich des KrW-/AbfG eröffnet sein („Anlagen zur Behandlung ... von Abfällen, auf die die Vorschriften des Kreislaufwirtschafts- und Abfallgesetzes Anwendung finden").

Aus der Verwendung von Gülle zur Gaserzeugung in einer Biogasanlage ergibt sich demnach keine Genehmigungspflicht für die Errichtung und den Betrieb der

121 OVG Lüneburg, Urteil vom 22.6.2004 – 7 ME 104/04, NVwZ 2004, 1266; *Beckmann/Kersting*, in: Landmann/Rohmer, Umweltrecht, Bd. III, § 2 KrW-/AbfG Rn. 31d.

122 BT-Drucks. 15/1667, S. 26 zu Nummer 20.

Anlage nach § 4 Abs. 1 BImSchG,[123] selbst wenn die Gülle die Tatbestandsmerkmale des Abfallbegriffs erfüllt.

cc. Silage als Abfall

Silage aus Mais gilt nicht als Abfall,[124] sondern als Produkt.[125] Zielgerichtet hergestellte bewegliche Sachen sind nicht Gegenstand des Abfallrechts.[126] Es fehlt an einem Entledigungswillen und damit an der Abfalleigenschaft, wenn die Einsatzstoffe gezielt zur Biogasherstellung erzeugt werden.[127]

dd. Landschaftspflegematerial als Abfall

Das EEG 2009 fördert neben Gülle insbesondere auch den Einsatz von Pflanzenteilen, die im Rahmen der Landschaftspflege anfallen (vgl. oben Kap. 1, C.II.4.c.aa. (3)). Wenn dieses Landschaftspflegematerial Abfall im Sinne des § 3 KrW-/AbfG ist, besteht bei der entsprechenden Durchsatzleistung eine Genehmigungspflicht. Grundsätzlich muss solches Landschaftspflegematerial als Abfall im Sinne des § 3 Abs. 3 KrW-/AbfG gelten,[128] da die Handlung, die zur Entstehung des Landschaftspflegematerials führt, nicht auf dessen Erlangung gerichtet ist. Hier ist der so genannte Entledigungswille zu fingieren, was zum Vorliegen von Abfall führt. Der Wille zur Entledigung im Sinne des Absatzes 1 des § 3 KrW-/AbfG ist hinsichtlich solcher beweglicher Sachen anzunehmen,

- die bei der Energieumwandlung, Herstellung, Behandlung oder Nutzung von Stoffen oder Erzeugnissen oder bei Dienstleistungen anfallen, ohne dass der Zweck der jeweiligen Handlung hierauf gerichtet ist (Nr. 1), oder
- deren ursprüngliche Zweckbestimmung entfällt oder aufgegeben wird, ohne dass ein neuer Verwendungszweck unmittelbar an deren Stelle tritt (Nr. 2).

Es kommt auf die „Produktions- und Verwendungsabsicht" („Zweckbestimmung") an.[129] Der Entledigungswille ist zu unterstellen, wenn der Erzeuger oder Besitzer nach der objektiven Verkehrsanschauung weder eine Produktions- noch eine Verwendungsabsicht hat. Ziel der Landschaftspflege ist die Bewahrung und Gestaltung von Natur und Landschaft. Die Stoffe, die dabei anfallen, sind nicht Zweck der Handlungen, und damit Abfall.

---

123 So auch VG Bayreuth, Urteil vom 19.4.2007 – B 2 K 06.145, Rn. 60 (juris); VG Hannover, Beschluss vom 17.11.2006 – 12 B 4639/06, II.1 (lexisnexis).

124 VG Hannover, Beschluss vom 17.11.2006 – 12 B 4639/06, II.1 (lexisnexis); *Hinsch*, ZUR 2007, 401.

125 VG Bayreuth, Urteil vom 19.4.2007 – B 2 K 06.145, Rn. 60 (juris).

126 *Beckmann/Kersting*, in: Landmann/Rohmer, Umweltrecht, Bd. III, § 3 KrW-/AbfG Rn. 12.

127 *Meyer*, in: Görisch/Helm (Hrsg.), Biogasanlagen, 14.

128 Vgl. VG Karlsruhe, Urteil vom 28.4.2005 – 6 K 1840/04, Rn. 1 (juris).

129 BT-Drucks. 12/5672, S. 40.

Durch die Förderung seitens des EEG 2009 könnte etwas anderes gelten. Die angefallenen Stoffe könnten so genannte „Nebenprodukte“ sein, da deren Verwendung nun gewollt ist und finanziell gefördert wird. Allein die Möglichkeit der wirtschaftlichen Wiederverwendung genügt allerdings nicht, um für solche Stoffe die Abfalleigenschaft verneinen zu können.[130] Der EuGH verneint jedoch die Abfalleigenschaft in solchen Fällen, in denen die „Wiederverwendung eines Gegenstandes, Materials oder Rohstoffs nicht nur möglich, sondern ohne vorherige Bearbeitung in Fortsetzung des Gewinnungsverfahrens gewiss ist“; insbesondere wenn damit ein wirtschaftlicher Vorteil verbunden ist.[131] Der wirtschaftliche Wert ist daher entsprechend der Verkehrsauffassung ein Indiz gegen die Abfalleigenschaft.[132]

Entscheidend für die Verneinung von Abfall ist zunächst die mögliche, erlaubte[133] Wiederverwendung des entstandenen Materials ohne vorherige Behandlung (eigener positiver Warenwert wie Primärrohstoff). Dieses Kriterium ist nur dann erfüllt, wenn sich die Wiederverwendung unmittelbar an die Entstehung des Rohstoffs anschließt. Unmittelbarkeit meint den Umstand, dass eine vorherige Behandlung – weitere Bearbeitungsschritte – nicht notwendig ist.[134]

Ausschlaggebendes Merkmal ist aber die Gewissheit der Wiederverwendung.[135] Um die Gewissheit der Wiederverwendung zu bejahen, muss diese mit hoher Wahrscheinlichkeit feststehen.[136] Eine hohe Wahrscheinlichkeit ist anzunehmen, wenn die erneute Verwendung wirtschaftlich vorteilhaft,[137] der Gegenstand also keine „Last“ ist.[138] Um eine Verwendungsabsicht glaubhaft zu machen, ist der Hersteller verpflichtet, ausreichende Tatsachen für eine tatsächliche Nutzung der Stoffe darzulegen.[139] Aus der Entstehung des Gegenstands muss sich eine unmittelbare Wertschöpfung ergeben.[140] Der Begriff der Gewissheit der Wiederverwendung enthält auch eine zeitliche Komponente. Die bloße Vorstellung einer gewinnbringen-

---

130 EuGH, Urteil vom 28.3.1990 – Rs. C-207/88 – Vessoso und Zanetti, NVwZ 1991, 661.

131 Urteil vom 18.4.2002 – Rs. C-9/00 – Palin Gratin, NVwZ 2002, 1362 (1364), Rn. 36 f.

132 *Sobotta*, ZUR 2007, 188 (190).

133 EuGH, Urteil vom 11.9.2003 – Rs. C-114/01 – Korkein hallinto-oikeus, Slg. 2003, I-8725, Rn. 38.

134 *Frenz*, UPR 2003, 281 (283 f.); *Herbert*, NVwZ 2007, 617 (620); als weiteren Bearbeitungsschritt sieht der EuGH schon eine sich anschließende Sortierung an, vgl. EuGH, Urteil vom 11.11.2004 – Rs. C-457/02 – Antonio Niselli, NVwZ 2005, 306 (308).

135 *Frenz*, UPR 2003, 281 (282 f.).

136 *Frenz*, UPR 2003, 281 (283); *Stuttmann*, NVwZ 2006, 401 (406).

137 EuGH, Urteil vom 18.4.2002 – Rs. C-9/00 – Palin Gratin, NVwZ 2002, 1362 (1363); *Frenz*, UPR 2003, 281 (283); *Herbert*, NVwZ 2007, 617 (620); *Stuttmann*, NVwZ 2006, 401 (406).

138 EuGH, Urteil vom 18.4.2002 – Rs. C-9/00 – Palin Gratin, NVwZ 2002, 1362 (1363); *Frenz*, UPR 2003, 281 (283); *Herbert*, NVwZ 2007, 617 (620); wirtschaftlicher Vorteil anerkannt bei Auffüllung von Gruben und Stollen eines Bergwerkes mit Gesteinsbruch aus der Grube, vgl. EuGH, Urteil vom 11.9.2003 – Rs. C-114/01 – Korkein hallinto-oikeus, Slg. 2003, I-8725, Rn. 43.

139 EuGH, Urteil vom 11.9.2003 – Rs. C-114/01, AvestaPolarit Chrome, Slg. 2003, I-8725 Rn. 36–39, 43.

140 *Herbert*, NVwZ 2007, 617 (620).

den Wiederverwendung in späterer Zukunft ist nicht ausreichend, um den anfallenden Gegenstand als Produkt zu charakterisieren.[141]

Da solche Materialien gefördert werden, ist deren Abnahme regelmäßig für die Herstellung von Biogas zu erwarten. Im Einzelfall muss solches Landschaftspflegematerial ebenso als Produkt gelten wie Silage.[142]

ee. Das Problem der Vermischung

Eine Genehmigungspflicht wegen der biologischen Behandlung von Abfällen besteht nach den zuvor getroffenen Feststellungen nur, wenn tatsächlich Abfall im Sinne der BioAbfV behandelt wird. Ob Einsatzstoffe Abfall sind, ist einzelfallbezogen zu klären. Nachwachsende Rohstoffe sind in der Regel kein Abfall. Eine Vergärung dieser Stoffe führt daher nicht zu einer Genehmigungspflicht.

Problematisch ist die Vermischung von Abfällen mit anderen Einsatzstoffen. Hier wäre vertretbar, das gesamte Gemisch als Abfall zu behandeln. Folge dieser Auslegung wäre die Erhöhung der Menge der Einsatzstoffe. Die gesteigerte Menge könnte zur Überschreitung der Schwelle zur Genehmigungspflicht nach Nr. 8.6 des Anhangs zur 4. BImSchV führen. Eine solche Auslegung entspricht indes nicht den Grundsätzen des EEG und des BImSchG. Es kommt auf die jeweiligen Einsatzstoffe vor der Zuführung in die Biogasherstellung selbst an. Insbesondere das EEG unterscheidet zum Teil exakt nach den jeweiligen verschiedenen Einsatzstoffen. Die Vermischung der verschiedenen Substrate kann nicht zur Herbeiführung eines Abfallgemisches führen, welches die Genehmigungspflicht auslöst. Diese Ansicht wirkt künstlich. Es kommt auf den tatsächlichen Anteil an Abfall am Substratgemisch an.[143]

c. Die Einordnung der Biogasanlage als Abfallbehandlungsanlage als ein Problem des Einzelfalls

Ob eine Biogasanlage eine Abfallbehandlungsanlage darstellt, ist einzelfallbezogen zu klären. Soweit Stoffe nach Anlage 2 zum EEG 2009 als Substrate Verwendung finden, wird eine Genehmigungspflicht nach Nr. 8.6 der Anlage zur 4. BImSchV fehlen.

3. Die Biogasanlage als Lagerstätte

Auch Lagerstätten bestimmter Stoffe können eine Genehmigungspflicht hervorrufen.

---

141 EuGH, Urteil vom 18.4.2002 – Rs. C-9/00 – Palin Gratin, NVwZ 2002, 1362 (1364).

142 Ähnlich VG Augsburg, Urteil vom 6.8.2007 – Au 5 K 06.578, Rn. 4, 25 (juris); vgl. auch *Poppe*, Der Landschaftspflegebonus, in: Loibl/Maslaton/von Bredow (Hrsg.), Biogasanlagen im EEG 2009, 127 (139), Rn. 44 f.

143 So auch *Meyer*, in: Görisch/Helm (Hrsg.), Biogasanlagen, 15.

a. Fälle einer Lagerung

Bei einer vorherigen Lagerung des Abfalls kann die Anlage nach Nr. 8.11 des Anhangs zur 4. BImSchV genehmigungspflichtig sein. Wegen der Verwendung von Gülle kann eine Genehmigungspflicht nach Nr. 9.39 des Anhangs zur 4. BImSchV bestehen, wenn sich im Zusammenhang mit der Biogasanlage auch eine Anlage zur Lagerung von Gülle mit einem Fassungsvermögen von 6.500 Kubikmetern oder mehr findet. Der Begriff Gülle umfasst hier sowohl unverarbeitete als auch bereits behandelte Gülle, also auch den Gärrest.[144] Lagern ist vom Ablagern abzugrenzen. Ablagern ist die dauerhafte endgültige Einlagerung von z. B. Abfall.[145] Das Lagern ist indes nur zeitlich begrenzt, d. h. vorübergehend. Der Fermentierer/Fermenter ist keine Lagereinrichtung. Er dient der Erzeugung des Biogases.[146]

Auch die Lagerung des erzeugten Biogases kann zu einer Genehmigungspflicht führen nach Nr. 9.1 des Anhangs zur 4. BImSchV. Danach sind Anlagen zur Lagerung von brennbaren Gasen in Behältern mit einem Fassungsvermögen von mindestens drei Tonnen genehmigungspflichtig. Gasleitungen zählen nicht zur Lagervorrichtung.

b. Das Problem der Nebenanlage

Zu beachten ist hier, dass die Lagereinrichtung u. U. nur Nebenanlage im Sinne des § 1 Abs. 2 Nr. 2 der 4. BImSchV ist. Die Lagereinrichtungen dienen zwar insgesamt der Gasherstellung und -verstromung. Dennoch sind sie grundsätzlich für die Gasherstellung entbehrlich. Auch ohne die Lagerstätten wäre eine Gasherstellung möglich und deshalb gehören sie nicht zum Anlagenkern. Unterliegt der Anlagenkern keiner Genehmigungspflicht nach dem BImSchG, ist nur für die Nebenanlage ein BImSchG-Genehmigungsverfahren durchzuführen. Die Genehmigungspflicht einer Nebenanlage zieht nicht die Genehmigungspflicht der gesamten Anlage nach § 4 Abs. 1 BImSchG nach sich. Das Gesetz benennt nur die Möglichkeit, dass sich die Genehmigungspflicht des Anlagenkerns auf die Nebenanlage bezieht. Ob hier der Anlagenbegriff des § 3 Nr. 1 EEG 2009 heranzuziehen ist, der auch Gärrestbehälter zur Anlage zählt (vgl. oben Kap. 1, C.II.4.d.), ist zweifelhaft. Der Anlagenbegriff des BImSchG ist nicht dem des EEG 2009 gleichzusetzen, da die Zwecksetzung der beiden Gesetze vollkommen unterschiedlich ist.

Auch eine gemeinsame Anlage im Sinne des § 1 Abs. 3 der 4. BImSchV ist bei solchen Lagerstätten nicht anzunehmen, da die Anlagenarten nicht von derselben

---

144 Runderlass des MU Niedersachsen vom 2.6.2004 (Stand: 27.2.2007), Hinweise zum Immissionsschutz bei Biogasanlagen, Anforderungen zur Vermeidung und Verminderung von Gerüchen und sonstigen Emissionen (abgedruckt im Anhang A.V.), Nr. 1.2.2.

145 *Kloepfer*, Umweltrecht, § 20 Rn. 163.

146 *Hinsch*, ZUR 2007, 401 (402).

Art sind. Ebenso liegt kein Fall des § 1 Abs. 4 der 4. BImSchV vor, da diese Norm erst Anwendung findet, wenn sowohl der Anlagenkern als auch die Nebenanlage nach § 4 BImSchG genehmigungspflichtig sind.

4. Die Biogasanlage als Nebenanlage

Im Ergebnis ist eine unmittelbare Genehmigungspflicht nach dem BImSchG für Biogasanlagen nur in seltenen Fällen anzunehmen.

Allerdings kann sich die Genehmigungspflicht aus § 1 Abs. 2 Nr. 2 der 4. BImSchV ergeben. Das Genehmigungserfordernis erstreckt sich auf alle vorgesehenen Nebeneinrichtungen, die mit den nach dem Anhang genehmigungsbedürftigen Anlagen in einem räumlichen und betriebstechnischen Zusammenhang stehen und die für

- das Entstehen schädlicher Umwelteinwirkungen (lit. a),
- die Vorsorge gegen schädliche Umwelteinwirkungen (lit. b) oder
- das Entstehen sonstiger Gefahren, erheblicher Nachteile oder erheblicher Belästigungen (lit. c)

von Bedeutung sein können.[147]

Biogasanlagen sind insbesondere in der Umgebung landwirtschaftlicher Betriebe, die Tierhaltung betreiben und Getreide lagern, vorstellbar. Nach Nr. 7.1 der Anlage zur 4. BImSchV besteht eine Genehmigungspflicht für Anlagen zum Halten oder zur Aufzucht von Geflügel oder Pelztieren oder zum Halten oder zur getrennten Aufzucht von Rindern oder Schweinen, sobald die Tierzahl bestimmte Werte übersteigt. Nach Nr. 7.35 der Anlage zur 4. BImSchV besteht eine Genehmigungspflicht für offene oder unvollständig geschlossene Anlagen zur Erfassung von Getreide, Ölsaaten oder Hülsenfrüchten, soweit 400 Tonnen oder mehr pro Tag bewegt werden können und 25.000 Tonnen oder mehr je Kalenderjahr umgeschlagen werden.

a. Die Einordnung als Nebenanlage

Die Biogasanlage zählt bei solchen Anlagen nicht zum Anlagenkern, da sie nicht notwendig ist, um den Zweck der Anlage zu erfüllen. Der Zweck der oben genannten Anlagen ist die Tierhaltung oder die Lagerung von Getreide.

Die Biogasanlage kann jedoch eine so genannte Nebeneinrichtung sein. Solche Einrichtungen haben im Hinblick auf den primär verfolgten Betriebszweck keinen in einem engeren technischen Sinn notwendigen Verfahrensschritt zum Gegenstand. Sie gehören nicht zum Anlagenkern. Sie sind aber auf den Zweck des Anlagenkerns hin ausgerichtet. Sie sind der Haupteinrichtung untergeordnet und müssen dem Hauptzweck der Anlage dienen, um als Nebeneinrichtung gelten zu

147 Beachte, dass der Anlagenbegriff des BImSchG nicht mit dem des EEG 2009 identisch ist.

können.[148] Eine Nebenanlage ist anzunehmen, wenn die Haupteinrichtung für das gesamte Anlagengelände und somit auch für die Nebenanlage prägend ist.[149]

Ob eine Biogasanlage den oben genannten genehmigungsbedürftigen Anlagen untergeordnet ist und dem Anlagenzweck dient, ist jeweils einzelfallbezogen zu klären. Eine dienende Biogasanlage ist dann anzunehmen, wenn der gewonnene Strom oder die gewonnene Wärme innerhalb des Betriebs zur Anwendung kommt. Ebenso ist eine dienende Anlage nicht auszuschließen, wenn in der Hauptanlage angefallene Stoffe wie Gülle oder Abfall auf dem kürzesten Weg behandelt und verwendet werden,[150] um Kosten zu senken und die Nutzbarkeit zu erhöhen.

Es bestehen jedoch einige Bedenken, eine Biogasanlage als Nebenanlage einzustufen. Insbesondere wegen der Förderung durch das EEG 2009 gewinnen Biogasanlagen eine eigenständige Bedeutung. Der „Güllebonus" hat eher den Effekt, dass Tierhaltungsbetriebe errichtet werden, um Gülle als Einsatzstoff für Biogasanlagen zu gewinnen. Fraglich ist demnach, welche Anlage die tatsächlich dienende ist. Hier ist zu prüfen, welche Funktion der Biogasanlage überwiegt (Schwerpunkt).[151] Nimmt sie auch Einsatzstoffe vermehrt aus anderen Bereichen an und dient die erzeugte Energie ebenso anderen Einrichtungen, fehlt es wohl am Charakter einer Nebenanlage.

Eine abschließende Klärung ist nicht möglich. Im Einzelfall kann eine Biogasanlage durchaus eine dienende Anlage sein. Dennoch ist zu beachten, dass ein betriebstechnischer Zusammenhang allein nicht genügt, um eine dienende Anlage zu bejahen; Anlagen, die nicht mittelbar dem Zweck des Anlagenkerns dienen, können keine Nebenanlage sein.[152] Die Biogasanlage muss dem Anlagenkern überwiegend dienen.[153]

b. Das Problem des betrieblich-räumlichen Zusammenhangs

Um als Nebenanlage gelten zu können, muss die dienende Anlage mit dem Anlagekern in einem betrieblichen und darüber hinaus auch in einem räumlichen Zusammenhang stehen und für das Emissionsverhalten oder die Sicherheit der Anlage Bedeutung haben, § 2 Abs. 2 der 4. BImSchV. Ein betriebstechnischer Zusammen-

148 BVerwG, Urteil vom 6.7.1984 – 7 C 71/82, NVwZ 1985, 46; *Dietlein*, in: Landmann/Rohmer, Umweltrecht, Bd. I, § 4 BImSchG Rn. 47.

149 *Jarass*, NVwZ 1995, 529 (532).

150 VG Stade, Beschluss vom 30.1.2004 – 1 B 2059/03, Rn. 25 (juris); *Kälberer*, AbfallR 2005, 7 (10).

151 *Kälberer*, AbfallR 2005, 7 (10); *Lampe*, NuR 2006, 152 (157).

152 So aber VG Stade, Beschluss vom 30.1.2004 – 1 B 2059/03, Rn. 25 (juris): hiernach müssen Nebeneinrichtungen nicht zwangsläufig dem gleichen Zweck dienen; hier wird insbesondere nur der Funktionszusammenhang herangezogen, um die Eigenschaft der Biogasanlage als Nebenanlage zu begründen; auch wenn im entschiedenen Fall dem Ergebnis zuzustimmen ist.

153 So auch *Hinsch*, ZUR 2007, 401 (402).

hang besteht, wenn der Anlagenkern und die Nebeneinrichtung eine Verbindung aufweisen, um die dienende Funktion zu manifestieren. Einen solchen Zusammenhang können Versorgungsleitungen oder Transportmittel begründen.[154]

c. Das Problem des Immissions- oder Gefahrenschutzes

Hinzutreten muss die Bedeutung für den Immissions- oder Gefahrenschutz. Die Nebeneinrichtung muss nur aufgrund ihrer Beschaffenheit oder ihrer Funktion Bedeutung für das Entstehen oder die Verhinderung schädlicher Umwelteinwirkungen haben können; die bloße Möglichkeit genügt.[155] Eine Biogasanlage kann sowohl zur Entstehung schädlicher Umwelteinwirkungen als auch zur Verringerung dieser beitragen. Durch den Anlagenbetrieb kann insbesondere die Konzentration von Gerüchen und Schadstoffen steigen, vgl. oben Kap. 1, E. Dessen ungeachtet trägt die Biogasanlage auch zur Verringerung der Geruchskonzentration der Gülle bei.

d. Die Einordnung der Biogasanlage als Nebenanlage als ein Problem des Einzelfalls

Besteht nach alldem eine dienende Funktion der Biogasanlage zu einer oben genannten genehmigungsbedürftigen Anlage, so liegen in der Regel auch die restlichen Voraussetzungen für die Bejahung einer Nebenanlage vor. Im Einzelfall ist damit auch eine allein nicht genehmigungspflichtige Biogasanlage über § 1 Abs. 2 der 4. BImSchV genehmigungspflichtig. Das Genehmigungsverfahren umfasst dann sowohl den Anlagenkern als auch die Biogasanlage.

5. Das Ergebnis betreffend die Genehmigungspflicht nach § 4 BImSchG

Im Einzelfall besteht eine Genehmigungspflicht nach § 4 Abs. 1 BImSchG. Entscheidend sind die Energiemenge, die Einsatzstoffe, die Lagerflächen oder die Zuordnung zu einem anderen Betrieb.

II. Zur Notwendigkeit der Erteilung einer Änderungsgenehmigung nach § 16 BImSchG

Bei einer bestehenden BImSchG-Anlage führt die Errichtung einer Biogasanlage u. U. zum Bedürfnis einer Änderungsgenehmigung nach § 16 BImSchG. § 16

154 *Hansmann/Röckinghausen*, in: Landmann/Rohmer, Umweltrecht, Bd. II, § 1 4. BImSchV Rn. 19.
155 *Hansmann/Röckinghausen*, in: Landmann/Rohmer, Umweltrecht, Bd. II, § 1 4. BImSchV Rn. 20.

BImSchG bestimmt, dass die Änderung der Lage, der Beschaffenheit oder des Betriebs einer genehmigungsbedürftigen Anlage einer Genehmigung bedarf, wenn durch die Änderung nachteilige Auswirkungen hervorgerufen werden können und diese für die Prüfung nach § 6 Abs. 1 Nr. 1 erheblich sein können (wesentliche Änderung). Nicht wesentliche Änderungen sind lediglich nach § 15 BImSchG anzuzeigen. Die Hinzufügung einer Nebenanlage führt zur Änderung der Beschaffenheit der Anlage.[156] Ist also eine Biogasanlage als Nebenanlage einer der oben genannten nach BImSchG genehmigten Anlage zuzurechnen, ist ein erneutes Genehmigungsverfahren durchzuführen, wenn die hervorgerufenen Auswirkungen nachteilig und erheblich für die Prüfung der Genehmigungsfähigkeit nach § 6 Abs. 1 Nr. 1 BImSchG sind. Nachteilig sind die Auswirkungen, wenn sie die Schutzgüter des § 1 BImSchG im Normalbetrieb oder bei Störfällen negativ belasten.[157] Die in § 1 BImSchG benannten Schutzgüter sind Menschen, Tiere und Pflanzen, der Boden, das Wasser, die Atmosphäre sowie Kultur- und sonstige Sachgüter. Biogasanlagen können insbesondere negative Auswirkungen auf Menschen (Geruchsbelastung), den Boden und das Wasser haben.

Diese nachteiligen Auswirkungen sind erheblich im Sinne des § 16 Abs. 1 BImSchG, wenn sich die Genehmigungsfrage im Hinblick auf die Grundpflichtenerfüllung nach § 5 BImSchG durch die Anlagenänderung erneut stellt.[158] Wie bereits dargestellt, gehen von einer Biogasanlage erhebliche Geruchsemissionen aus, die die Konzentration der Emissionen und Immissionen, die der bisherigen Anlage entstammen, erhöhen können. Das hat Einfluss auf die Erfüllung der Betreiberpflichten nach § 5 BImSchG.

Die Errichtung einer Biogasanlage als Nebenanlage einer bestehenden Anlage führt in der Regel zu einem Änderungsgenehmigungsverfahren.

III. Gesamtergebnis zur Genehmigungspflicht nach dem Bundes-Immissionsschutzgesetz

Nach den gesetzlichen Grundlagen ist eine Genehmigungspflicht für Biogasanlagen wohl nur selten anzunehmen, da das EEG 2009 die besondere Förderung von Anlagen mit geringer Energiegewinnung und der Nutzung nachwachsender Rohstoffe vorsieht. Gerade solche Anlagen allein unterliegen nicht der Genehmigungspflicht.

---

156 *Sellner*, in: Landmann/Rohmer, Umweltrecht, Bd. I, § 16 BImSchG Rn. 96.

157 *Jarass*, BImSchG, § 16 Rn. 10.

158 *Sellner*, in: Landmann/Rohmer, Umweltrecht, Bd. I, § 16 BImSchG Rn. 96.

Ob eine Biogasanlage eine Nebenanlage im Sinne des § 1 Abs. 2 der 4. BImSchV sein kann, ist einzelfallbezogen zu beurteilen und nach den durch das EEG 2009 geschaffenen Grundlagen eher zu bezweifeln.

Wichtig ist die regelmäßige Überwachung der Biogasanlagen, um festzustellen, ob sich die Einsatzstoffe bzw. die Menge der gewonnenen Energie ändern. Bei Anlagen, die nicht nach dem BImSchG genehmigungspflichtig sind, können die Änderungen ggf. zur Notwendigkeit einer Genehmigung nach § 16 BImSchG führen. In solchen Fällen deckt eine Baugenehmigung den Anlagenbetrieb nicht mehr ab.

Im Rahmen eines Genehmigungsverfahrens nach BImSchG ist zu beachten, dass ggf. eine UVP-Prüfung vorzunehmen ist. Soweit §§ 3a ff. UVPG eine UVP-Prüfung vorschreiben, ist ein Regelgenehmigungsverfahren nach § 10 BImSchG durchzuführen, § 2 Abs. 1 Nr. 1 lit. c) der 4. BImSchV.

IV. Die Folgen der Konzentrationswirkung nach § 13 BImSchG

Ist eine Genehmigung nach dem BImSchG einzuholen, ist aufgrund der Konzentrationswirkung des § 13 BImSchG eine weitere Genehmigung, insbesondere eine Baugenehmigung, nicht notwendig. Die Konzentrationswirkung fehlt jedoch hinsichtlich folgender öffentlich-rechtlicher Genehmigungen, Zulassungen, Verleihungen, Erlaubnisse und Bewilligungen: Planfeststellungen, Zulassungen bergrechtlicher Betriebspläne, behördliche Entscheidungen aufgrund atomrechtlicher Vorschriften und wasserrechtliche Erlaubnisse und Bewilligungen nach den §§ 7 und 8 des Wasserhaushaltsgesetzes (WHG). Die Konzentrationswirkung umfasst auch die Zulassung nach der Verordnung (EG) Nr. 1774/2002.[159]

B. Genehmigung nach Art. 15 Verordnung (EG) Nr. 1774/2002 (Verordnung über tierische Nebenprodukte)

Zu beachten ist bei der Genehmigung von Biogasanlagen ebenfalls die Verordnung (EG) Nr. 1774/2002. Auch tierische Nebenprodukte aus der Landwirtschaft können in einer Biogasanlage Verwendung finden, vgl. § 2 Abs. 2 Nr. 3 BiomasseV. Um Gefahren, die von tierischen Nebenprodukten ausgehen können, vorzubeugen, erließ die Europäische Gemeinschaft die Verordnung (EG) Nr. 1774/2002. Sie erfasst alle Stoffe tierischer Herkunft, die nicht zum menschlichen Verzehr bestimmt

159 Verordnung über tierische Nebenprodukte, ABl. EG L 273 vom 10.10.2002, S. 1–95.

sind.[160] Gülle gilt nunmehr als tierisches Nebenprodukt. Biogasanlagen, die der Verordnung (EG) Nr. 1774/2002 unterliegende tierische Nebenprodukte einsetzen, bedürfen einer Zulassung nach Art. 15.

Diese Zulassung ist grundsätzlich notwendig, wenn keine Genehmigungspflicht nach § 4 BImSchG besteht. Nur in Brandenburg gilt eine Ausnahme. Hier kommt auch der Baugenehmigung Konzentrationswirkung zu, § 67 Abs. 1 Satz 2 BbgBO.[161]

C. Zur Notwendigkeit der Erteilung einer Baugenehmigung

Wie bereits dargestellt, besteht eine Biogasanlage aus mehreren Komponenten. Sowohl jede einzelne Komponente als auch die Kombination dieser Komponenten weisen eine bodenrechtliche Relevanz im Sinne des § 29 BauGB[162] auf. Zudem gelten sie als bauliche Anlagen. Es besteht mithin eine Genehmigungspflicht nach den Vorschriften der jeweiligen Landesbauordnungen.

D. Gesamtergebnis zur Genehmigungspflicht

Biogasanlagen sind immer genehmigungspflichtig. Entweder ist die Erteilung einer Baugenehmigung notwendig oder es besteht eine Genehmigungspflicht nach § 4 BImSchG. Eine Zulassung nach Art. 15 Verordnung (EG) Nr. 1774/2002 kommt ebenfalls in Betracht. Wenn eine Genehmigung nach § 4 BImSchG benötigt wird, umfasst diese Genehmigung wegen der Konzentrationswirkung nach § 13 BImSchG auch die Genehmigung nach Baurecht und europäischem Hygienerecht. Wenn die Genehmigungspflicht nach dem BImSchG nicht besteht, sind das europäische Hygienerecht und das Baurecht „isoliert“ zu prüfen.

Unter Umständen ist bei Anlagen, die Bioabfall behandeln, eine Genehmigung nach § 6 Abs. 2 BioAbfV oder § 7 BioAbfV einzuholen.

160 *Lampe*, NuR 2006, 152 (157).

161 Brandenburgische Bauordnung in der Fassung der Bekanntmachung vom 17.9.2008, GVBl. I S. 226.

162 Baugesetzbuch in der Fassung der Bekanntmachung vom 23.9.2004, BGBl. I S. 2414, zuletzt geändert durch Art. 4 des Gesetzes vom 24.12.2008, BGBl. I S. 3018.

Kapitel 3: Das praktische Problem: Die von der Biogasanlage zu erfüllenden Voraussetzungen für ihre Genehmigung

A. Die Anforderungen an die Genehmigung von Biogasanlagen nach dem Bundes-Immissionsschutzgesetz

Biogasanlagen sind immer genehmigungspflichtig. Deshalb sind die jeweiligen Genehmigungsvoraussetzungen zu betrachten. Wegen der Konzentrationswirkung der immissionsschutzrechtlichen Genehmigungen ist zunächst zu untersuchen, unter welchen Voraussetzungen Biogasanlagen nach dem Bundes-Immissionsschutzgesetz zu genehmigen sind. Diese Frage kann nicht unbeantwortet bleiben, da auch Landwirte, die eine Biogasanlage im Außenbereich betreiben, u. U. eine Genehmigung nach dem Immissionsschutzrecht einholen müssen. Darüber hinaus ist zu beachten, dass Biogasanlagenbetreiber immissionsschutzrechtliche Vorgaben zu befolgen haben, unabhängig davon, ob die Anlage genehmigungspflichtig nach § 4 BImSchG oder genehmigungsfrei nach § 22 BImSchG ist.

Das BImSchG unterscheidet zwischen genehmigungspflichtigen und genehmigungsfreien Anlagen. Im Mittelpunkt der Betrachtung stehen die genehmigungspflichtigen. In einem Exkurs finden auch die genehmigungsfreien Anlagen Betrachtung.

I. Die Anforderungen an genehmigungsbedürftige Anlagen

Bei nach § 4 Abs. 1 BImSchG genehmigungsbedürftigen Anlagen ist eine Genehmigung nach § 6 Abs. 1 BImSchG zu erteilen, wenn

- sichergestellt ist, dass die sich aus § 5 BImSchG und einer auf Grund des § 7 BImSchG erlassenen Rechtsverordnung ergebenden Pflichten erfüllt werden (immissionsschutzrechtliche Pflichten), und
- andere öffentlich-rechtliche Vorschriften und Belange des Arbeitsschutzes der Errichtung und dem Betrieb der Anlage nicht entgegenstehen.

1. Die Einhaltung der Betreiberpflichten nach § 5 Abs. 1 BImSchG

a. Die verschiedenen Betreiberpflichten

Nach § 5 Abs. 1 Satz 1 BImSchG sind genehmigungsbedürftige Anlagen so zu errichten und zu betreiben, dass zur Gewährleistung eines hohen Schutzniveaus für die Umwelt insgesamt

- schädliche Umwelteinwirkungen und sonstige Gefahren, erhebliche Nachteile und erhebliche Belästigungen für die Allgemeinheit und die Nachbarschaft nicht hervorgerufen werden können (Nr. 1) – so genannte Schutz-[163], Gefahrenabwehr-[164] oder Vermeidungspflicht[165];
- Vorsorge gegen schädliche Umwelteinwirkungen und sonstige Gefahren, erhebliche Nachteile und erhebliche Belästigungen getroffen wird, insbesondere durch die dem Stand der Technik entsprechenden Maßnahmen (Nr. 2) – so genannte Vorsorgepflicht;
- Abfälle vermieden, nicht zu vermeidende Abfälle verwertet und nicht zu verwertende Abfälle ohne Beeinträchtigung des Wohls der Allgemeinheit beseitigt werden; Abfälle sind nicht zu vermeiden, soweit die Vermeidung technisch nicht möglich oder nicht zumutbar ist; die Vermeidung ist unzulässig, soweit sie zu nachteiligeren Umweltauswirkungen führt als die Verwertung; die Verwertung und Beseitigung von Abfällen erfolgt nach den Vorschriften des KrW-/AbfG und den sonstigen für die Abfälle geltenden Vorschriften (Nr. 3);
- Energie sparsam und effizient verwendet wird (Nr. 4).

Diese in § 5 Abs. 1 Satz 1 BImSchG genannten Betreiberpflichten bestehen fortwährend, nicht nur als Genehmigungsvoraussetzung, sondern auch nach Genehmigungserteilung (dynamische Dauerpflicht).[166]

Die Abfallpflicht des § 5 Abs. 1 Satz 1 Nr. 3 BImSchG wird erst bei solchen Abfällen relevant, die selbst in der Anlage angefallen sind.[167] Fallen beim Anlagenbetrieb Abfälle an, sind diese vorrangig zu verwerten bzw. ordnungsgemäß zu beseitigen. Hier ist auf die Vorgaben des Zweiten Teils des KrW-/AbfG zu verweisen.

Besonders wichtig im Rahmen der Erzeugung von Biogas sind die Vermeidungs- und die Vorsorgepflicht, da diese den Anlagenbetreiber verpflichten, schädliche Umwelteinwirkungen zu verhindern bzw. deren Entstehung vorzubeugen. Im Mittelpunkt der Bearbeitung stehen an dieser Stelle somit die Vermeidung schädlicher Umwelteinwirkungen und die Vorsorge gegen sie.

163 *Kloepfer*, Umweltrecht, § 14 Rn. 99, 103.

164 *Jarass*, BImSchG, § 5 Rn. 6.

165 *Dietlein*, in: Landmann/Rohmer, Umweltrecht, Bd. I, § 5 BImSchG Rn. 53.

166 *Dietlein*, in: Landmann/Rohmer, Umweltrecht, Bd. I, § 5 BImSchG Rn. 4, 21, 180; *Hansmann*, NVwZ 1990, 409 (414); *Kotulla*, in: Kotulla (Hrsg.), BImSchG, Bd. I, § 5 Rn. 6 f.; *Sparwasser/Engel/Voßkuhle*, Umweltrecht, § 10 Rn. 143.

167 Vgl. hierzu Musterentwurf des Länderausschusses für Immissionsschutz für eine Verwaltungsvorschrift zu § 5 Abs. 1 Nr. 3 BImSchG, NVwZ 1989, 130 (beachte, dass hier noch von Reststoffen gesprochen wird; dieser Terminus wurde mit dem Gesetz vom 6.10.1996 durch den Begriff des Abfalls ersetzt); OVG Lüneburg, Urteil vom 8.9.1980 – 7 A 42/78, GewArch, 1981, 341; *Fluck*, BB 1991, 1797 (1801) m.w.N.

b. Die schädlichen Umwelteinwirkungen einer Biogasanlage

Wie bereits hervorgehoben, sind schädliche Umwelteinwirkungen im Sinne des § 3 Abs. 1 BImSchG Immissionen, die nach Art, Ausmaß oder Dauer geeignet sind, Gefahren, erhebliche Nachteile oder erhebliche Belästigungen für die Allgemeinheit oder die Nachbarschaft herbeizuführen. Immissionen sind auf Menschen, Tiere und Pflanzen, den Boden, das Wasser, die Atmosphäre sowie Kultur- und sonstige Sachgüter einwirkende Luftverunreinigungen, Geräusche, Erschütterungen, Licht, Wärme, Strahlen und ähnliche Umwelteinwirkungen, § 3 Abs. 2 BImSchG.

In Biogasanlagen können zum einen Geräusche, zum anderen aber insbesondere Luftverunreinigen entstehen.

Diese Emissionen sind erst dann für die Genehmigungserteilung maßgeblich, wenn sie in Verdacht stehen (erhebliche) schädliche Umwelteinwirkungen hervorzurufen. Der Begriff der „schädlichen Umwelteinwirkung" ist als unbestimmter Rechtsbegriff ausgestaltet. Er bedarf daher einer Konkretisierung, um feststellen zu können, wann Immissionen eine schädliche Umwelteinwirkung darstellen. Diesem Rechnung tragend enthält das BImSchG mehrfach Ermächtigungsgrundlagen, um eine Konkretisierung der unbestimmten Rechtsbegriffe mittels Rechtsverordnung oder Verwaltungsvorschrift zu ermöglichen. § 7 BImSchG räumt die Möglichkeit ein, Rechtsverordnungen zu erlassen, um unbestimmte Rechtsbegriffe zu konkretisieren. Einen gleichen Zweck verfolgt § 48 BImSchG. § 48 BImSchG enthält die Ermächtigung zum Erlass von Verwaltungsvorschriften. Aufgrund dieser Ermächtigungsgrundlage erließ die Bundesregierung die so genannten Technischen Anleitungen Luft und Lärm (TA Luft[168] und TA Lärm[169]).

Die TA Luft und die TA Lärm konkretisieren das Maß der gesetzlich gebotenen Vorsorge und des Schutzes gegen schädliche Umwelteinwirkungen.[170] Wegen ihres normkonkretisierenden Charakters sind diese Verwaltungsvorschriften auch für Gerichte verbindlich.[171] Die technischen Anleitungen umfassen alle genehmigungsbedürftigen Anlagen nach dem BImSchG. Unter besonderen Umständen sind diese technischen Anleitungen auch unter Einschränkungen auf nicht genehmigungsbedürftige Anlagen anwendbar.

Die TA Lärm enthält grundlegende Anforderungen an die von einer Anlage ausgehenden Geräusche. Im Bereich der Luftverschmutzung durch Geruch ist zum

168 Technische Anleitung zur Reinhaltung der Luft – TA Luft vom 24.7.2002, GMBl. S. 511.

169 Technische Anleitung zum Schutz gegen Lärm – TA Lärm vom 26.8.1998, GMBl. S. 503.

170 BVerwG, Urteil vom 10.1.1995 – 7 B 112/94, NVwZ 1995, 994.

171 BVerwG, Urteil vom 10.1.1995 – 7 B 112/94, NVwZ 1995, 994; *Sparwasser/Engel/Voßkuhle*, Umweltrecht, § 10 Rn. 143; *Sparwasser/Komorowski*, VBlBW 2000, 348 (354).

einen die TA Luft, zum anderen die Geruchsimmissions-Richtlinie (GIRL)[172] zu beachten.

aa. Der von einer Biogasanlage emittierte Lärm

Ob eine schädliche Umwelteinwirkung durch Geräusche vorliegen, ist nach der TA Lärm zu bestimmen.

(1) Der Anwendungsbereich der TA Lärm

Die TA Lärm dient dem Schutz der Allgemeinheit und der Nachbarschaft vor schädlichen Umwelteinwirkungen durch Geräusche sowie der Vorsorge gegen schädliche Umwelteinwirkungen durch Geräusche.

Sie gilt für Anlagen, die als genehmigungsbedürftige oder nicht genehmigungsbedürftige Anlagen den Anforderungen des Zweiten Teils des BImSchG unterliegen, also auch grundsätzlich Biogasanlagen; davon ausgenommen sind jedoch u. a. landwirtschaftliche Anlagen, Nr. 1 Abs. 2 lit. c) TA Lärm. Mit der Rechtsprechung des *OVG Rheinland-Pfalz*,[173] die den Betrieb einer Biogasanlage als landwirtschaftliche Tätigkeit im Sinne des § 201 BauGB ansieht, stellt sich die Frage, ob die TA Lärm überhaupt auf Biogasanlagen Anwendung findet. Das Urteil des *OVG Rheinland-Pfalz* aus dem Jahre 2001 ist jedoch irreführend, da es in den Entscheidungsgründen nicht die Biogasanlage als solche als landwirtschaftliche Anlage im Sinne des § 201 BauGB versteht, sondern als eine einem landwirtschaftlichen Betrieb dienende Anlage im Sinne des § 35 Abs. 1 Nr. 1 BauGB. Ein anderes Urteil des *OVG Rheinland-Pfalz* stellt klar, dass lediglich die Herstellung von Biomasse, die in einer Biogasanlage Verwendung finden soll, eine landwirtschaftliche Tätigkeit ist,[174] nicht die Biogasherstellung selbst. Zudem befassen sich beide Urteile mit Fragen des Bauplanungsrechts. Eine Parallele zur TA Lärm ist damit nicht zu ziehen. Biogasanlagen sind demnach keine landwirtschaftlichen Anlagen im Sinne der Nr. 1 Abs. 2 TA Lärm.

Selbst wenn Biogasanlagen als landwirtschaftliche Anlage in diesem Sinne gälten, wäre die TA Lärm als Anhaltspunkt oder gar entsprechend heranzuziehen.[175]

(2) Die Lärmquellen einer Biogasanlage

Als Lärmquellen in einer Biogasanlage gilt überwiegend die Verstromung durch das Blockheizkraftwerk einschließlich möglicher Kühlungseinrichtungen. Hinzu

---

172 Geruchsimmissions-Richtlinie – GIRL vom 29.2.2008 und einer Ergänzung vom 10.9.2008, einzusehen unter: http://igsvtu.lanuv.nrw.de/vtu/oberfl/de/dokus/6/dokus/61101.pdf.

173 Vgl. OVG Rheinland-Pfalz, Urteil vom 24.10.2001 – 8 A 10125/01, RdL 2003, 295 (der redaktionelle Leitsatz sieht eine Biogasanlage als landwirtschaftliche Anlage an; unterscheidet sich vom amtlichen Leitsatz).

174 OVG Rheinland-Pfalz, Urteil vom 22.11.2007 – 1 A 10253/07, BauR 2008, 794 (797).

175 VGH Baden-Württemberg, Urteil vom 8.11.2000 – 10 S 2317/99, NVwZ 2001, 1185; *Hansmann*, ZUR 2002, 208.

treten aber auch mögliche Emissionen weiterer Techniken auf dem Gelände, die dem Transport, der Sortierung oder der Zerkleinerung der Einsatzstoffe dienen. Insbesondere Verkehrslärm auf dem Betriebsgelände oder bei der Ein- und Ausfahrt sind als Zusatzbelastung zu erfassen, soweit sie im Zusammenhang mit dem Anlagenbetrieb stehen, vgl. Nr. 7.4 Abs. 1 TA Lärm. Geräusche des Lieferverkehrs auf öffentlichen Straßen sind nur unter besonderen Umständen mit zu erfassen und somit in der Regel zu vernachlässigen.

Zu beachten ist jedoch auch Nr. 7.4 Abs. 2 TA Lärm. Geräusche des An- und Abfahrverkehrs auf öffentlichen Verkehrswegen in einem Abstand bis zu 500 m zum Betriebsgrundstück sollen durch Maßnahmen organisatorischer Art so weit wie möglich vermindert werden. Diese Pflicht besteht, wenn

- die Verkehrsgeräusche den Beurteilungspegel der Verkehrsgeräusche für den Tag oder die Nacht rechnerisch um mindestens 3 dB(A) erhöhen,
- keine Vermischung mit dem übrigen Verkehr erfolgt ist,
- und die Immissionsgrenzwerte der Verkehrslärmschutzverordnung (16. BImSchV[176]) erstmals oder weitergehend überschritten werden.

(3) Die Erfüllung der Schutzpflicht nach der TA Lärm

Der Schutz vor schädlichen Umwelteinwirkungen durch Geräusche (§ 5 Abs. 1 Satz 1 Nr. 1 BImSchG) ist sichergestellt, wenn die Gesamtbelastung am maßgeblichen Immissionsort die Immissionsrichtwerte nach Nr. 6 TA Lärm nicht überschreitet. Ein Richtwert ist ein Zahlenwert, der regelmäßig einzuhalten ist; Überschreitungen dieses Richtwerts sind jedoch im Unterschied zu Grenzwerten nicht ausgeschlossen.[177]

(a) Um zu entscheiden, ob der Anlagenbetrieb die Richtwerte nicht überschreitet, ist zunächst der maßgebliche Lärmpegel zu ermitteln. Maßgeblich ist immer die Gesamtbelastung. Notwendig ist also, die Vor- und Zusatzbelastung am Immissionsort festzustellen.

Die Vorbelastung ist die Belastung eines Orts mit Geräuschimmissionen von allen Anlagen, für die die TA Lärm gilt, ohne den Immissionsbeitrag der zu beurteilenden Anlage.

Zusatzbelastung ist der Immissionsbeitrag, der an einem Immissionsort durch die zu beurteilende Anlage voraussichtlich (bei geplanten Anlagen) oder tatsächlich (bei bestehenden Anlagen) hervorgerufen wird. Gesamtbelastung im Sinne der TA Lärm ist die Belastung eines Immissionsorts, die von allen Anlagen hervorgerufen wird, für die die TA Lärm gilt.

---

176 Verkehrslärmschutzverordnung vom 12.6.1990, BGBl. I S. 1036, zuletzt geändert durch Art. 3 des Gesetzes vom 19.9.2006, BGBl. I S. 2146.

177 *Jarass*, BImSchG, § 48 Rn. 16; *Sparwasser/Komorowski*, VBlBW 2000, 348.

Maßgeblicher Immissionsort ist der Ort im Einwirkungsbereich der Anlage, an dem eine Überschreitung der Immissionsrichtwerte am ehesten zu erwarten ist, vgl. Nr. 2.3 Abs. 1 TA Lärm. Der maßgebliche Immissionsort liegt nach Nr. A.1.3 des Anhangs zur TA Lärm

- bei bebauten Flächen 0,5 m außerhalb vor der Mitte des geöffneten Fensters des vom Geräusch am stärksten betroffenen schutzbedürftigen Raums;
- bei unbebauten Flächen oder bebauten Flächen, die keine Gebäude mit schutzbedürftigen Räumen enthalten, an dem am stärksten betroffenen Rand der Fläche, wo nach dem Bau- und Planungsrecht Gebäude mit schutzbedürftigen Räumen erstellt werden dürfen;
- bei mit der zu beurteilenden Anlage baulich verbundenen schutzbedürftigen Räumen, bei Körperschallübertragung sowie bei der Einwirkung tieffrequenter Geräusche in dem am stärksten betroffenen schutzbedürftigen Raum.

Die Ermittlung erfolgt durch Messungen oder Prognosen, vgl. Anhang A.2 und A.3 der TA Lärm.

(b) Die ermittelte Gesamtbelastung darf die in Nr. 6 TA Lärm genannten Richtwerte nicht überschreiten. Entscheidend für die Zulässigkeit ist die bauplanungsrechtliche Gebietskategorie des Gebiets, in welchem sich das betroffene Objekt befindet. Die TA Lärm regelt Richtwerte für folgende Gebiete: Industrie-, Gewerbe-, Kern-, Dorf-, Misch-, Wohn-, Kleinsiedlungs- und Kurgebiete, für Krankenhäuser sowie Pflegeanstalten. Biogasanlagen treten überwiegend in Gewerbe- und Industriegebieten, aber auch Dorfgebieten auf. In diesen Gebieten sind folgende Richtwerte einzuhalten:

- in Industriegebieten 70 dB(A),
- in Gewerbegebieten tags 65 dB(A) und nachts 40 dB(A),
- in Dorfgebieten tags 60 dB(A) und nachts 45 dB(A).

Bei so genannten Gemengelagen ist ein geeigneter Zwischenwert zu bilden, der die Richtwerte für Dorfgebiete nicht überschreitet, vgl. Nr. 6.7 TA Lärm.

Die Richtwerte richten sich nach den bauplanungsrechtlichen Kategorien der BauNVO[178]. Für den Außenbereich fehlen damit Vorgaben. Die Anwendung der TA Lärm im Außenbereich ist deshalb umstritten. Grundsätzlich gilt für solche sonstigen Gebiete, für die keine Festsetzungen bestehen, dass sie nach Nr. 6.1 TA Lärm entsprechend der Schutzbedürftigkeit zu beurteilen sind. Zum Teil wird vertreten, dass Nr. 6.7 TA Lärm entsprechend anzuwenden ist.[179] Andere ziehen einen Richtwert für ein Mischgebiet heran.[180] Hier wird wohl eine Einzelfallprüfung entspre-

178 Baunutzungsverordnung in der Fassung der Bekanntmachung vom 23.1.1990, BGBl. I S. 132, zuletzt geändert durch Art. 3 des Gesetzes vom 22.4.1993, BGBl. S. 466.

179 *Hansmann*, ZUR 2002, 207 (210); *Sparwasser/Komorowski*, VBlBW 2000, 348 (354).

180 OVG Greifswald, Beschluss vom 8.3.1999 – 3 M 85/98, NVwZ 1999, 1238 (1239); OVG Münster, Urteil vom 18.11.2002 – 7 A 2127/00, NVwZ 2003, 756; so auch *Hinsch*, ZUR 2007, 401 (406).

chend Nr. 3.2.2 TA Lärm in Betracht kommen.[181] Jedoch ist den Stimmen in Literatur und Rechtsprechung zuzustimmen, die dem Außenbereich einen geringeren Schutz zusprechen.[182]

(c) Zu beachten ist auch die so genannte Irrelevanz. Die Genehmigung für die zu beurteilende Anlage darf auch bei einer Überschreitung der Immissionsrichtwerte aufgrund der Vorbelastung aus Gründen des Lärmschutzes nicht versagt werden, wenn der von der Anlage verursachte Immissionsbeitrag im Hinblick auf den Gesetzeszweck als nicht relevant anzusehen ist. Das ist in der Regel der Fall, wenn die von der zu beurteilenden Anlage ausgehende Zusatzbelastung die Immissionsrichtwerte nach Nr. 6 TA Lärm am maßgeblichen Immissionsort um mindestens 6 dB(A) unterschreitet, Nr. 3.2.1 Abs. 2 TA Lärm.

(4) Die Erfüllung der Vorsorgepflicht nach der TA Lärm

Nr. 3.3 TA Lärm konkretisiert die Vorsorgepflicht des § 5 Abs. 1 Satz 1 Nr. 2 BImSchG.

Das Maß der Vorsorgepflicht gegen schädliche Umwelteinwirkungen durch Geräusche bestimmt sich einzelfallbezogen. Es ist notwendig, den Aufwand der Vorsorgemaßnahmen und die dadurch erreichbare Lärmminderung gegeneinander abzuwägen. Berücksichtigung müssen dabei die Bauleitplanung und die zu erwartende Immissionssituation finden. Die Geräuschemissionen der Anlage müssen so niedrig sein, wie dies zur Erfüllung der Vorsorgepflicht nötig und nach dem Stand der Technik zur Lärmminderung möglich ist. Maßgeblich ist demzufolge der Stand der Technik. Stand der Technik ist der Entwicklungsstand fortschrittlicher Verfahren, Einrichtungen oder Betriebsweisen, der die praktische Eignung einer Maßnahme zur Begrenzung von Emissionen in Luft, Wasser und Boden und sonst zur Vermeidung oder Verminderung von Auswirkungen auf die Umwelt zur Erreichung eines allgemein hohen Schutzniveaus für die Umwelt insgesamt gesichert erscheinen lässt, § 3 Abs. 6 BImSchG. Bei der Bestimmung des Stands der Technik sind insbesondere die im Anhang des BImSchG aufgeführten Kriterien zu berücksichtigen.

bb. Die von einer Biogasanlage verursachte Luftverunreinigung – Schadstoffe

Biogasanlagen können neben Lärm auch Luftverunreinigungen hervorrufen.

Luftverunreinigungen im Sinne des BImSchG sind Veränderungen der natürlichen Zusammensetzung der Luft, insbesondere durch Rauch, Ruß, Staub, Gase, Aerosole, Dämpfe (Schadstoffe) oder Geruchsstoffe, § 3 Abs. 4 BImSchG.

---

181 Ähnlich *Hansmann*, ZUR 2002, 207 (210).

182 OVG Münster, Beschluss vom 3.9.1999 – 10 B 1283-99, NVwZ 1999, 1360; *Sparwasser/Komorowski*, VBlBW 2000, 348 (354).

Ob schädliche Umwelteinwirkungen durch Schadstoffe vorliegen, ist nach der TA Luft zu beurteilen.

Nicht zu vernachlässigen sind auch die Regeln des Vereins Deutscher Ingenieure (VDI-Richtlinie). Bei Biogasanlagen ist die VDI-Richtlinie 3475[183] einschlägig. VDI 3475 Blatt 2 befasst sich mit der anaeroben Behandlung von Abfällen mit einer Anlagenkapazität bis ca. 6.000 Mg/a. VDI 3475 Blatt 3 beinhaltet Anforderungen an die Emissionsminderung bei Anlagen zur mechanischen und biologischen Behandlung von Siedlungsabfällen. VDI 3475 Blatt 3 enthält konkrete Angaben zu Biogasanlagen in der Landwirtschaft, die Energiepflanzen und Wirtschaftsdünger vergären. Diese Richtlinien spielen aber eine größere Rolle im Rahmen der schädlichen Umwelteinwirkungen durch Gerüche (vgl. unten Kap. 3 A.I.1.b.cc.). Im Vordergrund steht folglich die TA Luft.

(1) Der Anwendungsbereich der TA Luft

Die TA Luft dient dem Schutz der Allgemeinheit und der Nachbarschaft vor schädlichen Umwelteinwirkungen durch Luftverunreinigungen und der Vorsorge gegen schädliche Umwelteinwirkungen durch Luftverunreinigungen, um ein hohes Schutzniveau für die Umwelt insgesamt zu erreichen. Sie ist insbesondere bei der Erteilung einer Genehmigung nach § 6 Abs. 1 BImSchG zu beachten. Besondere Anforderungen (nach Nr. 5.1 bis 5.4 TA Luft) gelten nicht für genehmigungsbedürftige Anlagen, soweit in Rechtsverordnungen Anforderungen zur Vorsorge und zur Ermittlung der Emissionen an luftverunreinigenden Stoffen getroffen wurden.

Andere schädliche Umwelteinwirkungen als Luftverunreinigungen behandelt die TA Luft nicht.[184]

(2) Die Schadstoffquellen einer Biogasanlage

Im Rahmen des Betriebs einer Biogasanlage ist eine Luftverunreinigung durch folgende Stoffe möglich:

- *Methan:* dieses entsteht beim Vergärungsprozess und kann insbesondere bei Störfällen austreten; auch lagernder Gärrest kann beim Auftreten von Nachgärungen eine Methanquelle darstellen;
- *Ammoniak und Schwefelwasserstoff:* kann insbesondere bei der Lagerung von Einsatzstoffen – insbesondere Gülle und biologische Abfälle – freigesetzt werden;
- *Staub, Stickstoffoxide, Schwefeloxide, Kohlenmonoxid und Formaldehyd:* diese Luftschadstoffe entstehen bei der Verstromung des Gases im Blockheizkraftwerk.

---

183 Abgedruckt in VDI/DIN-Handbuch Reinhaltung der Luft, Band 3: Emissionsminderung II, S. 2 ff., Oktober 2007.

184 *Hansmann*, in: Landmann/Rohmer, Umweltrecht, Bd. II, Nr. 1 TA Luft Rn. 4.

(3) Die Erfüllung der Schutzpflicht nach der TA Luft bei Luftverunreinigungen durch Schadstoffe

Die Schutzpflicht nach § 5 Abs. 1 Satz 1 Nr. 1 BImSchG ist eingehalten, wenn die Gesamtbelastung aus Vor- und Zusatzbelastung die Immissionswerte zum Schutz der Gesundheit nach Nr. 4.2 TA Luft, die Immissionswerte für Staubniederschlag in Nr. 4.3 TA Luft, die Immissionswerte zum Schutz der Vegetation in Nr. 4.4 TA Luft und die Immissionswerte für Schadstoffdepositionen in Nr. 4.5 TA Luft zureichend nicht überschreitet. Bei diesen Immissionswerten handelt es sich um echte Grenzwerte.[185] Hinsichtlich Biogasanlagen ist bei diesen Grenzwerten besonderes Augenmerk auf Stoffe wie Stickstoff- und Schwefeldioxid zu legen. Auch Staub kann in der Anlage durch die Sortierung von Einsatzstoffen entstehen.

Die *Ermittlung der Immissionen* erfolgt ähnlich wie nach der TA Lärm dreistufig. Zunächst ist die Vorbelastung zu messen. Die von der geplanten Anlage ausgehenden zusätzlichen Immissionen sind zu berechnen, Nr. 4.6.4 TA Luft. Diese Berechnung ist nach dem Anhang 3 der TA Luft eine Ausbreitungsrechnung. Die sich aus Vor- und Zusatzbelastung ergebende Gesamtbelastung darf die oben genannten Immissionswerte nicht überschreiten. Die Ermittlung erfolgt für jeden Stoff gesondert.

Der *Messzeitraum* beträgt in der Regel ein Jahr.

Beurteilungsgebiet ist die Fläche, die sich vollständig innerhalb eines Kreises um den Emissionsschwerpunkt mit einem Radius befindet, der dem 50fachen der tatsächlichen Schornsteinhöhe entspricht, und in der die Zusatzbelastung im Aufpunkt mehr als 3 % des Langzeitkonzentrationswerts beträgt. Die Beurteilungspunkte für die Ermittlung der Gesamtbelastung sind so festzulegen, dass eine Beurteilung der Gesamtbelastung an den Punkten mit mutmaßlich höchster relevanter Belastung für dort nicht nur vorübergehend exponierte Schutzgüter ermöglicht wird, Nr. 4.6.2.6 TA Luft. Bei der Auswahl der Beurteilungspunkte ist somit die Belastungshöhe, ihre Relevanz für die Beurteilung der Genehmigungsfähigkeit und die Exposition zu prüfen.

Bei Schadstoffen, für die Immissionswerte in den Nr. 4.2 bis 4.5 TA Luft festgelegt sind, soll die Bestimmung von Immissionskenngrößen wegen geringer Emissionsmassenströme, wegen einer geringen Vorbelastung oder wegen einer irrelevanten Zusatzbelastung entfallen *(Irrelevanz)*. In diesen Fällen kann davon ausgegangen werden, dass keine schädlichen Umwelteinwirkungen durch die Anlage hervorgerufen werden können, Nr. 4.1 TA Luft.

Bei Schadstoffen, für die Immissionswerte nicht festgelegt sind, sind weitere Ermittlungen in der Regel nicht durchzuführen.

---

185 Vgl. *Hansmann*, in: Landmann/Rohmer, Umweltrecht, Bd. II, Nr. 1 TA Luft, Rn. 12.

Bei luftverunreinigenden Stoffen, für die Immissionswerte in den Nr. 4.2 bis 4.5 TA Luft nicht festgelegt sind, ist eine Prüfung, ob schädliche Umwelteinwirkungen hervorgerufen werden können, erforderlich, wenn hierfür hinreichende Anhaltspunkte bestehen. Besonderes gilt für das Ammoniak. Bei der Prüfung, ob trotz der Einwirkung von Ammoniak der Schutz vor erheblichen Nachteilen durch Schädigung empfindlicher Pflanzen (z. B. Baumschulen, Kulturpflanzen) und Ökosysteme gewährleistet wird, ist Anhang 1 Abbildung 4 heranzuziehen. Dabei gibt die Unterschreitung der Mindestabstände einen Anhaltspunkt für das Vorliegen erheblicher Nachteile. Ammoniakemissionen können fast vollständig durch eine geschlossene Betriebsweise vermieden werden.[186]

(4) Die Erfüllung der Vorsorgepflicht nach der TA Luft bei Luftverunreinigungen durch Schadstoffe

Abschnitt 5 der TA Luft widmet sich der Konkretisierung der Vorsorgepflicht. Darin regelt die TA Luft verbindlich den Stand der Technik hinsichtlich der Luftreinhaltung.

Nr. 5.2 TA Luft enthält Emissionswerte für staub- und gasförmige Stoffe. Diese Emissionswerte betreffen Staub (Nr. 5.2.1 TA Luft), staubförmige anorganische Stoffe wie Schwermetalle (Nr. 5.2.2 TA Luft), gasförmige anorganische Stoffe wie Brom, Chlor, Ammoniak oder Schwefel- und Stickstoffoxide (Nr. 5.2.4 TA Luft), organische Stoffe (Nr. 5.2.5 TA Luft) und kanzerogene Stoffe (Nr. 5.2.7 TA Luft). Neben diese Emissionswerte treten technische Anforderungen bei bestimmten Handlungen innerhalb einer Anlage, wie z. B. der Umschlag, die Lagerung oder Bearbeitung fester Stoffe (Nr. 5.2.3 TA Luft).

Nr. 5.4.1.2.3 TA Luft enthält besondere Vorgaben für Anlagen zur Erzeugung von Strom, Dampf, Warmwasser, Prozesswärme oder erhitztem Abgas in Feuerungsanlagen durch den Einsatz von gasförmigen Brennstoffen, darunter auch Biogas, mit einer Feuerungswärmeleistung von weniger als 50 MW. Diese Anforderungen an das Abgas betreffen Stoffe wie Gesamtstaub, Kohlenmonoxid, Stickstoff- und Schwefeloxide.

Unter Umständen kann auch *Nr. 5.4.8.6.1 TA Luft* einschlägig sein. Diese Nummer enthält besondere Anforderungen an Anlagen zur Vergärung von Bioabfällen und Anlagen, die Bioabfälle in Kofermentationsanlagen mitverarbeiten. Biogasanlagen können auch Bioabfälle zur Vergärung einsetzen.

186 Ministerium für Umwelt und Forsten Rheinland-Pfalz (Hrsg.), Handbuch für die Planung, die Errichtung und den Betrieb von Biogasanlagen in der Landwirtschaft in Rheinland-Pfalz, Nr. 4.1.1, abrufbar unter: http://www.mufv.rlp.de/fileadmin/img/inhalte/luft/Biogasanlagen_Handbuch.pdf.

cc. Die von einer Biogasanlage verursachte Luftverunreinigung – Geruchsstoffe

(1) Die Anforderungen der TA Luft

(a) Der Anwendungsbereich der TA Luft

Hauptsächliche Emissionen einer Biogasanlage werden solche Stoffe sein, die negative Geruchsempfindungen hervorrufen. Gerüche sind daher gesondert zu betrachten.

Den Schutz vor schädlichen Umwelteinwirkungen durch Geruchsimmissionen erfasst die TA Luft nicht. Diese Verwaltungsvorschrift regelt aber die Vorsorge gegen schädliche Umwelteinwirkungen durch Geruchsemissionen, Nr. 1 Abs. 3 TA Luft. Regelungen zur Vorsorge trifft insbesondere Nr. 5.2.8 TA Luft.

Die Beurteilung, ob Gerüche schädliche Umwelteinwirkungen sind, stellt sich als weitaus schwieriger dar als bei anderen Luftverunreinigungen. Luftverunreinigungen durch Schadstoffe können als Massekonzentrationen mit Hilfe von physikalisch-chemischen Messverfahren objektiv nachgewiesen werden.[187] Geruchsbelastungen hängen zum größten Teil von persönlichen Wahrnehmungen und der jeweiligen Zusammenwirkung mehrerer Stoffe ab.[188] Für Gerüche sind Grenzwerte in Form von Massenkonzentrationen bestimmter Stoffe in der Luft nicht denkbar.[189]

(b) Die Geruchsstoffquellen einer Biogasanlage

Geruchsemissionen können insbesondere bei der Anlieferung und Lagerung von Substraten und Gärresten auftreten; auch technische Mängel der Anlage können zu Geruchsbelastungen führen; für die Geruchsemissionen ist auch Ammoniak verantwortlich.

(c) Die Erfüllung der Vorsorgepflicht nach Nr. 5.2.8 TA Luft

Konkrete Grenzwerte für Geruchsemissionen enthält Nr. 5.2.8 TA Luft im Gegensatz zu anderen luftverunreinigenden Stoffen nicht. Dieses beruht weitestgehend auf den oben geschilderten Problemen bei der Bestimmung des Geruchs.

Nr. 5.2.8 TA Luft bestimmt jedoch besondere Anforderungen an die Anlagengestaltung. Solche Maßnahmen zur Emissionsminderung sind z. B. das „Einhausen" der Anlagen, Kapseln von Anlageteilen, geeignete Lagerung der Einsatzstoffe, Erzeugnisse und Abfälle. Diese Maßnahmen sind nicht abschließend und unterliegen einer so genannten „Dynamisierungsklausel"; neue Entwicklungen auf dem

---

187 Geruchsimmissions-Richtlinie – GIRL 2008 (Fn. 172), Nr. 1 Abs. 1.

188 *Hansmann*, NVwZ 1999, 1158 (1160); BayVGH, Beschluss vom 4.9.2001 – 20 ZB 01.2266, GewArch 2001, 499.

189 *Moench/Hamann*, DVBl. 2004, 201 (202).

Gebiet der Geruchsminderungen sind dann anzuwenden, wenn sie ebenso tauglich sind.[190]

Geruchsintensive Abgase sind in der Regel Abgasreinigungseinrichtungen zuzuführen.

Abgase sind abzuleiten. Abgase sind in diesem Sinne Trägergase mit geruchsintensiven Stoffen.[191] Zur Abgasableitung ist auf Nr. 5.5 TA Luft zu verweisen. Ableitungsmaßnahme über Schornsteine oder ähnliches dienen der Verdünnung der Geruchsintensität.[192]

Die aus Nr. 5.2.8 TA Luft abzuleitenden Anforderungen sind durch die zuständige Behörde im Genehmigungsbescheid oder in einer nachträglichen Anordnung festzulegen. Diese Festlegungen erfolgen je nach Einzelfall und unterscheiden sich somit von den Anforderungen an andere luftverunreinigende Stoffe.[193] Es kann eine Emissionsbegrenzung für einzelne Stoffe erfolgen. Ist dieses nicht möglich oder unzureichend, soll ein olfaktometrisch zu bestimmender Geruchsminderungsgrad oder eine Geruchsminderungskonzentration festgelegt werden (Nr. 5.2.8 Abs. 4 TA Luft). Olfaktometrie ist eine Methode zur Bestimmung der Geruchsintensität bestimmter Gase und Gaszusammensetzungen. Zur Bestimmung des Geruchsminderungsgrades ist die VDI-Richtlinie 3881[194] (Olfaktometrische Technik der Geruchsschwellenbestimmung) heranzuziehen.[195]

Werden bei der Genehmigung einer Anlage die Emissionen geruchsintensiver Stoffe durch Festlegung des Geruchsminderungsgrads einer Abgasreinigungseinrichtung oder als Geruchsstoffkonzentration begrenzt, sollen diese durch olfaktometrische Messungen überprüft werden, Nr. 5.3.2.5 TA Luft. Die Durchführung dieser Messung ergibt sich aus Anhang 6 der TA Luft.

(d) Die Erfüllung der Vorsorgepflicht nach Nr. 5.4.8.6.1 TA Luft

Biogasanlagen können auch Anlagen zur Vergärung von Bioabfällen im Sinne von Nr. 5.4.8.6.1 TA Luft sein. Solche Anlagen müssen einen Mindestabstand zur nächsten Wohnbebauung von 300 m oder 500 m aufweisen. Hinzu kommen geruchsspezifische Regelungen. Bei Anlagen mit einer Durchsatzleistung von 30 Mg Abfällen je Tag oder mehr dürfen die Emissionen an geruchsintensiven Stoffen im Abgas die Geruchsstoffkonzentration 500 GE/m3 nicht überschreiten.

---

190 *Hansmann*, in: Landmann/Rohmer, Umweltrecht, Bd. II, Nr. 5.2.8 TA Luft Rn. 8.

191 GIRL 2008 (Fn. 172), Nr. 2 Abs. 2.

192 *Hansmann*, in: Landmann/Rohmer, Umweltrecht, Bd. II, Nr. 5.2.8 TA Luft Rn. 7.

193 *Hansmann*, in: Landmann/Rohmer, Umweltrecht, Bd. II, Nr. 5.2.8 TA Luft Rn. 2.

194 Abgedruckt in VDI/DIN-Handbuch Reinhaltung der Luft – Band 1A und Band 1B, ersetzt durch DIN EN 13725.

195 *Hansmann*, in: Landmann/Rohmer, Umweltrecht, Bd. II, Nr. 5.2.8 TA Luft Rn. 9.

(e) Ergebnis zur Vorsorgepflicht nach der TA Luft bei Geruchsstoffen

Im Ergebnis ist festzuhalten, dass die TA Luft nicht oder nur unzureichend bestimmt, wann eine schädliche Umwelteinwirkung durch Gerüche auftritt.[196] Schutzansprüche stellt die TA Luft auf diesem Gebiet nicht.

(2) Die Anforderungen der Geruchsimmissions-Richtlinie

Da die TA Luft nicht festlegt, wie zu beurteilten ist, ab welchem Maß Gerüche eine schädliche Umweltwirkung darstellen, besteht kein auf dem BImSchG beruhendes umfassendes Regelwerk, welches konkrete Anforderungen an die Geruchsintensität stellt. Jedoch existiert die Geruchsimmissions-Richtlinie (GIRL)[197], die sich der Konkretisierung der Erheblichkeit von Geruchsbelästigungen annimmt.

(a) Die Anwendbarkeit der Geruchsimmissions-Richtlinie

Die GIRL ist keine Verwaltungsvorschrift oder Rechtsverordnung im Sinne des BImSchG. Sie beansprucht daher keine unmittelbare bundesweite normgleiche Wirkung.[198] Die GIRL geht auf Vorschläge einer Arbeitsgruppe aus Verwaltung, Wissenschaft und technischer Überwachung hervor. Der Länderausschuss für Immissionsschutz (LAI) nahm diese Vorschläge an und empfahl den Bundesländern, den Inhalt der GIRL verbindlich zu machen.[199] Elf Bundesländer haben die GIRL zwischenzeitlich im Erlasswege als verbindlich für die entscheidenden Behörden eingeführt.[200] Sie nehmen aber nicht die Form einer normkonkretisierenden Verwaltungsvorschrift an.[201] Die Verwaltungspraxis in den anderen Ländern zieht die GIRL lediglich als Hilfsmittel heran.[202]

Übereinstimmend ist die fehlende Bindung der Gerichte festzustellen,[203] da der GIRL der Charakter einer Rechtsquelle fehlt.[204] *Hansmann* und das *Bundesverwaltungsgericht* gehen jedoch von der Wirkung eines antizipierten Sachverständi-

196 Vgl. z. B. VG Hannover, Beschluss vom 17.11.2006 – 12 B 4639/06 (lexisnexis).

197 In der Fassung vom 29.2.2008 und einer Ergänzung vom 10.9.2008, einzusehen unter: http://igsvtu.lanuv.nrw.de/vtu/oberfl/de/dokus/6/dokus/61101.pdf.

198 *Hansmann*, NVwZ 1999, 1158 (1160).

199 Vgl. *Hansmann*, NVwZ 1999, 1158 (1160).

200 So in Baden-Württemberg, Berlin, Brandenburg, Hessen, Mecklenburg-Vorpommern, Niedersachsen, Rheinland-Pfalz, Saarland, Sachsen und Schleswig-Holstein; vgl. Geruchsimmissions-Richtlinie des Landes Mecklenburg-Vorpommern, GIRL M-V, vom 2.11.2006, einzusehen unter http://www.lung.mv-regierung.de/dateien/girl_mv.pdf; Erlass des Ministeriums für Ländliche Entwicklung, Umwelt und Verbraucherschutz des Landes Brandenburg (MLUV) vom 12.11.2007, einzusehen unter: http://www.mluv.brandenburg.de/cms/media.php/2318/erl_girl.pdf; die Erlasse beziehen sich noch überwiegend auf die GIRL 2004.

201 *Hansmann*, NVwZ 1999, 1158 (1160); *Moench/Hamann*, DVBl. 2004, 201 (204).

202 *Hinsch*, ZUR 2007, 401 (407).

203 *Hansmann*, NVwZ 1999, 1158 (1160); *Moench/Hamann*, DVBl. 2004, 201 (203).

204 BVerwG, Beschluss vom 7.5.2007 – 4 B 5/07, BauR 2007, 1454; BVerwG, Beschluss vom 14.11.2007 – 7 B 45/07 (juris).

gengutachtens aus.[205] Diese Wirkung beruhe darauf, dass die darin enthaltenen technischen Normen aus Erkenntnissen und Erfahrungen von Sachverständigen hervorgingen. Andere Gerichte bezeichnen die GIRL als Erkenntnisquelle oder Entscheidungshilfe.[206] Die unterschiedlichen Bezeichnungen führen nicht zu tatsächlichen inhaltlichen Unterschieden. Das *OVG Sachsen* lehnt wohl eine Anwendung der GIRL ab.[207]

Insgesamt können Verwaltungspraxis und Gerichte die GIRL zur Entscheidungsfindung heranziehen. Sie schreibt aber nicht wie eine Norm ein abschließendes Ergebnis vor, sondern überlässt insbesondere den Gerichten eine Einzelfallabwägung. In der Regel wird aber bei fehlender Anwendbarkeit der TA Luft auf die GIRL abgestellt.[208]

(b) Der Inhalt der Geruchsimmissions-Richtlinie

Der Anwendungsbereich der GIRL entspricht dem der TA Luft. Sie gilt demnach immer für genehmigungsbedürftige Anlagen nach dem BImSchG.

Die GIRL stellt ein System der Ermittlung und Bewertung von Geruchsimmissionen auf. Dieses System soll die verschiedenen Faktoren der Geruchsbewertung vereinen. In die Geruchsbewertung fließen mehrere Aspekte ein: Hedonik, Geruchsintensität, Dauer und Häufigkeit des Auftretens[209], aber auch die Nutzung der Umgebung. Hedonik bezeichnet die Geruchsart. Die GIRL unterscheidet zwischen einer Regelprüfung und einer Beurteilung im Einzelfall.

(c) Die Regelprüfung nach der Geruchsimmissions-Richtlinie

Für die Regelprüfung legt die GIRL ähnlich wie die TA Luft *Immissionswerte* für die Geruchsbelastung fest. Dabei unterscheidet die GIRL 2008 zwischen drei *Gebietstypen:* dem Wohn-/Mischgebiet (0,10), dem Gewerbe-/Industriegebiet (0,15) und dem Dorfgebiet (0,15). In diesen Gebieten dürfen die genannten Immissionswerte nicht überschritten werden. Bei den Immissionswerten handelt es sich um die relative *Häufigkeit von Geruchsstunden*.[210] Sie drücken ein Verhältnis von „Ge-

205 BVerwG, Beschluss vom 7.5.2007 – 4 B 5/07, BauR 2007, 1454; *Hansmann*, NVwZ 1999, 1158 (1160); dem sich anschließend, OVG Münster, Beschluss vom 14.3.2008 – 8 B 34/08 (juris); VG Karlsruhe, Urteil vom 28.4.2005 – 6 K 1840/04, RdL 2005, 330 (331); anders: *Moench/Hamann*, DVBl. 2004, 201 (204).

206 BayVGH, Beschluss vom 28.8.2001 – 26 ZS 01.1413, GewArch 2001, 499 (500); OVG Lüneburg, Beschluss vom 16.5.2006 – 7 ME 6/06, ZUR 2006, 497; OVG Münster, Urteil vom 20.9.2007 – 7 A 1434/06, DVBl. 2007, 1515; Beschluss vom 24.6.2004 – 21 A 4130/01, NVwZ 2004, 1259; OVG Lüneburg, Beschluss vom 3.8.2007 –12 LA 60/07, NVwZ-RR 2008, 94; auch VG Karlsruhe, Urteil vom 28.4.2005 – 6 K 1840/04, RdL 2005, 330 (331); noch unentschlossen OVG Lüneburg, Urteil vom 25.7.2002 – 1 LB 980/01, NVwZ-RR 2003, 24 (26).

207 OVG Sachsen, Beschluss vom 15.7.1998 – 1 S 257/98, SächsVBl. 1998, 292 (294).

208 Vgl. OVG Lüneburg, Beschluss vom 16.5.2006 – 7 ME 6/06, ZUR 2006, 497.

209 *Moench/Hamann*, DVBl. 2004, 201 (202).

210 GIRL 2008 (Fn. 197), Nr. 3 Abs. 1.

ruchsstunden“ zu Jahresstunden aus.[211] Der Immissionswert 0,10 bedeutet, dass höchstens 10 % der Jahresstunden Geruchsstunden sein dürfen.[212] Ein Überschreiten dieser Grenze führt zur Erheblichkeit der Geruchsbelastungen. Maßgebliches Kriterium der GIRL ist damit die Häufigkeit von Geruchsstunden gleicher Stärke.[213]

Die Gebietsart „Dorfgebiet“ hat erst im Jahre 2008 Eingang in die GIRL gefunden.[214] Der Immissionswert für das Dorfgebiet gilt aber nur beschränkt für durch Tierhaltungsbetriebe verursachte Geruchsimmissionen. Diese Neuerung für das Dorfgebiet entspricht der bisherigen Rechtsprechung.[215] Sonstige Gebiete, in denen sich Personen nicht nur vorübergehend aufhalten, sind diesen Gebieten zuzuordnen.[216] Dem Wortlaut der Nr. 3.1 GIRL nach sind auch Biogasanlagen diesen Gebieten zuzuordnen. Regelmäßig werden Biogasanlagen aber im Außenbereich oder im Dorfgebiet geplant.

Die in Nr. 3.1 GIRL genannten Immissionswerte sind allerdings nicht feststehend. Die Auslegungshinweise zu Nr. 3.1 GIRL gestatten es, in speziellen Fällen von den Immissionswerten der Nr. 3.1 GIRL 2008 abzuweichen. Diese Hinweise enthalten auch explizit Vorschläge, wie in einem bauplanungsrechtlich als Außenbereich zu qualifizierenden Gebiet vorzugehen ist. Der Außenbereich lässt sich selten einem der in der GIRL genannten Gebiete zuordnen. Da das Wohnen im Außenbereich mit einem immissionsschutzrechtlich geringeren Schutzanspruch verbunden ist, genügt es nach den Auslegungshinweisen, unter Prüfung der speziellen Randbedingungen des Einzelfalls bei der Geruchsbeurteilung im Außenbereich einen Wert bis zu 0,25 für landwirtschaftliche Gerüche heranzuziehen.[217] In der Regel wird aber der genannte Immissionswert von 0,15 im Außenbereich mit überwiegender landwirtschaftlicher Nutzung einzuhalten sein.[218] Für Biogasanlagen können damit weniger strenge Immissionswerte gelten.

Da die GIRL keine einheitliche bundesweite Anwendung findet, sondern auf die Einführung in die jeweilige Verwaltungspraxis der Länder angewiesen ist, kommt es zu Unterschieden in der Anwendung. Zum Beispiel hat Brandenburg zusätz-

211 *Moench/Hamann*, DVBl. 2004, 201 (203).

212 *Hansmann*, NVwZ 1999, 1158 (1161).

213 *Kothe*, NuR 1998, 240 (242).

214 Der Erlass des MLUV vom 12.11.2007 (Fn. 200) benannte bereits dieses Nutzungsgebiet.

215 OVG Münster, Beschluss vom 3.11.2000 – 7 B 1533/00 (juris); Urteil vom 25.6.2003 – 7 A 4042/00, NWVBl. 2004, 95 (97).

216 GIRL 2008 (Fn. 197), Nr. 3 Abs. 2.

217 Vgl. auch zur Anwendung der GIRL im Außenbereich OVG Münster, Beschluss vom 14.12.2005 – 7 ME 150/05, NuR 2006, 466 f.; OVG Lüneburg, Urteil vom 26.4.2007 – 12 LB 62/07, BRS 71 (2007), Nr. 98, 465.

218 OVG Lüneburg, ebenda.

liche Grenzwerte für Beurteilungsflächen außerhalb im Zusammenhang bebauter Gebiete (0,25) eingeführt.[219]

Zur Bestimmung der maßgeblichen Geruchsstundenhäufigkeit ist im Regelfall die vorhandene Belastung (IV), die zu erwartende Zusatzbelastung (IZ) und die Gesamtbelastung (IG) im Beurteilungsgebiet zu ermitteln (Kenngrößen).[220] Bezüglich dieser Begriffe kann auf die Ausführungen zur TA Lärm und TA Luft verwiesen werden. Die Gesamtbelastung ist später der maßgebliche Wert für den Vergleich mit den Immissionswerten.

Wie bei anderen Regelungswerken, die mit Immissionswerten arbeiten, ist die *Vorbelastung* in der Regel mit Hilfe von Messungen zu bestimmen. Im Bereich der Geruchsbelastung ist es nicht möglich, Massekonzentrationen zu messen. Die Bestimmung der Geruchsbelastung erfolgt aus diesem Grund in Form der Geruchsfeststellung bei Begehung des Beurteilungsgebiets. Möglich ist es auch, die Geruchsbelastungen anhand von Ausbreitungsmodellen zu prognostizieren, soweit die Emissionen hinreichend genau ermittelt werden können, vgl. Nr. 4.1 Tabelle 2 GIRL 2008.

Bei der olfaktorischen Beurteilung der Geruchsbelastung ist wie bei Massekonzentrationsmessungen ein objektivierter Maßstab anzulegen. Es kann nicht auf die Bedürfnisse aller eingegangen werden. Maßgeblich ist daher die Wahrnehmung eines Durchschnittsmenschen.[221] Wichtig ist es bei der Ermittlung der Kenngröße, dass diese objektiv, repräsentativ und reproduzierbar ist.[222] Daher sind für die Beurteilung durch Begehung Probanden auszuwählen, die ein durchschnittliches Geruchsempfinden aufweisen.[223]

Da die Immissionswerte an einen jährlichen Wert anknüpfen, muss der Messzeitraum für ein Jahr repräsentativ sein, Nr. 4.4.5 GIRL 2008.

Jeder Eckpunkt der Beurteilungsfläche ist im Messzeitraum je nach geforderter Aussagesicherheit (vgl. Nr. 4.4.1) 13- oder 26-mal durch Prüferinnen oder Prüfer zu begehen. Diese Begehungen sollten in zeitlich annähernd gleichen Abständen über den Messzeitraum verteilt sein. Bei einem Messzeitraum von einem halben Jahr ist jeder Eckpunkt 13- oder 26-mal, bei einem Messzeitraum von einem ganzen Jahr 26-mal zu begehen, Nr. 4.4.7 GIRL 2008. Festgestellt wird die Dauer des Auftretens von Geruchsimmissionen oberhalb einer Erkennungsschwelle innerhalb bestimmter Messintervalle.[224] Eine Geruchsstunde liegt dann vor, wenn während des Messintervalls in mindestens 10 % der Zeit Geruchsimmissionen erkannt wurden,

219 Erlass des MLUV (Fn. 200) vom 12.11.2007, zu Nr. 3.1, Abs. 1.

220 GIRL 2008 (Fn. 197), Nr. 4.2 Abs. 1.

221 *Kothe*, NuR 1998, 240 (242).

222 *Hansmann*, NVwZ 1999, 1158 (1163).

223 Zur Auswahl der Prüfer vgl. GIRL 2008 (Fn. 197), Nr. 2 der Anlage 1 zu den Auslegungshinweisen.

224 *Moench/Hamann*, DVBl. 2004, 201 (203).

Nr. 4.4.7 Abs. 8 GIRL 2008. Diese Definition der Geruchsstunde ist von der Definition in der Richtlinie VDI 3940[225] Blatt 1 (2006) abgeleitet.

Die Beurteilungsflächen sind quadratische Teilflächen des Beurteilungsgebiets, deren Seitenlängen bei weitgehend homogener Geruchsbelastung in der Regel 250 m betragen. Das Beurteilungsgebiet ist die Summe der Beurteilungsflächen (Nr. 4.4.3), die sich vollständig innerhalb eines Kreises um den Emissionsschwerpunkt mit einem Radius befinden, der dem 30fachen der ermittelten Schornsteinhöhe entspricht. Als kleinster Radius ist 600 m zu wählen, vgl. Nr. 4.4.2 und Nr. 4.4.3 GIRL.

Es ist bei der Begehung darauf zu achten, dass nur deutlich wahrnehmbare Geruchsimmissionen registriert werden dürfen. Diese müssen eindeutig aus Anlagen stammen. Gerüche aus dem Kraftfahrzeugverkehr, dem Hausbrandbereich, der Vegetation, landwirtschaftlichen Düngemaßnahmen oder ähnlichem sind unerheblich, Nr. 4.4.7 Abs. 5 GIRL 2008. Dieses liegt am begrenzten Anwendungsbereich der GIRL. Ebenso wie die TA Luft findet sie nur auf BImSchG-Anlagen Anwendung.

Die Kenngröße für die zu erwartende *Zusatzbelastung* ist mit dem in Anhang 3 der TA Luft beschriebenen Ausbreitungsmodell und der speziellen Anpassung für Geruch zu ermitteln, Nr. 4.5 GIRL 2008. Hier ist auf die Richtlinie VDI 3783[226] Blatt 13 E (2007) hinzuweisen.

Aus der Vorbelastung und Zusatzbelastung ergibt sich die *Gesamtbelastung*.

Auch die GIRL kennt die Frage der *Irrelevanz*. Die Genehmigung für eine Anlage soll auch bei Überschreitung der Immissionswerte der GIRL nicht wegen der Geruchsimmissionen versagt werden, wenn die zu erwartende Zusatzbelastung den Wert 0,02 nicht überschreitet. Bei Einhaltung dieses Werts ist davon auszugehen, dass die Anlage die belästigende Wirkung der vorhandenen Belastung nicht relevant erhöht, Nr. 3.3 GIRL 2008.

(d) Die Sonderprüfung nach der Geruchsimmissions-Richtlinie

Geruchscharakter und Hedonik spielen bei der dargestellten Regelprüfung keine Rolle. Die Regelprüfung führt nur zur Feststellung der Geruchshäufigkeit. Besondere Aspekte wie der Charakter und die Geruchsart können aber eine Beurteilung im Einzelfall erforderlich machen, vgl. Nr. 5 GIRL 2008. Danach kann eine Regelprüfung zur Feststellung schädlicher Umwelteinwirkungen ausgehend von Gerüchen in besonderen Fällen nicht ausreichend sein.

Ein solcher Sonderfall liegt zum einen dann vor, wenn auf einzelnen Beurteilungsflächen in besonderem Maße Geruchsimmissionen aus dem Kraftfahrzeug-

225 Abgedruckt in: VDI/DIN-Handbuch Reinhaltung der Luft – Band 1A: Maximale Immissionswerte, Band 1B: Umweltmeteorologie, Ausgabe Oktober 2006.

226 Wie Fn. zuvor.

verkehr, dem Hausbrandbereich oder anderen nicht vom Anwendungsbereich der GIRL erfassten Quellen auftreten. In solchen Ausnahmefällen ist zu ermitteln, welche Geruchsimmissionen insgesamt auftreten können und welchen Anteil daran der Betrieb von Anlagen verursacht *(tatsächliche Kausalität)*. Nur solche Gerüche aus Anlagen sind erheblich, die die Anlagen zur Geruchsbelastung relevant beitragen.

Außergewöhnliche Verhältnisse hinsichtlich Hedonik und Intensität der Geruchswirkung, eine ungewöhnliche Nutzung in dem betroffenen Gebiet oder sonstige *atypischer Verhältnisse* können zum anderen dazu führen, dass die in der GIRL festgelegten Immissionswerte nicht ausreichend sind, um zu beurteilen, ob schädliche Umwelteinwirkungen vorliegen. Trotz Einhaltung der Immissionswerte können nämlich schädliche Umwelteinwirkungen hervorgerufen werden, wenn die Geruchsart z. B. Ekel und Übelkeit auslöst (Hedonik). Auch sind Sachverhalte denkbar, in denen trotz Überschreitung der Immissionswerte eine erhebliche Belästigung der Nachbarschaft oder der Allgemeinheit durch Geruchsimmissionen nicht zu erwarten ist. Ein solcher Fall kann z. B. bei Vorliegen eindeutig angenehmer Gerüche auftreten. Bei angenehmen Gerüchen besteht die Möglichkeit, dass die genehmigende Behörde einen Faktor von 0,5 bei den Immissionswerten aufschlägt. Bei angenehmen Gerüchen vollständig auf Immissionswerte zu verzichten, sieht die GIRL jedoch nicht vor.[227] Dieses beruht auf dem Umstand, dass anfangs angenehme Gerüche bei dauerndem Auftreten mit der Zeit zu belastenden Gerüchen werden können.

Weitere Einzelfälle können sein: nur zeitlich begrenzter Anlagenbetrieb; Geruchsbelastung an nur wenigen Tagen im Jahr.[228]

Allen genannten Sonderfällen gemein ist, dass im Einzelfall zu beurteilen ist, ob die Geruchsimmissionen als erheblich anzusehen sind; nur erhebliche Geruchsbelästigungen sind schädliche Umwelteinwirkungen im Sinne des § 3 Abs. 1 BImSchG. Die Erheblichkeit ist nur im Rahmen einer Abwägung festzustellen. Dabei sind – unter Berücksichtigung der eventuell bisherigen Prägung eines Gebiets durch eine bereits vorhandene Geruchsbelastung (Ortsüblichkeit) – insbesondere folgende Beurteilungskriterien heranzuziehen:

- der Charakter der Umgebung, insbesondere die in Bebauungsplänen festgelegte Nutzung der Grundstücke,
- landes- oder fachplanerische Ausweisungen und vereinbarte oder angeordnete Nutzungsbeschränkungen,
- besondere Verhältnisse in der tages- und jahreszeitlichen Verteilung der Geruchseinwirkung sowie Art (z. B. Ekel erregende Gerüche; Ekel und Übelkeit auslö-

227 Vgl. Auslegungshinweise zur GIRL 2008 (Fn. 197), zu Nr. 5.

228 Vgl. Auslegungshinweise zur GIRL 2008 (Fn. 197), zu Nr. 5.

sende Gerüche können bereits eine Gesundheitsgefahr darstellen) und Intensität der Geruchseinwirkung.

Beachtung muss auch das Gebot der Rücksichtnahme finden. Dieses kann dazu führen, dass Gerüche in höherem Maße hinzunehmen sind. Ein Sonderfall des Rücksichtnahmegebots ist der Bestandsschutz.

(e) Die Regelung des Sonderproblems Tierhaltungsbetriebe

Die GIRL 2008 sieht zwischenzeitlich Sonderreglungen für Tierhaltungsbetriebe vor. Zum einen gelten für Tierhaltungsbetriebe nunmehr in der Regel günstigere Immissionswerte, da im Bereich der Tierhaltung Dorfgebiete als Nutzungsgebiete eingeführt wurden, vgl. Nr. 3.1 GIRL 2008. Zudem erfolgt eine Anpassung der zu erwartenden Gesamtbelastung an den tatsächlichen Anteil der Geruchsbelastung ausgehend von der jeweiligen Tierart.[229] Ziel dieser Regelung ist es, Tierhaltungsbetrieben ein höheres Maß an Geruchsimmissionen zuzugestehen. Diese Sonderregelungen wirken sich deshalb wohl positiv auf die Genehmigungsfähigkeit der Tierhaltungsbetriebe hinsichtlich der Geruchsbelastung aus.

Auch für Biogasanlagen können diese Sonderregelungen von großer Bedeutung sein. Wegen des „Güllebonusses" nach dem EEG 2009 und der Privilegierung nach § 35 Abs. 1 Nr. 6 BauGB ist nunmehr vermehrt zu erwarten, dass Biogasanlagen auch im Rahmen eines Tierhaltungsbetriebs betrieben werden. Soweit die Biogasanlage als Nebenanlage im Sinne des § 1 der 4. BImSchV gilt (vgl. oben Kap. 2, A.I.4.), kommen die Verbesserungen der GIRL 2008 auch Biogasanlagen zugute.

(3) Die Anforderungen der VDI-Richtlinie 3475

Insbesondere bei Immissionen durch Gerüche ist auf die VDI-Richtlinie 3475 (vgl. oben Kap. 3, A.I.1.b.bb.) zu verweisen. In Blatt 3 enthält sie konkrete Anforderungen an Gerüche. Blatt 4 beschreibt Messverfahren hinsichtlich der Geruchsbelastung.

VDI-Richtlinien gelten ähnlich wie die GIRL als Entscheidungshilfe,[230] da es ihnen an Bindungswirkung fehlt, soweit verbindliche Verordnungen nicht auf sie verweisen.[231] Rechtsverordnungen dürfen aufgrund § 7 Abs. 5 BImSchG auf solche privaten Regelwerke verweisen.

(4) Das Problem des Nachbarschutzes

Ausgangspunkt vieler gerichtlicher Verfahren in Bezug auf Anlagen, die dem BImSchG unterfallen, sind nachbarschutzrechtliche Fragen. Bei Biogasanlagen zeigt die gerichtliche Praxis, dass Nachbarn die Gerüche einer Biogasanlage als

229 Vgl. hierzu näher, *Lang*, NuR 2008, 841 ff.

230 OVG Münster, Urteil vom 25.9.2000 – 10a D 8/00.NE, NWVBl. 2001, 185 (186) m.w.N.

231 *Jarass*, BImSchG, § 48 Rn. 62.

besonders belastend empfinden. Haupterörterungspunkt in diesen Verfahren ist in der Folge die entstehende Geruchsbelastung. In diesem Rahmen ist zu fragen, ob sich Nachbarn wegen der Gerüche auf nachbarschützende Normen berufen können.

Im Rahmen einer Genehmigung nach § 6 BImSchG stellt sich insbesondere die Frage, ob § 5 Abs. 1 BImSchG Nachbarschutz einräumt. Anerkannt ist, dass lediglich § 5 Abs. 1 Satz 1 Nr. 1 BImSchG Nachbarschutz einräumender Art ist. Ein Nachbar kann sich demnach nur auf den ausreichenden Schutz vor schädlichen Umwelteinwirkungen berufen.[232] Gleiches muss für schädliche Umwelteinwirkungen durch Gerüche gelten.

Jedoch erweisen sich die zu Gerüchen einschlägigen Regelungswerke als überwiegend nicht nachbarschützend. Die Anforderungen der TA Luft an Biogasanlagen und deren Gerüche beziehen sich allesamt nur auf die Vorsorgepflicht nach § 5 Abs. 1 Satz 1 Nr. 2 BImSchG. Da in diesem Fall jedoch der Nachbarschutz ausscheidet, kann sich ein Dritter nicht auf die Anforderungen nach der TA Luft berufen.

Fraglich ist, wie die Forderungen der GIRL in dieses System einzuordnen sind. Die GIRL soll eine Lücke schließen, die die TA Luft offen lässt, weil diese die Schutzpflicht nach § 5 Abs. 1 Satz 1 Nr. 1 BImSchG hinsichtlich Gerüche nicht konkretisiert.[233] Die Gerichte beziehen die GIRL in ihre Entscheidung als Entscheidungshilfe ein, ob schädliche Umwelteinwirkungen durch Gerüche vorliegen können (vgl. oben Kap. 3, A.I.1.b.cc.). Demnach muss in der Regel bei Verstoß gegen die Vorgaben der GIRL eine schädliche Umwelteinwirkung angenommen werden,[234] die zu vermeiden ist. Mittelbar ist der GIRL mithin nachbarschützende Wirkung zuzuerkennen.

2. Die Einhaltung der Betreiberpflichten nach Regeln in auf § 7 BImSchG basierenden Verordnungen

§ 7 Abs. 1 BImSchG enthält die Ermächtigung der Bundesregierung, durch Rechtsverordnung die sich aus § 5 ergebenden Pflichten zu konkretisieren. Um die Pflichten des § 5 Abs. 1 BImSchG inhaltlich auszufüllen, darf die Bundesregierung vorschreiben, dass die Errichtung, die Beschaffenheit und der Betrieb genehmigungsbedürftiger Anlagen bestimmten Anforderungen genügen müssen. Insbesondere darf in Rechtsvorordnungen nach § 7 Abs. 1 BImSchG bestimmt werden, dass

---

232 BVerwG, Urteil vom 18.5.1982 – 7 C 42/80, BVerwGE 65, 313; VGH Baden-Württemberg, Beschluss vom 3.5.2006 – 3 S 771/06, ZfBR 2006, 579 (580); VG Karlsruhe, Urteil vom 28.4.2005 – 6 K 1840/04, RdL 2005, 330.

233 VG Karlsruhe, Urteil vom 28.4.2005 – 6 K 1840/04, RdL 2005, 330 (331).

234 So wohl VG Karlsruhe, Urteil vom 28.4.2005 – 6 K 1840/04, RdL 2005, 330 (331).

- die Anlagen bestimmten technischen Anforderungen entsprechen müssen (Nr. 1),
- die von Anlagen ausgehenden Emissionen bestimmte Grenzwerte nicht überschreiten dürfen (Nr. 2),
- der Einsatz von Energie bestimmten Anforderungen entsprechen muss (Nr. 2a),
- die Betreiber von Anlagen Messungen von Emissionen und Immissionen nach in der Rechtsverordnung näher zu bestimmenden Verfahren vorzunehmen haben oder vornehmen lassen müssen (Nr. 3) und
- die Betreiber von Anlagen bestimmte sicherheitstechnische Prüfungen sowie bestimmte Prüfungen von sicherheitstechnischen Unterlagen nach in der Rechtsverordnung näher zu bestimmenden Verfahren durch einen Sachverständigen nach § 29a BImSchG vornehmen lassen müssen (Nr. 4).

Von dieser Ermächtigung hat die Bundesregierung vermehrt Gebrauch gemacht. Handelt es sich bei der Biogasanlage um eine Abfallbehandlungsanlage (vgl. oben Kap.2, A.I.2.), so ist auch die Verordnung über Anlagen zur biologischen Behandlung von Abfällen (30. BImSchV)[235] zu beachten.[236]

Diese Verordnung gilt für die Errichtung, die Beschaffenheit und den Betrieb von Anlagen, in denen Siedlungsabfälle und Abfälle, die wie Siedlungsabfälle entsorgt werden können, behandelt werden. Siedlungsabfälle sind Abfälle wie Hausmüll, Sperrmüll, hausmüllähnliche Gewerbeabfälle, Garten- und Parkabfälle, Marktabfälle, Straßenkehricht, Bauabfälle, Klärschlamm, Fäkalien, Fäkalschlamm, Rückstände aus Abwasseranlagen und Wasserreinigungsschlämme, vgl. TA Siedlungsabfall, Nr. 2.2.1. Unter die biologische Behandlung von Siedlungsabfällen fällt auch die Erzeugung von Biogas zur energetischen Nutzung, vgl. § 1 Abs. 1 der 30. BImSchV.

Die Verordnung gilt jedoch nicht, wenn ausschließlich Bioabfälle nach § 2 Nr. 1 BioAbfV zur Gaserzeugung Anwendung finden, § 1 Abs. 2 der 30. BImSchV. Dass ausschließlich Bioabfall zur Biogaserzeugung verwendet wird, ist wegen der Regelungen des EEG und der damit einhergehenden BiomasseV nicht ausgeschlossen. Bioabfälle nach der BioAbfV gelten als förderungswürdige Biomasse. Siedlungsabfälle sind jedoch nach dem EEG 2009 in ihrer Gesamtheit nicht förderungsfähig. Der Anwendungsbereich der 30. BImSchV ist daher gering. Die Anwendbarkeit ist jedoch nicht vollständig ausgeschlossen, soweit Abfälle aus Biomasse bestehen, die kein Bioabfall ist.

Zum Schutz vor erheblichen Umweltbelastungen sieht die 30. BImSchV einige Vorkehrungen vor. Zu nennen sind hier: einzuhaltende Mindestabstände (§ 3), emissionsbezogene Anforderungen an Anlieferung, Aufbereitung, Stofftrennung

235 Verordnung über Anlagen zur biologischen Behandlung von Abfällen vom 20.2.2001, BGBl. I S. 317.

236 *Görisch/Helm* (Hrsg.), Biogasanlagen, 92.

und Lagerung sowie Transport (§ 4), emissionsbezogene Anforderungen an die biologische Behandlung, Prozesswässer und Brüdenkondensate (§ 5), Emissionsgrenzwerte (§ 6) und Ableitbedingungen für Abgase (§ 7).

Die Emissionsgrenzwerte betreffen den Gesamtstaub, organische Stoffe, Distickstoffoxid und Geruchsstoffe.

3. Die Einhaltung der Betreiberpflichten nach anderen öffentlich-rechtlichen Vorschriften

Eine Genehmigung nach § 6 Abs. 1 BImSchG ist nur dann zu erteilen, wenn der Anlagenbetrieb neben der Einhaltung der Pflichten aus dem Immissionsschutzrecht auch andere öffentlich-rechtliche Vorschriften und Belange des Arbeitsschutzes der Errichtung und dem Betrieb der Anlage nicht entgegenstehen. Unter andere rechtliche Vorschriften fallen in diesem Rahmen das Abfall-, Dünge- und Wasserrecht. Wichtig sind auch Fragen des Hygiene- und des Bauplanungsrechts. Auf die beiden letztgenannten Gebiete ist unten an anderer Stelle genauer einzugehen (vgl. unten Kap. 3, B. und C.).

a. Die Einhaltung abfallrechtlicher Pflichten

Das Abfallrecht kann möglicherweise in seiner gesamten Breite bei Biogasanlagen zum Einsatz gelangen. Zum einen ist hier natürlich die abfallbezogene Betreiberpflicht nach § 5 Abs. 1 Satz 1 Nr. 3 BImSchG zu nennen (vgl. oben Kap.3, A.I.1.a.). Ferner kann die Biogasanlage selbst eine Abfallbehandlungsanlage sein, für die spezielle Vorgaben gelten. Schließlich ist spezielles Abfallrecht hinsichtlich des Gärrests einschlägig.

aa. Die Anforderungen an eine Biogasanlage als Abfallbehandlungsanlage

Nach § 2 Abs. 2 Nr. 3 und 4 BiomasseV gelten Abfälle pflanzlicher und tierischer Herkunft aus der Land-, Forst- und Fischwirtschaft sowie Bioabfälle im Sinne von § 2 Nr. 1 der BioAbfV als Biomasse, die in einer Biogasanlage Verwendung finden darf.

(1) Die eingesetzte Biomasse als Abfall

Wichtig in diesem Zusammenhang ist immer die Prüfung, ob es sich bei den eingesetzten Materialien tatsächlich um Abfall im Sinne des § 3 Abs. 1 KrW-/AbfG handelt. Abfall liegt demnach immer nur dann vor, wenn sich der Besitzer des Stoffes dessen entledigt, entledigen will oder entledigen muss. Wie bereits oben dargestellt, ist ein Produkt kein Abfall. Es ist also immer darauf abzustellen, ob der entstandene Stoff für den Besitzer eine „Last“ darstellt. Ist dieses der Fall, handelt es sich um Abfall (vgl. hierzu oben Kap. 2, A.I.2.).

Wirtschaftsdünger wie Gülle und nachwachsende Rohstoffe sind – auch wegen der besonderen Förderung durch das EEG 2009 – nicht als Abfall anzusehen.[237]

Der Einsatz von Abfällen zur Biogasherzustellung ist daher auch eine Abfallbehandlung.

(2) Die Herstellung des Biogases – Abfallbeseitigung oder Abfallverwertung

In der Regel muss die Biogasherstellung aus Abfällen als Abfallverwertung angesehen werden.

Durch die Verwertung von Abfällen sollen neue Stoffe und Energie gewonnen werden, §§ 4 Abs. 1 Nr. 2, 6 KrW-/AbfG. Die Abfallbeseitigung ist im Gegensatz zur Verwertung nicht auf die Nutzung der Abfälle gerichtet. Grundsätzlich abzugrenzen sind die Abfälle zur Verwertung und zur Beseitigung nach dem jeweiligen Hauptzweck. Der Hauptzweck der Verwertung liegt in der Nutzung des Abfalls und nicht in der Beseitigung des Schadstoffpotentials.[238] Eine Verwertung liegt danach dann vor, wenn ihr Hauptzweck darauf gerichtet ist, dass diese Abfälle eine sinnvolle Aufgabe erfüllen können, indem sie andere Materialien ersetzen, die für diese Aufgabe hätten verwendet werden können.[239]

(3) Anforderungen an die Behandlung nach dem Kreislaufwirtschafts- und Abfallgesetz

Immer einzuhalten sind die Anforderungen des KrW-/AbfG. Die Verwertung von Abfällen hat ordnungsgemäß und schadlos zu erfolgen, § 5 Abs. 3 KrW-/AbfG. Die Verwertung erfolgt ordnungsgemäß, wenn sie im Einklang mit den Vorschriften des KrW-/AbfG und anderen öffentlich-rechtlichen Vorschriften steht. Sie geschieht schadlos, wenn nach der Beschaffenheit der Abfälle, dem Ausmaß der Verunreinigungen und der Art der Verwertung Beeinträchtigungen des Wohls der Allgemeinheit nicht zu erwarten sind, insbesondere keine Schadstoffanreicherung im Wertstoffkreislauf eintritt.

(4) Anforderungen an die Behandlung nach der TA Siedlungsabfall

Unter Umständen können die Einsatzstoffe auch Siedlungsabfall im Sinne der Nr. 2.2.1 TA Siedlungsabfall (TASi)[240] sein. Garten- und Parkabfälle, die Biomasse sein können, fallen unter den Begriff des Siedlungsabfalls.

---

237 BayLfU (Hrsg.), Biogashandbuch Bayern 2007, Kap. 2.2.3, S. 5.

238 *Petersen/Rid*, NJW 1995, 7 (10).

239 EuGH, Urteil vom 27.2.2002 – Rs. C-6/00 – Abfall Service AG (ASA) gegen Bundesminister für Umwelt, Jugend und Familie, NVwZ 2002, 579, hier Verwertung für den Fall der Verfüllung eines stillgelegten Bergwerks mit Abfällen; ebenso BVerwG, Urteil vom 14.4.2005 – 7 C 26/03, NVwZ 2005, 954, hier Annahme einer stofflichen Verwertung.

240 Dritte Allgemeine Verwaltungsvorschrift zum Abfallgesetz vom 14.3.1993, BAnz. Nr. 99a vom 29.5.1993.

(5) Anforderungen an die Behandlung nach der Bioabfallverordnung

Hinsichtlich der Verwendung von Bioabfällen ist die BioAbfV zu beachten. Dieses Regelwerk basiert auf der Ermächtigungsgrundlage des § 8 KrW-/AbfG. Diese Norm ermächtigt das Bundesministerium für Umwelt, Naturschutz und Reaktorsicherheit, für den Bereich der Landwirtschaft Anforderungen zur Sicherung der ordnungsgemäßen und schadlosen Verwertung von Abfällen zur Verwertung als Sekundärrohstoffdünger oder Wirtschaftsdünger festzulegen. Die BioAbfV soll eine umweltverträgliche Verwertung von Bioabfällen auf landwirtschaftlich, forstwirtschaftlich oder gärtnerisch genutzten Böden gewährleisten.[241] Ziel der BioAbfV ist mithin, die Qualität und Ungefährlichkeit von Düngern zu sichern. § 8 Abs. 2 KrW-/AbfG gestattet es aus diesem Grunde, Anforderungen an den Schadstoffgehalt von Düngern aus Abfällen zu stellen.

(a) Die Definition des Begriffs Bioabfall

Bioabfälle sind Abfälle tierischer oder pflanzlicher Herkunft zur Verwertung, die durch Mikroorganismen, bodenbürtige Lebewesen oder Enzyme abgebaut werden können. Im Anhang 1 Nr. 2 zur BioAbfV wird diese Definition konkretisiert, indem Abfälle, die unter die Bioabfälle fallen, exemplarisch aufgezählt werden. Pflanzenreste, die auf forst- oder landwirtschaftlich genutzten Flächen anfallen und auf diesen Flächen verbleiben, sind keine Bioabfälle.

(b) Der Geltungsbereich der Bioabfallverordnung

Diese Verordnung gilt nach § 1 Abs. 1 BioAbfV für unbehandelte und behandelte Bioabfälle und Gemische, die zur Verwertung auf landwirtschaftlich, forstwirtschaftlich oder gärtnerisch genutzte Böden aufgebracht oder zum Zweck der Aufbringung abgegeben werden (Nr. 1) sowie für die Behandlung und Untersuchung solcher Bioabfälle und Gemische (Nr. 2). Unter die Behandlung fällt auch der gesteuerte Abbau von Bioabfällen unter anaeroben Bedingungen (Vergärung in Biogasanlagen), vgl. § 2 Nr. 2 BioAbfV. Die BioAbfV ist nicht anwendbar, wenn die Abfälle in Haus-, Nutz- und Kleingärten Verwendung finden. Die Eigenverwertung von Bioabfällen unterfällt nur bedingt der BioAbfV.

Neben der BioAbfV gelten auch die Vorschriften des Düngemittelrechts und des Pflanzenschutzrechts, vgl. § 1 Abs. 4 BioAbfV.

Es ist zulässig im Rahmen der Behandlung Bioabfälle und andere Stoffen, die nicht unter die BioAbfV fallen, miteinander zu vermischen, vgl. § 2 Nr. 5 Satz 2 BioAbfV. Der anfallende Gärrest unterfällt dann sowohl der BioAbfV als auch anderen gesetzlichen Grundlagen (z. B. Dünge- oder Hygienerecht). Es sind immer die strengsten Anforderungen heranzuziehen.[242]

---

241 *Vetter,* NVwZ 1999, 622 (623).

242 Runderlass des MU Niedersachsen vom 2.6.2006, Hinweise zum Immissionsschutz bei Biogasanlagen, Nr. 1.4.1.

(c) Die Adressaten der Bioabfallverordnung

Die durch die BioAbfV begründeten Pflichten richten sich an die Entsorgungsträger, die Erzeuger oder Besitzer von Bioabfällen oder Gemischen, soweit sie diese Abfälle nicht einem Entsorgungsträger überlassen, an Bioabfallbehandler, Gemischhersteller sowie an diejenigen, die unbehandelte oder behandelte Bioabfälle oder Gemische auf ihre Flächen aufbringen, vgl. § 1 Abs. 2 BioAbfV.

Für Biogasanlagenbetreiber, die Bioabfälle im oben genannten Sinne verwenden und später den entstanden Gärrest als Düngemittel anbieten wollen, sind insbesondere die §§ 3 und 4 BioAbfV von Bedeutung.

(d) Die Anforderungen nach § 3 BioAbfV – Hygienisierung

Nach § 3 BioAbfV sind Bioabfälle vor einer Aufbringung oder der Herstellung von Gemischen einer Behandlung zuzuführen, welche die seuchen- und phytohygienische Unbedenklichkeit (keine Gefahr von Krankheitserregern) gewährleistet. Eine solche Unbedenklichkeit besteht, wenn keine Beeinträchtigung der Gesundheit von Mensch oder Tier durch Freisetzung oder Übertragung von Krankheitserregern und keine Schäden an Pflanzen, Pflanzenerzeugnissen oder Böden durch die Verbreitung von Schadorganismen zu befürchten sind. Anhang 2 zur BioAbfV regelt die Verfahren, um die seuchen- und phytohygienische Unbedenklichkeit der Bioabfälle sicherzustellen, so dass der behandelte Bioabfall ohne seuchenhygienische Bedenken auf Böden aufgebracht werden kann. In besonderen Fällen kann die zuständige Behörde bei anaerober Behandlung von Bioabfällen Ausnahmen von den in Anhang 2 enthaltenen Anforderungen zulassen, sofern nach Beschaffenheit und Herkunft der Bioabfälle eine Beeinträchtigung seuchen- und phytohygienischer Belange nicht zu erwarten ist. Die Unbedenklichkeit hat die Behörde regelmäßig überprüfen zu lassen.

(e) Die Anforderungen nach § 4 BioAbfV – Schadstoffgehalt des Gärrests

Neben der seuchen- und phytohygienischen Unbedenklichkeit muss die Behandlung von Bioabfällen in einer Biogasanlage dazu führen, dass der entstandene Gärrest (behandelter Bioabfall) entsprechend den Anforderungen des § 4 Abs. 3 BioAbfV die dort genannten Anforderungen an die Schadstoffkonzentration erfüllt. Der entstandene Gärrest darf nur dann als Düngemittel zum Einsatz kommen, wenn bestimmte Schwermetalle die in der BioAbfV genannten Grenzwerte nicht übersteigen. Obwohl neben der BioAbfV auch weiterhin das Düngemittelrecht Anwendung findet, sind die in § 4 Abs. 3 BioAbfV genannten Grenzwerte vorrangig.[243]

(f) Die besonderen Zulassungstatbestände

Besondere Anforderungen gelten hinsichtlich bestimmter Abfälle oder Flächen. Das Aufbringen von Bioabfällen und Gemischen, die andere als in Anhang 1 Nr. 1

243 Runderlass des MU Niedersachsen vom 2.6.2006, Hinweise zum Immissionsschutz bei Biogasanlagen, Nr. 1.4.1.

genannte Bioabfälle enthalten, bedarf der Zustimmung der zuständigen Behörde, § 6 Abs. 2 Satz 1 BioAbfV. Das Aufbringen von Bioabfällen und Gemischen auf forstwirtschaftlich genutzte Böden darf nur im begründeten Ausnahmefall nach vorheriger Genehmigung der zuständigen Behörde im Einvernehmen mit der zuständigen Forstbehörde erfolgen, § 6 Abs. 3 BioAbfV. § 7 BioAbfV regelt besondere Anforderungen hinsichtlich der Verwendung auf Dauergrünland.

bb. Die abfallrechtlichen Anforderungen an den Gärrest

Hinsichtlich der abfallrechtlichen Anforderungen an den Gärrest ist auf die vorangegangene Darstellung zu verweisen. Nur solcher Bioabfall, der entsprechend der BioAbfV behandelt wurde, darf als Düngemittel dienen.

b. Die Einhaltung düngerechtlicher Pflichten

Der nach der Biogaserzeugung angefallene Gärrest kann auch Dünger im Sinne des deutschen Düngerechts sein. Rechtsgrundlagen des deutschen Düngerechts sind das Düngegesetz (DüngG)[244] und die auf § 5 DüngG beruhende Düngemittelverordnung (DüMV)[245].

Düngemittel sind Stoffe, die dazu bestimmt sind, Nutzpflanzen notwendige Nährstoffe zuzuführen, um ihr Wachstum zu fördern, ihren Ertrag zu erhöhen oder ihre Qualität zu verbessern oder die Bodenfruchtbarkeit zu erhalten oder zu verbessern, § 2 Nr. 1 DüngG. Auch tierische Ausscheidungen bei der Haltung von Tieren zur Erzeugung von Lebensmitteln oder bei der sonstigen Haltung von Tieren in der Landwirtschaft gelten als Dünger, so genannte Wirtschaftsdünger nach § 2 Nr. 2 lit. a) DüngG. Auch pflanzliche Stoffe, die nach einer anaeroben Behandlung anfallen oder dabei erzeugt werden (Gärrest), gelten als Wirtschaftsdünger, vgl. § 2 Nr. 2 lit. b) DüngG.

Sobald also Gülle und nachwachsende Rohstoffe oder andere pflanzliche Stoffe in einer Biogasanlage zum Einsatz kommen, findet das Düngerecht auf den entstandenen Gärrest Anwendung, soweit er als Düngemittel Verwendung finden soll.

Das Düngerecht findet neben der BioAbfV Anwendung, wenn die Einsatzstoffe aus Bioabfällen bestehen.

Sofern ein Betreiber einer Biogasanlage den angefallenen Gärrest nicht auf eigenen Flächen verwendet, sondern an Dritte weiterveräußert, gelten die Vorgaben des DüngG und der DüMV zum so genannten „Inverkehrbringen“. „Inverkehrbringen“ ist das Anbieten, Vorrätighalten zur Abgabe, Feilhalten und jedes Abgeben von in § 2 DüngG genannten Düngemitteln an andere, § 2 Nr. 10 DüngG. § 5 Abs. 1 DüngG enthält die grundlegenden gesetzlichen Anforderungen an das Inverkehrbringen

244 Vom 9.1.2009, BGBl. I S. 54.
245 Zuletzt geändert durch Gesetz vom 20.7.2000, BGBl. I S. 1045.

von Düngemittel. Danach dürfen Düngemittel nur dann in den Verkehr gebracht werden, wenn sie geeignet sind,

- das Wachstum von Nutzpflanzen wesentlich zu fördern (Nr. 1),
- ihren Ertrag wesentlich zu erhöhen (Nr. 2),
- ihre Qualität wesentlich zu verbessern (Nr. 3) oder
- die Fruchtbarkeit des Bodens zu erhalten oder zu verbessern (Nr. 4)

und bei sachgerechter Anwendung die Gesundheit von Menschen und Tieren nicht schädigen und den Naturhaushalt nicht gefährden.

Insbesondere dürfen diese nur in den Verkehr gebracht werden, wenn dies durch eine Rechtsverordnung zugelassen ist. Um diese Anforderungen konkretisieren zu können, enthält § 5 Abs. 2 bis 4 DüngG eine Ermächtigung zum Erlass einer Rechtsverordnung.

Die Rechtsverordnung im Sinne des § 5 Abs. 2 DüngG ist die DüMV. Sie regelt in § 3 die Zulassung von Düngemitteltypen. In Zukunft soll es keine – wie bisher – Typenzulassung mehr geben, sondern es sollen lediglich qualitative Anforderungen an das Düngemittel aufgestellt werden.[246]

§ 4 DüMV stellt konkrete Anforderungen an die Beschaffenheit und Wirkung der eingesetzten und in Verkehr zu bringenden Düngemittel. Neben den Anforderungen nach § 4 DüMV müssen die Düngemittel im Sinne des § 6 DüMV ordnungsgemäß gekennzeichnet sein.

c. Die Einhaltung wasserrechtlicher Pflichten

Auch das Wasserrecht zählt zu den anderen einzuhaltenden öffentlich-rechtlichen Vorschriften nach § 6 Abs. 1 BImSchG. Diese Pflicht gilt indes nur insoweit, als das Wasserrecht nicht Anforderungen aufstellt, die den Vorgaben des BImSchG widersprechen, vgl. § 2 Abs. 2 Satz 2 BImSchG.

Biogasanlagen können Anlagen im Umgang mit wassergefährdenden Stoffen im Sinne des § 19g WHG sein.

aa. Die wassergefährdenden Stoffe aus Biogasanlagen

Wassergefährdende Stoffe im Sinne des § 19g WHG[247] sind feste, flüssige und gasförmige Stoffe, insbesondere

- Säuren und Laugen,
- Alkalimetalle, Siliciumlegierungen mit über 30 % Silicium, metallorganische Verbindungen, Halogene, Säurehalogenide, Metallcarbonyle und Beizsalze,
- Mineral- und Teeröle sowie deren Produkte,

246 BT-Drucks. 294/08, S. 22.

247 Wasserhaushaltsgesetz in der Fassung der Bekanntmachung vom 19.8.2002, BGBl. I S. 3245, zuletzt geändert durch Art. 8 des Gesetzes vom 22.12.2008, BGBl. I S. 2986.

- flüssige sowie wasserlösliche Kohlenwasserstoffe, Alkohole, Aldehyde, Ketone, Ester, halogen-, stickstoff- und schwefelhaltige organische Verbindungen,
- und Gifte,

die geeignet sind, nachhaltig die physikalische, chemische oder biologische Beschaffenheit des Wassers nachteilig zu verändern, § 19g Abs. 5 Satz 1 WHG. Diese nicht abschließende, wahllose Aufzählung wassergefährdender Stoffe ergänzen die Verwaltungsvorschrift wassergefährdende Stoffe (VwVwS)[248] des Bundes und die verschiedenen Landesverordnungen über Anlagen zum Umgang mit wassergefährdenden Stoffen (VAwS)[249].

248 Verwaltungsvorschrift wassergefährdende Stoffe vom 17.5.1999, BAnz. vom 29.5.1999, Nr. 98a, 30.7.2005, Nr. 142a.

249 *Baden-Württemberg*: Verordnung des Ministeriums für Umwelt und Verkehr über Anlagen zum Umgang mit wassergefährdenden Stoffen und über Fachbetriebe (Anlagenverordnung wassergefährdende Stoffe – VAwS) vom 11.2.1994, GBl. S. 182; *Bayern*: Verordnung über Anlagen zum Umgang mit wassergefährdenden Stoffen und über Fachbetriebe (Anlagenverordnung – VAwS) vom 18.1.2006, GVBl. S. 63, zuletzt geändert durch Verordnung vom 30.9.2008, GVBl. S. 830; *Berlin*: Verordnung über Anlagen zum Umgang mit wassergefährdenden Stoffen und über Fachbetriebe (VAwS) vom 23.11.2006, GVBl. S. 1102; *Brandenburg*: Verordnung über Anlagen zum Umgang mit wassergefährdenden Stoffen und über Fachbetriebe (VAwS) vom 19.10.1995, GVBl. II S. 634, zuletzt geändert durch Art. 1 der Verordnung vom 12.3.2008, GVBl. II S. 102; *Bremen*: Verordnung über Anlagen zum Umgang mit wassergefährdenden Stoffen (Anlagenverordnung – VAwS) vom 23.12.2005, GBl. Nr. 1 vom 2.1.2006; *Hamburg*: Verordnung über Anlagen zum Umgang mit wassergefährdenden Stoffen und über Fachbetriebe (Anlagenverordnung – VAwS) vom 19.5.1998, HmbGVBl. S. 71, zuletzt geändert durch Gesetz vom 1.9.2005, HmbGVBl. S. 377, 384; *Hessen*: Verordnung über Anlagen zum Umgang mit wassergefährdenden Stoffen und über Fachbetriebe (Anlagenverordnung – VAwS) vom 16.9.1993, GVBl. I S. 409; *Mecklenburg-Vorpommern*: Verordnung über Anlagen zum Umgang mit wassergefährdenden Stoffen und über Fachbetriebe (Anlagenverordnung – VAwS) vom 5.10.1993, GVOBl. M-V S. 887, zuletzt geändert durch Verordnung vom 14.12.2005, GVOBl. M-V S. 666; *Niedersachsen*: Verordnung über Anlagen zum Umgang mit wassergefährdenden Stoffen und über Fachbetriebe (Anlagenverordnung – VAwS) vom 17.12.1997, Nds. GVBl. S. 549, zuletzt geändert durch Verordnung vom 24.1.2006, Nds. GVBl. S. 41; *Nordrhein-Westfalen*: Verordnung über Anlagen zum Umgang mit wassergefährdenden Stoffen und über Fachbetriebe (VAwS) vom 20.3.2004, GV. NRW S. 274; zuletzt geändert durch Art. 32 des Gesetzes vom 11.12.2007, GV. NRW S. 662; *Rheinland-Pfalz*: Landesverordnung über Anlagen zum Umgang mit wassergefährdenden Stoffen und über Fachbetriebe (Anlagenverordnung – VAwS) vom 1.2.1996, GVBl. S. 121, zuletzt geändert durch Verordnung vom 4.11.2005, GVBl. S. 491; *Saarland*: Verordnung über Anlagen zum Umgang mit wassergefährdenden Stoffen und über Fachbetriebe (VAwS) vom 1.6.2005, ABl. S. 830; *Sachsen*: Verordnung des Sächsischen Staatsministeriums für Umwelt und Landwirtschaft über Anlagen zum Umgang mit wassergefährdenden Stoffen (Sächsische Anlagenverordnung – SächsVAwS) vom 18.4.2000 (rechtsbereinigt mit Stand vom 1.1.2002), SächsGVBl. 2000 S. 223; *Sachsen-Anhalt*: Verordnung über Anlagen zum Umgang mit wassergefährdenden Stoffen (VAwS) vom 28.3.2006, GVBl. LSA S. 183; *Schleswig-Holstein*: Verwaltungsvorschriften zum Vollzug der Landesverordnung über Anlagen zum Umgang mit wassergefährdenden Stoffen – VV-VawS vom 9.10.1996, ABl. Schl.-H. S. 664, zuletzt geändert durch Verordnung vom 3.5.1999, ABl. Schl.-H. S. 212; *Thüringen*: Thüringer Verordnung über Anlagen zum Umgang mit wassergefährdenden Stoffen und über Fachbetriebe (Thüringer Anlagenverordnung – ThürVAwS) vom 25.7.1995, GVBl. S. 261, zuletzt geändert durch Art. 1 der Verordnung vom 31.1.2005, GVBl. S. 90.

Nach der Verwaltungsvorschrift und den Landesverordnungen sind in der Biogasanlage verwendete und anfallende Stoffe als wassergefährdend einzustufen. Insbesondere die Verwendung von Gülle ruft diese Einstufung hervor. Das entstandene Biogas kann Ammoniak und Schwefelwasserstoff enthalten. Beide Stoffe sind wassergefährdend. Auch die im Blockheizkraftwerk verwendeten Stoffe sind wassergefährdend. Eine Biogasanlage ist damit insgesamt als eine wassergefährdende Anlage im Sinne des § 19g WHG zu betrachten.

bb. Die Anforderungen nach den §§ 19g ff. WHG

Anlagen zum Lagern, Abfüllen, Herstellen und Behandeln wassergefährdender Stoffe sowie Anlagen zur Verwendung wassergefährdender Stoffe im Bereich der gewerblichen Wirtschaft müssen so beschaffen sein und so eingebaut, aufgestellt, unterhalten und betrieben werden, dass eine Verunreinigung der Gewässer oder eine sonstige nachteilige Veränderung ihrer Eigenschaften nicht zu besorgen ist (§ 19g Abs. 1 WHG – so genannte Besorgnisgrundsatz). Für die Besorgnis genügt es, dass der Eintritt einer nachteiligen Veränderung eine gewisse Wahrscheinlichkeit für sich hat, oder dass konkrete Anhaltspunkte für die Möglichkeit einer Verunreinigung bestehen.[250] Diese Pflicht erfasst auch Rohrleitungsanlagen auf dem Betriebsgelände und Zubehör.

§ 19g Abs. 2 WHG enthält gesonderte Anforderungen an Güllelagerstätten. Diese müssen so beschaffen sein und so eingebaut, aufgestellt, unterhalten und betrieben werden, dass der bestmögliche Schutz der Gewässer vor Verunreinigung oder sonstiger nachteiliger Veränderung ihrer Eigenschaften erreicht wird. Als bestmöglicher Schutz genügt im Gegensatz zum Besorgnisgrundsatz die Ausstattung der Anlagen mit solchen Einrichtungen, die nach menschlichem Ermessen unter Berücksichtigung der besonderen Verhältnisse beim Lagern und Abfüllen von Jauche, Gülle und Silagesickersäften eine Gewässerverunreinigung ausschließen.[251]

Solche Anlagen müssen insgesamt den anerkannten Regeln der Technik entsprechen.

Maßnahmen zur Verhinderung einer Wasserverunreinigung sind hinsichtlich der Konstruktion, der Werkstoffe und der Standsicherheit möglich.[252] Insbesondere müssen die Anlagen ein Austreten wassergefährdender Stoffe verhindern.

Anlagen nach § 19g Abs. 1 und 2 WHG oder Teile von ihnen sowie technische Schutzvorkehrungen dürfen nur verwendet werden, wenn ihre Eignung durch die zuständige Behörde festgestellt worden ist, § 19h WHG. Der Betreiber einer Anlage nach § 19g Abs. 1 und 2 WHG hat ihre Dichtheit und die Funktionsfähigkeit der Sicherheitseinrichtungen ständig zu überwachen, § 19i WHG.

---

250 *Pape*, in: Landmann/Rohmer, Umweltrecht, Bd. III, § 19g WHG Rn. 27.

251 *Pape*, in: Landmann/Rohmer, Umweltrecht, Bd. III, § 19g WHG Rn. 37.

252 *Pape*, in: Landmann/Rohmer, Umweltrecht, Bd. III, § 19g WHG Rn. 28.

4. Die Beifügung einer Nebenbestimmung zur Genehmigung

§ 12 Abs. 1 BImSchG räumt der Genehmigungsbehörde die Möglichkeit ein, die Genehmigung unter Bedingungen und mit Auflagen verbunden zu erteilen, soweit dies erforderlich ist, um die Erfüllung der in § 6 BImSchG genannten Genehmigungsvoraussetzungen sicherzustellen. Besonderes regelt dabei § 12 Abs. 1 Satz 2 BImSchG. Zur Sicherstellung der Anforderungen nach § 5 Abs. 3 BImSchG kann bei Abfallentsorgungsanlagen im Sinne des § 4 Abs. 1 Satz 1 BImSchG auch eine Sicherheitsleistung auferlegt werden.

Die Sicherheitsleistung dient dem Schutz des Staats vor (finanziellen) Nachteilen für den Fall, dass ein mit öffentlich-rechtlichen Pflichten belegter Bürger diesen Pflichten nicht nachkommt, und der Staat dadurch in der Regel einen finanziellen Schaden erleidet. Über eine Sicherheitsleistung nach § 12 Abs. 1 Satz 2 BImSchG soll die Genehmigungsbehörde sicherstellen, dass der Betreiber einer Abfallentsorgungsanlage bei dauerhafter Einstellung des Betriebs das Betriebsgelände in einem ordnungsgemäßen Zustand hinterlässt. Insbesondere dort lagernder Abfall soll ordnungsgemäß entsorgt werden. Für den Fall, dass der Anlagenbetreiber diesen Pflichten (insolvenzbedingt) nicht nachkommt, kann der Staat auf die Sicherheitsleistung zurückgreifen und anstelle des Anlagenbetreibers die Pflicht erfüllen.

Da in Biogasanlagen auch Abfälle behandelt werden können, kann diese Sicherheitsleistung relevant werden, sobald eine Genehmigungspflicht nach § 4 Abs. 1 BImSchG besteht.

II. *Exkurs*: Die Anforderungen bei Anlagen nach § 22 BImSchG

Insbesondere § 22 BImSchG kann für den Betreiber einer Biogasanlage relevant sein.

1. Die Anwendbarkeit des § 22 BImSchG

Das BImSchG stellt auch Forderungen an Anlagen, die nicht nach § 4 Abs. 1 BImSchG genehmigungspflichtig sind. Diese Anforderungen gelten jedoch nur für solche Anlagen, die grundsätzlich in den Anwendungsbereich des BImSchG fallen. Das BImSchG entfaltet grundsätzlich Wirkung bei der Errichtung und dem Betrieb von Anlagen. Ausgenommen sind Flugplätze, soweit nicht der Sechste Teil des BImSchG betroffen ist, und für Anlagen, soweit sie den Vorschriften des Atomgesetzes oder einer hiernach erlassenen Rechtsverordnung unterliegen. Biogasanlagen sind Anlagen im Sinne des § 3 Abs. 5 BImSchG, so dass auch § 22 BImSchG bei nicht genehmigungsbedürftigen Anlagen gilt. § 22 Abs. 1 BImSchG fließt auch in andere Genehmigungsverfahren ein. Eine Baugenehmigung darf insbesondere vielfach nur dann erteilt werden, wenn die Voraussetzungen des § 22 BImSchG erfüllt sind.[253]

2. Die Pflichten nach § 22 Abs. 1 BImSchG

Nach § 22 Abs. 1 Satz 1 BImSchG sind nicht genehmigungsbedürftige Anlagen so zu errichten und zu betreiben, dass

- schädliche Umwelteinwirkungen verhindert werden, die nach dem Stand der Technik vermeidbar sind (Nr. 1),
- nach dem Stand der Technik unvermeidbare schädliche Umwelteinwirkungen auf ein Mindestmaß beschränkt werden (Nr. 2) und
- die beim Betrieb der Anlagen entstehenden Abfälle ordnungsgemäß beseitigt werden können (Nr. 3).

Der Pflichtenkatalog des § 22 BImSchG unterscheidet sich erheblich von dem des § 5 BImSchG. Anders als § 5 Abs. 1 BImSchG zielt § 22 BImSchG lediglich auf die Abwehr von Gefahren durch schädliche Umwelteinwirkungen ab.[254] § 22 BImSchG ist mithin drittschützend.[255] Schädliche Umwelteinwirkungen müssen, soweit es der Stand der Technik erlaubt, verhindert werden. Ebenso wie bei genehmigungspflichtigen Anlagen ist demnach zu prüfen, ob von einer Anlage schädliche Umwelteinwirkungen ausgehen. Beim Betrieb einer Biogasanlage kommen, wie bereits dargelegt, Luftverunreinigungen und Lärm in Betracht.

a. Das Vorliegen schädlicher Umwelteinwirkungen

Unter welchen Voraussetzungen im Rahmen des § 22 Abs. 1 BImSchG von schädlichen Umwelteinwirkungen auszugehen ist, sollen nach § 23 BImSchG Rechtsverordnungen der Bundesregierung festlegen.

aa. Zur Anwendbarkeit der 1. Bundes-Immissionsschutzverordnung

Bei Biogasanlagen kommt lediglich die Verordnung über kleine und mittlere Feuerungsanlagen (1. BImSchV) in Betracht, soweit sie eine Verstromungseinrichtung in Form eines Blockheizkraftwerks aufweisen. Das Blockheizkraftwerk ist eine Feuerungsanlage im Sinne des § 2 Nr. 5 der 1. BImSchV. Eine Feuerungsanlage ist eine Anlage, bei der durch Verfeuerung von Brennstoffen Wärme erzeugt wird. Das er-

---

253 Vgl. OVG Münster, Urteil vom 8.7.1976 – X A 310/75, NJW 1977, 643; vgl. auch OVG Lüneburg, Beschluss vom 19.8.1999 – 1 M 2711/99, NVwZ-RR 2000, 91; OVG Lüneburg, Urteil vom 26.4.2007 – 12 LB 62/07, BRS 71 (2007) Nr. 98, 467.

254 So die überwiegende Ansicht: vgl. *Hinsch*, ZUR 2007, 401 (406); *Jarass*, BImSchG, § 22 Rn. 22; *Sparwasser/Engel/Voßkuhle*, Umweltrecht, § 10 Rn. 263; OVG Lüneburg, Beschluss vom 19.8.1999 – 1 M 2711/99, NVwZ-RR 2000, 91 (92).

255 BVerwG, Urteil vom 4.7.1986 – 4 C 31/84, BVerwGE 74, 315.

zeugte Biogas ist ein Brennstoff, § 3 Abs. 1 Nr. 11 der 1. BImSchV. Die 1. BImSchV verfolgt das Ziel, Luftverunreinigungen zu reduzieren. Öl- und Gasfeuerstätten müssen folglich so beschaffen sein, dass die Emissionen an Stickstoffoxiden durch feuerungstechnische Maßnahmen nach dem Stand der Technik begrenzt werden, § 7 der 1. BImSchV. §§ 11, 11a der 1. BImSchV legen dabei bestimmte Grenzwerte für den Abgasverlust insgesamt und für bestimmte Emissionen (Kohlenmonoxid, Stickstoffdioxid und Ruß) fest. Jedoch ist die 1. BImSchV auf dem Bereich der Feuerungsanlagen nicht abschließend, § 19 der 1. BImSchV. Die fehlende abschließende Regelung führt dazu, dass eine Kleinfeuerungsanlage auch bei Einhaltung der Emissionsgrenzwerte der 1. BImSchV im Einzelfall auf Grund der konkreten örtlichen Verhältnisse zu erheblichen Belästigungen für die Nachbarschaft führen kann.[256]

bb. Zur Anwendbarkeit der TA Lärm und der TA Luft

Darüber hinaus ist der Begriff der schädlichen Umwelteinwirkung vergleichbar mit § 5 Abs. 1 BImSchG zu konkretisieren. Auch hier kann zum Teil auf die Verwaltungsvorschriften nach § 48 BImSchG zurückgegriffen werden.

Die *TA Lärm* gilt nach Nr. 1 Abs. 2 auch für manche nicht genehmigungsbedürftige Anlagen. Jedoch sind landwirtschaftliche Anlagen vom Anwendungsbereich der TA Lärm ausgenommen, Nr. 1 Abs. 2 lit. c) TA Lärm. Biogasanlagen selbst sind nicht als landwirtschaftliche Anlagen anzusehen, vgl. oben Kap. 3, A.I.b.aa.(1).

Auch die *TA Luft* kann auf nicht genehmigungsbedürftige Anlagen Anwendung finden. Soweit im Hinblick auf die Pflichten der Betreiber nicht genehmigungsbedürftiger Anlagen nach § 22 Abs. 1 Nrn. 1 und 2 BImSchG zu beurteilen ist, ob schädliche Umwelteinwirkungen durch Luftverunreinigungen vorliegen, sollen die in Nr. 4 TA Luft festgelegten Grundsätze zur Ermittlung und Maßstäbe zur Beurteilung schädlicher Umwelteinwirkungen herangezogen werden. Diese Vorschrift räumt der Behörde ein eingeschränktes Ermessen ein.[257] Die Ermittlung von Immissionskenngrößen nach Nr. 4.6 TA Luft unterbleibt, soweit eine Prüfung im Einzelfall ergibt, dass der damit verbundene Aufwand unverhältnismäßig wäre. Tragen nicht genehmigungsbedürftige Anlagen zum Entstehen schädlicher Umwelteinwirkungen in relevanter Weise bei, ist zu prüfen, ob die nach dem Stand der Technik gegebenen Möglichkeiten zu ihrer Vermeidung ausgeschöpft sind. Nach dem Stand der Technik unvermeidbare schädliche Umwelteinwirkungen sind auf ein Mindestmaß zu beschränken.

Soweit zur Erfüllung der Pflichten nach § 22 Abs. 1 Nrn. 1 und 2 BImSchG Anforderungen für nicht genehmigungsbedürftige Anlagen festgelegt werden kön-

---

256 BVerwG, Beschluss vom 28.7.1999 – 4 B 38/99, NVwZ 2000, 552.

257 *Jarass*, BImSchG, § 48 Rn. 40.

nen, können auch die in Nr. 5 TA Luft für genehmigungsbedürftige Anlagen festgelegten Vorsorgeanforderungen als Erkenntnisquelle herangezogen werden.

cc. Zur Anwendbarkeit der Geruchsimmissions-Richtlinie

Behörden können die GIRL sinngemäß auf nicht genehmigungsbedürftige Anlagen anwenden, Nr. 1 Abs. 5 GIRL 2008. Ob die GIRL zur Anwendung kommt, liegt im Ermessen der entscheidenden Behörde.[258] „Sinngemäß" ist dahingehend auszulegen, dass die GIRL nur in typischen Fällen zur Anwendung kommen kann. Atypische Verhältnisse erfordern ein Abweichen von den Vorgaben der GIRL.[259] Wenn die GIRL bei Anlagen nach § 22 BImSchG, die regelmäßig einer Baugenehmigung bedürfen, in Betracht kommt, sind bei der Ermittlung der vorhandenen Belastung nach GIRL auch die Anteile, die durch ausschließlich baurechtlich genehmigungsbedürftige Anlagen verursacht werden, ebenso zu berücksichtigen wie die Anteile, die von Anlagen im Sinne des § 4 BImSchG ausgehen.[260]

Die Rechtsprechung geht davon aus, dass im Rahmen des § 22 BImSchG ebenso wie im Rahmen des § 5 BImSchG aus der GIRL Rückschlüsse gezogen werden können, um die Erheblichkeit der Geruchsbelästigung zu beurteilen.[261]

dd. Zur Anwendbarkeit der VDI-Richtlinie 3475

Gleiches, wie zuvor zur GIRL ausgeführt, muss hinsichtlich der VDI-Richtlinie 3475 gelten.

b. Die Rechtsfolgen bei Vorliegen schädlicher Umwelteinwirkungen

Treten bei Anwendung der genannten Regelwerke bei nicht genehmigungsbedürftigen Anlagen schädliche Umwelteinwirkungen durch Lärm, Luftschadstoffe oder Geruchsimmissionen auf, ist das weitere Vorgehen zweistufig ausgestaltet.[262] Zunächst ist zu prüfen, ob die nach dem Stand der Technik gegebenen Möglichkeiten zur Vermeidung schädlicher Umwelteinwirkungen ausgeschöpft sind. Stand der Technik im Sinne dieses Gesetzes ist der Entwicklungsstand fortschrittlicher Verfahren, Einrichtungen oder Betriebsweisen, die die Vermeidung oder Verminderung von Auswirkungen auf die Umwelt zur Erreichung eines allgemein hohen Schutzniveaus für die Umwelt insgesamt gesichert erscheinen lassen, § 3

---

258 Vgl. Auslegungshinweise zur GIRL 2008 (Fn. 197), zu Nr. 1.

259 Vgl. *Hansmann*, NVwZ 1999, 1158 (1161).

260 Vgl. Auslegungshinweise zur GIRL 2008 (Fn. 197), zu Nr. 1.

261 Vgl. OVG Münster, Urteil vom 25.9.2000 – 10a D 8/00.NE, NWVBl. 2001, 185 (186) m.w.N.

262 *Sparwasser/Engel/Voßkuhle*, Umweltrecht, § 10 Rn. 263.

Abs. 6 BImSchG. Treten trotz Maßnahmen nach dem Stand der Technik unvermeidbare schädliche Umwelteinwirkungen auf, sind diese auf ein Mindestmaß zu beschränken (§ 22 Abs. 1 Satz 1 Nr. 2 BImSchG). § 22 BImSchG verpflichtet den Anlagenbetreiber anders als bei § 5 Abs. 1 BImSchG nicht dazu, schädliche Umwelteinwirkungen vollkommen auszuschließen.[263] Zur Bestimmung des Mindestmaßes ist eine Abwägung aller berührten Interessen vorzunehmen.[264] Ein Mindestmaß an schädlichen Umwelteinwirkungen ist ausgeschlossen, wenn höherrangige Güter wie Gesundheit und Leben betroffen sind.[265] Unverhältnismäßige Maßnahmen können nicht verlangt werden.[266]

Eine Betriebsuntersagung kommt nur nach § 25 Abs. 2 BImSchG in Betracht. Die dort genannten Voraussetzungen liegen bei Geruchsimmissionen jedoch in der Regel nicht vor, da es zweifelhaft erscheint, dass Gerüche das Leben oder die Gesundheit von Menschen oder bedeutende Sachwerte gefährden und die Allgemeinheit oder die Nachbarschaft nicht auf andere Weise ausreichend geschützt werden kann. Anordnungen im Einzelfall können nach § 24 BImSchG getroffen werden.

III. Das Ergebnis betreffend die Anforderungen an die Genehmigung nach dem Bundes-Immissionsschutzgesetz

Ob Biogasanlagen nach Immissionsschutzrecht genehmigungsfähig sind, entscheidet sich überwiegend auf der Grundlage untergesetzlicher Regelwerke wie der TA Lärm oder der TA Luft. In der Praxis hat sich herausgestellt, dass insbesondere Gerüche von Dritten als die häufigste Belastung wahrgenommen werden. Zur Beurteilung, ob Gerüche der Genehmigungsfähigkeit entgegenstehen, ist überwiegend auf die GIRL zurückzugreifen.

Für Anlagenbetreiber folgt aus dem EEG 2009 und den besonderen abfallrechtlichen Anforderungen, die über das Immissionsrecht einzuhalten sind, dass die Behandlung biologischer Abfällen mittlerweile wenig rentabel erscheint. Der Genehmigungsaufwand und die Anforderungen sind höher. Der Einsatz nachwachsender Rohstoffe ist ertragreicher und umgeht die Anforderungen des Abfallrechts.

263 *Hansmann*, in: Landmann/Rohmer, Umweltrecht, Bd. I, § 22 BImSchG Rn. 22; *Jarass*, BImSchG, § 22 Rn. 35.

264 *Hansmann*, in: Landmann/Rohmer, Umweltrecht, Bd. I, § 22 BImSchG Rn. 22; *Jarass*, BImSchG, § 22 Rn. 39.

265 *Jarass*, BImSchG, § 22 Rn. 38.

266 Vgl. *Hansmann*, in: Landmann/Rohmer, Umweltrecht, Bd. I, § 22 BImSchG Rn. 24.

B. Die Anforderungen an die Genehmigung von Biogasanlagen nach dem Recht der tierischen Nebenprodukte – Verordnung (EG) Nr. 1774/2002

Sollte keine Genehmigungspflicht nach § 4 Abs. 1 BImSchG bestehen, ist neben einer Baugenehmigung (vgl. unten Kap. 3, C.) an eine Zulassung nach der Verordnung (EG) Nr. 1774/2002 zu denken, soweit tierische Nebenprodukte in der Biogasanlage zum Einsatz kommen. Auch tierische und pflanzliche Abfälle sowie Nebenprodukte aus der Landwirtschaft fallen unter den Biomassebegriff im Sinne der BiomasseV. *Pflanzliche* Abfälle sind Regelungsgegenstand der BioAbfV. Die Nutzung *tierischer* Nebenprodukte unterliegt hingegen besonderen Voraussetzungen, nämlich denen der Verordnung (EG) Nr. 1774/2002 (Verordnung über tierische Nebenprodukte) und nationaler Normen betreffend die tierischen Nebenprodukte. Soweit tierische Nebenprodukte der Erzeugung von Biogas dienen, stellen die genannten Rechtsgrundlagen Anforderungen an den Anlagenbetrieb selbst und an die Verwendung des dabei entstandenen Gärrests.

I. Die Genehmigung des Anlagenbetriebs nach der Verordnung (EG) Nr. 1774/2002

1. Der Hintergrund der Verordnung (EG) Nr. 1774/2002

Die Verordnung (EG) Nr. 1774/2002 regelt den Umgang mit nicht für den menschlichen Verzehr bestimmten tierischen Nebenprodukten und stellt spezielles Abfallrecht dar.[267] Sie findet unmittelbare Anwendung und verdrängt damit deutsches Abfallrecht (vgl. § 2 Abs. 2 Nr. 1a KrW-/AbfG). Insoweit existiert ein europaweit einheitliches Veterinär- und Hygienerecht.[268]

Den Anlass zum Erlass der Verordnung (EG) Nr. 1774/2002 bildeten die BSE-Vorfälle und die Verseuchung von Tierfutter; denn insbesondere Futtermittel, die aus Wiederkäuerabfällen entstanden, wurden als Hauptursache der BSE-Erkrankungen identifiziert.[269] Tierische Nebenprodukte bergen folglich ein Seuchenrisiko in sich.[270] Die Verordnung (EG) Nr. 1774/2002 zielt darauf ab, dieses Seuchenrisiko zu minimieren. Der europäische Gesetzgeber erließ Vorschriften für die Abholung und Sammlung, Beförderung, Lagerung, Behandlung, Verarbeitung und Verwen-

---

267 *Fluck/Strack*, NuR 2004, 503; *Weißenborn*, NVwZ 2003, 827.

268 *Fluck/Strack*, NuR 2004, 503.

269 *Fluck/Strack*, NuR 2004, 503 (504).

270 Vgl. Verordnung (EG) Nr. 1774/2002, Gründe Nr. 7.

dung oder Beseitigung tierischer Nebenprodukte, um zu verhindern, dass diese Erzeugnisse die Gesundheit von Mensch und Tier sowie die Umwelt gefährden, Art. 1 der Verordnung (EG) Nr. 1774/2002. Die Verordnung (EG) Nr. 1774/2002 soll jeglichen Umgang mit tierischen Nebenprodukten regeln.[271] Grundprinzip der Verordnung ist es folglich, tierische Nebenprodukte nicht unbehandelt in die Futtermittelkette gelangen zu lassen.[272] Die Stoffströme sollen bis zum Ursprung zurückverfolgbar sein: „Vom Erzeuger bis zum Verbraucher".[273]

2. Die Definition des Begriffs Tierische Nebenprodukte

Tierische Nebenprodukte im Sinne der Verordnung (EG) Nr. 1774/2002 sind ganze Tierkörper, Tierkörperteile oder Erzeugnisse tierischen Ursprungs, Art. 2 Abs. 1. Die Artikel 4–7 zählen dabei die Nebenprodukte abschließend auf, die unter die Verordnung (EG) Nr. 1774/2002 fallen. Dabei nimmt der europäische Gesetzgeber eine Kategorisierung der Nebenprodukte anhand ihrer Gefährlichkeit vor. Kategorie 1 (Art. 4) erfasst solche Nebenprodukte, die ein hohes seuchenhygienisches Risiko aufweisen; diese Nebenprodukte sind zu beseitigen.[274] Eine Verwertung ist ausgeschlossen. Nebenprodukte der Kategorie 2 (Art. 5) weisen eine geringere Gefährlichkeit auf, sind jedoch genussuntauglich.[275] Sie können nach vorheriger Behandlung, um die Seuchengefahr zu minimieren, einer Verwertung zugeführt werden. Zu dieser Kategorie zählt auch Gülle. Gülle besteht nach § 2 Abs. 1 Nr. 2 der Verordnung zur Durchführung des Tierische Nebenprodukte-Beseitigungsgesetzes (TierNebV)[276] aus von Nutztieren stammenden unverarbeiteten, verarbeiteten oder umgewandelten Exkrementen, einschließlich Festmist und Hühnertrockenkot, mit und ohne Einstreu. In die Kategorie 3 (Art. 6) fallen Nebenprodukte mit dem geringsten seuchenhygienischen Risiko.[277] Zur Kategorie 3 gehören auch Küchen- und Speiseabfälle, die in Biogasanlagen zur Verwendung kommen sollen.[278] Art. 1 Abs. 2 zählt solche Stoffe auf, die die Verordnung (EG) Nr. 1774/2002 nicht erfasst.

An die jeweilige Kategorie knüpfen genaue Anforderungen an Transport und Behandlung an. Wichtig ist die Trennung der verschiedenen tierischen Nebenprodukte der jeweiligen Kategorien. Im Falle einer Vermischung sind die Anforde-

271 *Fluck/Strack*, NuR 2004, 503 (505).

272 *Lampe*, NuR 2006, 152 (157).

273 *Fluck/Strack*, NuR 2004, 503 (504); *Weißenborn*, NVwZ 2003, 827.

274 BayLfU (Hrsg.), Biogashandbuch Bayern 2007, Kap. 2.2.6., S. 4.

275 *Lampe*, NuR 2006, 152 (158).

276 Tierische Nebenprodukte-Beseitigungsverordnung vom 27.7.2006, BGBl. I S. 1735, zuletzt geändert durch Art. 4 der Verordnung vom 6.2.2009, BGBl. I S. 153.

277 *Wernsmann*, AUR 2006, 384 (385).

278 *Lampe*, NuR 2006, 152 (158).

rungen an die „schlechtere" Kategorie die maßgeblichen Anforderungen, Art. 4 Abs. 1 lit. b) der Verordnung (EG) Nr. 1774/2002.

3. Die Voraussetzungen für die Genehmigung einer Biogasanlage

Biogasanlagen bedürfen einer Zulassung durch die zuständige Behörde nach Art. 15 der Verordnung (EG) Nr. 1774/2002, wenn tierische Nebenprodukte zur Biogasproduktion eingesetzt werden. Näheres zu den materiellen Voraussetzungen, wann eine Zulassung zu erteilen ist, regelt der Anhang VI zur Verordnung (EG) Nr. 1774/2002.

Um zugelassen zu werden, müssen Biogasanlagen mehrere Bedingungen erfüllen. Zunächst sind nur bestimmte tierische Nebenprodukte zur Behandlung und Verarbeitung in Biogasanlagen bestimmt. Als Einsatzstoff in Biogasanlagen sind nach dem Anhang VI Kap. II Abschn. B Nr. 4 der Verordnung (EG) Nr. 1774/2002 nur folgende Materialien zulässig:

- Materialien der Kategorie 2, soweit sie eine Kantenlänge von über 150 mm aufweisen und vorher zerkleinert sowie unter Druck erhitzt worden sind (Druck- bzw. Dampfsterilisation)[279] (lit. a),
- Gülle sowie Magen- und Darminhalt (lit. b),
- Material der Kategorie 3 (lit. c).

Gülle kann ohne eine Vorbehandlung in einer Biogasanlage Verwendung finden. Material der Kategorie 3, welches zuvor keiner Behandlung unterzogen wurde, bedarf einer Pasteurisierung nach Anhang VI Kap. II Abschn. C Nr. 12 der Verordnung (EG) Nr. 1774/2002. Das Rohmaterial der Kategorie 3 muss sich mindestens 60 Minuten bei einer Temperatur von 70 °C in der Entseuchungsabteilung (Hygienisierung) befinden.

Daher müssen Biogasanlagen über bestimmte Einrichtungen wie eine unumgehbare Pasteurisierungs-/Entseuchungsabteilung verfügen. Es bedarf auch geeigneter Einrichtungen zur Reinigung und Desinfektion von Fahrzeugen und Behältern beim Verlassen der Biogasanlage (Anhang VI Kap. II Abschn. B Nr. 1 der Verordnung (EG) Nr. 1774/2002). Zusätzlich muss jede Biogasanlage ein betriebseigenes Labor aufweisen oder die Dienste eines externen Labors in Anspruch nehmen.

Der Anlagenbetreiber hat ebenfalls bestimmte Maßnahmen zu treffen, um den Hygieneanforderungen der Verordnung gerecht zu werden. Zu nennen sind hier z. B. die schnellstmögliche Verarbeitung der Materialien, die regelmäßige Reinigung der Transportmittel und die Ungezieferbekämpfung.

---

279 BayLfU (Hrsg.), Biogashandbuch Bayern 2007, Kap. 2.2.6., S. 4.

Neben den Einsatzstoffen und dem Behandlungsvorgang selbst sind auch die Fermentationsrückstände Gegenstand der Zulassung nach Art. 15 Verordnung (EG) Nr. 1774/2002. Die Gärreste müssen ggf. mikrobiologische Normen nach Anhang VI Kap. II Abschn. D erfüllen. Danach darf der Gärrest keine Salmonellen und nur eine geringe Konzentration an Enterobakterien aufweisen.

Bei Nichteinhaltung der Zulassungsvoraussetzungen wird die Zulassung unverzüglich ausgesetzt. Die zuständige Behörde überprüft die Einhaltung der Zulassungsvoraussetzung mittels regelmäßiger Kontrollen, Art. 26 Verordnung (EG) Nr. 1774/2002.

II. Die Anforderungen an den Betrieb einer Biogasanlage nach dem Tierische Nebenprodukte-Beseitigungsgesetz und der Verordnung zur Durchführung dieses Gesetzes

Zur Durchführung der Verordnung (EG) Nr. 1774/2002 erließ der deutsche Gesetzgeber das Tierische Nebenprodukte-Beseitigungsgesetz (TierNebG)[280]. Dieses Regelwerk normiert Zuständigkeiten, Verpflichtungen zur Beseitigung tierischer Nebenprodukte, Einzugsbereiche, Melde-, Ablieferungs-, Abholungs- und Aufzeichnungspflichten sowie die Überwachung. Diese Tatbestände erfasst die Verordnung (EG) Nr. 1774/2002 nicht. Das Gesetz hat deshalb eine lückenschließende Funktion.

Nach § 2 TierNebG sind die jeweiligen Landesbehörden für die Zulassungserteilung nach Art. 15 Verordnung (EG) Nr. 1774/2002 zuständig. In Brandenburg sind das in der Regel die Landkreise und kreisfreien Städte als Kreisordnungsbehörden, § 2 Abs. 2 AGTierNebG. Sollte für die Anlage eine Genehmigung nach dem BImSchG erforderlich sein, ist in Brandenburg das Landesumweltamt die zuständige Behörde für die Zulassung und Überwachung nach Art. 15 der Verordnung (EG) Nr. 1774/2002.

Weitere spezielle Regelungen hinsichtlich der Zulassung von Biogasanlagen enthält das TierNebG nicht. Jedoch ermächtigt der Gesetzgeber in § 13 TierNebG das Bundesministerium für Ernährung, Landwirtschaft und Verbraucherschutz im Einvernehmen mit dem Bundesministerium für Umwelt, Naturschutz und Reaktorsicherheit durch Rechtsverordnung mit Zustimmung des Bundesrats weitere Vorschriften zu erlassen. Diese können die Einrichtung, den Betrieb und die Zulassung von Biogasanlagen oder die in ihnen anzuwendenden Verfahren sowie die Herstellung der Produkte und die Abgabe der erzeugten Produkte betreffen, soweit dieses die Verordnung (EG) Nr. 1774/2002 zulässt. Infolge dieser Ver-

280 Tierische Nebenprodukte-Beseitigungsgesetz vom 25.2.2005, BGBl. I S. 82, zuletzt geändert durch Art. 16b des Gesetzes vom 13.4.2006, BGBl. I S. 855.

ordnungsermächtigung erging die Verordnung zur Durchführung des Tierische Nebenprodukte-Beseitigungsgesetzes (TierNebV)[281]. Ziel der TierNebV ist es, die Verordnung (EG) Nr. 1774/2002 zu konkretisieren und die darin enthaltenen Ermächtigungen der Mitgliedstaaten auszuschöpfen.[282]

Die §§ 12–15 TierNebV treffen Festlegungen für Biogasanlagen hinsichtlich der Anlagenzulassung und der Art des einzubringenden Materials.

1. Die Voraussetzungen des § 12 TierNebV

§ 12 TierNebV stellt klar, dass Biogasanlagen, in denen tierische Nebenprodukte Verwendung finden, grundsätzlich einer Zulassung nach Art. 15 der Verordnung (EG) Nr. 1774/2002 bedürfen. Konkretisierend besagt § 12 TierNebV, dass der Betreiber verpflichtet ist, sicherzustellen, nur bereits pasteurisiertes Material der Kategorie 3 in den Fermentierer/Fermenter einzubringen. Über den Regelungsgehalt des Art. 15 der Verordnung (EG) Nr. 1774/2002 hinaus darf stattdessen auch eine Pasteurisierung des Fermentationsrückstandes erfolgen. Diese Anforderungen gelten nicht für Gülle (vgl. oben Kap. 3, B.I.3.).

2. Die Voraussetzungen des § 13 TierNebV

§ 13 TierNebV regelt eine Ausnahme von § 12 TierNebV. Biogasanlagen, in denen ausschließlich Küchen- und Speiseabfälle der Kategorie 3 eingesetzt werden, bedürfen nicht der Zulassung nach Art. 15 der Verordnung (EG) Nr. 1774/2002. Diese Abweichung beruht auf der Ausnahmezulassung nach Art. 6 Abs. 2 lit. g) der Verordnung (EG) Nr. 1774/2002. Bis zum Erlass von Vorschriften der europäischen Kommission hinsichtlich der Verarbeitung von Küchen- und Speiseabfällen in Biogasanlagen gilt innerstaatliches Recht, soweit dieses vorhanden ist. Insoweit bestehen die Anforderungen des Art. 15 der Verordnung (EG) Nr. 1774/2002 nicht unmittelbar.

Der Betreiber der Anlage hat diese nach § 26 TierNebV durch die zuständige Behörde registrieren zu lassen. Die zuständige Behörde erfasst die unter § 13 TierNebV fallenden Biogasanlagen unter Erteilung einer Registriernummer in einem Register, § 26 Abs. 1 Satz 1 Nr. 2 TierNebV. Fraglich ist, welchen Charakter diese Registrierung hat. Das Wort „registrieren" bedeutet, etwas aufzuzeichnen, einzutragen, einzuordnen[283] oder ohne Kommentar zu vermerken.[284] Die Wortbedeutung lässt daher nicht auf eine Genehmigung oder Zulassung schließen, sondern lediglich

281 Vgl. Fn. 276.

282 BR-Drucks. 365/06, S. 1; *Wernsmann*, AUR 2006, 384 (386).

283 Duden – Die deutsche Rechtschreibung, 24. Auflage 2006.

284 Duden – Deutsches Universalwörterbuch, 6. Auflage 2006.

auf eine Aufzeichnung darüber, welche Betriebe die durch § 13 TierNebV erfassten Stoffe verarbeiten. Allerdings geht der Normgeber von einer Genehmigungserteilung im Rahmen des § 13 TierNebV aus.[285] Außerdem spricht der Wortlaut des § 26 Abs. 2 und 3 TierNebV dafür, dass der Registrierung auch der Charakter einer Genehmigung zukommt. Die Registrierung kann demnach zurückgenommen oder widerrufen werden. Nur (begünstigende) Verwaltungsakte sind zurücknehm- oder widerrufbar, vgl. §§ 48, 49 VwVfG[286]. Demnach ist die Registrierung eine Genehmigung von Biogasanlagen außerhalb des Geltungsbereichs des Art. 15 der Verordnung (EG) Nr. 1774/2002.

Küchen- und Speiseabfälle sind grundsätzlich dem KrW-/AbfG zu subsumieren. Sofern sie in Biogas- oder Kompostieranlagen zum Einsatz kommen, gelten hingegen besondere Vorschriften.[287] Nach § 13 Abs. 1 Satz 3 TierNebV hat der Betreiber einer Biogasanlage, in welcher Küchen- und Speiseabfälle zum Einsatz kommen, sicherzustellen, dass bereits fermentierte Küchen- und Speiseabfälle nicht mit unfermentierten tierischen Nebenprodukten in Berührung kommen (Nr. 1), die Anforderungen in Anhang VI Kap. II Abschn. B Nr. 5 bis 11 der Verordnung (EG) Nr. 1774/2002 eingehalten werden (Nr. 2), und für Fahrzeuge und Behälter, die die Anlage verlassen, geeignete Einrichtungen zur Reinigung und Desinfektion zur Verfügung stehen (Nr. 3). Hier greift der Verordnungsgeber weitgehend auf die Anforderungen der Verordnung (EG) Nr. 1774/2002 zurück, obwohl sie nicht unmittelbar Anwendung finden. Darüber hinaus gelten auch teilweise die Anforderungen der BioAbfV. Der Betreiber der Anlage ist demnach verpflichtet, die Anforderungen an die Prozessführung nach Anhang 2 Nr. 2.1 Abs. 2 der BioAbfV und an die indirekte Prozessprüfung nach Anhang 2 Nr. 2.2.2 der BioAbfV entsprechend einzuhalten.

3. Die Voraussetzungen des § 14 TierNebV

In § 14 TierNebV macht der Verordnungsgeber von der Ermächtigung im Anhang VI Kap. II Abschn. C Nr. 14 der Verordnung (EG) Nr. 1774/2002 Gebrauch. In Nr. 14 stellt der europäische Gesetzgeber den Mitgliedstaaten die Möglichkeit zur Verfügung, von der Verordnung abweichende Verarbeitungsnormen zuzulassen, soweit in Bezug auf die Verringerung von Krankheitserregern eine gleichwertige Wirkung besteht. Diese Ermächtigung gilt für Biogasanlagen, in denen an tierischen Nebenprodukten ausschließlich Küchen- und Speiseabfälle als Rohmaterial verwendet werden.

---

285 BR-Drucks. 365/06, S. 48.

286 Verwaltungsverfahrensgesetz in der Fassung der Bekanntmachung vom 23.2.2003, BGBl. I S. 102, zuletzt geändert durch Art. 10 des Gesetzes vom 17.12.2008, BGBl. I S. 2586.

287 BR-Drucks. 365/06, S. 41.

Grundsätzlich bedürfen Biogasanlagen, in denen ausschließlich Küchen- und Speiseabfälle der Kategorie 3 zusammen mit Gülle, Magen- und Darminhalt, Milch und Kolostrum als Einsatzstoff dienen, nach § 14 Abs. 1 TierNebV auch der Zulassung nach Art. 15 der Verordnung (EG) Nr. 1774/2002. Jedoch müssen Gülle, Magen- und Darminhalt, Milch und Kolostrum aus Betrieben stammen, die keinen tierseuchenrechtlichen Maßregeln unterliegen. Im Übrigen gelten für die Küchen- und Speiseabfälle die Anforderungen des § 13 TierNebV.

4. Die Voraussetzungen des § 15 TierNebV

§ 15 TierNebV findet auf Biogasanlagen Anwendung, in denen ausschließlich Gülle, Magen- und Darminhalt, Milch und Kolostrum eingesetzt werden. Auch für solche Anlagen besteht die Zulassungspflicht nach Art. 15 Abs. 1 und 2 in Verbindung mit Anhang VI Kap. II Abschn. C Nr. 14 der Verordnung (EG) Nr. 1774/2002. Der Betreiber der Anlage hat sicherzustellen, dass bereits fermentierte tierische Nebenprodukte nicht mit unfermentierten tierischen Nebenprodukten in Berührung kommen. Im Übrigen gelten die Anforderungen des § 13 Abs. 1 Satz 3 Nr. 2 und 3 TierNebV entsprechend. Satz 4 sieht Erleichterungen für solche Anlagen vor, in denen nur solche Stoffe aus einem einzigen Betrieb mit Nutztieren Verwendung finden; der Betrieb darf allerdings keinen tierseuchenrechtlichen Maßregeln unterliegen, und der Fermentationsrückstand darf nur auf Flächen dieses Betriebs ausgebracht werden (Satz 4 Nr. 1 – so genannter „Seuchenhygienischer geschlossener Kreislauf“ [288]). Diese Erleichterung gilt auch bei der Verwendung von Gülle aus Betrieben, die keinen tierseuchenrechtlichen Maßregeln unterliegen (Satz 4 Nr. 2). Diese Erleichterungen bewirken, dass die Pflichten nach Anhang VI Kap. II Abschn. B Nr. 6, 8 und 11 der Verordnung (EG) Nr. 1774/2002 nicht gelten.

III. Die Anforderungen an Fermenterrückstände mit vergorenen tierischen Nebenprodukten

Nach alldem bedarf der Einsatz tierischer Nebenprodukte im Sinne der Verordnung (EG) Nr. 1774/2002 immer einer Zulassung oder unter bestimmten Umständen einer Registrierung nach § 26 TierNebV. Die Zulassungsvoraussetzungen knüpfen dabei nur an den Betrieb der Anlage als solche an und daran, dass von dem Betrieb keine hygienischen Gefahren ausgehen.

Insbesondere können vom Gärrest bestimmte Gefahren ausgehen. Der Gärrest als solcher ist, wie bereits dargestellt, nur nach Anhang VI Kap. II Abschn. D Zulassungsgegenstand. Er darf keine bestimmte Konzentration an bestimmten Mikro-

288 BR-Drucks. 365/06, S. 49.

organismen aufweisen. Unter welchen Umständen sowie in welcher Art und Weise der Gärrest zu verwenden ist, stellt nicht den Inhalt des Zulassungsverfahrens nach Art. 15 Verordnung (EG) Nr. 1774/2002 dar.

Trotzdem enthalten sowohl die Verordnung (EG) Nr. 1774/2002 als auch die TierNebV bestimmte Anforderungen an den Gärrest, auch wenn diese nicht im Rahmen der Zulassung nach Art. 15 der Verordnung (EG) Nr. 1774/2002 zu prüfen sind.

1. Die Anforderungen an Gülle enthaltenden Gärrest

Indes stellt die Verordnung (EG) Nr. 1774/2002 selbst nur wenige Anforderungen an die Verwendung des Fermentationsrestes. Tatsächlich fanden und finden sich in der Verordnung (EG) Nr. 1774/2002 selbst nur Regelungen in Bezug auf Gülle.

Die Verordnung (EG) Nr. 1774/2002 stellt im Grunde nur Anforderungen an die Einfuhr und das Inverkehrbringen unverarbeiteter Gülle sowie verarbeiteter Gülle oder Gülleprodukte, vgl. Anhang VIII Kap. III. Gärrest kann aus verarbeiteter Gülle bestehen. Anhang VIII Kap. III Nr. II der Verordnung (EG) Nr. 1774/2002 behandelt die Einfuhr und das Inverkehrbringen verarbeiteter Gülle. Zunächst darf nur solche Gülle in den Verkehr gelangen, die ausschließlich aus einer nach Art. 15 der Verordnung (EG) Nr. 1774/2002 zugelassenen Biogasanlage stammt. Vor dem Inverkehrbringen ist die Gülle mindestens 60 Minuten lang einer Hitzebehandlung bei mindestens 70 °C oder einer gleichwertigen Behandlung zu unterziehen. Zudem darf sie keine Salmonellen oder Enterobakterien aufweisen. Es ist eine Behandlung vorzunehmen, um Sporen bildende Bakterien und die Toxinbildung zu verringern. Eine besondere Lagerung der Gülle ist notwendig, so dass es nach der Verarbeitung auf keinen Fall zu einer Kontamination oder Sekundärinfektion oder Feuchtigkeit kommen kann.

Das Ausbringen unverarbeiteter, verarbeiteter oder in Biogasanlagen umgewandelter Gülle als organisches Düngemittel unterliegt keinen weiteren Beschränkungen durch die Verordnung (EG) Nr. 1774/2002. Es ist dagegen die Düngemittelverordnung zu beachten,[289] vgl. oben Kap. 3, A.I.3.b.

2. Die Anforderungen an den Gärrest bei seiner Verwendung als Düngemittel

Zwischenzeitlich kennt jedoch auch das europäische Recht weitere Regelungen zu den Gärresten.

Fermentationsrückstände gelten im Sinne der Verordnung (EG) Nr. 1774/2002 als „organische Düngemittel" und „Bodenverbesserungsmittel", da sie zur Pflan-

289 BayLfU (Hrsg.), Biogashandbuch Bayern 2007, Kap. 2.2.6., S. 8.

zenernährung bzw. zur Verbesserung der Pflanzenernährung und zur Erhaltung oder zur Verbesserung der physikalisch-chemischen Eigenschaften sowie der biologischen Aktivität des Bodens dienen können. Mit dem Erlass der Verordnung (EG) 181/2006[290] gelten nun auch Bestimmungen zur Verwendung von „organischen Düngemitteln".

a. Die Anforderungen der Verordnung (EG) 181/2006

Mit dem Erlass der Verordnung (EG) 181/2006 verbietet nunmehr auch die Verordnung (EG) Nr. 1774/2002 das Ausbringen anderer organischer Dünge- und Bodenverbesserungsmittel als Gülle auf Weideland. Damit sollen etwaige Kontaminationsrisiken vermieden werden, die von Weideland ausgehen könnten, wenn Material der Kategorie 2 oder der Kategorie 3 vorhanden ist. Ziel dieses Verbots ist es, Nutztier, welches auf dem betroffenen Gelände weidet, vor Ansteckungsrisiken zu schützen.[291] „Weideland" sind danach nur noch solche Flächen, auf denen keine organischen Dünge- oder Bodenverbesserungsmittel ausgebracht wurden, Art. 2 der Verordnung (EG) 181/2006. Verarbeitete Erzeugnisse, die aus der Verarbeitung tierischer Nebenprodukte in einem Verarbeitungsbetrieb nach der Verordnung (EG) Nr. 1774/2002 hervorgehen, dürfen folglich nicht als solche direkt auf Flächen gelangen, die möglicherweise für Nutztiere zugänglich sind. Die zuständigen Überwachungsbehörden können Maßnahmen zur Einhaltung dieser Verbote ergreifen, Art. 9 der Verordnung (EG) 181/2006. Insbesondere der Anhang zur Verordnung (EG) 181/2006 enthält bestimmte Möglichkeiten, wie vorzugehen ist, wenn entgegen dem Verbot organische Düngemittel und Bodenverbesserungsmittel auf Böden aufgebracht wurden: z. B. Verbot der Futtergewinnung oder Weidenutzung für 21 Tage.

Wegen des Verbots, Fermentationsreste als Düngemittel für Weideland zu verwenden, können die Gärreste nur noch zur Düngung von Ackerland genutzt werden.[292]

Zu beachten ist, dass die Verordnung (EG) 181/2006 nicht auf Gülle Anwendung findet. Sollte also Gülle das einzige tierische Nebenprodukt sein, welches zur Biogaserzeugung dient, so ist die Verordnung (EG) 181/2006 nicht einschlägig.

Die Verordnung (EG) Nr. 181/2006 gilt ebenfalls nicht für Fermentationsrückstände, die als tierisches Nebenprodukt ausschließlich Küchen- und Speiseabfälle der Kategorie 3 enthalten; hier können die Mitgliedstaaten weiterhin nationale Reglungen treffen.[293]

290 ABl. EU L 29, S. 31.

291 Vgl. Gründe für Verordnung (EG) 181/2006, Abl. EU L 29, S. 31.

292 BayLfU (Hrsg.), Biogashandbuch Bayern 2007, Kap. 2.2.6., S. 8.

293 BR-Drucks. 365/06, S. 55.

b. Die Anforderungen der Verordnung zur Durchführung des Tierische Nebenprodukte-Beseitigungsgesetzes

Auch die TierNebV enthält Vorgaben für die Verwertung von Fermentationsrückständen, vgl. § 23. Danach dürfen Fermentationsrückstände, die tierische Nebenprodukte und verarbeitete Erzeugnisse enthalten, nur auf landwirtschaftlich, forstwirtschaftlich oder gärtnerisch genutzte Böden gelangen, soweit keine anderen tierischen Nebenprodukte als die in Anlage 4 genannten (z. B. Gülle, Magen- und Darminhalt sowie Panseninhalt, Milch und Kolostrum, sonstiges Material der Kategorie 2 im Sinne der Verordnung (EG) Nr. 1774/2002 etc.) als Ausgangsmaterial verarbeitet worden sind. Überwiegend verweist § 23 TierNebV auf die Verordnung (EG) Nr. 181/2006.

Für Anlagen nach § 13 TierNebV gelten andere Vorgaben, da diese Anlagen gerade nicht der Verordnung (EG) Nr. 1774/2002 unterfallen (vgl. oben Kap. 3, B.II.2.). Für Fermentationsrückstände aus Anlagen nach § 13 TierNebV gilt, dass Fermentationsrückstände nur dann auf Weideland ausgebracht werden dürfen, wenn zuvor auf das auszubringende Material eine Temperatur von mindestens 70 °C über mindestens 60 Minuten eingewirkt hat.

IV. Das Ergebnis zu den Anforderungen an die Genehmigung von Biogasanlagen nach dem Recht der tierischen Nebenprodukte – Verordnung (EG) Nr. 1774/2002

Nach alldem bedarf die Verwendung tierischer Nebenprodukte in einer Biogasanlage immer einer Zulassung oder Genehmigung, sei es nach europäischem oder nationalem Recht. Die Zulassung bzw. Genehmigung ist nur dann zu erteilen, wenn bestimmte Voraussetzungen, die das europäische Recht konkret benennt, erfüllt sind. In jedem Falle muss gewährleistet sein, dass Seuchenrisiken nicht mehr bestehen. Die geringsten Anforderungen sind bei der Nutzung von Gülle zu erfüllen. Die Begünstigung der Gülle in der Verordnung (EG) Nr. 1774/2002 korrespondiert mit der Förderung durch das EEG.

C. Die Anforderungen an die Genehmigung von Biogasanlagen nach dem Baurecht

Jede Biogasanlage ist eine bauliche Anlage. Im Rahmen eines Genehmigungsverfahrens muss die Genehmigungsbehörde entsprechend § 6 Abs. 1 Nr. 2 BImSchG prüfen, ob das Vorhaben baurechtlichen Vorgaben widerspricht. Dabei ist sowohl

Bauordnungs- als auch Bauplanungsrecht heranzuziehen. Fehlt das Genehmigungserfordernis nach Immissionsschutzrecht, bedarf es in der Regel einer Baugenehmigung, soweit kein genehmigungsfreies Vorhaben nach den jeweiligen Landesbauordnungen vorliegt.

I. Der Umfang der Prüfung bei Vorliegen eines Antrags auf Erteilung einer Baugenehmigung

Hat der Bauherr eine Baugenehmigung einzuholen, ist zunächst zu klären, in welchem Umfang die Genehmigungsbehörde die Genehmigungsfähigkeit zu überprüfen hat.

1. Der Prüfungsumfang in rechtlicher Hinsicht

Um genehmigungsfähig zu sein, darf kein Widerspruch zu öffentlich-rechtlichen Normen vorliegen. Um die Genehmigungsfähigkeit festzustellen, sind immer bauplanungs- und bauordnungsrechtliche Vorschriften zu prüfen. Fraglich ist indes, ob auch der bauliche Arbeitsschutz, düngemittelrechtliche, wasserrechtliche, abfallrechtliche und veterinärrechtliche Belange (Verordnung (EG) Nr. 1774/2002) sowie immissionsschutzrechtliche Anforderungen Prüfungs- und Genehmigungsinhalt sind. Der Umfang der behördlichen Sachentscheidungskompetenz bestimmt sich grundsätzlich nach dem jeweiligen Landesrecht.[294] Der Prüfungsumfang folgt aus dem Umfang der Sachentscheidungskompetenz.[295]

Die Rechtslage in den verschiedenen Bundesländern ist unübersichtlich und variiert stark.

a. Die Konzentrationswirkung einer Baugenehmigung

Die Bundesländer Brandenburg und Bremen sehen eine (durchbrochene)[296] Konzentrationswirkung der Baugenehmigung vor. Die Baugenehmigungsbehörde ist demnach verpflichtet und berechtigt, alle Voraussetzungen, die sonst Gegenstand einer anderen behördlichen Zulassung wären, zu prüfen. Die Baugenehmigung umfasst die entsprechenden Erlaubnisse. In den anderen Bundesländern gilt diese Konzentrationswirkung nicht.

Zu beachten ist, dass die Baugenehmigung nie eine Genehmigung nach §§ 4, 6 Abs. 1 BImSchG enthalten kann.

294 BVerwG, Beschluss vom 25.10.1995 – 4 B 216/95, NVwZ 1996, 377.

295 BVerwG, Beschluss vom 4.2.2000 – 4 B 106/99, NVwZ 2000, 1047.

296 Vgl. *Hecker*, BauR 2006, 629 (637).

b. Die so genannte Schlusspunkttheorie

Zum Teil wird noch die so genannte Schlusspunkttheorie vertreten. Diese besagt, dass die Baugenehmigung der Schlusspunkt bei der Erteilung mehrerer für ein Vorhaben notwendiger Genehmigungen ist.[297] Die Baugenehmigungsbehörde ist zur Sachentscheidung danach nur dann befugt, wenn für die Beurteilung nichtbaurechtlicher öffentlich-rechtlicher Vorschriften keine speziellen Genehmigungsvorbehalte anderer Behörden in anderen Fachgesetzen bestehen.[298] Sie darf die Baugenehmigung erst ausreichen, wenn die übrigen notwendigen fachbehördlichen Genehmigungen vorliegen. Im Ergebnis stellt die Baugenehmigung fest, dass das Vorhaben insgesamt mit dem öffentlichen Recht vereinbar ist.[299] Die Baugenehmigungsbehörde ist infolgedessen sowohl im Prüf- als auch im Entscheidungsumfang nur durch andere speziellere Genehmigungsvorbehalte begrenzt. Andere Aspekte außerhalb des Bauplanungs- und Bauordnungsrechts sind zu prüfen.[300] Auch die Einhaltung immissionsschutzrechtlicher Anforderungen bei nicht nach Immissionsschutzrecht genehmigungsbedürftigen Anlagen ist materiell im Baugenehmigungsverfahren sicherzustellen.[301] Insbesondere gebietet das bauplanungsrechtliche Rücksichtnahmegebot den Rückgriff auf die immissionsschutzrechtlichen Anforderungen nach § 22 BImSchG.

c. Die Forderung nach einer umfassenden Prüfung

Vereinzelt wurde der Begriff der „öffentlich-rechtlichen Vorschriften" auch umfassend verstanden, so dass die Baugenehmigungsbehörde nicht auf bauplanungs- und bauordnungsrechtliche Fragen beschränkt ist.[302]

d. Das so genannte Separationsmodell

Mittlerweile findet überwiegend das so genannte Separationsmodell Anwendung, was auf den Vorschlägen der Musterbauordnung[303] beruht. § 72 Abs. 1 MBO[304] besagt, dass die Baugenehmigung zu erteilen ist, wenn dem Bauvorhaben keine öffentlich-

297 OVG Rheinland-Pfalz, Beschluss vom 25.7.2007 – 8 A 10587/07, BauR 2007, 1857.

298 OVG Münster, Urteil vom 20.3.1992 – 11 A 610/90, BauR 1992, 610 f.

299 *Hecker*, BauR 2006, 629 (630).

300 Ministerium für Umwelt und Forsten Rheinland-Pfalz (Hrsg.), Handbauch für die Planung, die Errichtung und den Betrieb von Biogasanlagen in der Landwirtschaft in Rheinland-Pfalz (Fn. 186), S. 13; *Meyer*, in: Görisch/Helm (Hrsg.), Biogasanlagen, 20.

301 OVG Saarland, Beschluss vom 15.1.2009 – 2 B 376/08 (juris).

302 OVG Münster, Urteil vom 11.9.2003 – 10 A 4694/01, BauR 2003, 1870.

303 Musterbauordnung der 106. Bauministerkonferenz vom 8.11.2002, abrufbar unter: http://www.is-argebau.de/lbo/VTMB100.pdf.

304 Vgl. Fn. zuvor.

rechtlichen Vorschriften entgegenstehen, die im bauaufsichtlichen Genehmigungsverfahren zu prüfen sind. Danach besteht der Prüfungsumfang der Baubehörde nur aus baurechtsspezifischen Fragen.[305] Hinzu tritt, dass die Behörde Entscheidungen von Fachbehörden nicht abwarten muss.[306] Das Separationsmodell haben mehrere Bundesländer übernommen.[307] Danach sind andere fachrechtliche Belange nicht Inhalt des Baugenehmigungsverfahrens. Das Immissionsschutzrecht kann ungeachtet dessen über das Rücksichtnahmegebot Eingang in die Prüfung finden.[308]

2. Der Prüfungsumfang in sachlicher Hinsicht

In sachlicher Hinsicht sind wie bereits hervorgehoben bauliche Anlagen genehmigungspflichtig.

Indes erscheint fraglich, was im Rahmen einer Biogasanlage als bauliche Anlage zählt. Im Sinne des § 29 BauGB ist jedes Vorhaben zur Errichtung einer baulichen Anlage genehmigungspflichtig. Der Begriff des Vorhabens ist dabei weit zu fassen. Auch mehrere an sich selbständige Gebäude sind zu einem einheitlichen baulichen Vorhaben zusammenfassbar, wenn diese Anlagen nur gemeinsam bedeutungsvoll sind. Dieser weite Vorhabensbegriff gilt für eine Biogasanlage, da nur die verschiedenen Bestandteile der Biogasanlage als Ganzes den Zweck der Anlage erreichen können.[309]

II. Die bauplanungsrechtliche Zulässigkeit einer Biogasanlage

Die bauplanungsrechtliche Zulässigkeit richtet sich nach den §§ 29 ff. BauGB. Wie bei jedem Vorhaben nach § 29 BauGB ist für die bauplanungsrechtliche Zulässigkeit entscheidend die bauplanungsrechtliche Qualifizierung des Gebiets, in welchem das Vorhaben realisiert werden soll. In Betracht kommen Vorhaben im Geltungsbereich eines qualifizierten Bebauungsplans nach § 30 Abs. 1 BauGB, im Geltungsbereich eines vorhabenbezogenen Bebauungsplans § 12 BauGB i.V.m. § 30 Abs. 2 BauGB, innerhalb der im Zusammenhang bebauten Ortsteile nach § 34 BauGB oder im Außenbereich nach § 35 BauGB. Im Rahmen des § 35 BauGB sind privilegierte und sonstige Vorhaben zu unterscheiden.

---

305 *Hecker*, BauR 2006, 629; *Beaucamp*, JA 2005, 471 (479).

306 *Jäde*, ZfBR 2008, 538.

307 Vgl. Baden-Württemberg (§ 58 Abs. 1 Satz 1 LBO), Bayern (Art. 68 Abs. 1 Satz 1 BayBO), Hamburg (§ 72 Abs. 1 HBauO), Hessen (§ 64 Abs. 1 HBO), Mecklenburg-Vorpommern (§ 72 Abs. 1 LBauO M-V), im Saarland (§ 73 Abs. 1 Satz 1 LBO), in Sachsen (§ 72 Abs. 1 SächsBO) und in Thüringen (§ 70 Abs. 1 ThürBO).

308 BayLfU (Hrsg.), Biogashandbuch Bayern 2007, Kap. 2.2, S. 4.

309 *Löhr,* in: Battis/Krautzberger/Löhr, BauGB § 29 Rn. 6.

1. Die Zulässigkeit der Festsetzung einer Biogasanlage in einem Gebiet nach § 30 BauGB

a. Das Vorhandensein eines qualifizierten Bebauungsplans – § 30 Abs. 1 BauGB

Im Geltungsbereich eines qualifizierten Bebauungsplans ist ein Vorhaben zulässig, wenn es dessen Festsetzungen nicht widerspricht und die Erschließung gesichert ist, § 30 Abs. 1 BauGB. Bebauungspläne können demnach die Art der baulichen Nutzung bestimmen.

aa. Die denkbaren im Bebauungsplan ausgewiesenen Gebietsarten

Die Arten der baulichen Nutzung sind indes durch den numerus clausus der BauNVO beschränkt. Die für die Bebauung vorgesehenen Flächen können im Sinne des § 1 Abs. 2 BauNVO[310] nach der besonderen Art ihrer baulichen Nutzung (Baugebiete) dargestellt werden:

- als Kleinsiedlungsgebiete,
- als reine Wohngebiete,
- als allgemeine Wohngebiete,
- als besondere Wohngebiete,
- als Dorfgebiete,
- als Mischgebiete,
- als Kerngebiete,
- als Gewerbegebiete,
- als Industriegebiete und
- als Sondergebiete.

In keinem dieser Gebiete ist ausdrücklich eine Biogasanlage als zulässige Nutzung benannt. Fraglich ist also, ob eine Biogasanlage überhaupt in einem dieser Gebiete zulässig sein kann.

(1) Die Zulässigkeit einer Biogasanlage im Wohngebiet

Grundsätzlich ausgeschlossen ist eine Biogasanlage in Wohngebieten. Auch Ausnahmen nach § 31 Abs. 1 BauGB sind für solche Anlagen nicht vorgesehen.

(2) Die Zulässigkeit einer Biogasanlage im Gewerbe- und Industriegebiet

In Betracht kommt eine Biogasanlage aber immer in Gewerbe- und Industriegebieten (§§ 8 und 9 BauNVO), da solche Vorhaben als Gewerbe in diesem Sinne gelten. Im Geltungsbereich der BauNVO ist auf den Gewerbebegriff des Gewerberechts zurückzugreifen, da die BauNVO das Gewerbe nicht definiert. Gewerbe ist demnach jede nicht generell verbotene selbständige, auf Dauer angelegte und auf Gewinn-

310 Vgl. Fn. 178.

erzielung gerichtete Tätigkeit, ausgenommen Urproduktion, freie Berufe und bloße Verwaltung und Nutzung eigenen Vermögens.[311]

(3) Die Zulässigkeit einer Biogasanlage im Dorfgebiet

Auch in einem festgesetzten Dorfgebiet nach § 5 BauNVO ist u. U. eine Biogasanlage zulässig.

Zum einen kann eine Biogasanlage eine *Wirtschaftsstelle eines landwirtschaftlichen Betriebs* darstellen, § 5 Abs. 2 Nr. 1 BauNVO. Hierfür müssen jedoch bestimmte Voraussetzungen vorliegen. Die Biogasanlage darf nicht den Charakter eines selbständigen gewerblichen Betriebs innehaben. Sie muss von dem landwirtschaftlichen Betrieb „mitgezogen" werden. Dieses gilt nicht, wenn der Landwirt in seiner Biogasanlage in nicht unerheblicher Menge landwirtschaftsfremde Stoffe behandelt und diese Entsorgungstätigkeit in nennenswertem Umfang zu seinem Erwerb beiträgt.[312]

Zum anderen kann eine solche Biogasanlage ein *sonstiger Gewerbebetrieb* nach § 5 Abs. 2 Nr. 6 BauNVO sein. Ein solcher Gewerbebetrieb in diesem Sinne ist nur dann anzunehmen, wenn er nicht wesentlich stört. Biogasanlagen sind grundsätzlich störend, da von ihnen Emissionen in Form von Lärm und Geruch ausgehen können. Ob diese Emissionen unwesentlich sind, ist einer Einzelfallbetrachtung zu unterziehen. Biogasanlagen in Dorfgebieten gelten wohl regelmäßig als nicht störend und sind folglich unwesentliche Gewerbebetriebe, da in Dorfgebieten in verstärktem Umfang Gerüche hinzunehmen sind.[313] Diese Annahme beruht darauf, dass die von einer Biogasanlage ausgehenden Gerüche in der Regel in der Art solchen Gerüchen entsprechen, die auch bei landwirtschaftlichen Betrieben und der Tierhaltung auftreten.[314] Derartige Betriebe sind in Dorfgebieten nach § 5 Abs. 2 BauNVO vorgesehen.

(4) Die Zulässigkeit einer Biogasanlage im Sondergebiet

§ 11 BauNVO sieht die Möglichkeit der Festsetzung eines Sondergebiets vor. Als sonstiges Sondergebiet ist ein solches Gebiet darzustellen und festzusetzen, das sich von den Baugebieten nach den §§ 2–10 BauNVO wesentlich unterscheidet. Als sonstiges Sondergebiet kommt insbesondere ein Gebiet für Anlagen in Betracht, die der Erforschung, Entwicklung oder Nutzung Erneuerbarer Energien, wie Wind- und Sonnenenergie, dienen, § 11 Abs. 2 Satz 2 BauNVO. Hierunter fallen auch Biogasanlagen, da Biogas als Erneuerbare Energie gilt.

---

311 BVerwG, Urteil vom 26.1.1993 – 1 C 25/91, NVwZ 1993, 775.

312 VG Arnsberg, Beschluss vom 4.12.1998 – 4 L 1898/98, NVwZ-RR 2000, 12.

313 OVG Lüneburg, Beschluss vom 14.3.2007 – 1 ME 222/06, ZfBR 2007, 476 (477); VGH Baden-Württemberg, Beschluss vom 3.5.2006 – 3 S 771/06, ZfBR 2006, 579.

314 VGH Baden-Württemberg, Beschluss vom 3.5.2006 – 3 S 771/06, ZfBR 2006, 579.

(5) Die Biogasanlage als Anlage zur Versorgung

Nach § 14 Abs. 2 BauNVO können die der Versorgung der Baugebiete mit Elektrizität, Gas, Wärme und Wasser sowie zur Ableitung von Abwasser dienenden Nebenanlagen in den Baugebieten als Ausnahme zugelassen werden, auch soweit für sie im Bebauungsplan keine besonderen Flächen festgesetzt sind. Hierunter fallen u. U. auch Biogasanlagen, wenn sie unmittelbar der Versorgung eines bestimmten Baugebiets dienen.

bb. Die Anforderungen des Rücksichtnahmegebots

Zu beachten ist im Einzelfall § 15 BauNVO. Die in den §§ 2–14 BauNVO aufgeführten baulichen und sonstigen Anlagen sind ausnahmsweise unzulässig, wenn sie nach Anzahl, Lage, Umfang oder Zweckbestimmung der Eigenart des Baugebiets widersprechen, auch wenn sie nach den §§ 2–14 BauNVO zulässig wären. Sie sind auch unzulässig, wenn von ihnen Belästigungen oder Störungen ausgehen können, die nach der Eigenart des Baugebiets im Baugebiet selbst oder in dessen Umgebung unzumutbar sind. § 15 BauNVO regelt damit das so genannte Rücksichtnahmegebot. Ob das Rücksichtnahmegebot verletzt ist, hängt von den Umständen des jeweiligen Einzelfalls ab. An dieser Stelle ist eine Abwägung der gegenläufigen Interessen notwendig. Je empfindlicher und schutzwürdiger die Stellung derer ist, denen die Rücksichtnahme im gegebenen Zusammenhang zugute kommt, umso mehr kann Rücksichtnahme verlangt werden.[315] Im Rahmen des Rücksichtnahmegebots sind mittelbar auch die Anforderungen des Immissionsschutzrechts zu prüfen, da von einer Biogasanlage Emissionen ausgehen, die schädliche Umwelteinwirkungen im Sinne des § 3 BImSchG sein können. Das Schutzniveau des § 5 Abs. 1 Nr. 1 BImSchG ist identisch mit dem das Gebot der Rücksichtnahme enthaltenden § 15 Abs. 1 Satz 2 BauNVO.[316] Soweit es bei dem Gebot der Rücksichtnahme nur um die Beurteilung von Emissionen nach dem BImSchG geht, können Emissionen, die das zulässige Maß nicht überschreiten, unter dem Gesichtspunkt des Rücksichtnahmegebots nicht zur Unzulässigkeit des Vorhabens führen.[317] Bewegt sich das Immissionsverhalten der Anlagen im Rahmen der Vorschriften des Immissionsschutzes, fehlt es an einem Verstoß gegen das Rücksichtnahmegebot.

Diese Regel beruht darauf, dass Immissionsschutzrecht und das Bebauungsrecht in einer Wechselwirkung zueinander stehen. Das BImSchG konkretisiert die gebotene Rücksichtnahme u. a. auf die Nachbarschaft allgemein und damit auch für

315 VGH Baden-Württemberg, Beschluss vom 3.5.2006 – 3 S 771/06, ZfBR 2006, 579 (580).

316 BVerwG, Urteil vom 14.1.1993 – 4 C 19/90, BRS 55, Nr. 175; VGH Baden-Württemberg, Beschluss vom 3.5.2006 – 3 S 771/06, ZfBR 2006, 579 (580); OVG Lüneburg, Beschluss vom 4.10.2006 – 7 ME 43/06, NuR 2007, 41 (42 f.).

317 BVerwG, Urteil vom 30.9.1983 – 4 C 18/80, NJW 1984, 250; VGH Baden-Württemberg, Beschluss vom 3.5.2006 – 3 S 771/06, ZfBR 2006, 579 (580).

das Bebauungsrecht. Zu beachten ist in diesem Zusammenhang jedoch auch, dass die Schutzwürdigkeit eines Gebiets sich nach dem richtet, was dort bauplanungsrechtlich zulässig ist.[318]

Im Rahmen der Abwägung ist zu beachten, dass bei dorfgebiettypischen Gerüchen das Rücksichtnahmegebot in der Regel nicht verletzt ist.[319] Eigentümer eines in einem Dorfgebiet liegenden Grundstücks müssen vermehrt Gerüche hinnehmen, die von einer Biogasanlage ausgehen.[320]

b. Das Vorhandensein eines vorhabenbezogenen Bebauungsplans – § 30 Abs. 2 BauGB

§ 30 Abs. 2 BauGB nimmt auf den vorhabenbezogenen Bebauungsplan Bezug. Im Zusammenhang mit solchen Vorhaben wie Biogasanlagen kann auch auf das Instrument des vorhabenbezogenen Bebauungsplans nach § 12 BauGB zurückgegriffen werden. Dieses Instrument dient der Kooperation zwischen einem Bauträger bezüglich eines bestimmten Vorhabens[321] und kann damit dem Bedürfnis des Vorhabenträgers oder der Gemeinde nach einem nicht allzu starren planerischen Rahmen Rechnung tragen.[322] Nach § 12 Abs. 1 Satz 1 BauGB kann die Gemeinde durch einen vorhabenbezogenen Bebauungsplan die Zulässigkeit von Vorhaben bestimmen, wenn

- der Vorhabenträger auf der Grundlage eines mit der Gemeinde abgestimmten Plans zur Durchführung der Vorhaben und der Erschließungsmaßnahmen (Vorhaben- und Erschließungsplan) bereit und in der Lage ist und
- sich zur Durchführung innerhalb einer bestimmten Frist und zur Tragung der Planungs- und Erschließungskosten ganz oder teilweise vor dem Beschluss nach § 10 Abs. 1 BauGB verpflichtet (Durchführungsvertrag).

Der vorhabenbezogene Bebauungsplan ist also Ergebnis einer Vereinbarung zwischen der Gemeinde und einem Bauträger, der sich verpflichtet hat, ein bestimmtes Vorhaben zu verwirklichen.

Auf der Grundlage von § 12 Abs. 3 Satz 2 1. Halbsatz BauGB sind die Vorhaben- und Planungsträger im Bereich des Vorhaben- und Erschließungsplans bei der Bestimmung der Zulässigkeit der Vorhaben nicht an die Festsetzungen nach § 9 BauGB und nach BauNVO gebunden. Damit gibt es im Gegensatz zum qualifizierten Bebauungsplan nach § 30 Abs. 1 BauGB keine Vorgaben hinsichtlich der Gestaltung des vorhabenbezogenen Bebauungsplans. Sowohl der Vorhabenträger

---

318 OVG Lüneburg, Beschluss vom 4.10.2006 – 7 ME 43/06, NuR 2007, 41 (42 f.).

319 VGH Baden-Württemberg, Beschluss vom 3.5.2006 – 3 S 771/06, ZfBR 2006, 579.

320 OVG Lüneburg, Beschluss vom 14.3.2007 – 1 ME 222/06, ZfBR 2007, 476.

321 *Mitschang*, ZfBR 2009, 10 (20).

322 VGH Baden-Württemberg, Beschluss vom 11.1.2005 – 5 S 1444/04 (juris).

als auch die Gemeinde sind damit frei darüber zu entscheiden, wie sie den Bebauungsplan gestalten.[323] Insbesondere die Typisierungen der Baugebiete nach der BauNVO gelten nicht. Notwendig ist allerdings, dass der vorhabenbezogene Bebauungsplan einen gewissen Grad an Bestimmtheit aufweist. Aus ihm muss zweifelsfrei hervorgehen, wie das Vorhaben aussehen soll bzw. auszusehen hat, da es nicht genügt, lediglich ein Baugebiet festzusetzen.[324] Den Vorhaben- und Planungsträgern ist es jedoch nicht verwehrt, auf die Begriffe und Vorgaben der BauNVO zurückzugreifen,[325] vgl. auch § 12 Abs. 3a BauGB.

Soweit ein solcher vorhabenbezogener Bebauungsplan besteht, richtet sich die Zulässigkeit nach § 30 Abs. 2 BauGB. Danach ist im Geltungsbereich eines vorhabenbezogenen Bebauungsplans nach § 12 BauGB ein Vorhaben zulässig, wenn es dem Bebauungsplan nicht widerspricht und die Erschließung gesichert ist. Wo die Grenzen einer derartig flexiblen Planung mit dem Mittel des Vorhaben- und Erschließungsplans liegen, ist in der Rechtsprechung noch nicht geklärt.[326] Zu beachten ist mithin, dass die BauNVO zwar nicht unmittelbar gilt, wenn die darin vorgesehenen Festsetzungen nicht im vorhabenbezogenen Bebauungsplan enthalten sind. Jedoch findet auch die BauNVO bei der Beurteilung der Zulässigkeit des Bauvorhabens mittelbar Anwendung. Auch wenn an sich die BauNVO bei Bebauungsplänen nach § 12 BauGB nicht gilt, stellt sie Leitlinien bzw. eine Orientierung für eine geordnete städtebauliche Entwicklung dar.[327]

2. Die Zulässigkeit einer Biogasanlage im unbeplanten Innenbereich

Innerhalb der im Zusammenhang bebauten Ortsteile ist ein Vorhaben zulässig, wenn es sich nach Art und Maß der baulichen Nutzung, der Bauweise und der Grundstücksfläche, die überbaut werden soll, in die Eigenart der näheren Umgebung einfügt und die Erschließung gesichert ist, § 34 Abs. 1 Satz 1 BauGB. Entspricht die Eigenart der näheren Umgebung einem der Baugebiete, die in der BauNVO bezeichnet sind, beurteilt sich die Zulässigkeit des Vorhabens nach seiner Art allein danach, ob es in dem Baugebiet allgemein zulässig wäre, § 34 Abs. 2 BauGB. § 34 Abs. 2 BauGB ist dabei vorrangig zu prüfen. Es ist demnach notwendig, festzustellen, ob das Gebiet, in welchem die Anlage errichtet werden soll, einem Gebiet der §§ 2–14 BauNVO entspricht. Dabei ist auf den sich aus den örtlichen Verhältnissen

---

323 *Mitschang*, ZfBR 2009, 10 (20).

324 BVerwG, Urteil vom 18.9.2003 – 4 CN 3/02, NVwZ 2004, 229.

325 VGH Baden-Württemberg, Beschluss vom 11.1.2005 – 5 S 1444/04 (juris).

326 VGH Baden-Württemberg, Beschluss vom 11.1.2005 – 5 S 1444/04 (juris).

327 BVerwG, Urteil vom 6.6.2002 – 4 CN 4/01, NVwZ 2003, 98 (99); *Mitschang*, ZfBR 2009, 10 (20).

ergebenden besonderen Gebietscharakter des konkreten Baugebiets abzustellen.[328] Die Antwort auf die Frage nach dem Gebietscharakter kann sich insbesondere bei der Unterscheidung eines Dorf- bzw. Wohngebiets als problematisch herausstellen. Hier geht es, anders als bei der üblichen Einordnung, nicht um die überwiegende Bebauung. Ein Dorfgebiet liegt demnach bereits dann vor, wenn lediglich ein landwirtschaftlicher Vollerwerbsbetrieb in dem Baugebiet zu finden ist.[329]

Liegt ein solches Gebiet vor, entspricht die Prüfung der nach § 30 Abs. 1 BauGB (vgl. oben Kap. 3, C.II.1.).

Auch hier ist das Rücksichtnahmegebot zu beachten.

3. Die Zulässigkeit einer Biogasanlage im Außenbereich

Die Zulässigkeit einer baulichen Anlage im Außenbereich ist nach § 35 BauGB in zwei Schritten zu prüfen. Im ersten Schritt ist festzustellen, ob das Vorhaben nach Abs. 1 privilegiert ist. Ist es privilegiert, ist zu ermitteln, ob öffentliche Belange entgegenstehen. Stehen öffentliche Belange nicht entgegen, ist das Vorhaben nach § 35 Abs. 1 BauGB genehmigungsfähig.

Fehlt eine Privilegierung, hat die zuständige Behörde festzustellen, ob durch das Vorhaben öffentliche Belange berührt sind, § 35 Abs. 2 und 3 BauGB. Sind öffentliche Belange berührt, fehlt die Genehmigungsfähigkeit.

a. Die Biogasanlage als privilegiertes Vorhaben nach § 35 Abs. 1 Nr. 6 BauGB

Seit dem Jahr 2004 beinhaltet das BauGB konkrete Regelungen zu Biogasanlagen. Nach § 35 Abs. 1 Nr. 6 BauGB kann eine Biogasanlage als ein privilegiertes Vorhaben im Außenbereich zulässig sein. Grundsätzlich ist der Außenbereich von Bebauung freizuhalten. Dieses gilt nicht für Vorhaben im Sinne des § 35 Abs. 1 BauGB. Die in Absatz 1 genannten baulichen Anlagen sind zulässig, wenn öffentliche Belange nicht entgegenstehen und eine ausreichende Erschließung gesichert ist.

Mit dem EAG Bau führte der Gesetzgeber eine konkret benannte Privilegierung von Biomasseanlagen ein. Mit der genauen Regelung der Zulässigkeit von Biomasseanlagen im Außenbereich wollte der Gesetzgeber dem mit dem EEG einhergehenden Strukturwandel in der Landwirtschaft Rechnung tragen.[330] Wie bereits dargestellt, wandelte sich mit dem EEG – insbesondere dem EEG 2004 – die Rolle der landwirtschaftlichen Betriebe. Vormalig war es ihre Hauptaufgabe, Lebens-

328 BVerwG, Beschluss vom 16.12.2008 – 4 B 68/08 (juris).

329 *Hinsch*, ZUR 2007, 401 (407).

330 BT-Drucks. 15/2250, S. 54.

und Futtermittel zu produzieren. Zu dieser Aufgabe kam eine neue: die der Energieerzeugung.

Bereits vor dem EAG Bau 2004 konnten Anlagen zur Herstellung von Biomasse als privilegiert gelten. Überwiegend lehnte sowohl die Rechtsprechung als auch die Literatur die Ansicht ab, dass eine Biogasanlage selbst einen landwirtschaftlichen Betrieb darstellt.[331] Über § 35 Abs. 1 Nr. 1 BauGB konnte eine Biomasseanlage jedoch als so genannte „mitgezogene" Nutzung angesehen werden. § 35 Abs. 1 Nr. 1 BauGB privilegiert solche Vorhaben, die einem land- oder forstwirtschaftlichen Betrieb dienen. Der Begriff des „Dienens" war aber nach der Rechtslage vor dem EAG Bau 2004 hinsichtlich von Biogasanlagen streng auszulegen. Dienen im Sinne von § 35 Abs. 1 Nr. 1 BauGB setzt voraus, dass ein Vorhaben dem Betrieb nicht lediglich förderlich ist, andererseits muss es nicht schlechthin unentbehrlich sein; es muss also für den Betrieb erforderlich sein.[332] Das Merkmal des Dienens ist zu verneinen, wenn das zu errichtende Gebäude nach seiner Gestaltung, Beschaffenheit und Ausstattung nicht durch den Verwendungszweck erschöpfend geprägt wird.[333] Ein Dienen ist erst dann anzunehmen, wenn die Anlage einem landwirtschaftlichen Betrieb zu- und untergeordnet ist.[334] Sie muss die Funktion von Zubehör übernehmen.[335] Ein solcher „mitgezogener" Betrieb war nicht mehr anzunehmen, wenn in einer Biogasanlage, die äußerlich zu einem landwirtschaftlichen Betrieb gehörte, in nicht unerheblicher Menge fremde Stoffe verarbeitet wurden[336] und das erzeugte Gas in das öffentliche Gasnetz gelangte.[337] Die Biogasanlage durfte folglich keine überwiegende gewerbliche Einnahmequelle sein.[338] Die Verwendung von Fremdstoffen war demnach nur im geringen Maße möglich.[339]

Eine solche Ausrichtung des BauGB entsprach nicht mehr den Zielen, die die Förderung der Erneuerbaren Energien aus Biomasse verfolgten. Insbesondere kleineren Betrieben, die auf den Zukauf von Einsatzstoffen aus anderen Betrieben angewiesen waren, kam eine Privilegierung gerade nicht zugute. Das EEG sieht aber spätestens seit der Gesetzesänderung im Jahr 2004 eine vorrangige Förderung kleiner Biogasanlagen innerhalb landwirtschaftlicher Betriebe vor.

Um hier eine Strukturanpassung vorzunehmen, erließ der Gesetzgeber die speziellere Regelung des § 35 Abs. 1 Nr. 6 BauGB. Die neu eingeführte Regelung er-

331 Vgl. *Hentschke/Urbisch*, AUR 2005, 41 (42).
332 OVG Rheinland-Pfalz, Urteil vom 24.10.2001 – 8 A 10125/01, RdL 2003, 295 (296).
333 BVerwG, Urteil vom 16.5.1991 – 4 C 2/89, DÖV 1992, 73.
334 BVerwG, Urteil vom 30.11.1984 – 4 C 27/81, NVwZ 1986, 203 (204).
335 VG Mainz, Urteil vom 23.1.2007 – 3 K 194/06.MZ, ZUR 2007, 328 (329).
336 VG Arnsberg, Beschluss vom 4.12.1998 – 4 L 1898/98, NVwZ-RR 2000, 12.
337 Vgl. zu Windenergieanlagen BVerwG, Urteil vom 16.6.1994 – 4 C 20/93, NVwZ 1995, 64.
338 Vgl. *Hentschke/Urbisch*, AUR 2005, 41 (42).
339 BT-Drucks. 15/2250, S. 55.

möglicht nunmehr, dass mehrere land- oder forstwirtschaftliche Betriebe kooperieren.[340] Der Gesetzgeber hatte die Intention, die Zulässigkeit dieser Anlagen im Außenbereich wesentlich gegenüber der nach § 35 Abs. 1 Nr. 1 BauGB zuvor allein möglichen Zulassung (als bloße vom landwirtschaftlichen Betrieb „mitgezogene Nutzung") zu erweitern.[341] Der neue § 35 Abs. 1 Nr. 6 BauGB übernimmt damit die Zielsetzungen des EEG, da die Vorschrift den Klimaschutz, die Ressourcenschonung und eine effiziente Energienutzung fördern soll.[342] Der § 35 Abs. 1 Nr. 6 BauGB ist im Verhältnis zu § 35 Abs. 1 Nr. 1 BauGB nunmehr die speziellere und damit abschließende Regelung.[343]

Da weiterhin das Gebot der Schonung des Außenbereichs gelten soll,[344] ist die Privilegierung einer Biogasanlage[345] nur unter bestimmten Voraussetzungen möglich. Ein Vorhaben in diesem Sinne ist nur dann zulässig, wenn es der energetischen Nutzung von Biomasse im Rahmen eines Betriebs nach § 35 Abs. 1 Nr. 1 oder 2 BauGB oder eines Betriebs nach § 35 Abs. 1 Nr. 4 BauGB, der Tierhaltung betreibt, sowie dem Anschluss solcher Anlagen an das öffentliche Versorgungsnetz dient. Diese Aussage gilt unter folgenden weiteren Voraussetzungen:

- das Vorhaben steht in einem räumlich-funktionalen Zusammenhang mit dem Betrieb (lit. a),
- die Biomasse stammt überwiegend aus dem Betrieb oder überwiegend aus diesem und aus nahe gelegenen Betrieben nach den Nummern 1, 2 oder 4, soweit letzterer Tierhaltung betreibt (lit. b),
- es wird je Hofstelle oder Betriebsstandort nur eine Anlage betrieben (lit. c) und
- die installierte elektrische Leistung der Anlage überschreitet nicht 0,5 MW (lit. d).

aa. Das Erfordernis energetischer Nutzung von Biomasse

(1) Die bauliche Anlage muss eine Biogasanlage sein. Notwendig ist damit die Verwendung von Biomasse. Für eine Definition des Begriffs Biomasse kann möglicherweise auf § 2 Abs. 1 und § 3 BiomasseV zurückgegriffen werden (vgl. oben Kap. 1, C.II.2.). Die BiomasseV regelt jedoch lediglich den Anwendungsbereich des Erneu-

340 BT-Drucks. 15/2250, S. 55.

341 *Bienek/Krautzberger*, UPR 2008, 81 (89).

342 *Krautzberger*, in: Battis/Krautzberger/Löhr, BauGB, § 35 Rn. 38.

343 BT-Drucks. 15/2250, S. 55.

344 BT-Drucks. 15/2250, S. 54.

345 Hier geht es nur um *Biogasanlagen*. Daraus erklärt sich die Wortwahl im Text. Die Privilegierung erfasst weitergehend *Biomasseanlagen*. Dazu zählen neben Biogasanlagen auch Anlagen, die Holz verbrennen oder Bioethanol herstellen.

erbare-Energien-Gesetzes (EEG). Es ist daher zweifelhaft, ob der Begriff der Biomasse im Sinne des BauGB mit dem Begriff der Biomasse im Sinne der BiomasseV identisch ist. In jedem Fall muss gelten, dass Biomasse im Sinne der BiomasseV immer den Biomassebegriff des BauGB erfüllt. Der Biomassebegriff im Sinne des BauGB muss gleichwohl weiter gesehen werden, da zwischenzeitlich das EEG wegen der Lockerung des Ausschließlichkeitsgrundsatzes auch den Einsatz anderer Stoffe, die nicht Biomasse im Sinne der BiomasseV sind, zulässt. Zu verweisen ist ebenfalls auf die RL 2001/77 EG, die auch den Begriff der Biomasse definiert.
(2) Erforderlich ist die energetische Nutzung von Biomasse. Die Privilegierung umfasst nicht nur die Herstellung und Nutzung der Energie von aus Biomasse erzeugtem Gas, sondern jede energetische Nutzung von Biomasse, einschließlich der thermischen Energienutzung der Biomasse.[346] Wohl auch nur die reine Gasherstellung muss als energetische Nutzung gelten, da der Gesetzgeber die Direkteinspeisung von Gas vorsieht, § 27 EEG 2009 etc., und der Anschluss an die öffentliche Gasversorgung ebenfalls von der Privilegierung umfasst ist.[347]

bb. Das Erfordernis Nutzung der Biomasse im Rahmen eines Betriebs nach § 35 Abs. 1 Nr. 1, Nr. 2 oder Nr. 4 BauGB

Umstritten ist, ob die Privilegierung einer Biogasanlage im Sinne des § 35 Abs. 1 Nr. 6 BauGB nur dann möglich sein soll, wenn die Anlage im Rahmen eines land- oder forstwirtschaftlichen Betriebs oder eines Betriebs der gartenbaulichen Erzeugung betrieben wird. Ob die Anforderung „im Rahmen" ein Tatbestandsmerkmal darstellt, ist bisher nicht eindeutig geklärt. *Mantler* und *Hinsch* vertreten, dass diese Formulierung lediglich eine Verknüpfung zwischen den verschiedenen Nutzungsarten ist, was nicht den Charakter eines Tatbestandsmerkmals begründet.[348] Die überwiegende Literatur und Rechtsprechung betrachtet diese Formulierung jedoch als Tatbestandsmerkmal des § 35 Abs. 1 Nr. 6 BauGB.[349]

---

346 Fachkommission Städtebau der Bauministerkonferenz (ARGEBAU), Hinweise zur Privilegierung von Biomasseanlagen nach § 35 Abs. 1 Nr. 6 BauGB vom 22.3.2006 (abgedruckt im Anhang A.III.), abrufbar unter: http://www.is-argebau.de; *Kraus*, UPR 2008, 218 (219); *Krautzberger*, in: Battis/Krautzberger/Löhr, BauGB, § 35 Rn. 38.

347 BT-Drucks. 15/2250, S. 81; *Loibl/Rechel*, UPR 2008, 134 (138).

348 *Hinsch*, ZUR 2007, 401 (404); *Mantler*, BauR 2007, 50 (55).

349 Vgl. z. B. Gemeinsamer Erlass des Ministeriums für Infrastruktur und Raumordnung und des Ministeriums für Ländliche Entwicklung, Umwelt und Verbraucherschutz zur bauplanungsrechtlichen Zulässigkeit von Biomasseanlagen nach § 35 Abs. 1 Nr. 6 des Baugesetzbuchs (Biomasseerlass – Brandenburg) vom 5.4.2006, ABl. S. 345 (im Folgenden Biomasseerlass Brandenburg, abgedruckt im Anhang A.IV.), Nr. 2; *Bienek/Krautzberger*, UPR 2008, 81 (89); *Hentschke/Urbisch*, AUR 2005, 41 (43); BVerwG, Urteil vom 11.12.2008 – 7 C 6.08, NVwZ 2009, 585.

(1) Die Nutzung der Biomasse im Rahmen eines Basisbetriebs im Sinne des § 35 Abs. 1 Nr. 6 BauGB

Die Biogasanlage muss damit im Rahmen eines in § 35 Abs. 1 Nr. 6 BauGB genannten Basisbetriebs betrieben werden.

Landwirtschaft im Sinne des BauGB ist insbesondere der Ackerbau, die Wiesen- und Weidewirtschaft einschließlich Tierhaltung, soweit das Futter überwiegend auf den zum landwirtschaftlichen Betrieb gehörenden, landwirtschaftlich genutzten Flächen erzeugt werden kann, die gartenbauliche Erzeugung, der Erwerbsobstbau, der Weinbau, die berufsmäßige Imkerei und die berufsmäßige Binnenfischerei, vgl. § 201 BauGB. Die zur Tierhaltung notwendigen Futtermittel müssen nicht unmittelbar überwiegend auf den Flächen des Landwirts erzeugt werden. Es genügt die abstrakte Aussicht, dass die Erzeugung des erforderlichen Futters möglich ist.[350] Auch der Anbau nachwachsender Rohstoffe fällt unter den Begriff der Landwirtschaft.[351]

Auch solche Tierhaltungsbetriebe, die wegen der besonderen Anforderungen an die Umgebung, wegen der nachteiligen Wirkung auf die Umgebung oder wegen der besonderen Zweckbestimmung nur im Außenbereich ausgeführt werden sollen, können als Basisbetrieb dienen.

Es ist notwendig, dass diese Betriebe bei Errichtung der Biomasseanlage bereits bestehen.[352] Um einen Betrieb nach § 35 Abs. 1 Nr. 6 (ggf. i.V.m. § 201 BauGB) darzustellen, bedarf es einer gewissen Nachhaltigkeit.[353] Das heißt, dass der Betrieb auf Gewinnerzielung ausgerichtet sein muss.[354] Die zum Betrieb gehörenden Flächen müssen nicht im Eigentum des Betreibers stehen. Möglich ist auch die Nutzung gepachteter Flächen,[355] da insbesondere § 201 BauGB kein bestimmtes Verhältnis von Eigentums- zu Pachtflächen voraussetzt.[356] Es bestehen nur dann Zweifel am Bestehen eines landwirtschaftlichen Betriebs, wenn ausschließlich Pachtgelände vorliegt, Pachtverhältnisse kurzzeitig oder das Pachtgelände weit entfernt vom eigentlichen Hauptbetrieb sind.[357]

Auf die Rechtsform des Betriebs kommt es nicht an.[358]

---

350 BT-Drucks. 15/2250, S. 62; *Dombert*, AUR 2004, 393 (394).

351 Runderlass des MU Niedersachsen vom 2.6.2004, Hinweise zum Immissionsschutz bei Biogasanlagen, Anhang 3 Nr. 1.1.

352 *Loibl/Rechel*, UPR 2008, 134.

353 OVG Schleswig-Holstein, Beschluss vom 8.8.2006 – 1 MB 18/06, NordÖR 2007, 41 (42).

354 MIR Brandenburg (Hrsg.), Zulässigkeit von Biogasanlagen, S. 7.

355 OVG Schleswig-Holstein, Beschluss vom 8.8.2006 – 1 MB 18/06, NordÖR 2007, 41 (42); VG Magdeburg, Urteil vom 28.1.1997 – 4 A 402/95, LKV 1997, 380; *Loibl/Rechel*, UPR 2008, 134 (135).

356 BayVGH, Urteil vom 18.6.2007 – 26 B 04.1772, AUR 2007, 412 (413); *Loibl/Rechel*, UPR 2008, 134 (135).

357 OVG Schleswig-Holstein, Beschluss vom 8.8.2006 – 1 MB 18/06, NordÖR 2007, 41 (42).

358 Biomasseerlass Brandenburg, Abschn. 2.

(2) Die Nutzung der Biomasse „im Rahmen" eines privilegierten Betriebs

Entscheidend für die Zulässigkeit einer Biomasseanlage ist deren Betreiben im Rahmen der anderen privilegierten Betriebe. Auslegungsbedürftig ist der Begriff „im Rahmen". An dieser Stelle ist nicht unmittelbar auf den Begriff des „Dienens" im Sinne des § 35 Abs. 1 Nr. 1 BauGB zurückzugreifen, da die Gesetzesänderung durch das EAG Bau gerade einen spezielleren Regelungsgehalt gegenüber dem § 35 Abs. 1 Nr. 1 BauGB geschaffen hat. Es bedarf nach der herrschenden Meinung einer Zuordnung der Biogasanlage zu dem so genannten Basisbetrieb.[359]

(a) Tatsächliche Zuordnung durch Unterordnung

Es bedarf nach dem Willen des Gesetzgebers weiterhin einer Verbindung zwischen der Biomasseanlage und der anderen privilegierten Basisanlage,[360] welche die Form einer Zuordnung annehmen muss.[361] Wie diese Zuordnung in tatsächlicher Hinsicht auszusehen hat, ist umstritten.

Das *VG Mainz* und ein Teil der Verwaltungspraxis vertreten, dass wohl „ähnlich" wie beim Begriff des „Dienens" weiterhin eine Unterordnung der Biogasanlage notwendig ist.[362] Wichtig ist es danach, dass der Schwerpunkt des landwirtschaftlichen Betriebs nicht darauf liegt, Biomasse für die Herstellung von Biogas zu erzeugen, auch wenn die Herkunft von Biomasse aus landwirtschaftlichen Betrieben grundsätzlich sogar gewünscht ist. In einem solchen Falle verliefe der Betrieb der Biogasanlage nicht mehr im Rahmen eines landwirtschaftlichen Betriebs,[363] sondern eher umgekehrt, da der gesamte Betrieb nur noch auf die Biogasproduktion ausgerichtet wäre.

Mehrere Literaturstimmen lehnen diese Auslegung unter Heranziehung des Schwerpunkts des Betriebs ab, da die Herstellung von Biomasse eine landwirtschaftliche Betätigung im ureigensten Sinne darstelle.[364] Auch sei die Forderung der Unterordnung nur aus dem ehemaligen ausschlaggebenden Begriff des „Dienens" abzuleiten. Dieser Begriff finde aber keine Anwendung mehr.[365] Es sei grund-

---

359 *Bienek/Krautzberger*, UPR 2008, 81 (89); *Hentschke/Urbisch*, AUR 2005, 41 (43); *Maslaton/Zschiegner*, Immissionsschutz 2007, 122 (125).

360 *Hentschke/Urbisch*, AUR 2005, 41 (43).

361 *Bienek/Krautzberger*, UPR 2008, 81 (89).

362 VG Mainz, Urteil vom 23.1.2007 – 3 K 194/06.MZ, ZUR 2007, 328 (329); so auch MIR Brandenburg (Hrsg.), Zulässigkeit von Biogasanlagen, S. 8; ARGEBAU, Hinweise zur Privilegierung von Biomasseanlagen nach § 35 Abs. 1 Nr. 6 BauGB vom 22.3.2006, Nr. 1.

363 VG Mainz, Urteil vom 23.1.2007 – 3 K 194/06.MZ, ZUR 2007, 328 (329); widersprüchlich hier MIR Brandenburg (Hrsg.), Zulässigkeit von Biogasanlagen, S. 9: zum einen greift das Ministerium auf den Begriff des Dienens zurück und spricht von einer Unterordnung, verweist dann aber auf den Biomasseerlass, wonach ausdrücklich solche Betriebe, die allein auf die Produktion von Biomasse ausgerichtet sind, als taugliche Basisbetriebe für eine privilegierte Nutzung i.S.v. § 35 Abs.1 Nr. 6 BauGB gelten.

364 *Loibl/Rechel*, UPR 2008, 134 (135); *Mache*, ZNER 2007, 244 (244 f.).

365 *Mantler*, BauR 2007 50 (54 ff.).

sätzlich nur zu klären, ob der Basisbetrieb überhaupt ein landwirtschaftlicher Betrieb sei.[366]

Lampe meint, dass sich der Begriff des „Dienens" ausschließlich auf die ebenfalls privilegierten Anlagen zum Anschluss der Biomasseanlage an das öffentliche Versorgungsnetz beziehe, nicht jedoch auf den zugeordneten Betrieb.[367]

Die Verwaltungspraxis in Brandenburg und Niedersachsen gestattet wohl, ausschließlich oder überwiegend Biomasse für eine Biogasanlage zu produzieren und trotzdem die Privilegierung zu erhalten,[368] obwohl beide Bundesländer auf den Begriff des „Dienens" verweisen. Nordrhein-Westfalen hingegen geht eindeutig davon aus, dass ein landwirtschaftlicher Betrieb auch dann vorliegt, wenn die überwiegende Tätigkeit nach § 35 Abs. 1 Nr. 1 BauGB darin besteht, nachwachsende Rohstoffe anzubauen; der Anbau nachwachsender Rohstoffe ist demnach eine Form der landwirtschaftlichen Urproduktion.[369]

In den wenigen obergerichtlichen Entscheidungen ist die Tendenz dahingehend zu erkennen, keine Unterordnung zu fordern.

Das *OVG Schleswig-Holstein* stellt fest, dass Biogasanlagen im Außenbereich nicht mehr wie bis zum Erlass des EAG Bau 2004[370] nur als unselbständige Nebenanlagen eines landwirtschaftlichen Betriebs zulässig sind, sondern auch dann, wenn sie im funktionalen Zusammenhang mit einem landwirtschaftlichen Betrieb stehen.[371] Das Gericht beantwortet aber nicht ausführlich die Frage, wie das Tatbestandsmerkmal „im Rahmen" auszulegen ist, da es im zu entscheidenden Fall zweifelsfrei vorlag. Ob darin ein Abrücken von der Voraussetzung „dienen" zu sehen ist, ist zweifelhaft. Das *OVG* widmet sich in diesem Zusammenhang nur dem funktionalen Zusammenhang nach § 35 Abs. 1 Nr. 6 lit. a) BauGB. Der Beschluss des *OVG* hilft nicht, genauere Schlüsse dahingehend zu ziehen, wie mit dem Merkmal „im Rahmen" umzugehen ist.

Eindeutig Stellung bezieht das *OVG Rheinland-Pfalz*,[372] welches das oben genannte Urteil des *VG Mainz* aufgehoben hat. Danach wird eine Biogasanlage auch dann nach § 35 Abs. 1 Nr. 6 BauGB „im Rahmen" eines landwirtschaftlichen Betriebs be-

---

366 *Hinsch*, ZUR 2007, 401 (404).

367 *Lampe*, NuR 2006, 152 (154).

368 Vgl. MIR Brandenburg (Hrsg.), Zulässigkeit von Biogasanlagen, S. 9 f.; Biomasseerlass Brandenburg, Abschn. 2; Runderlass des MU Niedersachsen vom 2.6.2004, Hinweise zum Immissionsschutz bei Biogasanlagen, Anhang 3 Nr. 1.1.

369 Grundsätze zur planungsrechtlichen Beurteilung von Bauvorhaben im Außenbereich, Gemeinsamer Runderlass des Ministeriums für Bauen und Verkehr und des Ministeriums für Umwelt und Naturschutz, Landwirtschaft und Verbraucherschutz des Landes Nordrhein-Westfalen vom 27.10.2006 (im Folgenden Außenbereichserlass NRW), MBl. S. 786, Nr. 3.6.1.

370 Baugesetzbuch in der Fassung der Bekanntmachung vom 23.9.2004, BGBl. I S. 2414.

371 OVG Schleswig-Holstein, Beschluss vom 8.8.2006 – 1 MB 18/06, NordÖR 2007, 41, Leitsatz 3.

372 Urteil vom 22.11.2007 – 1 A 10253/07, BauR 2008, 794 ff.

trieben, wenn der Landwirt und Betriebsinhaber den landwirtschaftlichen Betrieb vollständig auf die Erzeugung von Biomasse ausrichtet und beabsichtigt, diese in der geplanten Biogasanlage einzusetzen. Die Erzeugung von Biomasse ist nämlich Landwirtschaft im Sinne von § 201 BauGB. Einer darüber hinausgehenden – anderen – landwirtschaftlichen Produktion bedarf es deshalb nicht, um die Voraussetzungen für eine Privilegierung der Biogasanlage nach § 35 Abs. 1 Nr. 6 BauGB zu erfüllen. Das *OVG* begründet sein Urteil damit, dass der Wortlaut und die Gesetzesbegründung eine parallele Anwendung der zu § 35 Abs. 1 Nr. 1 BauGB gefundenen Grundsätze nicht rechtfertigt.[373] Der Gesetzgeber wollte klar von den strengen Vorgaben des „Dienens“ abrücken, um somit auch kleineren landwirtschaftlichen Betrieben eine wirtschaftliche Errichtung von Biogasanlagen zu ermöglichen. Der vom *VG Mainz* befürchtete verminderte Schutz des Außenbereichs ist nicht erkennbar. Insbesondere die Anforderungen an die elektrische Leistung gewährleisten weiterhin, dass nur kleinere Anlagen privilegiert im Außenbereich errichtet werden.

Diesem Urteil schließt sich das *Bundesverwaltungsgericht* an.[374] Danach wird eine Biogasanlage auch dann „im Rahmen“ eines landwirtschaftlichen Betriebs in Sinne des § 35 Abs. 1 Nr. 6 BauGB betrieben, wenn der Betrieb ausschließlich Biomasse erzeugt.

Der Versuch einer Streitentscheidung fällt insgesamt schwer.

Sowohl für die strengere Ansicht als auch für die weite Auslegung sprechen die *Gesetzesunterlagen*; sie sind mithin nicht eindeutig. Wie bereits hervorgehoben, erachtet der Gesetzgeber § 35 Abs. 1 Nr. 6 BauGB lediglich als lex specialis zu Nr. 1, so dass dennoch eine Vergleichbarkeit annehmbar ist.[375] Nummer 6 entstammt gerade der Nummer 1.[376] Zwar besteht der Wille des Gesetzgebers darin, zu ermöglichen, dass nicht betriebseigene Einsatzstoffe Verwendung finden können. Diese Erweiterung der für eine Privilegierung zulässigen Einsatzstoffe führt aber nicht zwangsläufig zur Aufgabe der Forderung einer untergeordneten Rolle der Biogasanlagen. Ein solcher Inhalt ist der Gesetzesbegründung nicht unmittelbar zu entnehmen.

Jedoch verfolgte das EAG Bau eine Annäherung an die durch das EEG geschaffenen tatsächlichen Verhältnisse. Das EEG fördert gerade die Erzeugung nachwachsender Rohstoffe. Es besteht daher das Bedürfnis, überwiegend nachwachsende Rohstoffe für die Biogasherstellung anzubauen.

373 OVG Rheinland-Pfalz, Urteil vom 22.11.2007 – 1 A 10253/07, BauR 2008, 794 (796).

374 BVerwG, Urteil vom 11.12.2008 – 7 C 6.08, NVwZ 2009, 585.

375 VG Mainz, Urteil vom 23.1.2007 – 3 K 194/06.M, ZUR 2007, 328 (329); so auch MIR Brandenburg (Hrsg.), Zulässigkeit von Biogasanlagen, S. 8; Runderlass des MU Niedersachsen vom 2.6.2004, Hinweise zum Immissionsschutz bei Biogasanlagen, Anhang 3 Nr. 1.1.

376 *Bienek/Krautzberger*, UPR 2008, 81 (90).

Auch die *Wortbedeutung* ist leider nicht eindeutig, da sie sowohl für die strengere Ansicht als auch für die weniger strenge Ansicht maßgeblich sein kann. „Im Rahmen" bedeutet zum einen etwas einschränken bzw. etwas abgrenzen. Danach muss sich die Tätigkeit innerhalb bestimmter Grenzen bewegen. Diese bestimmt hier der landwirtschaftliche Betrieb. Die Biogasanlage muss sich zur Erfüllung des Privilegierungstatbestands innerhalb dieser Grenzen bewegen, darf aber über diese nicht entscheiden.

Dieses ist jedoch nicht die einzige Wortbedeutung. „Im Rahmen" kann auch einfach ausdrücken, was erlaubt und was nicht erlaubt ist. Danach ist lediglich zu beurteilen, ob die Nutzung einer Biogasanlage logischerweise auch Inhalt eines landwirtschaftlichen Betriebs sein kann, ohne darauf abzustellen, ob die Biogasanlage den Betrieb prägt. Gerade wegen der Neuausrichtung der Biogasanlagen auf den Energiemarkt stellt auch die Herstellung von Biogas nunmehr eine Tätigkeit dar, die auch landwirtschaftlich erfolgen kann.[377]

Dieses Auslegungsproblem insgesamt damit zu umgehen, den Begriff „im Rahmen" nicht als Tatbestandsmerkmal, sondern nur als Verknüpfung anzusehen,[378] kann nicht die Lösung darstellen. Ein solches Vorgehen findet im Wortlaut der Norm keine Grundlage. Eine Privilegierung kann nur dann vorliegen, wenn die jeweiligen Voraussetzungen der in Absatz 1 aufgezählten Varianten vorliegen. Innerhalb dieser Varianten Anforderungen aus dem Tatbestand herauszunehmen, widerspricht dem System des § 35 Abs. 1 BauGB. Nur die Buchstaben a)–d) als Privilegierungstatbestand anzusehen, führte zum Ausschluss der vorher genannten Anforderungen, obwohl diese für die Privilegierung notwendig sind. Das ist wenig sinnvoll.

Überzeugender ist wohl die durch die Literatur und das *OVG Rheinland-Pfalz* geprägte weite Auslegung, der sich das *Bundesverwaltungsgericht* angeschlossen hat. Nach der durch die Förderung Erneuerbarer Energien ausgelösten Entwicklung im Bereich des Anbaus nachwachsender Rohstoffe kann die landwirtschaftliche Betätigung nicht auf die überwiegende Erzeugung von Lebens- oder Futtermitteln begrenzt werden. Dieser Entwicklung wollte der Gesetzgeber Rechnung tragen.

Mit dem Urteil des *Bundesverwaltungsgerichts* ist eine klare Linie für die Verwaltungspraxis und Rechtsprechung vorgegeben. Es ist trotzdem zu raten, weiterhin eine Kooperation zwischen dem Betreiber und der zuständigen Genehmigungsbehörde im Vorfeld der Antragseinreichung zu suchen.

---

377 Vgl. OVG Rheinland-Pfalz, Urteil vom 24.10.2001 – 8 A 10125/01, RdL 2003, 295.

378 So *Hinsch*, ZUR 2007, 401 (404); *Mantler*, BauR 2007, 50 (55), die lediglich die Anforderungen der Buchstaben a)-d) als Tatbestand der Privilegierung ansehen.

(b) Rechtliche Zuordnung durch Identität der Betreiber oder durch räumliche Zuordnung

Umstritten ist neben dem Problem, wie die tatsächliche Zuordnung auszusehen hat, auch die Frage nach den Anforderungen an eine rechtliche Zuordnung.

Möglich ist eine sehr strenge Auslegung in der Art, dass der Betreiber der Biogasanlage auch Betreiber des Basisbetriebs sein muss. Die Biogasanlage gehört demnach nicht nur räumlich, sondern auch rechtlich zur Basisanlage. Diese sehr strenge Forderung führt dann zu Problemen, wenn es um die Veräußerung der Biogasanlage geht. Die Privilegierung der Anlage entfällt, wenn eine der Tatbestandsvoraussetzungen nicht mehr erfüllt wird.[379] Veräußert der Betreiber die Biogasanlage an einen Dritten, deckt die erteilte Baugenehmigung nach der strengen Ansicht nicht mehr das Vorhaben ab, da es nunmehr an der Privilegierung fehlt.

Diese sehr strenge Auslegung der Zuordnung wendet die Praxis überwiegend nicht an. Auch wenn eine Zuordnung der Biogasanlage zum landwirtschaftlichen Betrieb erforderlich ist, besteht nicht die Notwendigkeit einer vollständigen Identität von Inhaber (Eigentümer) des Basisbetriebs und Betreiber der Biogasanlage, um das Tatbestandsmerkmal des „im Rahmen" zu erfüllen,[380] da der Gesetzgeber gerade die Kooperation mehrerer landwirtschaftlicher Betriebe ermöglichen wollte.[381] So ist es nicht ausgeschlossen, dass eine Betreibergesellschaft oder mehrere Betreiber eine Biogasanlage führen.[382] Eine Identität zwischen dem Betreiber der Basisanlage und dem Betreiber der Biogasanlage zu fordern, erschwerte es, eine Kooperation zwischen mehreren Betrieben zu erreichen.

Notwendig ist indes, dass der Betreiber einer (von mehreren möglichen) landwirtschaftlichen Basisanlage maßgeblichen Einfluss auf die Biogasanlage hat.[383] Eine bloße räumliche Zuordnung genügt nicht.[384] Nicht von Bedeutung ist, wie dieses privatrechtlich – insbesondere gesellschaftsrechtlich – erreicht werden kann. Auf die jeweils gewählte Gesellschaftsform kommt es nicht an.[385] Dennoch ist im Einzelfall genau zu prüfen, ob der Inhaber des Basisbetriebs tatsächlich der maß-

379 *Maslaton/Zschiegner*, Immissionsschutz 2007, 122 (125); vgl. auch BVerwG, Beschluss vom 9.9.2002 – 4 B 52/02, BauR 2003, 1021 (1022).

380 MIR Brandenburg (Hrsg.), Zulässigkeit von Biogasanlagen, S. 10; ARGEBAU, Hinweise zur Privilegierung von Biomasseanlagen nach § 35 Abs. 1 Nr. 6 BauGB vom 22.3.2006, Nr. 1.

381 BT-Drucks. 15/2250, S. 55.

382 So auch MIR Brandenburg (Hrsg.), Zulässigkeit von Biogasanlagen, S. 10; Runderlass des MU Niedersachsen vom 2.6.2004, Hinweise zum Immissionsschutz bei Biogasanlagen, Anhang 3 Nr. 1.1.

383 *Bienek/Krautzberger*, UPR 2008, 81 (90); *Kraus*, UPR 2008, 218 (219); nach Außenbereichserlass NRW (Fn. 369), Nr. 3.6.2; ARGEBAU, Hinweise zur Privilegierung von Biomasseanlagen nach § 35 Abs. 1 Nr. 6 BauGB vom 22.3.2006, Nr. 1.

384 *Bienek/Krautzberger*, UPR 2008, 81 (90); *Maslaton/Zschiegner*, Immissionsschutz 2007, 122 (125).

385 *Kraus*, UPR 2008, 218 (219).

gebende Entscheidungsträger ist. Sein Wille muss ausschlaggebend sein. Er muss die Kontrolle über die Anlage haben, so dass mit seiner Entscheidung der Betrieb der Biogasanlage „steht und fällt".[386]

Mantler lehnt auch diese etwas weniger strengen Anforderungen ab, da sie nicht vom Wortlaut des § 35 Abs. 1 Nr. 6 BauGB gedeckt seien.[387] Nach seiner Ansicht bedarf es nicht einmal eines maßgeblichen Einflusses des Betreibers der Basisanlage.

Der vermittelnden Ansicht, die zumindest eine mittelbare rechtliche Zuordnung in Form der Bestimmung über die Biogasanlage fordert, ist zuzustimmen. Die weite Auffassung führt dazu, dass Biogasanlagen ohne rechtlichen Bezug privilegiert wären. Eine solch großzügige Regel wollte der Gesetzgeber wegen des Außenbereichsschutzes nicht treffen.

An einer Verknüpfung von Biogasanlage und Basisbetrieb fehlt es demnach immer, wenn der Betreiber der Biogasanlage keine eigene Fläche bewirtschaftet, sondern lediglich eine Dienstleistung für den Landwirt erbringt.[388]

(c) Die Lösung der Zuordnungsprobleme

Im Ergebnis wird eine Biogasanlage im Rahmen eines Betriebs nach § 35 Abs. 1 Nr. 1, Nr. 2 oder Nr. 4 BauGB (Basisbetrieb) betrieben, wenn der Betreiber dieser Basisanlage entscheidenden Einfluss auf das Schicksal der Biogasanlage hat. Ein Dritter, der mit einem landwirtschaftlichen Betrieb als solchen nicht verbunden ist und eine Biogasanlage betreibt, ist von einer Privilegierung ausgeschlossen. Darüber hinaus darf die Biogasanlage nach einer strengen Ansicht nicht den Mittelpunkt des Anlagenbetriebs bilden. Die Verwaltungspraxis und die überwiegende Rechtsprechung wenden diese strenge Ansicht nicht an.

cc. Das Erfordernis räumlich-funktionaler Zusammenhang zwischen der Biogasanlage und dem Basisbetrieb

Zwischen der Biogasanlage und dem Basisbetrieb bedarf es eines räumlich-funktionalen Zusammenhangs, § 35 Abs. 1 Nr. 6 lit. a) BauGB. Einen ähnlichen Regelungsinhalt hat § 35 Abs. 4 Satz 1 Nr. 1 lit. e) BauGB. In dem dort geregelten Fall bedarf es eines räumlich-funktionalen Zusammenhangs zwischen dem zu ändernden Gebäude und der Hofstelle des land- oder forstwirtschaftlichen Betriebs. Zur Auslegung des Begriffs „räumlich-funktionaler Zusammenhang" ist auf die zu § 35 Abs. 4 Satz 1 Nr. 1 lit. e) BauGB gefundenen Grundsätze zurückzugreifen.[389]

---

386 MIR Brandenburg (Hrsg.), Zulässigkeit von Biogasanlagen, S. 11.

387 *Mantler*, BauR 2007, 50 (51).

388 OVG Schleswig-Holstein, Beschluss vom 8.8.2006 – 1 MB 18/06, NordÖR 2007, 41 (42).

389 *Kraus*, UPR 2008, 218 (219).

(1) Der räumliche Zusammenhang

Räumlich-funktional ist der Zusammenhang demnach, wenn zunächst eine unmittelbare räumliche Nähe besteht.[390] Diese Anforderung verfolgt das Ziel des Außenbereichsschutzes, da nur so wenig Fläche wie möglich bebaut werden soll (Verhinderung der Zersiedlung).[391] Dieser Schutz verlangt eine kompakte, nah beieinander liegende, aneinander knüpfende Bauweise.[392]

Unklar ist, wie die räumliche Nähe zu bestimmen ist. Zu unterscheiden sind dabei die Fragen, welche Betriebs- und Anlagenteile die räumliche Nähe aufweisen müssen (Bezugspunkt) und wie das Maß der räumlichen Nähe zu bestimmen ist.

(a) Der relevante Bezugspunkt

(aa) Die Definition des Tatbestandsmerkmals „Betrieb"

Unter Heranziehung des § 35 Abs. 4 Satz 1 Nr. 1 lit. e) BauGB ist mit Blick auf den landwirtschaftlichen Betrieb in der Regel an der Hofstelle anzuknüpfen.[393] Die „Hofstelle" darf aber nicht allein maßgeblich sein, da § 35 Abs. 1 Nr. 6 lit. a) BauGB gerade nicht auf diese abstellt.[394] Die „Hofstelle" kann lediglich als Auslegungshilfe dienen.

Umstritten ist, ob auch eine Verbindung mit den Betriebsflächen die erforderliche räumliche Nähe herstellen kann. Als nicht eindeutig definiert erweist sich in diesem Zusammenhang der Begriff „Betrieb". Im Gegensatz dazu stellt § 35 Abs. 4 Satz 1 Nr. 1 lit. e) BauGB eindeutig auf das zu ändernde Gebäude und die Hofstelle ab. Der Begriff „Betrieb" hingegen ist nicht derartig klar zu umreißen.

Die überwiegende Verwaltungspraxis fordert daher nicht die Nähe zur Hofstelle, aber die räumliche Nähe zu den Schwerpunkten der betrieblichen Abläufe.[395] Untergeordnete Anlagen des Basisbetriebs können nicht als Bezugspunkt dienen.[396]

Im Sinne des Außenbereichsschutzes soll die Biogasanlage, wenn möglich, nur in der Nähe anderer vorhandener Gebäude entstehen.[397]

---

390 *Krautzberger*, in: Battis/Krautzberger/Löhr, BauGB, § 35 Rn. 38b und 92.

391 *Lampe*, NuR 2006, 152 (154).

392 *Maslaton/Zschiegner*, Immissionsschutz 2007, 122 (126).

393 *Bienek/Krautzberger*, UPR 2008, 81 (90); *Mantler*, BauR 2007, 50 (57); vgl. nach Außenbereichserlass NRW (Fn. 369), Nr. 3.6.1, wonach bei landwirtschaftlichen Anlagen nur die Hofstelle maßgeblich für die räumliche Nähe ist; Biomasseerlass Brandenburg, Abschn. 3; ARGEBAU, Hinweise zur Privilegierung von Biomasseanlagen nach § 35 Abs. 1 Nr. 6 BauGB vom 22.3.2006, Nr. 2.

394 *Hinsch*, ZUR 2007, 401 (404).

395 Nach Außenbereichserlass NRW (Fn. 369), Nr. 3.6.1; ARGEBAU, Hinweise zur Privilegierung von Biomasseanlagen nach § 35 Abs. 1 Nr. 6 BauGB vom 22.3.2006, Nr. 2.

396 Nach Außenbereichserlass NRW (Fn. 369), Nr. 3.6.1.

397 *Lampe*, NuR 2006, 152 (154); Biomasseerlass Brandenburg, Abschn. 3.

(bb) Die Nähe zu Anbauflächen

Unterschiede in Verwaltungspraxis und Literatur finden sich hinsichtlich solcher landwirtschaftlicher Betriebe, in denen die Biogasanlage in der Nähe zu Flächen, die der Erzeugung nachwachsender Rohstoffen dienen, errichtet werden soll.

Die Verwaltungspraxis in Nordrhein-Westfalen lässt es nicht als ausreichend gelten, wenn die räumliche Nähe zu Biomasse produzierenden Flächen besteht.[398] Ähnliches ist in Bayern zu erkennen. Dort genügt insgesamt nicht der Umstand, dass eine zum Betrieb gehörende Fläche als Standort für die Biogasanlage dienen soll.[399] Hintergrund dieser ablehnenden Haltung ist der Schutz des Außenbereichs vor Zersiedelung.

Dagegen ist es im Land Brandenburg hinreichend, wenn die Nähe zu landwirtschaftlichen Betrieben, die ausschließlich Ackerbau zur Erzeugung nachwachsender Rohstoffe betreiben, besteht. Dieses gilt jedoch unter der Voraussetzung, dass eine landwirtschaftliche Betriebsstruktur ersichtlich ist und die Betriebsfläche damit im funktionellen Zusammenhang steht.[400]

Das Land Niedersachsen lässt die Antwort auf diese Frage offen.

Insbesondere *Mantler* und *Loibl/Rechel* lehnen die strenge Auslegung des räumlichen Zusammenhangs ab, da der Wortlaut des § 35 Abs. 1 Nr. 6 lit. a) BauGB eine solche nicht decke. Der Wortlaut knüpfe an den Begriff des landwirtschaftlichen Betriebs an, der auch die reine Bodennutzung umfasse.[401]

Hier ist der weiteren Ansicht zu folgen. Der Privilegierungstatbestand des § 35 Abs. 1 Nr. 6 BauGB benennt gerade nicht die Hofstelle oder andere bauliche Objekte im Rahmen des räumlichen Zusammenhangs. Die Heranziehung des § 35 Abs. 4 Satz 1 Nr. 1 lit. e) BauGB kann damit als Hilfe, aber nicht als alleiniger Maßstab dienen.

(b) Das Maß der räumlichen Nähe

Die überwiegende Ansicht bestimmt das Maß der räumlichen Nähe nicht anhand feststehender Werte in Metern, sondern richtet sich nach dem Einzelfall.[402] Insbesondere ein Rückgriff auf die Rechtsprechung des *Bundesverwaltungsgerichts* zu § 35 Abs. 4 Satz 1 Nr. 1 lit. e) BauGB, die eine Grenze bei 300 m zieht, ist abzuleh-

---

398 Nach Außenbereichserlass NRW (Fn. 369), Nr. 3.6.1; ebenso ARGEBAU, Hinweise zur Privilegierung von Biomasseanlagen nach § 35 Abs. 1 Nr. 6 BauGB vom 22.3.2006, Nr. 2.

399 BayLfU (Hrsg.), Biogashandbuch Bayern 2007, Kap. 2.2.1, S. 9; so auch: *Hentschke/Urbisch*, AUR 2005, 41 (44); *Kraus*, UPR 2008, 218 (220).

400 Biomasseerlass Brandenburg, Abschn. 3; so auch *Mantler*, BauR 2007, 50 (58 f.).

401 *Loibl/Rechel*, UPR 2008, 134 (138); *Mantler*, BauR 2007, 51 (58).

402 Nach Außenbereichserlass NRW (Fn. 369), Nr. 3.6.1; Biomasseerlass Brandenburg, Abschn. 3; ARGEBAU, Hinweise zur Privilegierung von Biomasseanlagen nach § 35 Abs. 1 Nr. 6 BauGB vom 22.3.2006, Nr. 2; *Dombert*, AUR 2004, 393 (395); *Hentschke/Urbisch*, AUR 2005, 41 (43); wohl auch OVG Schleswig-Holstein, Beschluss vom 8.8.2006 – 1 MB 18/06, NordÖR 2007, 41 (42).

nen.[403] In Anlehnung an die überzeugendere weite Auslegung des Begriffs „Betrieb" ist die Entfernung zwischen der Biogasanlage und den Betriebsflächen, auf welchen Biomasse erzeugt wird, zu bestimmen.

Loibl/Rechel verlangen, dass zumindest die Abstandsflächen des Immissionsschutzrechts den räumlichen Zusammenhang bestimmen.[404]

(c) Das Ergebnis betreffend den räumlichen Zusammenhang

Nach der überwiegenden, allerdings nicht überzeugenden Ansicht ist eine räumliche Verknüpfung mit dem baulichen Bestand notwendig. Feste Vorgaben zur maßgeblichen Entfernungen existieren nicht.

(2) Der funktionale Zusammenhang

Die Biomasseverwertung muss darüber hinaus mit der bereits vorhandenen Betriebsstruktur in einem betriebstechnischen Zusammenhang stehen.[405] Die jeweiligen Betriebsweisen dürfen daher nicht selbständig nebeneinander existieren.[406] Im Rahmen des § 35 Abs. 4 Satz 1 Nr. 1 lit. e) BauGB wird zum Teil für das Bestehen eines funktionalen Zusammenhangs verlangt, dass das Gebäude dem land- oder forstwirtschaftlichen Betrieb gedient hat.[407] Fraglich ist, ob diese Anforderung auf den § 35 Abs. 1 Nr. 6 lit. a) BauGB übertragbar ist. Folge dessen wäre z. B. die Pflicht des Landwirts, gewonnenen Strom auch in der Basisanlage einzusetzen.[408] Diese doch strenge Sichtweise könnte das oben genannte Auslegungsproblem hinsichtlich des Begriffs „im Rahmen" lösen. Doch erscheint es zweckmäßiger, die Anforderungen beim betriebswirtschaftlichen Zusammenhang zu belassen. Welche Anlage der anderen „dienen" muss und ob ein „Dienen" überhaupt erforderlich ist, lässt sich dem Gesetzeswortlaut des § 35 Abs. 1 Nr. 6 lit. a) BauGB nicht entnehmen. Es genügt, wenn die Biogasanlage der Basisanlage Nutzen bringt; ein „Dienen" im Sinne des § 35 Abs. 1 Nr. 1 BauGB ist nicht vorausgesetzt.[409]

Ein betriebswirtschaftlicher Zusammenhang wird immer anzunehmen sein, wenn die Biogasanlage mit nachwachsenden Rohstoffen des landwirtschaftlichen Betriebs beschickt wird. Auch wenn der gewonnene Strom bei der Versorgung des Basisbetriebs mit Energie Einsatz findet, liegt ein erforderlicher funktionaler Zusammenhang vor.

---

403 Vgl. *Hinsch*, ZUR 2007, 401 (404, Fn. 51).

404 *Loibl/Rechel*, UPR 2008, 134 (138).

405 *Bienek/Krautzberger*, UPR 2008, 81 (90); *Hinsch*, ZUR 2007, 401 (404); Biomasseerlass Brandenburg, Abschn. 3; ARGEBAU, Hinweise zur Privilegierung von Biomasseanlagen nach § 35 Abs. 1 Nr. 6 BauGB vom 22.3.2006, Nr. 2.

406 *Hentschke/Urbisch*, AUR 2005, 41 (44).

407 Vgl. *Krautzberger*, in: Battis/Krautzberger/Löhr, BauGB, § 35 Rn. 38b und 92.

408 So z. B. *Hentschke/Urbisch*, AUR 2005, 41 (44).

409 *Lampe*, NuR 2006, 152 (154).

Eine unzweckmäßige Trennung der beiden Anlagen wird teilweise als nicht mehr funktional eingestuft, obwohl ein betriebswirtschaftlicher Zusammenhang tatsächlich vorliegt.[410] Der betriebstechnische Zusammenhang muss folglich für einen objektiven Dritten erkennbar sein.[411]

Fraglich ist, wie mit Gemeinschaftsanlagen umzugehen ist, die aufgrund einer Kooperation von mehreren Basisbetrieben entstanden sind. Den Weg zu Gemeinschaftsanlagen ebnete gerade das EAG Bau. Bei solchen Anlagen ist wohl wegen der betriebstechnischen Verbindung auch ein funktionaler Zusammenhang anzunehmen.

Zu beachten ist, dass der funktionale Zusammenhang und damit die Privilegierung entfallen, wenn es zu einer Trennung der Stoffströme kommt. Insbesondere bei der Veräußerung von Biogasanlagen ist darauf zu achten, dass der notwendige Zusammenhang durch mögliche privatrechtliche Konstruktionen erhalten bleibt.

dd. Das Erfordernis Biomasse aus dem Betrieb

Erforderlich für die Privilegierung einer Biogasanlage ist des Weiteren, dass die Biomasse überwiegend aus dem Betrieb oder überwiegend aus diesem und aus nahe gelegenen Betrieben nach den Nummern 1, 2 oder 4, soweit letzterer Tierhaltung betreibt, stammt. Zweck dieser Regelung ist es, aus ökologischen Gründen den Transportweg so gering wie möglich zu halten.[412]

(1) Die Herkunft der Biomasse überwiegend aus dem Betrieb

Die Biomasse muss überwiegend aus dem Basisbetrieb – dieses Kriterium stellt ersichtlich keine Anforderungen interpretatorischer Art – oder überwiegend aus dem Basisbetrieb und in der Nähe liegenden Anlagen (Kooperationsbetrieb) stammen.

(a) Die Herkunft aus einem Kooperationsbetrieb

Kooperationsbetriebe müssen im Sinne des § 35 Abs. 1 Nr. 1, Nr. 2 oder Nr. 4 BauGB privilegiert sein. Die Betreiber eines Kooperationsbetriebs müssen nicht Mitbetreiber der Biogasanlage sein, da dieses der Wortlaut der Norm nicht voraussetzt.[413]

§ 35 Abs. 1 Nr. 6 lit. b) ermöglicht die Kombination der in § 35 Abs. 1 Nr. 6 BauGB genannten Betriebsarten (land- oder forstwirtschaftlicher Betrieb, Gartenbau- bzw. Tierhaltungsbetrieb). So kann die Biomasse sowohl ein landwirtschaftliches als auch forstwirtschaftliches Nebenprodukt sein.

---

410 *Hinsch*, ZUR 2007, 401 (404).

411 Biomasseerlass Brandenburg, Abschn. 3; BayLfU (Hrsg.), Biogashandbuch Bayern 2007, Kap. 2.2.1, S. 9.

412 BT-Drucks. 15/2250, S. 55; *Dombert*, AUR 2004, 393 (395); *Hinsch*, ZUR 2007, 401 (404); *Krautzberger*, in: Battis/Krautzberger/Löhr, BauGB, § 35 Rn. 38e.

413 *Hentschke/Urbisch*, AUR 2005, 41 (44); *Krautzberger*, in: Battis/Krautzberger/Löhr, BauGB, § 35 Rn. 38d.

(b) Das Verständnis von „überwiegend“

Überwiegend bedeutet, dass mehr als 50 % der eingesetzten Biomasse vom Basisbetrieb allein oder aus einer Kooperation des Basisbetriebs mit einer nahe gelegenen Anlage zur Verfügung gestellt werden.[414] Zu 49,99 % kann die Biomasse auch aus anderen Anlagen stammen, die nicht in der Nähe liegen.

Notwendig ist in jedem Fall, dass der Betreiber der Basisanlage Einsatzstoffe zur Verfügung stellt. Ausschließlich Biomasse aus Kooperationsanlagen und anderen Zulieferern verhindert eine Privilegierung.

Der Betreiber der Basisanlage muss glaubhaft machen, dass er in der Lage ist, nachhaltig die Mengenanforderungen an die Beschickung einzuhalten.[415] Hierzu kann er Anbau- bzw. Abnahmeverträge vorlegen.[416] Unklar war jedoch bisher, wie weit die Darlegungslast des Betreibers geht. Das *OVG Rheinland-Pfalz* ging davon aus, dass die Genehmigungsbehörde an die Glaubhaftmachung des Anlagenbetreibers nicht allzu hohe Anforderungen stellen darf, da es wohl praktisch unmöglich sei, dauerhaft die Beschickung nachzuweisen. Es sei daher Aufgabe der Genehmigungsbehörde, eine Prognose anzustellen; ob später tatsächlich die Prognose eingehalten wird, sei seitens der Behörde zu kontrollieren.[417] Dieser doch sehr wohlwollenden Rechtsprechung ist nun das *Bundesverwaltungsgericht*[418] entgegengetreten. Prognosen schließt das *Bundesverwaltungsgericht* insgesamt aus. Die Menge der zu liefernden Biomasse muss sich aus Verträgen ergeben. Zusätzlich führt das *Bundesverwaltungsgericht* besondere Anforderungen an den Nachweis der Nachhaltigkeit der Beschickung an. Fehlende Preise deuten auf eine fehlende Dauerhaftigkeit des Betriebs hin. Auch die Laufzeit von Verträgen ist ein Indiz für die Nachhaltigkeit. Jahresverträge werden selten ausreichend sein.

(c) Das Verständnis von „aus“ dem Betrieb

Zweifel bestehen hinsichtlich der Auslegung des Tatbestandsmerkmals *„aus“* dem Betrieb.

Hentschke/Urbisch vertreten die Ansicht, es genüge, wenn die Biomasse in einer unbestimmten Art und Weise den Basisbetrieb oder die in der Nähe liegende Anlage passiert haben muss. Die Gefahr von „Scheinlieferungsbetrieben“ stellt sich nicht, da sonst bereits der funktionale Zusammenhang nach § 35 Abs. 1 Nr. 6 lit. a) BauGB verneint werden müsste.[419]

---

414 *Hentschke/Urbisch*, AUR 2005, 41 (44); *Hinsch*, ZUR 2007, 401 (404).

415 ARGEBAU, Hinweise zur Privilegierung von Biomasseanlagen nach § 35 Abs. 1 Nr. 6 BauGB vom 22.3.2006, Nr. 3.

416 Nach Außenbereichserlass NRW (Fn. 369), Nr. 3.6.2.

417 OVG Rheinland-Pfalz, Urteil vom 22.11.2007 – 1 A 10253/07, BauR 2008, 794 (798).

418 BVerwG, Urteil vom 11.12.2008 – 7 C 6.08, NVwZ 2009, 585.

419 *Hentschke/Urbisch*, AUR 2005, 41 (44).

Nach einer anderen Ansicht stammt nur solche Biomasse aus dem Betrieb, die im Rahmen der Nutzung tatsächlich anfällt.[420] Der strengen Ansicht ist zu folgen. „Aus dem Betrieb“ meint nur solche Einsatzstoffe, die originär im Rahmen des Betriebs entstanden sind. Der Ankauf von Biomasse ist nicht Inhalt eines Betriebs im Sinne des § 35 Abs.1 Nr. 1, Nr. 2 und Nr. 4 BauGB, sondern stellt eine gewerbliche Tätigkeit dar.[421] Die weite Ansicht übersieht darüber hinaus, dass der funktionale Zusammenhang nur an die Basisanlage anknüpft, nicht jedoch an die Zulieferbetriebe. Die Wendung „aus“ betrifft aber in diesem Zusammenhang sowohl den Basisbetrieb als auch den Zulieferbetrieb in der Nähe. Die Begründung der weiten Ansicht ist daher nicht vom Gesetzeswortlaut gedeckt.

Der strengen Sichtweise schließt sich auch die Verwaltungspraxis der Länder an.[422]

(2) Die Bestimmung der Nähe des Kooperationsbetriebs

Auslegungsbedürftig ist ferner der Begriff des „nahe gelegenen Betriebs“. Zu bestimmen ist die zulässige Entfernung zwischen dem Ort des Anfalls der Biomasse und dem Ort der Verwendung.[423] Auch an dieser Stelle ist zu fragen, wie der Maßstab zur Bestimmung der zulässigen Entfernung auszusehen hat. Überwiegend ist eine Einzelfallbetrachtung vorgesehen, ohne eine bestimmte Entfernung zu nennen.[424] Als Bewertungskriterien können mehrere Aspekte herangezogen werden: Betriebsabläufe, Siedlungsstruktur,[425] Größe der Basisanlage und Standortdichte.[426] Unproblematisch ist die Lage dann, wenn der maßgebliche Ort unmittelbar angrenzt. Es gilt wohl: Je größer die Fläche des Betriebs und je weitläufiger die vorgefundene Betriebsstruktur, desto größer darf der Belieferungsradius der Biogasanlage gezogen werden.[427]

---

420 *Kraus*, UPR 2008, 218 (220); *Lampe*, NuR 2006, 152 (154); *Mantler*, BauR 2007, 50 (60); wohl auch *Krautzberger*, in: Battis/Krautzberger/Löhr, BauGB, § 35 Rn. 38d.

421 *Mantler*, BauR 2007, 50 (60).

422 Vgl. statt aller ARGEBAU, Hinweise zur Privilegierung von Biomasseanlagen nach § 35 Abs. 1 Nr. 6 BauGB vom 22.3.2006, Nr. 3.

423 *Lampe*, NuR 2006, 152 (154).

424 So: *Hentschke/Urbisch*, AUR 2005, 41 (44); *Hinsch*, ZUR 2007, 401 (404); *Krautzberger*, in: Battis/Krautzberger/Löhr, BauGB, § 35 Rn. 38e; BayLfU (Hrsg.), Biogashandbuch Bayern 2007, Kap. 2.2.1, S. 10; ARGEBAU, Hinweise zur Privilegierung von Biomasseanlagen nach § 35 Abs. 1 Nr. 6 BauGB vom 22.3.2006, Nr. 3; Biomasseerlass Brandenburg, Abschn. 4; nach Außenbereichserlass NRW (Fn. 369), Nr. 3.6.2; *abweichend*: *Lampe*, NuR 2006, 152 (154), die eine zulässige Entfernung von maximal 20 km ansetzt; Runderlass des MU Niedersachsen vom 2.6.2004, Hinweise zum Immissionsschutz bei Biogasanlagen, Anhang 3 Nr. 1.3, wobei eine Entfernung von mehr als 30 Minuten Fahrzeit als Grenze gesetzt wird.

425 Vgl. *Krautzberger*, in: Battis/Krautzberger/Löhr, BauGB, § 35 Rn. 38e.

426 *Mantler*, BauR 2007, 50 (61).

427 Vgl. OVG Schleswig-Holstein, Beschluss vom 8.8.2006 – 1 MB 18/06, NordÖR 2007, 41 (43).

Auch mit Blick auf die Lösung dieses Problems hat das *Bundesverwaltungsgericht* Stellung bezogen.[428] Es kommt demnach entsprechend der bisher auch verbreiteten Ansicht auf die Entfernung der Biogasanlage zu den Betriebsflächen der Kooperationspartner an. Die Hofstelle genügt nicht. Jedoch hat das Gericht eine Obergrenze für die maßgebliche Entfernung von 15 bis 20 km gezogen.

ee. Das Erfordernis „eine" Anlage

Eine Privilegierung ist nur dann möglich, wenn je Hofstelle oder Betriebsstandort nur eine Anlage betrieben wird, § 35 Abs. 1 Nr. 6 lit. c) BauGB. Mit der Hereinnahme des Bezugspunkts Hofstelle bzw. Betriebsstandort soll sichergestellt werden, dass auch in einem Unternehmen, das über mehrere Betriebsstandorte verfügt, zur Vermeidung von Gülletransporten und zur regionalen Energieerzeugung an jedem Betriebsstandort des Unternehmens Biogasanlagen errichtet werden können.[429]

Eine *Hofstelle* besteht in der Regel nur bei landwirtschaftlichen Betrieben im Sinne des §§ 35 Abs. 1 Nr. 1, 201 BauGB, vgl. § 35 Abs. 4 Satz 1 Nr. 1 BauGB. Zur Definition der Hofstelle ist auf § 35 Abs. 4 Satz 1 Nr. 1 lit. e) BauGB zurückzugreifen, da das BauGB an dieser Stelle diesen Begriff bereits verwendet.[430] Es ist davon auszugehen, dass der Gesetzgeber keine andere Wortbedeutung im § 35 Abs. 1 Nr. 6 BauGB einführen wollte. Eine „Hofstelle" im Sinne von § 35 Abs. 4 Satz 1 Nr. 1 lit. e) BauGB setzt auch ein von dem Landwirt genutztes Wohngebäude oder seine Wohnung voraus.[431] Bei einem landwirtschaftlichen Betrieb wird in der Regel nur ein Wohngebäude vorliegen, so dass es bei diesen Betrieben regelmäßig nur eine Hofstelle geben wird.[432]

Bei Gartenbau- und Tierhaltungsbetrieben ist vom *Betriebsstandort* zu sprechen. Ein Betriebsstandort ist eine landwirtschaftliche selbständige Einheit, von der aus der landwirtschaftliche Betrieb selbständig bewirtschaftet werden kann, da sie eine eigene unabhängige Infrastruktur aufweist.[433] Es ist nach dieser Definition jedoch nicht ausgeschlossen, dass auch landwirtschaftliche Betriebe neben der Hofstelle einen Betriebsstandort aufweisen.[434] Zum Teil wird eher der umgekehrte

---

428 BVerwG, Urteil vom 11.12.2008 – 7 C 6.08; NVwZ 2009, 585 (587).

429 BT-Drucks. 15/2250, S. 81.

430 *Mantler*, BauR 2007, 50 (61).

431 OVG Rheinland-Pfalz, Urteil vom 8.12.2005 – 1 A 11016/05, NJOZ 2006, 2862.

432 ARGEBAU, Hinweise zur Privilegierung von Biomasseanlagen nach § 35 Abs. 1 Nr. 6 BauGB vom 22.3.2006, Nr. 4.

433 *Lampe*, NuR 2006, 152 (155).

434 *Hinsch*, ZUR 2007, 401 (405); wohl auch OVG Rheinland-Pfalz, Urteil vom 8.12.2005 – 1 A 11016/05, NJOZ 2006, 2862 (2866); *Lampe*, NuR 2006, 152 (155); *wohl anders, aber nicht eindeutig*: ARGEBAU, Hinweise zur Privilegierung von Biomasseanlagen nach § 35 Abs. 1 Nr. 6 BauGB vom 22.3.2006, Nr. 4, „Während sich die ‚Hofstelle' auf den landwirtschaftlichen Betrieb bezieht, spricht man bei forstwirtschaftlichen Betrieben, Gartenbaubetrieben oder tierhaltenden Betrieben nach § 35 Abs. 1 Nr. 4 BauGB von ‚Betriebsstandorten'. Dabei ist davon auszugehen, dass ein landwirtschaftlicher Betrieb in der Regel nur über eine Hofstelle verfügt".

Schluss gezogen, dass ähnlich wie bei der Hofstelle auch bei Betriebsstandorten ein Wohngebäude notwendig ist.[435]

Ein Betriebsstandort ist demnach nur anzunehmen, wenn eine organisatorische Unabhängigkeit vorliegt. Ob ein Teil des Betriebs ein eigener Betriebsstandort ist, lässt sich nur einzelfallbezogen beurteilen.[436] Notwendig ist jedoch die Unabhängigkeit von anderen Standorten innerhalb des Betriebs. Nicht jede bauliche Anlage kann einen Betriebsstandort bilden.

ff. Das Erfordernis einer bestimmten elektrischen Leistung

Um letztendlich eine Privilegierung im Außenbereich zu erlangen, darf die installierte elektrische Leistung der Anlage 0,5 MW nicht überschreiten. Mit diesem Tatbestandsmerkmal soll der Außenbereich vor großen Anlagen geschützt werden.[437]

(1) Die technischen Grundlagen

0,5 MW installierte elektrische Leistung entspricht etwa 2 MW Eingangsleistung oder auch Feuerungswärmeleistung der eingesetzten Biomasse.[438] Für Anlagen, die nicht ausschließlich elektrische Energie, sondern auch Wärme oder Gas zur Weiterleitung erzeugen, sind entsprechende Umrechnungen erforderlich; etwa 2,3 Normkubikmeter erzeugten Biogases entsprechen der gesetzten Energiegrenze.[439]

Loibl/Rechel sehen eine Gleichsetzung von Biogasanlagen mit Verstromungseinrichtung und reinen Gaserzeugungsanlagen als nicht vom Gesetzeswortlaut gedeckt an; bei bloßen Gaserzeugungsanlagen bedarf es ihrer Meinung nach keiner Leistungsgrenze.[440] Diese doch weite Sichtweise ist wegen der schwerwiegenden Folge abzulehnen, obwohl die Argumentation selbst überzeugend ist. Die Leistungsgrenze dient gerade dem Schutz des Außenbereichs. Wenn für bestimmte Biogasanlagen keine Leistungsgrenze besteht, ist deren Größe nicht mehr beeinflussbar. Große Anlagen wären damit auch im Außenbereich möglich.[441] Diese Konsequenz, die vom bisherigen Gesetzeswortlaut gedeckt ist, kann dadurch verhindert werden, dass das Gesetz richtigerweise nicht an die installierte Energieleistung, sondern an die Eingangsleistung oder an die erzeugte Gasmenge und deren Heizwert anknüpfen sollte. Bis zu einer solchen Gesetzesänderung ist zu Gunsten

---

435 MIR Brandenburg (Hrsg.), Zulässigkeit von Biogasanlagen, S. 15.

436 *Hentschke/Urbisch*, AUR 2005, 41 (45).

437 *Hinsch*, ZUR 2007, 401 (405).

438 ARGEBAU, Hinweise zur Privilegierung von Biomasseanlagen nach § 35 Abs. 1 Nr. 6 BauGB vom 22.3.2006, Nr. 5.

439 ARGEBAU, Hinweise zur Privilegierung von Biomasseanlagen nach § 35 Abs. 1 Nr. 6 BauGB vom 22.3.2006, Nr. 5.

440 *Loibl/Rechel*, UPR 2008, 134 (139).

441 Ähnliche Bedenken hat *Kraus*, UPR 2008, 218, (220 f.).

des Außenbereichsschutzes auch bei bloßen Gaserzeugungsanlagen auf die umgerechnete Leistung abzustellen.

Möglich ist ebenso eine Drosselung der Anlage, auch wenn sie im Grunde technisch dazu in der Lage wäre, eine höhere elektrische Leistung zu erbringen.[442]

Zu beachten ist, dass die Ausschöpfung der zulässigen elektrischen Leistung wohl zu einer Genehmigungspflicht nach § 4 BImSchG führen wird.

(2) Zur Möglichkeit der Anwendung anderer Privilegierungstatbestände

Strittig ist, ob hinsichtlich der elektrischen Leistung auch eine Privilegierung nach § 35 Abs. 1 Nr. 3 oder Nr. 4 BauGB in Betracht kommt. Demnach ist im Außenbereich ein Vorhaben nur zulässig, wenn es wegen seiner besonderen Anforderungen an die Umgebung, wegen seiner nachteiligen Wirkung auf die Umgebung oder wegen seiner besonderen Zweckbestimmung nur im Außenbereich ausgeführt werden soll.

Die Verwaltungspraxis erachtet § 35 Abs. 1 Nr. 4 BauGB als auf Biogasanlagen nicht anwendbar, da § 35 Abs. 1 Nr. 6 BauGB abschließend sein soll.[443]

Anders sehen dieses *Mantler* und *Loibl/Rechel*, die in § 35 Abs. 1 Nr. 4 BauGB einen anderen Regelungsansatz erkennen.[444] *Loibl/Rechel* sehen auch eine Möglichkeit der Privilegierung nach § 35 Abs. 1 Nr. 3 BauGB.

Lampe hingegen sieht keine Notwendigkeit, diese Frage zu entscheiden, da eine Privilegierung von Biogasanlagen nach § 35 Abs. 1 Nr. 4 BauGB nicht in Betracht kommt. Eine solche Privilegierung kommt nur solchen Anlagen zu, die im Innenbereich nie genehmigungsfähig wären. Dieses ist bei Biogasanlagen gerade nicht der Fall.[445] Leider nimmt sie zur Frage, ob eine Privilegierung über § 35 Abs. 1 Nr. 3 BauGB möglich wäre, keine Stellung.

Auch *Kraus* lehnt weitere Privilegierungsmöglichkeiten neben § 35 Abs. 1 Nr. 6 BauGB ab.[446] Er erachtet den Tatbestand des § 35 Abs. 1 Nr. 3 BauGB bei Biogasanlagen ebenfalls als nicht erfüllt, da es an dem ungeschriebenen Tatbestandsmerkmal der Ortsgebundenheit[447] fehlt.

Die besseren Argumente sprechen hier für die letztgenannte Auffassung. Der Gesetzgeber wollte gerade eine genaue Regelung treffen, unter welchen Vorausset-

---

442 *Hinsch*, ZUR 2007, 401 (405); *Loibl/Rechel*, UPR 2008, 134 (138); OVG Schleswig-Holstein, Beschluss vom 8.8.2006 – 1 MB 18/06, NordÖR 2007, 41 (43).

443 Vgl. ARGEBAU, Hinweise zur Privilegierung von Biomasseanlagen nach § 35 Abs. 1 Nr. 6 BauGB vom 22.3.2006, Nr. 4; ebenso OVG Schleswig-Holstein, Beschluss vom 8.8.2006 – 1 MB 18/06, NordÖR 2007, 41 (43).

444 *Loibl/Rechel*, UPR 2008, 134 (139); *Mantler*, BauR 2007, 50 (62); wohl auch *Hentschke/Urbisch*, AUR 2005, 41 (45).

445 *Lampe*, NuR 2006, 152 (155); vgl. hierzu auch *Franckenstein*, AUR 2003, 73 (75).

446 *Kraus*, UPR 2008, 218 (221).

447 Vgl. BVerwG, Urteil vom 16.6.1994 – 4 C 20/93, NVwZ 1995, 64 (65).

zungen Biogasanlagen zu privilegieren sind. Eines gesonderten Privilegierungstatbestands bedürfte es nicht, wenn auf § 35 Abs. 1 Nr. 3 oder Nr. 4 BauGB zurückgegriffen werden könnte. Der Gesetzgeber benennt ausdrücklich als Anlagentyp Anlagen, die Biomasse verarbeiten, und schließt folglich sämtliche damit einhergehenden bekannten Umweltwirkungen und die erzeugten Stoffe ein, so dass ein Rückgriff auf die anderen Tatbestände nicht erforderlich und sogar ausgeschlossen ist. Damit regelt dieser Tatbestand die privilegierte Zulässigkeit von Biogasanlagen abschließend.

Selbst wenn keine abschließende Regelung des § 35 Abs. 1 Nr. 6 BauGB in Bezug auf die Tatbestände des § 35 Abs. 1 Nr. 3 oder Nr. 4 BauGB vorliegen sollte, fehlt es an den notwendigen Voraussetzungen, um die Tatbestände zu erfüllen. Insbesondere fehlt es an der vom *Bundesverwaltungsgericht* geforderten Ortsgebundenheit im Rahmen des § 35 Abs. 1 Nr. 3 BauGB, da Biogasanlagen nicht auf Biomasse aus dem unmittelbaren Umkreis angewiesen sind. Ortsgebunden im Sinne dieser Bestimmung ist eine Anlage nur dann, wenn sie ausschließlich an der fraglichen Stelle betrieben werden kann. Gründe der Rentabilität genügen nicht. Erforderlich ist vielmehr, dass der Betrieb auf die geographische oder die geologische Eigenart der Stelle angewiesen ist, weil er an einem anderen Ort seinen Zweck verfehlen würde.[448] Insbesondere die Erlaubnis, Biomasse zu 49,9 % aus Drittquellen zu beziehen, spricht gegen eine solche Ortsgebundenheit. Hinsichtlich § 35 Abs. 1 Nr. 4 BauGB ist auf die Argumente von *Lampe*[449] und *Franckenstein*[450] zu verweisen.

gg. Die Verpflichtung zum Rückbau als weitere Genehmigungsvoraussetzung

Für Vorhaben nach § 35 Abs. 1 Nrn. 2–6 BauGB ist als weitere Zulässigkeitsvoraussetzung eine Verpflichtungserklärung abzugeben, das Vorhaben nach dauerhafter Aufgabe der zulässigen Nutzung zurückzubauen und Bodenversiegelungen zu beseitigen, § 35 Abs. 5 Satz 2 BauGB. Erst eine solche Verpflichtungserklärung führt zur privilegierten Zulässigkeit. Die Rückbauverpflichtung selbst entsteht erst unmittelbar, wenn der Betreiber die Anlage vollständig aufgibt. Bei einer Nutzungsänderung geht die noch nicht unmittelbar bestehende Pflicht über. Sie besteht folglich weiter.

Die Baugenehmigungsbehörde soll durch nach Landesrecht vorgesehene Weise die Einhaltung der Rückbauverpflichtung sicherstellen, § 35 Abs. 5 Satz 3 BauGB. Diese „Soll-Bestimmung“ führt dazu, dass die Bauaufsichtsbehörde in Ausnahmefällen und in atypischen Situationen von dem Erfordernis einer Sicherung absehen kann. Die brandenburgische Verwaltungspraxis[451] sieht die Erbringung einer Si-

---

448 BVerwG, Urteil vom 16.6.1994 – 4 C 20/93, NVwZ 1995, 64 (65).

449 *Lampe*, NuR 2006, 152 (155).

450 *Franckenstein*, AUR 2003, 73 (75).

451 Vgl. Erlass 24/01.06 des Ministeriums für Infrastruktur und Raumordnung des Landes Brandenburg vom 28.3.2006, ABl. S. 357.

cherheitsleistung in Form einer Nebenbestimmung zur Baugenehmigung vor. Die Nebenbestimmung erfolgt danach in der Regel als aufschiebende Bedingung. Die Art der Sicherheitsleistung bestimmt sich nach § 232 BGB. Die Höhe der Sicherheitsleistung bestimmt sich nach den Kosten, die voraussichtlich für den vollständigen Rückbau der Anlage – einschließlich der Beseitigung der Bodenversiegelung – aufzuwenden sind.

hh. Das Entgegenstehen öffentlicher Belange

Nach § 35 Abs. 1 BauGB sind privilegierte Vorhaben nur dann bauplanungsrechtlich unzulässig, wenn öffentliche Belange entgegenstehen. Im Unterschied zu § 35 Abs. 2 BauGB ist ein Vorhaben, welches nach Absatz 1 privilegiert ist, nicht bereits deswegen im Außenbereich unzulässig, wenn öffentliche Belange betroffen sind. Es bedarf eines Entgegenstehens. Nach einer Abwägung der widerstreitenden Belange ist eine Entscheidung darüber zu treffen, ob öffentliche Belange dem Vorhaben widersprechen.[452] Im Rahmen dieser Abwägung ist zu beachten, dass der Gesetzgeber privilegierte Vorhaben bevorzugt im Außenbereich sieht. Sie sind sozusagen ähnlich wie durch einen Bebauungsplan dem Außenbereich zugewiesen und damit dort vorrangig anzusiedeln.[453] Besondere öffentliche Belange benennt § 35 Abs. 3 BauGB beispielhaft. Eine Beeinträchtigung öffentlicher Belange liegt demnach insbesondere dann vor, wenn das Vorhaben

- den Darstellungen des Flächennutzungsplans widerspricht (Nr. 1),
- den Darstellungen eines Landschaftsplans oder sonstigen Plans, insbesondere des Wasser-, Abfall- oder Immissionsschutzrechts, widerspricht (Nr. 2),
- schädliche Umwelteinwirkungen hervorrufen kann oder ihnen ausgesetzt wird (Nr. 3),
- unwirtschaftliche Aufwendungen für Straßen oder andere Verkehrseinrichtungen, für Anlagen der Versorgung oder Entsorgung, für die Sicherheit oder Gesundheit oder für sonstige Aufgaben erfordert (Nr. 4),
- Belange des Naturschutzes und der Landschaftspflege, des Bodenschutzes, des Denkmalschutzes oder die natürliche Eigenart der Landschaft und ihren Erholungswert beeinträchtigt oder das Orts- und Landschaftsbild verunstaltet (Nr. 5),
- Maßnahmen zur Verbesserung der Agrarstruktur beeinträchtigt, die Wasserwirtschaft oder den Hochwasserschutz gefährdet (Nr. 6),
- die Entstehung, Verfestigung oder Erweiterung einer Splittersiedlung befürchten lässt (Nr. 7) oder
- die Funktionsfähigkeit von Funkstellen und Radaranlagen stört (Nr. 8).

---

452 *Bönker*, in: Hoppe/Bönker/Grotefels, Öffentliches Baurecht, § 7 Rn. 185 ff.

453 Grundlegend BVerwG, Urteil vom 25.10.1967 – IV C 86.66, NJW 1968, 1105.

(1) Das Entgegenstehen des Flächennutzungsplans

Ein Vorhaben darf insbesondere nicht den Vorgaben des Flächennutzungsplans widersprechen.

Weist der Plangeber ausdrücklich die Flächen derart aus, dass eine Biogasanlage nicht errichtet werden darf, so steht der Flächennutzungsplan der Errichtung der Anlage entgegen.[454] Zwar kommt privilegierten Vorhaben im Außenbereich grundsätzlich im Rahmen der Abwägung ein höheres Gewicht zu; diese Aussage gilt jedoch nicht, wenn der Plangeber konkrete negative Aussagen getroffen hat.[455]

Zu beachten ist in diesem Zusammenhang § 35 Abs. 5 Satz 2 BauGB. Danach stehen öffentliche Belange einem Vorhaben nach § 35 Abs. 1 Nrn. 2–6 BauGB in der Regel auch dann entgegen, wenn hierfür durch Darstellungen im Flächennutzungsplan oder als Ziele der Raumordnung eine Ausweisung an anderer Stelle erfolgt ist.

Fraglich ist, ob die Ausweisung als landwirtschaftliche Fläche im Flächennutzungsplan einer Biogasanlage entgegenstehen kann. Hier ist die Frage entscheidend, ob der Betrieb einer Biogasanlage als landwirtschaftliche Tätigkeit im Sinne des § 201 BauGB anzusehen ist. Im Rahmen dieser Frage kann zunächst auf die Rechtsprechung des *OVG Rheinland-Pfalz*[456] abgestellt werden. Dieses Gericht hat in seiner Entscheidung aus dem Jahre 2001[457] irreführend geurteilt, dass Landwirtschaft im Sinne von § 201 BauGB auch die Erzeugung von Biogas durch Vergärung von Biomasse sein kann, ohne aber in den Entscheidungsgründen tatsächlich die Biogasanlage als landwirtschaftliche, sondern als „dienende" Anlage nach § 35 Abs. 1 Nr. 1 BauGB zu bezeichnen. Das Gericht befasst sich damit nicht inhaltlich mit der Frage, ob eine Biogasanlage tatsächlich ein landwirtschaftlicher Betrieb ist. Das Urteil aus dem Jahr 2007[458] stellt aber klar, dass die Erzeugung von Biomasse unter einen landwirtschaftlichen Betrieb fallen kann.[459] Damit meint es jedoch lediglich die Erzeugung solcher Biomasse, die später zur Vergärung eingesetzt wird, nicht das Biogas selbst. Zur Klärung der Frage, ob die Biogasanlage selbst ein landwirtschaftlicher Betrieb ist, dienen diese Urteile nicht.

Jedoch ist zu beachten, dass die Ausweisung von Flächen für die Landwirtschaft bezweckt, die Landwirtschaft wegen besonderer Gegebenheit zu sichern und zu

---

454 *Krautzberger*, in: Battis/Krautzberger/Löhr, BauGB, § 35 Rn. 50.

455 BVerwG, Urteil vom 20.1.1984 – 4 C 43/81, NVwZ 1984, 367; Urteil vom 22.5.1987 – 4 C 57/84, NVwZ 1988, 54; *Bönker*, in: Bönker/Hoppe/Grotefels, Öffentliches Baurecht, § 7 Rn. 198 f.

456 Vgl. OVG Rheinland-Pfalz, Urteil vom 24.10.2001 – 8 A 10125/01, RdL 2003, 295; Urteil vom 22.11.2007 – 1 A 10253/07, BauR 2008, 794 (797).

457 OVG Rheinland-Pfalz, Urteil vom 24.10.2001 – 8 A 10125/01, RdL 2003, 295: beachte hier, dass in RdL der redaktionelle Leitsatz nicht dem gerichtlichen entspricht.

458 OVG Rheinland-Pfalz, Urteil vom 22.11.2007 – 1 A 10253/07, BauR 2008, 794 (797).

459 Zur Darstellung der insgesamt verschiedenen Ansichten vgl. *Hentschke/Urbisch*, AUR 2005, 41 (42).

fördern, nicht aber jegliche andere Nutzung zu verhindern.[460] Soweit die Errichtung einer Biogasanlage also den Privilegierungstatbestand erfüllt, widerspricht sie nicht der Ausweisung des Flächennutzungsplans, da grundsätzlich eine Verknüpfung dieser Anlagenarten gewollt ist.

Anderes kann sich ergeben, wenn die Anlage die Grenzen des § 35 Abs. 1 Nr. 6 BauGB überschreitet und damit die Verbindung zu einem landwirtschaftlichen Betrieb verliert. Dadurch kann die Biogasanlage den Charakter eines landwirtschaftsfremden Gewerbes gewinnen.[461] „Biogasfabriken“[462] entsprechen nicht mehr landwirtschaftlichen Vorgaben.

(2) Das Entstehen schädlicher Umwelteinwirkungen

Bei dem Betrieb einer Biogasanlage kommen auch schädliche Umwelteinwirkungen nach § 35 Abs. 3 Satz 1 Nr. 3 BauGB in Betracht. Solche schädlichen Umwelteinwirkungen sind insbesondere solche, wie sie § 3 Abs. 1 BImSchG definiert.[463] Schädliche Umwelteinwirkungen sind demnach Immissionen, die nach Art, Ausmaß oder Dauer geeignet sind, Gefahren, erhebliche Nachteile oder erhebliche Belästigungen für die Allgemeinheit oder die Nachbarschaft herbeizuführen. Biogasanlagen können Immissionen in Form von Gerüchen oder Lärm hervorrufen. Die Hervorhebung der Vermeidung schädlicher Umwelteinwirkungen als öffentlichen Belang trägt dem allgemeinen baurechtlichen Gebot der Rücksichtnahme Rechnung.[464] Daraus folgt ähnlich wie im Rahmen des § 15 BauNVO, dass Vorhaben, die den immissionsschutzrechtlichen Vorgaben nicht entsprechen, nicht genehmigungsfähig sind; umgekehrt sind solche Vorhaben jedoch genehmigungsfähig, die das Immissionsschutzrecht einhalten.[465]

Zudem ist zu beachten, dass im Rahmen des Rücksichtnahmegebots eine Abwägung stattzufinden hat, die die Besonderheiten des Einzelfalls und die speziellen Umstände des Gebiets beachtet. Insbesondere im Außenbereich, in welchem landwirtschaftliche Betriebe privilegiert sind, sind dorfgebietstypische Gerüche vermehrt hinzunehmen.[466]

Soweit es um den Schutz Dritter geht, ist nur § 35 Abs. 3 Satz 1 Nr. 3 BauGB einschlägig. Auf andere Tatbestände kann sich z. B. ein Nachbar nicht berufen.[467]

---

460 *Bönker*, in: Hoppe/Bönker/Grotefels, Öffentliches Baurecht, § 7 Rn. 199.

461 VG Mainz, Urteil vom 23.1.2007 – 3 K 194/06.M, ZUR 2007, 328 (330).

462 OVG Rheinland-Pfalz, Urteil vom 22.11.2007 – 1 A 10253/07, BauR 2008, 794 (796).

463 BVerwG, Urteil vom 25.2.1977 – IV C 22.75, NJW 1978, 62 (63).

464 *Krautzberger*, in: Battis/Krautzberger/Löhr, BauGB, § 35 Rn. 55; vgl. auch BVerwG, Urteil vom 25.2.1977 – IV C 22.75, NJW 1978, 62 ff.

465 *Krautzberger*, in: Battis/Krautzberger/Löhr, BauGB, § 35 Rn. 55; *Loibl/Rechel*, UPR 2008, 134 (141).

466 VG Augsburg, Urteil vom 6.8.2007 – Au 5 K 06.578 (juris).

467 Vgl. z. B. VG Hannover, Beschluss vom 17.11.2006 – 12 B 4639/06 (lexisnexis).

(3) Weitere öffentliche Belange

Auf die weiteren speziell genannten öffentlichen Belange ist nicht weiter einzugehen, da solche in diesem Rahmen wohl eher selten auftreten. Insbesondere die Befürchtung einer Splittersiedlung ist eher theoretischer Natur, da bereits der Privilegierungstatbestand mit der Voraussetzung der räumlichen Nähe einer Zersplitterung vorbeugt.[468] Etwas anderes wird wohl gelten müssen, wenn bereits der Privilegierungstatbestand nicht erfüllt ist. Hier bedarf es einer weiteren Prüfung.

ii. Die Verpflichtung zur Entprivilegierung der Biogasanlage durch die zuständige Behörde

Im Rahmen der Errichtung von Anlagen, deren Privilegierung an bestimmte Mengen und Leistungen gebunden ist, sollte durch die zuständige Behörde regelmäßig geprüft werden, ob eine Entprivilegierung vorliegt. Bei Biogasanlagen ist eine solche dann anzunehmen, wenn die Leistungsgrenze regelmäßig überschritten wird, oder die eingesetzte Biomasse nicht überwiegend aus dem Basisbetrieb oder einem Kooperationsbetrieb stammt.

Der Eintritt der Entprivilegierung bedingt eine genehmigungspflichtige Nutzungsänderung.[469] Ohne eine entsprechende neue Genehmigung ist der Betrieb mithin illegal.

jj. Das Ergebnis betreffend die privilegierte Biogasanlage

Die privilegierte Zulassung von Biogasanlagen im Außenbereich ist nicht ohne Probleme. Insbesondere die Auslegung des Privilegierungstatbestands bereitet erhebliche Schwierigkeiten und führt zu großen Unterschieden in Rechtsprechung, Literatur und Verwaltungspraxis. Ob eine solche Anlage von vornherein privilegiert zulässig ist, kann nicht ohne konkrete Einzelfallbetrachtung geklärt werden. Jedoch ist jetzt nach einem wegweisenden Urteil des *Bundesverwaltungsgerichts* mehr Sicherheit hinsichtlich der Auslegung mehrerer Tatbestandsmerkmale eingetreten. Dieses Urteil macht nunmehr den Weg für den endgültigen Wandel des Landwirts, der Lebens- oder Futtermittel erzeugt, zum „Energielandwirt" frei.

Für einen Vorhabenträger zeigt sich, dass wohl der beste bauplanerische Weg, um eine solche Anlage errichten zu können, der Erlass eines vorhabenbezogenen Bebauungsplans ist, da auf diese Weise die Auslegungsschwierigkeiten und -differenzen umgangen werden können.

Ist mithin über § 35 Abs. 1 Nr. 6 BauGB eine Privilegierung anzunehmen, besteht im Grunde immer ein Genehmigungsanspruch, wenn nicht tatsächlich öffentliche Belange entgegenstehen. Dieses ist jedoch relativ selten anzunehmen, da privilegierten Vorhaben im Außenbereich ein Vorrang einzuräumen ist.

---

468 MIR Brandenburg (Hrsg.), Zulässigkeit von Biogasanlagen, S. 21.

469 Vgl. BVerwG, Beschluss vom 9.9.2002 – 4 B 52/02, BauR 2003, 1021 (1022).

b. Die Zulässigkeit einer Biogasanlage nach § 35 Abs. 2 und 3 BauGB

Wenn keine Privilegierung nach § 35 Abs. 1 BauGB vorliegt, ist eine Zulässigkeit nach § 35 Abs. 2 BauGB zu prüfen. Sonstige Vorhaben können demnach im Einzelfall zugelassen werden, wenn ihre Ausführung oder Benutzung öffentliche Belange nicht beeinträchtigt und die Erschließung gesichert ist. Anders als bei § 35 Abs. 1 BauGB führt hier jede Beeinträchtigung der bereits genannten öffentlichen Belange zur Unzulässigkeit des Vorhabens. In der Abwägung kommt dem Vorhaben kein gesetzlicher Vorrang zu.

Auch an dieser Stelle sind die bereits unter § 35 Abs. 1 BauGB angesprochenen öffentlichen Belange des Flächennutzungsplans, der schädlichen Umwelteinwirkungen und der Splittersiedlung die am häufigsten in Betracht kommenden. Insoweit kann auf die obigen Ausführungen verwiesen werden.

c. Die Resultate betreffend die Zulässigkeit einer Biogasanlage nach § 35 BauGB

Biogasanlagen sind nur unter bestimmten Voraussetzungen zulässig. Eine Privilegierung kommt ausschließlich über § 35 Abs. 1 Nr. 6 BauGB in Betracht. Andere Privilegierungstatbestände sind nicht heranzuziehen. Der Privilegierungstatbestand ist fast durchgängig auslegungsbedürftig, so dass bisher eine einheitliche Linie in Rechtsprechung und Verwaltungspraxis nicht zu erkennen war. Mittlerweile ist insbesondere durch die Rechtsprechung des *Bundesverwaltungsgerichts* eine teilweise Klarstellung der Rechtslage erfolgt. Insbesondere gestattet das *Bundesverwaltungsgericht*, dass landwirtschaftliche Betriebe nur nachwachsende Rohstoffe erzeugen, um diese einer Biogasanlage als Substrat zuzuführen. Jedoch ist der Außenbereichsschutz weiterhin maßgeblich. Nur einzelne kleine Anlagen sollen entstehen, die auf kurzen Wegen zu beschicken sind. Bei Einzelfragen ist jedoch weiterhin die Befolgung von Landesausführungen zu diesem Bereich ratsam. Insbesondere sollte die vorherige Abstimmung mit der Genehmigungsbehörde gesucht werden.

Fehlt eine Privilegierung, dürfen keine öffentlichen Belange berührt sein. Von erheblicher Bedeutung sind hier die schädlichen Umwelteinwirkungen.

4. Das Ergebnis zur bauplanungsrechtlichen Zulässigkeit der Errichtung von Biogasanlagen

Insgesamt ist bauplanungsrechtlich die Errichtung einer Biogasanlage im beplanten wie im unbeplanten Innenbereich sowie im Außenbereich zulässig. Der für den Vorhabenträger einfachste Weg zur Zielerreichung ist wohl der Erlass eines vorhabenbezogenen Bebauungsplans nach §§ 12, 30 Abs. 2 BauGB. Auch die Ausweisung eines Dorf-, Gewerbe- oder Industriegebiets kann der Errichtung einer Biogasanlage entgegenkommen. Im Außenbereich sind nach dem Willen des Gesetzgebers nur kleinere Biogasanlagen im Rahmen eines anderen landwirtschaftlichen oder tierhaltenden Betriebs zulässig.

Die bauplanungsrechtliche Zulässigkeit ist auch immer im Rahmen eines Genehmigungsverfahrens nach Immissionsschutzrecht zu prüfen.

III. Die bauordnungsrechtliche Zulässigkeit einer Biogasanlage

Im Rahmen eines baurechtlichen Genehmigungsverfahrens sind natürlich immer Fragen des Bauordnungsrechts zu prüfen. Fragen, die sich dabei speziell hinsichtlich der Errichtung von Biogasanlagen ergeben, sind bisher nicht aufgetreten. Ein näheres Eingehen ist daher nicht angezeigt.

Der Endpunkt der Untersuchung: Einige Erkenntnisse rechtsdogmatischer und rechtspolitischer Art

Die Unübersichtlichkeit der gesetzlichen Grundlagen

Die Errichtung einer Biogasanlage ist aus öffentlich-rechtlicher Sicht in mehrfacher Hinsicht sehr kompliziert. Ein einheitliches Verfahren, welches auf die Zulassung einer Biogasanlage ausgerichtet ist, gibt es nicht.

Schon die Bestimmung der Genehmigungspflicht stellt sich als relativ schwierig heraus, da der Katalog des Anhangs der 4. BImSchV die „Biogasanlage" nicht kennt. Die Genehmigungspflicht richtet sich immer nach einzelnen Komponenten, Betriebsweisen oder Einsatzstoffen. Eine Vereinfachung ist in der Art denkbar, dass die „Biogasanlage" als spezifische Anlagenart in den Katalog Eingang findet. Jedoch stellt sich dieses als eher schwierig dar, wenn die Grenzen der Genehmigungspflicht aufgestellt werden sollen. Die Grenzen der Genehmigungspflicht bestimmen sich in der Regel nach dem jeweiligen Gefährdungspotential eines Anlagentypus. Das Gefährdungspotential einer Biogasanlage ist aber nicht auf eine bestimmte Eigenschaft der Anlage zu reduzieren. Als bestes Abgrenzungskriterium erweist sich bei Biogasanlagen das Maß der eingebrachten Einsatzstoffe und die Menge des dabei erzeugten Gases (Eingangsleistung, Brennwert). Dabei sollte nicht auf die Verstromung oder spezielle Eigenschaften der Substrate abgestellt werden.

Als wenig übersichtlich zeigen sich auch die zugrunde liegenden Rechtsnormen. Allein das Immissionsschutzrecht, entweder über §§ 4, 6 oder über § 22 BImSchG, und das Baurecht finden immer Anwendung. Andere Bereiche wie Abfallrecht, Hygienerecht oder Düngerecht sind nicht durchgängig einschlägig. Hier ist immer im Einzelfall nach den jeweiligen Einsatzstoffen zu entscheiden. Wegen des Wunschs des Gesetzgebers, zunehmend Gülle zur Vergärung einzusetzen, wird das europäische Hygienerecht vermehrt Anwendung finden. Dieses ist jedoch sehr unübersichtlich.

Der Wandel des Lebensmittel erzeugenden Landwirts zum Energielandwirt

Von großer Bedeutung sind die bauplanungsrechtlichen Vorgaben des BauGB. Insbesondere § 35 Abs. 1 Nr. 6 BauGB ist dabei von entscheidender Relevanz. Die

Auslegung dieser Norm fällt indes immer noch schwer. Behördliche Erlasse oder ähnliches sind deshalb für den Betreiber einer Anlage weiterhin von Bedeutung, da auch die Verwaltungspraxis der Länder Unterschiede aufweist.

Die Rechtsprechung des *Bundesverwaltungsgerichts* hat hier jedoch wichtige Fragen geklärt, die für die Biogasanlagenbetreiber von erheblicher Bedeutung sein werden. Insbesondere die Feststellung, dass landwirtschaftliche Betriebe ausschließlich nachwachsende Rohstoffe erzeugen können, um eine Biogasanlage zu beschicken, stellt nunmehr die letzte entscheidende Weiche zur Förderung des „Energielandwirts". Die Landwirtschaft erhält hiermit eine völlig andere Ausrichtung. Die Herstellung von Nahrungsmitteln kann damit in den Hintergrund gedrängt werden, wenn sie sich im Vergleich zur Energieerzeugung als weniger oder nicht mehr wirtschaftlich darstellt. Ob eine derart einseitige Ausrichtung der Landwirtschaft tatsächlich eintreten wird, ist erst in der Zukunft zu sehen. Wenn ein solcher Wandel in der Landwirtschaft tatsächlich eintreten sollte, ist politisch zu klären, ob dieser Effekt über § 35 BauGB gewollt war. Eher ist wohl die Existenz von Energieerzeugung und Lebensmittelproduktion nebeneinander ökologischer oder sozialer.

Es ist jedoch zu beachten, dass § 35 Abs. 1 Nr. 6 BauGB lediglich kleinere Anlagen privilegiert. Die Biogasindustrie ist nicht erfasst; sie ist im Außenbereich nicht gewollt.

Die Entwicklung im Bauplanungsrecht korrespondiert mit dem neuen vergütungsrechtlichen Anlagenbegriff nach § 19 EEG 2009. Der Gesetzgeber möchte große Anlagen oder Anlagenkomplexe nicht fördern wie kleinere.

Der „Energielandwirt" mit einer Biogasanlage ist mithin auf dem Vormarsch.

Die Zulässigkeit von Biogasanlagen im Dorfgebiet

Dorfgebiete sind hinsichtlich Luftverschmutzungen durch Gerüche regelmäßig weniger schutzbedürftig, da Gerüche durch Tierhaltung oder ähnliches typisch sind. Für Biogasanlagen muss diese Regel auch Anwendung finden. Die Gerüche, die von Biogasanlagen ausgehen, sind in der Regel denen der Tierhaltung ähnlich. Schädliche Umwelteinwirkungen von Biogasanlagen sind daher in einem Dorfgebiet eher abzulehnen.

Verfahrensvereinfachungen durch Änderung der Gesetze

Verfahrensvereinfachungen für den Anlagenbetreiber sind nicht zu erwarten. Im Bereich der Privilegierung nach § 35 Abs. 1 Nr. 6 BauGB hat das *Bundesverwal-*

tungsgericht eher eine Verschärfung der Anforderungen herbeigeführt. Der Anlagenbetreiber hat anhand von (vertraglichen) Unterlagen darzulegen, dass er und Kooperationsbetriebe dauerhaft in der Lage sind, die Biogasanlage zu beschicken. Prognosen der Behörde genügen dabei nicht. Im Sinne des Außenbereichsschutzes und der Anforderungen des § 35 Abs. 1 Nr. 6 BauGB ist diese Rechtsprechung nachzuvollziehen. Aus Sicht des Betreibers führt das zu einem erheblichen Aufwand und finanziellen Risiken. Er hat, bevor er überhaupt eine Genehmigung erhält, längerfristige Verträge vorzuweisen. Sollte die Genehmigung im Nachhinein nicht erteilt werden, ist er gezwungen seinen Vertrag zu brechen.

Anlagenfreundlicher wäre es, ähnlich wie bei § 5 Abs. 1 BImSchG, die Beschickung aus dem Basisbetrieb und den Kooperationsbetrieben als dynamische Pflicht zu sehen. Bei Genehmigungserteilung sind lediglich Prognosen zu stellen, deren Einhaltung später die Aufsichtsbehörde überprüft. Da sich das *Bundesverwaltungsgericht* gegen ein solches Vorgehen ausgesprochen hat, ist zur Zielerreichung nur der Weg der Gesetzesänderung gegeben. Eine neue gesetzliche Regelung müsste eine Glaubhaftmachung und eine darauf beruhende Prognose als ausreichend erklären.

Anhänge

A. Gesetze, Verordnungen, Erlasse

I. Gesetz für den Vorrang Erneuerbarer Energien (Erneuerbare-Energien-Gesetz – EEG) vom 25.10.2008 (BGBl. I S. 2074)

(in Auszügen)

§ 3 Begriffsbestimmungen

Im Sinne dieses Gesetzes ist

1. „Anlage" jede Einrichtung zur Erzeugung von Strom aus Erneuerbaren Energien oder aus Grubengas. Als Anlagen zur Erzeugung von Strom aus Erneuerbaren Energien oder aus Grubengas gelten auch solche Einrichtungen, die zwischengespeicherte Energie, die ausschließlich aus Erneuerbaren Energien oder aus Grubengas stammt, aufnehmen und in elektrische Energie umwandeln,

...

§ 19 Vergütung für Strom aus mehreren Anlagen

(1) Mehrere Anlagen gelten unabhängig von den Eigentumsverhältnissen und ausschließlich zum Zweck der Ermittlung der Vergütung für den jeweils zuletzt in Betrieb gesetzten Generator als eine Anlage, wenn

1. sie sich auf demselben Grundstück oder sonst in unmittelbarer räumlicher Nähe befinden,
2. sie Strom aus gleichartigen Erneuerbaren Energien erzeugen,
3. der in ihnen erzeugte Strom nach den Regelungen dieses Gesetzes in Abhängigkeit von der Leistung der Anlage vergütet wird und
4. sie innerhalb von zwölf aufeinanderfolgenden Kalendermonaten in Betrieb gesetzt worden sind.

...

§ 27 Biomasse

(1) Für Strom aus Biomasse im Sinne der nach § 64 Abs. 1 Satz 1 Nr. 2 erlassenen Biomasseverordnung beträgt die Vergütung

1. bis einschließlich einer Anlagenleistung von 150 Kilowatt 11,67 Cent pro Kilowattstunde,
2. bis einschließlich einer Anlagenleistung von 500 Kilowatt 9,18 Cent pro Kilowattstunde,

3. bis einschließlich einer Anlagenleistung von 5 Megawatt 8,25 Cent pro Kilowattstunde und
4. bis einschließlich einer Anlagenleistung von 20 Megawatt 7,79 Cent pro Kilowattstunde.

Pflanzenölmethylester gilt in dem Umfang, der zur Anfahr-, Zünd- und Stützfeuerung notwendig ist, als Biomasse.

(2) Aus einem Gasnetz entnommenes Gas gilt als Biomasse, soweit die Menge des entnommenen Gases im Wärmeäquivalent am Ende eines Kalenderjahres der Menge von Gas aus Biomasse entspricht, das an anderer Stelle im Geltungsbereich des Gesetzes in das Gasnetz eingespeist worden ist.

(3) Der Anspruch auf Vergütung besteht für Strom

1. aus Anlagen mit einer Leistung über 5 Megawatt nur, soweit der Strom in Kraft-Wärme-Kopplung nach Maßgabe der Anlage 3 zu diesem Gesetz erzeugt wird,
2. aus Anlagen, die neben Biomasse im Sinne der nach § 64 Abs. 1 Satz 1 Nr. 2 erlassenen Biomasseverordnung auch sonstige Biomasse einsetzen, nur, wenn die Anlagenbetreiberin oder der Anlagenbetreiber durch ein Einsatzstoff-Tagebuch mit Angaben und Belegen über Art, Menge und Einheit, Herkunft sowie den unteren Heizwert pro Einheit der eingesetzten Stoffe den Nachweis führt, welche Biomasse eingesetzt wird, und
3. aus Anlagen, die aus einem Gasnetz entnommenes Gas im Sinne von Absatz 2 einsetzen, nur, soweit der Strom in Kraft-Wärme-Kopplung nach Maßgabe der Anlage 3 zu diesem Gesetz erzeugt wird.

(4) Die Vergütungen erhöhen sich für Strom nach Absatz 1,

1. der durch innovative Technologien nach Maßgabe der Anlage 1 erzeugt wird (Technologie-Bonus),
2. der aus nachwachsenden Rohstoffen oder Gülle nach Maßgabe der Anlage 2 zu diesem Gesetz erzeugt wird (Bonus für nachwachsende Rohstoffe) und
3. der in Kraft-Wärme-Kopplung nach Maßgabe der Anlage 3 zu diesem Gesetz erzeugt wird, um jeweils 3,0 Cent pro Kilowattstunde (KWK-Bonus).

(5) Für Strom aus nach dem Bundes-Immissionsschutzgesetz genehmigungsbedürftigen Anlagen, die durch anaerobe Vergärung gewonnenes Gas (Biogas) einsetzen, erhöht sich die Vergütung nach Absatz 1 Nr. 1 und 2 um jeweils 1,0 Cent pro Kilowattstunde, wenn die dem Emissionsminimierungsgebot der Technischen Anleitung zur Reinhaltung der Luft – TA Luft – vom 24. Juli 2002 (GMBl S. 511) entsprechenden Formaldehydgrenzwerte eingehalten werden und dies durch eine Bescheinigung der zuständigen Behörde nachgewiesen wird. Dies gilt nicht für Anlagen, die aus dem Gasnetz entnommenes Gas im Sinne von Absatz 2 einsetzen.

Anlage 1 Technologie-Bonus

(Fundstelle: BGBl. I 2008 S. 2092)

Der Anspruch auf den Technologie-Bonus nach § 24 Abs. 3, § 25 Abs. 3, § 26 Abs. 3 und § 27 Abs. 4 Nr. 1 besteht für Strom, der in Anlagen mit einer Leistung (im Sinne von § 18) bis einschließlich 5 Megawatt in einem der folgenden innovativen Verfahren erzeugt wird:

I. Gasaufbereitung

1. Anspruchsvoraussetzungen:

   Der Anspruch auf den Technologie-Bonus besteht für Strom, soweit das nach § 24 Abs. 2, § 25 Abs. 2 oder § 27 Abs. 2 eingespeiste Gas auf Erdgasqualität aufbereitet und nachgewiesen wurde, dass folgende Voraussetzungen eingehalten wurden:

   a) maximale Methanemissionen in die Atmosphäre bei der Aufbereitung von 0,5 Prozent,

   b) ein maximaler Stromverbrauch für die Aufbereitung von 0,5 Kilowattstunden pro Normkubikmeter Rohgas,

   c) Bereitstellung der Prozesswärme für die Aufbereitung und die Erzeugung des Klär- oder Biogases aus Erneuerbaren Energien, Grubengas oder aus der Abwärme der Gasaufbereitungs- oder Einspeiseanlage ohne den Einsatz zusätzlicher fossiler Energie und

   d) maximale Kapazität der Gasaufbereitungsanlage von 700 Normkubikmetern aufbereitetem Rohgas pro Stunde.

2. Bonushöhe

   Der Technologie-Bonus beträgt bis zu einer maximalen Kapazität der Gasaufbereitungsanlage von

   a) 350 Normkubikmetern aufbereitetem Rohgas pro Stunde 2,0 Cent pro Kilowattstunde und

   b) 700 Normkubikmetern aufbereitetem Rohgas pro Stunde 1,0 Cent pro Kilowattstunde.

   Für Gasaufbereitungsanlagen gilt § 19 Abs. 1 entsprechend.

II. Innovative Anlagentechnik

1. Anspruchsvoraussetzungen:

   Der Anspruch auf den Technologie-Bonus besteht für Strom, soweit er mit einer der folgenden Anlagen oder Techniken oder mit einem der folgenden Verfahren erzeugt worden ist, und dabei auch eine Wärmenutzung nach Anlage 3 erfolgt oder ein elektrischer Wirkungsgrad von mindestens 45 Prozent erreicht wird:

a) Umwandlung der Biomasse durch thermochemische Vergasung,
b) Brennstoffzellen,
c) Gasturbinen,
d) Dampfmotoren,
e) Organic-Rankine-Anlagen,
f) Mehrstoffgemisch-Anlagen, insbesondere Kalina-Cycle-Anlagen,
g) Stirling-Motoren,
h) Techniken zur thermochemischen Konversion ausschließlich von Stroh und anderer halmgutartiger Biomasse oder
i) Anlagen, die ausschließlich Bioabfälle vergären und unmittelbar mit einer Einrichtung zur Nachrotte der festen Gärrückstände verbunden sind, wenn die nachgerotteten Gärrückstände stofflich verwertet werden.

2. Bonushöhe

Der Technologie-Bonus beträgt 2,0 Cent pro Kilowattstunde.

Anlage 2 Bonus für Strom aus nachwachsenden Rohstoffen

(Fundstelle: BGBl. I 2008 S. 2093–2095)

I. Anspruchsvoraussetzungen

1. Der Anspruch auf den Bonus für Strom aus nachwachsenden Rohstoffen nach § 27 Abs. 4 Nr. 2 besteht, wenn
   a) der Strom ausschließlich aus nachwachsenden Rohstoffen oder, bei anaerober Vergärung der nachwachsenden Rohstoffe oder Gülle (Biogas), in einer Kombination mit rein pflanzlichen Nebenprodukten im Sinne der Positivliste Nummer V gewonnen wird,
   b) die Anlagenbetreiberin oder der Anlagenbetreiber durch ein Einsatzstoff-Tagebuch mit Angaben und Belegen über Art, Menge und Einheit sowie Herkunft der eingesetzten Stoffe nachweist, dass keine anderen Stoffe eingesetzt werden und
   c) auf demselben Betriebsgelände keine Biomasseanlagen betrieben werden, in denen gleichzeitig Strom aus sonstigen, nicht von Buchstabe a erfassten Stoffen gewonnen wird.
2. Bei Anlagen ab einer Leistung von über 150 Kilowatt besteht der Anspruch nur, wenn ausschließlich gasförmige oder feste Biomasse zur Stromerzeugung ein-

gesetzt wird. Die Verwendung flüssiger Biomasse für die notwendige Zünd- und Stützfeuerung steht dem Anspruch nicht entgegen.

3. Der Anspruch auf den Bonus besteht ausschließlich für den Anteil des Stroms, der aus nachwachsenden Rohstoffen oder Gülle erzeugt worden ist. Bei anaerober Vergärung der nachwachsenden Rohstoffe oder Gülle (Biogas) und Kombination dieser Einsatzstoffe mit rein pflanzlichen Nebenprodukten im Sinne der Positivliste Nummer V ist der Anteil nach Satz 1 auf Grundlage der Standard-Biogaserträge zu ermitteln und nachzuweisen. Der Nachweis ist durch Vorlage eines Gutachtens einer Umweltgutachterin oder eines Umweltgutachters zu führen.
4. Für Strom aus nach dem Bundes-Immissionsschutzgesetz genehmigungsbedürftigen Anlagen, die durch anaerobe Vergärung der nachwachsenden Rohstoffe oder Gülle gewonnenes Gas (Biogas) einsetzen, besteht der Anspruch nur, wenn bei der Erzeugung des Biogases das Gärrestlager gasdicht abgedeckt und zusätzliche Gasverbrauchseinrichtungen für einen Störfall oder für eine Überproduktion verwendet werden.

II. Begriffsbestimmungen

Im Sinne des § 27 Abs. 4 Nr. 2 sind

1. Nachwachsende Rohstoffe: Pflanzen oder Pflanzenbestandteile, die in landwirtschaftlichen, forstwirtschaftlichen oder gartenbaulichen Betrieben oder im Rahmen der Landschaftspflege anfallen und die keiner weiteren als der zur Ernte, Konservierung oder Nutzung in der Biomasseanlage erfolgten Aufbereitung oder Veränderung unterzogen wurden, und
2. Gülle: alle Stoffe, die Gülle im Sinne der Verordnung (EG) Nr. 1774/2002 des Europäischen Parlaments und des Rates vom 3. Oktober 2002 mit Hygienevorschriften für nicht für den menschlichen Verzehr bestimmte tierische Nebenprodukte (ABl. EG Nr. L 273 S. 1), geändert durch die Verordnung (EG) Nr. 2007/2006 der Kommission vom 22. Dezember 2006 (ABl. EU Nr. L 379 S. 98), sind.

III. Positivliste

Als nachwachsende Rohstoffe im Sinne der Nummer I.1.a gelten insbesondere (Positivliste):

1. Aufwuchs von Wiesen und Weiden als Ganzpflanzen in Form von Grüngut, Trockengut und Silage,
2. Ackerfutterpflanzen einschließlich als Ganzpflanzen geerntetes Getreide, Ölsaaten und Leguminosen als Grüngut, Trockengut und Silage,

3. nicht aufbereitete Gemüse-, Heil- und Gewürzpflanzen, Schnittblumen,
4. Körner, Samen, Corn-Cob-Mix, Knollen, Rüben einschließlich Zucker- und Masserüben, Obst, Gemüse, Kartoffelkraut, Rübenblätter, Stroh als Grüngut, Trockengut und Silage,
5. Rapsöl und Sonnenblumenöl, jeweils raffiniert und unraffiniert,
6. Palmöl und Sojaöl, raffiniert und unraffiniert, sofern nachweislich die Anforderungen der Verordnung nach § 64 Abs. 2 Nr. 1 eingehalten sind,
7. das bei der Durchforstung und bei der Stammholzernte in forstwirtschaftlichen Betrieben anfallende Waldrestholz, Rinde und Holz aus Kurzumtriebsplantagen,
8. Pflanzen oder Pflanzenbestandteile, die im Rahmen der Landschaftspflege anfallen, und
9. Kot und Harn einschließlich Einstreu von Nutztieren und Pferden sowie Futterreste, die im landwirtschaftlichen Betrieb anfallen.

IV. Negativliste

Nicht als nachwachsende Rohstoffe im Sinne der Nummer I.1.a gelten (Negativliste):

1. aussortiertes Gemüse, aussortierte Kartoffeln, aussortierte Heil- und Gewürzpflanzen sowie aussortierte Schnittblumen,
2. Getreideabputz, Rübenkleinteile, Rübenschnitzel als Nebenprodukt der Zuckerproduktion,
3. Gemüseabputz, Kartoffelschalen, Pülpe, Treber, Trester, Presskuchen und Extraktionsschrote aus der Pflanzenölherstellung,
4. Glycerin aus der Verarbeitung von Pflanzenölen,
5. Pflanzenöle, die als Abfall anfallen,
6. Palmöl und Sojaöl, es sei denn, sie genügen den Anforderungen der Verordnung nach § 64 Abs. 2 Nr. 1,
7. Bioethanol,
8. Schlempe aus der Herstellung von Bioethanol,
9. Säge- und Hobelspäne,
10. Bioabfälle im Sinne der Bioabfallverordnung mit Ausnahme von Tierfäkalien und Abfällen aus der Forstwirtschaft sowie der Landschaftspflege und
11. Kot und Harn von Heimtieren mit Ausnahme von Pferden.

V. Positivliste der rein pflanzlichen Nebenprodukte und ihrer Standard-Biogaserträge

Rein pflanzliche Nebenprodukte	Standard-Biogaserträge [Kilowattstunden (elektrisch) pro Tonne Frischmasse]
Biertreber (frisch oder abgepresst)	231
Gemüseabputz	100
Gemüse (aussortiert)	150
Getreide (Ausputz)	960
Getreideschlempe (Weizen) aus der Alkoholproduktion	68
Getreidestaub	652
Glycerin aus der Verarbeitung von Pflanzenölen	1.346
Heil- und Gewürzpflanzen (aussortiert)	220
Kartoffeln (aussortiert)	350
Kartoffeln (gemust, mittlerer Stärkegehalt)	251
Kartoffelfruchtwasser aus der Stärkeproduktion	43
Kartoffelprozesswasser aus der Stärkeproduktion	11
Kartoffelpülpe aus der Stärkeproduktion	229
Kartoffelschalen	251
Kartoffelschlempe aus der Alkoholproduktion	63
Melasse aus der Rübenzucker-Herstellung	629
Obsttrester (frisch, unbehandelt)	187
Rapsextraktionsschrot	1.038
Rapskuchen (Restölgehalt ca. 15 Prozent)	1.160
Schnittblumen (aussortiert)	210
Zuckerrübenpresskuchen aus der Zuckerproduktion	242
Zuckerrübenschnitzel	242

VI. Bonushöhe

1. Allgemeiner Bonus

   a) Der Bonus nach Nummer I beträgt für Strom aus Anlagen bis einschließlich einer Leistung von

      aa) 500 Kilowatt nach § 27 Abs. 1 Nr. 1 und 2: 6,0 Cent pro Kilowattstunde und bb) 5 Megawatt nach § 27 Abs. 1 Nr. 3: 4,0 Cent pro Kilowattstunde.

b) Abweichend von Buchstabe a Doppelbuchstabe bb beträgt der Bonus 2,5 Cent pro Kilowattstunde, wenn der Strom durch die Verbrennung von Holz gewonnen wird, das die Anspruchsvoraussetzungen nach Nummer I erfüllt und nicht

aa) aus Kurzumtriebsplantagen stammt oder

bb) im Rahmen der Landschaftspflege anfällt.

2. Bonus für Strom aus Biogas

a) Der Bonus nach Nummer I beträgt abweichend von Nummer 1 für Strom aus Biogasanlagen bis einschließlich einer Leistung von 500 Kilowatt nach § 27 Abs. 1 Nr. 1 und 2: 7,0 Cent pro Kilowattstunde.

b) Der Bonus nach Buchstabe a erhöht sich für Strom aus Biogasanlagen bis einschließlich einer Leistung von

aa) 150 Kilowatt nach § 27 Abs. 1 Nr. 1 um 4,0 Cent pro Kilowattstunde,

bb) 500 Kilowatt nach § 27 Abs. 1 Nr. 2 um 1,0 Cent pro Kilowattstunde,

wenn der Anteil von Gülle im Sinne der Nummer II.2 jederzeit mindestens 30 Masseprozent beträgt.

Der Mindestanteil der Gülle ist durch ein Gutachten einer Umweltgutachterin oder eines Umweltgutachters nachzuweisen. Buchstabe b gilt nicht für Anlagen, die aus dem Gasnetz entnommenes Gas im Sinne von § 27 Abs. 2 einsetzen.

c) Der Bonus nach Buchstabe a erhöht sich für Strom aus Biogasanlagen bis einschließlich einer Leistung von 500 Kilowatt nach § 27 Abs. 1 Nr. 1 und 2 um 2,0 Cent pro Kilowattstunde, wenn zur Stromerzeugung überwiegend Pflanzen oder Pflanzenbestandteile, die im Rahmen der Landschaftspflege anfallen, eingesetzt werden. Der Anteil ist durch ein Gutachten einer Umweltgutachterin oder eines Umweltgutachters nachzuweisen.

3. Die §§ 18 und 20 Abs. 1, 2 Nr. 5 und Abs. 3 gelten entsprechend.

VII. Entstehen und Erlöschen des Anspruchs

1. Der Anspruch auf den Bonus entsteht mit dem Zeitpunkt, zu dem die Voraussetzungen erstmals erfüllt sind.

2. Sobald die Voraussetzungen nicht mehr erfüllt sind, entfällt der Anspruch auf den Bonus endgültig. Dies gilt auch in den Zeiträumen, in denen der Strom selbst verbraucht oder nach § 17 an Dritte veräußert wird.

Anlage 3 KWK-Bonus

(Fundstelle: BGBl. I 2008 S. 2096)

I. Anspruchsvoraussetzungen

Der Anspruch auf den KWK-Bonus nach § 27 Abs. 4 Nr. 3 besteht bis einschließlich einer Leistung im Sinne von § 18 von 20 Megawatt, soweit

1. es sich um Strom im Sinne von § 3 Abs. 4 des Kraft-Wärme-Kopplungsgesetzes handelt und
2. eine Wärmenutzung im Sinne der Positivliste Nummer III vorliegt oder
3. die Wärmenutzung nachweislich fossile Energieträger in einem mit dem Umfang der fossilen Wärmenutzung vergleichbaren Energieäquivalent ersetzt und die Mehrkosten, die durch die Wärmebereitstellung entstehen, nachweisbar sind und mindestens 100 Euro pro Kilowatt Wärmeleistung betragen.

II. Erforderliche Nachweise

1. Die Voraussetzung nach Nummer I.1 ist dem Netzbetreiber nach den anerkannten Regeln der Technik nachzuweisen; die Einhaltung der anerkannten Regeln der Technik wird vermutet, wenn die Anforderungen des von der Arbeitsgemeinschaft für Wärme und Heizkraftwirtschaft – AGFW – e.V. herausgegebenen Arbeitsblatts FW 308 – Zertifizierung von KWK-Anlagen – Ermittlung des KWK-Stromes in der jeweils geltenden Fassung nachgewiesen werden. Der Nachweis muss jährlich durch Vorlage der Bescheinigung einer Umweltgutachterin oder eines Umweltgutachters erfolgen. Anstelle des Nachweises nach Satz 1 können für serienmäßig hergestellte KWK-Anlagen mit einer Leistung von bis zu 2 Megawatt geeignete Unterlagen des Herstellers vorgelegt werden, aus denen die thermische und elektrische Leistung sowie die Stromkennzahl hervorgehen.
2. Der Nachweis über die Voraussetzungen nach den Nummern I.2 und I.3 ist durch ein Gutachten einer Umweltgutachterin oder eines Umweltgutachters zu erbringen, wenn der KWK-Bonus geltend gemacht wird.

III. Positivliste

Als Wärmenutzungen im Sinne der Nummer I.2 gelten:

1. die Beheizung, Warmwasserbereitstellung oder Kühlung von Gebäuden im Sinne von § 1 Abs. 1 Nr. 1 der Energieeinsparverordnung bis zu einem Wärmeeinsatz von 200 Kilowattstunden pro Quadratmeter Nutzfläche im Jahr,
2. die Wärmeeinspeisung in ein Netz mit einer Länge von mindestens 400 Metern und mit Verlusten durch Wärmeverteilung und -übergabe, die unter 25 Prozent des Nutzwärmebedarfs der Wärmekundinnen oder -kunden liegen,

3. die Nutzung als Prozesswärme für industrielle Prozesse im Sinne der Nummern 2 bis 6, 7.2 bis 7.34 sowie 10.1 bis 10.10, 10.20 bis 10.23 der Anlage der Vierten Verordnung zur Durchführung des Bundes-Immissionsschutzgesetzes vom 14. März 1997 (BGBl. I S. 504), die zuletzt durch Artikel 3 des Gesetzes vom 23. Oktober 2007 (BGBl. I S. 2470) geändert worden ist, und die Herstellung von Holzpellets zur Nutzung als Brennstoff,
4. die Beheizung von Betriebsgebäuden für die Geflügelaufzucht, wenn die Vor[r]aussetzungen nach Nummer I.3 erfüllt werden,
5. die Beheizung von Tierställen mit folgenden Obergrenzen:
   a) Geflügelmast: 0,65 Kilowattstunden pro Tier,
   b) Sauenhaltung: 150 Kilowattstunden pro Sau und Jahr sowie 7,5 Kilowattstunden pro Ferkel,
   c) Ferkelaufzucht: 4,2 Kilowattstunden pro Ferkel,
   d) Schweinemast: 4,3 Kilowattstunden pro Mastschwein sowie
6. die Beheizung von Unterglasanlagen für die Aufzucht und Vermehrung von Pflanzen, wenn die Voraussetzungen nach Nummer I.3 erfüllt werden, und
7. die Nutzung als Prozesswärme zur Aufbereitung von Gärresten zum Zweck der Düngemittelherstellung.

IV. Negativliste

Nicht als Wärmenutzungen im Sinne der Nummern I.2 und I.3 gelten:

1. die Beheizung von Gebäuden, die nach § 1 Abs. 2 der Energieeinsparverordnung nicht Gegenstand der Verordnung sind mit Ausnahme der Gebäude, die von den Nummern III.4 bis III.6 erfasst werden,
2. die Abwärmenutzung aus Biomasseanlagen zur Verstromung, insbesondere in Organic-Rankine- und Kalina-Cycle-Prozessen, und
3. die Wärmenutzung aus Biomasseanlagen, die fossile Brennstoffe beispielsweise für den Wärmeeigenbedarf einsetzen.

II. Verordnung über die Erzeugung von Strom aus Biomasse (Biomasseverordnung – BiomasseV)
vom 21.6.2001 (BGBl. I S. 1234), geändert durch die Verordnung vom 9.8.2005 (BGBl. I S. 2419)

Eingangsformel

Auf Grund des § 2 Abs. 1 Satz 2 des Erneuerbare-Energien-Gesetzes vom 29. März 2000 (BGBl. I S. 305) in Verbindung mit Artikel 56 Abs. 1 des Zuständigkeitsanpassungs-Gesetzes vom 18. März 1975 (BGBl. I S. 705) und dem Organisationserlass des Bundeskanzlers vom 22. Januar 2001 (BGBl. I S. 127) verordnet das Bundesministerium für Umwelt, Naturschutz und Reaktorsicherheit im Einvernehmen mit den Bundesministerien für Verbraucherschutz, Ernährung und Landwirtschaft und für Wirtschaft und Technologie unter Wahrung der Rechte des Bundestages:

§ 1 Aufgabenbereich

Diese Verordnung regelt für den Anwendungsbereich des Erneuerbare-Energien-Gesetzes, welche Stoffe als Biomasse gelten, welche technischen Verfahren zur Stromerzeugung aus Biomasse in den Anwendungsbereich des Gesetzes fallen und welche Umweltanforderungen bei der Erzeugung von Strom aus Biomasse einzuhalten sind.

§ 2 Anerkannte Biomasse

(1) Biomasse im Sinne dieser Verordnung sind Energieträger aus Phyto- und Zoomasse. Hierzu gehören auch aus Phyto- und Zoomasse resultierende Folge- und Nebenprodukte, Rückstände und Abfälle, deren Energiegehalt aus Phyto- und Zoomasse stammt.

(2) Biomasse im Sinne des Absatzes 1 sind insbesondere:

1. Pflanzen und Pflanzenbestandteile,
2. aus Pflanzen oder Pflanzenbestandteilen hergestellte Energieträger, deren sämtliche Bestandteile und Zwischenprodukte aus Biomasse im Sinne des Absatzes 1 erzeugt wurden,
3. Abfälle und Nebenprodukte pflanzlicher und tierischer Herkunft aus der Land-, Forst- und Fischwirtschaft,
4. Bioabfälle im Sinne von § 2 Nr. 1 der Bioabfallverordnung,
5. aus Biomasse im Sinne des Absatzes 1 durch Vergasung oder Pyrolyse erzeugtes Gas und daraus resultierende Folge- und Nebenprodukte,
6. aus Biomasse im Sinne des Absatzes 1 erzeugte Alkohole, deren Bestandteile, Zwischen-, Folge- und Nebenprodukte aus Biomasse erzeugt wurden.

(3) Unbeschadet von Absatz 1 gelten als Biomasse im Sinne dieser Verordnung:

1. Altholz, bestehend aus Gebrauchtholz (gebrauchte Erzeugnisse aus Holz, Holzwerkstoffe oder Verbundstoffe mit überwiegendem Holzanteil) oder Industrierestholz (in Betrieben der Holzbe- oder -verarbeitung anfallende Holzreste sowie in Betrieben der Holzwerkstoffindustrie anfallende Holzwerkstoffreste), das als Abfall anfällt, sofern nicht Satz 2 entgegensteht oder das Altholz gemäß § 3 Nr. 4 von der Anerkennung als Biomasse ausgeschlossen ist,
2. aus Altholz im Sinne von Nummer 1 erzeugtes Gas, sofern nicht Satz 3 entgegensteht oder das Altholz gemäß § 3 Nr. 4 von der Anerkennung als Biomasse ausgeschlossen ist,
3. Pflanzenölmethylester, sofern nicht Satz 4 entgegensteht,
4. Treibsel aus Gewässerpflege, Uferpflege und -reinhaltung,
5. durch anaerobe Vergärung erzeugtes Biogas, sofern zur Vergärung nicht Stoffe nach § 3 Nr. 3, 7, 9 oder mehr als 10 Gewichtsprozent Klärschlamm eingesetzt werden.

Satz 1 Nr. 1 gilt für Altholz, das Rückstände von Holzschutzmitteln enthält oder das halogenorganische Verbindungen in der Beschichtung enthält, nur sofern es in Anlagen eingesetzt wird, deren Genehmigung nach § 4 in Verbindung mit § 6 oder § 16 des Bundes-Immissionsschutzgesetzes zur Errichtung und zum Betrieb spätestens drei Jahre nach Inkrafttreten dieser Verordnung erteilt ist; als Holzschutzmittel gelten insoweit bei der Be- und Verarbeitung des Holzes eingesetzte Stoffe mit biozider Wirkung gegen Holz zerstörende Insekten oder Pilze sowie Holz verfärbende Pilze, ferner Stoffe zur Herabsetzung der Entflammbarkeit von Holz. Auf den Einsatz von Gas aus Altholz gemäß Satz 1 Nr. 2 findet Satz 2 entsprechende Anwendung. Satz 1 Nr. 3 gilt nur bei einem Einsatz in Anlagen, die spätestens drei Jahre nach Inkrafttreten dieser Verordnung in Betrieb genommen werden oder, sofern es sich um nach den Vorschriften des Bundes-Immissionsschutzgesetzes genehmigungsbedürftige Anlagen handelt, deren Genehmigung nach § 4 in Verbindung mit § 6 oder § 16 des Bundes-Immissionsschutzgesetzes zur Errichtung und zum Betrieb erteilt ist.

(4) Stoffe, aus denen in Altanlagen im Sinne von § 2 Abs. 3 Satz 4 des Erneuerbare-Energien-Gesetzes Strom erzeugt und vor dem 1. April 2000 bereits als Strom aus Biomasse vergütet worden ist, gelten in diesen Anlagen weiterhin als Biomasse. Dies gilt nicht für Stoffe nach § 3 Nr. 4. § 5 Abs. 2 findet keine Anwendung.

§ 3 Nicht als Biomasse anerkannte Stoffe

Nicht als Biomasse im Sinne dieser Verordnung gelten:

1. fossile Brennstoffe sowie daraus hergestellte Neben- und Folgeprodukte,
2. Torf,

3. gemischte Siedlungsabfälle aus privaten Haushaltungen sowie ähnliche Abfälle aus anderen Herkunftsbereichen,
4. Altholz
   a) mit einem Gehalt an polychlorierten Biphenylen (PCB) oder polychlorierten Terphenylen (PCT) in Höhe von mehr als 0,005 Gewichtsprozent entsprechend der PCB/PCT-Abfallverordnung vom 26. Juni 2000 (BGBl. I S. 932),
   b) mit einem Quecksilbergehalt von mehr als 0,0001 Gewichtsprozent,
   c) sonstiger Beschaffenheit, wenn dessen energetische Nutzung als Abfall zur Verwertung auf Grund des Kreislaufwirtschafts- und Abfallgesetzes ausgeschlossen worden ist,
5. Papier, Pappe, Karton,
6. Klärschlämme im Sinne der Klärschlammverordnung,
7. Hafenschlick und sonstige Gewässerschlämme und -sedimente,
8. Textilien,
9. tierische Nebenprodukte im Sinne von Artikel 2 Abs. 1 Buchstabe a der Verordnung (EG) Nr. 1774/2002 des Europäischen Parlaments und des Rates vom 3. Oktober 2002 mit Hygienevorschriften für nicht für den menschlichen Verzehr bestimmte tierische Nebenprodukte (ABl. EG Nr. L 273 S. 1), zuletzt geändert durch die Verordnung (EG) Nr. 93/2005 der Kommission vom 19. Januar 2005 (ABl. EU Nr. L 19 S. 34), soweit es sich
   a) um Material der Kategorie 1 gemäß Artikel 4 Abs. 1 der Verordnung (EG) Nr. 1774/2002 handelt,
   b) um Material der Kategorie 2 gemäß Artikel 5 Abs. 1 der Verordnung (EG) Nr. 1774/2002 mit Ausnahme von Gülle, von Magen und Darm getrenntem Magen- und Darminhalt und Kolostrum im Sinne der genannten Verordnung handelt,
   c) um Material der Kategorie 3 gemäß Artikel 6 Abs. 1 der Verordnung (EG) Nr. 1774/2002 mit Ausnahme von Material nach Artikel 6 Abs. 1 Buchstabe c und Häuten, Hufen, Federn, Wolle, Hörnern, Haaren und Pelzen nach Artikel 6 Abs. 1 Buchstabe k handelt, und dieses Material durch Verbrennen direkt als Abfall beseitigt wird, oder
   d) um Material der Kategorie 3 gemäß Artikel 6 Abs. 1 der Verordnung (EG) Nr. 1774/2002 handelt, das in Verarbeitungsbetrieben für Material der Kategorie 1 oder 2 verarbeitet wird, sowie Stoffe, die durch deren dortige Verarbeitung hergestellt worden oder sonst entstanden sind,
10. Deponiegas,
11. Klärgas.

§ 4 Technische Verfahren

(1) Als technische Verfahren zur Erzeugung von Strom aus Biomasse im Sinne dieser Verordnung gelten einstufige und mehrstufige Verfahren der Stromerzeugung durch folgende Arten von Anlagen:

1. Feuerungsanlagen in Kombination mit Dampfturbinen-, Dampfmotor-, Stirlingmotor- und Gasturbinenprozessen, einschließlich Organic-Rankine-Cycle-(ORC)-Prozessen,
2. Verbrennungsmotoranlagen,
3. Gasturbinenanlagen,
4. Brennstoffzellenanlagen,
5. andere Anlagen, die wie die in Nummern 1 bis 4 genannten technischen Verfahren im Hinblick auf das Ziel des Klima- und Umweltschutzes betrieben werden.

(2) Soweit eine Stromerzeugung aus Biomasse im Sinne dieser Verordnung mit einem Verfahren nach Absatz 1 nur durch eine Zünd- oder Stützfeuerung mit anderen Stoffen als Biomasse möglich ist, können auch solche Stoffe eingesetzt werden.

(3) In Anlagen nach Absatz 1 und 2 darf bis zu einem Anteil von 10 vom Hundert des Energiegehalts auch Klärgas oder durch thermische Prozesse unter Sauerstoffmangel erzeugtes Gas (Synthesegas) eingesetzt werden, wenn das Gas (Synthesegas) aus Klärschlamm im Sinne der Klärschlammverordnung erzeugt worden ist.

§ 5 Umweltanforderungen

(1) Zur Vermeidung und Verminderung von Umweltverschmutzungen, zum Schutz und zur Vorsorge vor schädlichen Umwelteinwirkungen und zur Gefahrenabwehr sowie zur Schonung der Ressourcen und zur Sicherung des umweltverträglichen Umgangs mit Abfällen sind die für die jeweiligen technischen Verfahren sowie den Einsatz der betreffenden Stoffe geltenden Vorschriften des öffentlichen Rechts einzuhalten.

(2) Bei Verwendung von Altholz im Sinne von § 2 Abs. 3 Nr. 1, das

1. Rückstände von Holzschutzmitteln oder
2. halogenorganische Verbindungen in der Beschichtung enthält,

muss die Anlage auf Grund iher Zulassung den Anforderungen der Verordnung über Verbrennungsanlagen für Abfälle und ähnliche brennbare Stoffe vom 23. November 1990 (BGBl. I S 2545, 2832), zuletzt geändert durch Artikel 8 des Gesetzes vom 3. Mai 2000 (BGBl. I S. 632), entsprechen; § 1 Abs. 2 Satz 1 und § 5 Abs. 3 der Verordnung finden keine Anwendung. Für die Verwendung von Gas im Sinne von § 2 Abs. 3 Nr. 2, das aus Altholz im Sinne von Satz 1 Nr. 1 oder 2 hergestellt worden ist, gilt Entsprechendes.

(3) Bei Verwendung von Altholz im Sinne von Absatz 2 Satz 1 müssen Feuerungsanlagen in Kombination mit Dampfturbinenprozessen gemäß § 4 Abs. 1 Nr. 1 mit einer installierten elektrischen Leistung von über 5 Megawatt, deren entstehende Wärme nicht an Dritte abgegeben wird und für die im Rahmen des immissionsschutzrechtlichen Genehmigungsverfahrens keine Pflicht zur Nutzung der erzeugten Wärme in eigenen Anlagen festgelegt ist, darüber hinaus folgende Wirkungsgrade für die Bruttostromerzeugung erreichen:

a) im elektrischen Leistungsbereich von über 5 Megawatt bis einschließlich 10 Megawatt in Höhe von mindestens 25 Prozent,
b) im elektrischen Leistungsbereich von über 10 Megawatt bis einschließlich 15 Megawatt in Höhe von mindestens 27 Prozent,
c) im elektrischen Leistungsbereich von über 15 Megawatt bis einschließlich 20 Megawatt in Höhe von mindestens 29 Prozent.

Diese Anforderungen an den elektrischen Wirkungsgrad gelten auch für den reinen Kondensationsbetrieb von Anlagen dieser Art, die zeitweise mit Wärmeauskopplung, jedoch überwiegend in reinem Kondensationsbetrieb betrieben werden. Der elektrische Wirkungsgrad ist dabei definiert als das Verhältnis von Klemmleistung zur Feuerungswärmeleistung im 100 Prozent-Punkt ohne Wärmeauskopplung.

§ 6 Inkrafttreten

Diese Verordnung tritt am Tage nach der Verkündung ist Kraft.

Schlussformel

Der Bundesrat hat zugestimmt.

III. Fachkommission Städtebau der Bauministerkonferenz, Hinweise zur Privilegierung von Biomasseanlagen nach § 35 Abs. 1 Nr. 6 BauGB
beschlossen am 22.3.2006

Vorbemerkung

Mit dem durch das Europarechtsanpassungsgesetz Bau (EAG Bau) geänderten Baugesetzbuch in der Fassung der Bekanntmachung vom 23.09.2004 (BGBl. I S. 2414), zuletzt geändert durch Artikel 21 des Gesetzes vom 21.06.2005 (BGBl. I S. 1818) hat der Gesetzgeber die privilegierten Vorhaben im Außenbereich um Anlagen zur energetischen Nutzung von Biomasse ergänzt. Mit der Regelung des § 35 Abs. 1 Nr. 6 BauGB sind Vorhaben zur Nutzung der aus Biomasse erzeugten Energie unter im Einzelnen in dieser Vorschrift bestimmten Voraussetzungen privilegiert zulässig. Die Privilegierung umfasst nicht nur die Herstellung und Nutzung der Energie von aus Biomasse erzeugtem Gas, sondern jede energetische Nutzung von Biomasse, einschließlich der thermischen Energienutzung der Biomasse. Mit § 35 Abs. 1 Nr. 6 BauGB soll einerseits ein Beitrag zum Klimaschutz, zur Ressourcenschonung und zu einer effizienten Energienutzung geleistet und zum anderen der Strukturwandel in der Landwirtschaft unterstützt werden, ohne den gebotenen Schutz des Außenbereichs zu vernachlässigen.

Bei einzelnen der Privilegierungsvoraussetzungen haben sich bei den Ländern im Vollzug Auslegungsunterschiede ergeben. Die Fachkommission „Städtebau" der ARGEBAU vertritt hierzu folgende Auffassung:

1. Energetische Nutzung der Biomasse „im Rahmen eines Betriebes" nach § 35 Abs. 1 Nr. 6, 1. Halbsatz BauGB

Die Privilegierung des § 35 Abs. 1 Nr. 6 BauGB steht unter dem Vorbehalt, dass die energetische Nutzung im Rahmen des betreffenden Betriebs erfolgt. Verlangt wird also eine Zuordnung der Biomasseanlage zu dem Basisbetrieb, z. B. zu dem landwirtschaftlichen Betrieb, vergleichbar den Fällen des § 35 Abs. 1 Nr. 1 BauGB, bei denen eine Zuordnung der Bauvorhaben zu den landwirtschaftlichen Betrieben vorausgesetzt wird.

Diese Zuordnung liegt jedenfalls vor, wenn der Betreiber der Biomasseanlage identisch ist mit dem Inhaber des Basisbetriebs. Darüber hinaus ist die erforderliche Zuordnung aber auch nicht schon deshalb zu verneinen, weil die zu beurteilende Biomasseanlage nicht im (Allein-) Eigentum des Inhabers des Basisbetriebs steht. Eine Biomasseanlage kann dem Basisbetrieb vielmehr auch dann noch zugeordnet werden, wenn sie sich im Eigentum einer Betreibergesellschaft befindet. Dies gilt jedenfalls dann, wenn die Betreibergesellschaft dauerhaft nur aus Gesellschaftern im Sinne des § 35 Abs. 1 Nr. 6 Buchst. b) BauGB besteht, die die Anlage beschicken.

Der Inhaber des Basisbetriebs muss dabei allerdings maßgeblichen Einfluss auf die Gesellschaft haben.

2. Erfordernis des räumlich-funktionalen Zusammenhangs der Biomasseanlage mit dem Betrieb nach § 35 Abs. 1 Nr. 6 Buchst. a) BauGB

Die baulichen Anlagen zur Herstellung und Nutzung der Energie aus Biomasse müssen nach § 35 Abs. 1 Nr. 6 Buchst. a) BauGB in einem räumlich-funktionalen Zusammenhang mit dem Betrieb stehen, in dessen Rahmen die Anlage errichtet werden soll. Damit soll eine Zersplitterung des Außenbereichs verhindert werden.

Dies erfordert die **räumliche** Nähe zu den Schwerpunkten der betrieblichen Abläufe. Bei landwirtschaftlichen Betrieben im Sinne von § 35 Abs. 1 Nr. 1 BauGB ist regelmäßig von der Hofstelle als Bezugspunkt für den räumlich-funktionalen Zusammenhang auszugehen. In besonders gelagerten Einzelfällen können – über die Hofstelle hinaus – Standorte für die Biomasseanlage in Betracht kommen, die als Betriebsschwerpunkt bzw. Betriebsstandort erkennbar und durch bauliche Anlagen des Betriebs von einigem Gewicht geprägt sind. Denkbar als Anknüpfungspunkt sind z. B. große Stallgebäude oder große Maschinenhallen, nicht jedoch untergeordnete bauliche Anlagen wie z. B. Fahrsilos, landwirtschaftliche Feldscheunen oder vergleichbare untergeordnete Anlagen. Nicht ausreichend ist auch die räumliche Nähe zu Betriebsflächen bzw. zu den die Biomasse produzierenden Flächen. Vor dem Hintergrund des bereits erwähnten Zwecks der Bestimmung, die Zersiedlung des Außenbereichs zu verhindern, knüpft der Begriff des Betriebes an dessen baulichen Bestand an.

Soll die Biomasseanlage im Zusammenhang mit einem forstwirtschaftlichen (Abs. 1 Nr. 1), gartenbaulichen (Abs. 1 Nr. 2) oder tierhaltenden Betrieb (Abs. 1 Nr. 4) errichtet werden, ist die räumliche Zuordnung zu einem Betriebsstandort erforderlich.

Für die Auslegung des räumlichen Zusammenhangs ist eine allgemein gültige Bestimmung der Entfernung nicht möglich. Sie bemisst sich nach den jeweiligen Umständen des Einzelfalles.

In diesem Zusammenhang wird darauf hingewiesen, dass nach § 35 Abs. 1 Nr. 6 Buchst. c) BauGB je Hofstelle oder Betriebsstandort nur eine Anlage betrieben werden darf (siehe Ziff. 4).

Der **funktionale** Zusammenhang der Biomasseanlage mit dem Betrieb erfordert eine Verknüpfung der Biomasseverwertung mit der vorhandenen Betriebsstruktur.

3. Herkunft der Biomasse nach § 35 Abs. 1 Nr. 6 Buchst. b) BauGB

Nach § 35 Abs. 1 Nr. 6 Buchst. b) BauGB muss die Biomasse überwiegend aus dem Betrieb selbst oder überwiegend aus diesem und aus nahe gelegenen privilegierten land- oder forstwirtschaftlichen (Abs. 1 Nr. 1), gartenbaulichen (Abs. 1 Nr. 2) oder tierhaltenden (Abs. 1 Nr. 4) Betrieben stammen. Damit wird ausdrücklich die Kooperation verschiedener Betriebe eröffnet, die sämtlich die Privilegierungsvoraussetzungen nach § 35 Abs. 1 Nr. 1, 2 oder 4 BauGB aufweisen müssen. Die Privilegierung ist nicht gegeben, wenn der Betrieb, in dessen Rahmen die Anlage betrieben werden soll, selbst keine Biomasse einbringt. Der Antragsteller muss glaubhaft machen, dass die Biomasse nachhaltig, also auch bei etwaigen Produktionsschwankungen, zum überwiegenden Teil aus dem eigenen Betrieb, der die Biomasseanlage betreibt, oder überwiegend – im Sinne einer Gesamtbetrachtung – aus diesem Betrieb und kooperierenden nahe gelegenen Betrieben stammt. Die nahe gelegenen Anlieferungsbetriebe müssen dabei nicht zwangsläufig Mitbetreiber der Anlage sein. Es ist nicht ausgeschlossen, dass kooperierende nahe gelegene Betriebe, die die privilegierte Betriebsqualität nach § 35 Abs. 1 Nr. 1, 2 oder 4 BauGB aufweisen, zusätzlich noch eigene Biomasseanlagen betreiben.

Mit der Beschränkung auf „nahe gelegene" Betriebe soll aus ökologischen und auch aus volkswirtschaftlichen Gründen ein überregionaler Transport des Rohmaterials verhindert werden. Wann ein Betrieb als „nahe gelegen" anzusehen ist, muss der Beurteilung im Einzelfall überlassen werden. Als Bewertungskriterien können Entfernungen, die bei landwirtschaftlichen Betriebsabläufen und Verflechtungen zu Betrieben in der Umgebung üblich sind, herangezogen werden. Dabei sind siedlungsstrukturelle und betriebsspezifische Besonderheiten zu berücksichtigen.

4. Eine Anlage je Hofstelle oder Betriebsstandort nach § 35 Abs. 1 Nr. 6 Buchst. c) BauGB

Nach § 35 Abs. 1 Nr. [6] Buchst. c) BauGB darf nur eine Biomasseanlage je Hofstelle oder Betriebsstandort betrieben werden. Die Begrenzung dient dem Schutz des Außenbereichs. Während sich die „Hofstelle" auf den landwirtschaftlichen Betrieb bezieht, spricht man bei forstwirtschaftlichen Betrieben, Gartenbaubetrieben oder tierhaltenden Betrieben nach § 35 Abs. 1 Nr. 4 BauGB von „Betriebsstandorten". Dabei ist davon auszugehen, dass ein landwirtschaftlicher Betrieb in der Regel nur über eine Hofstelle verfügt. Die Begrenzung auf eine Biomasseanlage je Hofstelle bzw. Betriebsstandort gilt auch dann, wenn bereits eine Anlage auf Grund der früheren Rechtslage nach einer anderen planungsrechtlichen Grundlage des § 35 BauGB zugelassen worden war.

5. Begrenzung der elektrischen Leistung nach § 35 Abs. 1 Nr. 6 Buchst. d) BauGB

Zum Schutz des Außenbereichs wird die Privilegierung nach § 35 Abs. 1 Nr. 6 Buchst. d) BauGB auf Biomasseanlagen beschränkt, deren installierte elektrische Leistung 0,5 MW nicht überschreitet. Dies entspricht etwa 2,0 MW Eingangsleistung oder auch Feuerungswärmeleistung der eingesetzten Biomasse. Für Anlagen, die nicht ausschließlich elektrische Energie, sondern auch Wärme oder Gas zur Weiterleitung erzeugen, sind entsprechende Umrechnungen erforderlich: 0,5 MW/a entsprechen einer Biogaserzeugung der Anlage von bis zu 2,3 Mio. Nm^3/a[1].

Anlagen mit einer elektrischen Leistung über 0,5 MW können auch nicht über § 35 Abs. 1 Nr. 4 BauGB zugelassen werden, da – abgesehen davon, dass zweifelhaft ist, ob die Voraussetzungen des § 35 Abs. 1 Nr. 4 BauGB erfüllt sind – § 35 Abs. 1 Nr. 6 BauGB insoweit abschließenden Charakter hat (vgl. Ziff. 6).

6. Abschließender Charakter des § 35 Abs. 1 Nr. 6 BauGB

Die neue Regelung des § 35 Abs. 1 Nr. 6 BauGB zielt darauf ab, Biomasseanlagen weitergehend zu privilegieren, als dies nach bisheriger Rechtslage unter den Voraussetzungen der Privilegierung als „mitgezogene“ Nutzung nach § 35 Abs. 1 Nr. 1 BauGB zulässig war. Wie im EAG Bau-Mustererlass der Fachkommission Städtebau der ARGEBAU dargestellt, bildet die neue Regelung gegenüber der nach bisherigem Recht möglichen Privilegierung von Biomasseanlagen nach Nummer 1 auf Grund der „dienenden Funktion“ oder als „mitgezogene Nebennutzung“ die speziellere Vorschrift und ist insofern abschließend (Begründung zum Gesetzentwurf der Bundesregierung zum EAG Bau vom 17.12.2003 – BT-Drs. 15/2250, S. 55); entsprechendes gilt für mitgezogene Nutzungen nach § 35 Abs.1 Nr. 2 BauGB. Aufgrund des spezifischen Regelungsumfangs von § 35 Abs. 1 Nr. 6 BauGB gilt der Vorrang auch gegenüber § 35 Abs. 1 Nr. 4 BauGB.

7. Bauleitplanung

Die für Investitionen notwendige Schaffung von Baurechten erfolgt durch Aufstellung von Bebauungsplänen. Biomasseanlagen dürfen daher nicht ausschließlich nach den Vorschriften über das Bauen im Außenbereich betrachtet werden. Denn im Außenbereich sollen nur solche Vorhaben privilegiert zulässig sein, die wegen ihres unmittelbaren Bezugs zur Bodennutzung (insb. Land- und Forstwirtschaft) oder wegen ihrer besonderer[n] Anforderungen, Auswirkungen oder Zweckbestimmung nur im Außenbereich ausgeführt werden können und sollen. Dies dient dem Schutz vor einer Zersiedelung der Landschaft und der Planungshoheit der Gemeinde, deren Aufgabe es ist, die geordnete, nachhaltige städtebauliche Entwicklung in ihrem Gemeindegebiet durch Bauleitpläne vorzubereiten und zu leiten.

---

1 Nm^3 (Normkubikmeter) ist die Einheit für das Normvolumen eines Gases nach DIN 1343 und ISO 2533. Ein Normkubikmeter ist die Menge, die einem Kubikmeter Gas bei einem Druck von 1,01325 bar, einer Luftfeuchtigkeit von 0 % und einer Temperatur von 0 Grad Celsius (DIN 1343) bzw. 15 Grad Celsius (ISO 2533) entspricht.

Im Geltungsbereich eines Bebauungsplans kann eine Biomasseanlage insbesondere in folgenden Baugebieten nach der Baunutzungsverordnung (BauNVO) zulässig sein:

- Dorfgebiet (§ 5 Abs. 2 Nr. 1 BauNVO im Rahmen eines land- oder forstwirtschaftlichen Betriebes; § 5 Abs. 2 Nr. 6 BauNVO als sonstiger nicht wesentlich störender Gewerbebetrieb),
- Gewerbegebiet (§ 8 Abs. 2 Nr. 1 BauNVO als nicht wesentlich störender Gewerbebetrieb),
- Industriegebiet (§ 9 Abs. 2 Nr. 1 BauNVO als nicht wesentlich störender Gewerbebetrieb).

Als sachgerecht für die Errichtung einer Biomasseanlage kann sich darüber hinaus der vorhabenbezogene Bebauungsplan auf Grundlage eines Vorhaben- und Erschließungsplans (§ 12 BauGB) erweisen. Er kann sich insbesondere deshalb anbieten, da mit ihm durch Vorhabenträger und Gemeinde in enger Abstimmung miteinander, zielgenau und zügig das erforderliche Baurecht geschaffen wird.

IV. Gemeinsamer Erlass des Ministeriums für Infrastruktur und Raumordnung und des Ministeriums für Ländliche Entwicklung, Umwelt und Verbraucherschutz zur bauplanungsrechtlichen Zulässigkeit von Biomasseanlagen nach § 35 Abs. 1 Nr. 6 des Baugesetzbuches (Biomasseerlass – Brandenburg) vom 5.4.2006

Allgemeines

Anlagen zur energetischen Nutzung von Biomasse können städtebaurechtlich im Innenbereich und im Außenbereich zulässig sein. Ihre Zulässigkeit im Außenbereich ist insbesondere dadurch eingeschränkt, dass sie nach § 35 Abs. 1 Nr. 6 des Baugesetzbuches (BauGB) nur dort privilegiert sind, wo sich bereits privilegierte Vorhaben, nämlich land- und forstwirtschaftliche Betriebe im Sinne von Nummer 1, Gartenbaubetriebe im Sinne von Nummer 2 und tierhaltende Betriebe im Sinne von Nummer 4 befinden.

Bei Überschreitung der installierten elektrischen Leistung der Anlage und damit dem Wegfall des Privilegierungstatbestands nach § 35 Abs. 1 Nr. 6 BauGB bleibt eine Prüfung der Zulässigkeit nach § 35 Abs. 2 BauGB als sonstiges Vorhaben unberührt. Das heißt, es ist dann zu prüfen, ob öffentliche Belange von dem Vorhaben beeinträchtigt werden. Bei Vorhaben, die sich in unmittelbarer räumlicher Nähe zum Betriebsstandort befinden, also in einem baulich vorgeprägten Bereich, wird in der Regel eine Beeinträchtigung nicht anzunehmen sein.

Die Gemeinden können zur besseren Koordinierung und Steuerung natürlich auch Bebauungspläne aufstellen, um die bauplanungsrechtliche Zulässigkeit einer “Biomasseanlage“ herbeizuführen. Liegt ein Planerfordernis aus diesen oder anderen Gründen vor, so hat die Gemeinde einen (vorhabenbezogenen) Bebauungsplan aufzustellen. Als festzusetzende Baugebiete kommen Sondergebiete, Industrie- und Gewerbegebiete und im Einzelfall auch Dorfgebiete in Betracht.

1 § 201 BauGB Begriff der Landwirtschaft

„Landwirtschaft im Sinne dieses Gesetzbuchs ist insbesondere der Ackerbau, die Wiesen- und Weidewirtschaft einschließlich Tierhaltung, soweit das Futter überwiegend auf den zum landwirtschaftlichen Betrieb gehörenden, landwirtschaftlich genutzten Flächen erzeugt werden kann, die gartenbauliche Erzeugung, der Erwerbsobstbau, der Weinbau, die berufsmäßige Imkerei und die berufsmäßige Binnenfischerei.“

Für die Frage der Zulässigkeit von Biomasseanlagen ist ein wesentliches Kriterium, ob der Betrieb, dem die Anlage zugeordnet werden soll, tatsächlich privilegiert ist. Insbesondere bei landwirtschaftlichen Betrieben ist die Beurteilung im Einzelfall nicht immer zweifelsfrei möglich. Zur Erleichterung sollen folgende Hinweise dienen:

Mit der 2004 ins Baugesetzbuch aufgenommenen Definition des Begriffs der Landwirtschaft wird dem in den letzten Jahren vollzogenen Strukturwandel in der Landwirtschaft Rechnung getragen. Nunmehr ist es ausreichend, wenn genügend landwirtschaftlich genutzte Flächen, die zum Landwirtschaftsbetrieb gehören, das heißt auch angepachtete Flächen, zur (überwiegenden) Futtererzeugung vorhanden sind. Auf die unmittelbare Verfütterung des erzeugten Futters kommt es nicht an.

In Brandenburg wie auch in den anderen neuen Bundesländern ist der Anteil der bewirtschafteten Fläche, der sich im Eigentum der Landwirte befindet, sehr gering. Er liegt mit weniger als 15 Prozent deutlich unter der (auch rückläufigen) Eigentumsquote der alten Bundesländer. In Auswertung der Rechtsprechung und unter Berücksichtigung der bodenrechtlichen Voraussetzungen und Strukturprobleme hinsichtlich der Landwirtschaft in den neuen Bundesländern ist bei der Beurteilung der Frage, ob ein landwirtschaftlicher Betrieb das Merkmal der Privilegierung erfüllt, Folgendes zu beachten:

Die längerfristige betriebliche Verfügbarkeit von Boden als wesentliche Produktionsgrundlage eines landwirtschaftlichen Betriebes kann auch bei angepachteten Flächen mit entsprechender vertraglicher Bindung gesichert sein. Eine Abgrenzung von Mindestwerten für das Verhältnis von Eigentums- und Pachtflächen ist hier ebenso wenig sachgerecht wie eine Definition der Dauerhaftigkeit der Pacht. Nicht die Laufzeit der Verträge allein, sondern zum Beispiel auch vereinbarte Verlängerungsklauseln oder Vorkaufsrechtsregelungen sowie das Bestreben des Betriebs nach Erhalt und gegebenenfalls Erweiterung seiner Produktionsgrundlagen sind bei der Beurteilung zu berücksichtigen. Es können auch Landwirtschaftsbetriebe, die ausschließlich auf der Grundlage von angepachteten Flächen wirtschaften (im Land Brandenburg mehr als ein Viertel der Betriebe), die Voraussetzungen für die Privilegierung erfüllen.

Als weitere Beurteilungskriterien für die Dauerhaftigkeit und Ernsthaftigkeit eines landwirtschaftlichen Betriebes können die Betriebsführung, die planmäßige und eigenverantwortliche Bewirtschaftung, die persönlichen Voraussetzungen des Unternehmers wie fachliche Qualifikation und Zuverlässigkeit und die betriebliche Ausstattung mit baulichen Anlagen, Anlagentechnik und Maschinen herangezogen werden. Bei einem bereits bestehenden Landwirtschaftsbetrieb ist die Dauerhaftigkeit und Ernsthaftigkeit in der Regel anzunehmen.

Auch der Anbau von nachwachsenden Rohstoffen (wie zum Beispiel Mais oder Winterroggen) fällt unter den Landwirtschaftsbegriff im Sinne des § 201 BauGB.

Unter Berücksichtigung dieser Auffassung wird die Privilegierung nach § 35 Abs. 1 Nr. 6 BauGB auch dann ausgelöst, wenn die überwiegende Tätigkeit des Betriebes nach § 35 Abs. 1 Nr. 1 BauGB darin besteht, zum Beispiel nachwachsende Rohstoffe (NaWaRo's) anzubauen oder land- und forstwirtschaftliche Produkte zu erzeugen. Dies gilt entsprechend für Gartenbaubetriebe im Sinne der Nummer 2 oder tierhaltende Betriebe im Sinne der Nummer 4.

2 § 35 Abs. 1 Nr. 6, 1. Halbsatz BauGB

„im Rahmen eines Betriebes nach Nummer 1 oder 2 oder eines Betriebes nach Nummer 4, der Tierhaltung betreibt"

Die Biomasseanlage muss dem Betrieb, "in dessen Rahmen" sie errichtet werden soll, unmittelbar rechtlich zugeordnet sein. Dabei kann der land- und forstwirtschaftliche sowie gartenbauliche oder tierhaltende Betrieb selbst in allen denkbaren und für die Privilegierung anerkannten Rechtsformen (zum Beispiel GbR, GmbH) betrieben werden. Dies gilt in gleicher Weise auch für die Biomasseanlage.

§ 35 Abs. 1 Nr. 6 BauGB erfasst die energetische Nutzung von Biomasse "im Rahmen des (betreffenden) Betriebs". Verlangt wird also eine entsprechende Zuordnung der Biomasseanlage zum Beispiel zum landwirtschaftlichen Betrieb. Für das enge Tatbestandsmerkmal des "Dienens" in § 35 Abs. 1 Nr. 1 BauGB hat das Bundesverwaltungsgericht in seinem Urteil vom 14. April 1978 – IV 85.75 klargestellt, dass es für die Frage der Zulässigkeit eines Vorhabens im Außenbereich nach § 35 Abs. 1 Nr. 1 BauGB nicht schon aus Rechtsgründen ausschlaggebend darauf ankomme, wer das Vorhaben zu errichten gedenkt beziehungsweise errichtet hat, wer also "Bauherr" ist, und wem das Eigentum an der Anlage zustehen soll beziehungsweise zusteht. Aus beiden Fragen könnten sich Hinweise für die "dienende" Zugehörigkeit oder Nichtzugehörigkeit eines Vorhabens zu einem landwirtschaftlichen Betrieb ergeben. Es sei aber weder rechtlich noch tatsächlich schlechthin ausgeschlossen, dass einem landwirtschaftlichen Betrieb auch ein solches Vorhaben "dient", das von einem anderen als dem Inhaber des landwirtschaftlichen Betriebs errichtet wird und das auch nicht in das Eigentum des Betriebsinhabers fällt. Allerdings sind die besonderen Gründe zu benennen, warum das Vorhaben in der erforderlichen Weise dem Betrieb zugeordnet werden soll.

Auf Grundlage dieser Rechtsprechung dürfte eine solche Zuordnung auch nach § 35 Abs. 1 Nr. 6 BauGB also nicht allein deshalb zu verneinen sein, weil das zu beurteilende Vorhaben nicht im Eigentum des Betriebsinhabers, sondern im Eigentum einer Betreibergesellschaft steht. Wenn die Anlage von einer Betreibergemeinschaft (zum Beispiel als GmbH oder GbR) betrieben wird, ist besonders darauf zu achten, dass der funktionale Zusammenhang zu dem Betrieb gewährleistet ist: Der Betriebsinhaber/Landwirt muss einen maßgeblichen Einfluss auf die Betreibergesellschaft haben und er muss einen entsprechenden Anteil eigener Produkte einbringen oder der gewonnenen Energie (zum Beispiel Wärme) nutzen.

In diesem Zusammenhang ist auch Folgendes zu beachten:

§ 35 Abs. 1 Nr. 6 Buchstabe b BauGB lässt es ausdrücklich zu, dass Biomasse – zum überwiegenden Teil – aus nahe gelegenen Betrieben stammt. Damit dies sichergestellt ist, dürften zivilrechtliche Bindungen in Bezug auf die Verwendung von Biomasse aus anderen Betrieben erforderlich sein. Dies wird regelmäßig bei schuldrechtlichen Verträgen (zum Beispiel Nutzungsverträge oder Belieferungsverträge) angenommen werden können. In Betracht kommen dürfte auch eine gesellschaftsrechtliche Kooperationsform. Dabei dürfte aber besonders zu beachten und zu prüfen sein, ob noch eine Nutzung von Biomasse "im Rahmen des Betriebs" angenommen werden kann. Von Bedeutung ist weiterhin, ob zu den Gesellschaftern neben den die Anlage nutzenden Betriebsinhabern auch andere Gesellschafter, etwa mehrheitlich reine Kapitalanleger, treten. Ebenso bedeutsam dürfte sein, ob die Gesellschaft neben dem Betrieb der von den Betriebsinhabern beschickten Biomasseanlage auch damit in keinem unmittelbaren Zusammenhang stehende weitere Gesellschaftszwecke verfolgt. Davon sind Fälle zu unterscheiden, in denen die Betreibergesellschaft nur aus Gesellschaftern, die die Biomasseanlage beschicken, besteht und im Wesentlichen auch keinen weiteren Zweck als den Betrieb der jeweiligen Anlage verfolgt. Letztlich maßgebend sind stets die Umstände des konkreten Einzelfalls.

3 § 35 Abs. 1 Nr. 6 Buchstabe a BauGB

„das Vorhaben steht in einem räumlich-funktionalen Zusammenhang mit dem Betrieb"

Biomasseanlagen sind nicht isoliert privilegiert. Zwischen der Biomasseanlage und dem "Basisbetrieb" muss ein räumlich-funktionaler Zusammenhang bestehen. Damit soll eine Zersplitterung des Außenbereichs vermieden werden. Der räumlich-funktionale Zusammenhang kann nicht in absoluten Größen, das heißt durch die Angabe eines Abstandes in Metern, bestimmt werden. Es ist vielmehr eine Beurteilung des jeweiligen Einzelfalls erforderlich.

Bezugspunkt ist der Basisbetrieb, welcher die Privilegierung des Betriebes rechtfertigt, also in der Regel die Hofstelle. Sofern die Biomasseanlage nicht im räumlich-funktionalen Zusammenhang mit der Hofstelle errichtet werden soll, muss die Anlage dem Betriebsstandort des landwirtschaftlichen, forstwirtschaftlichen (Nummer 1), gartenbaulichen (Nummer 2) oder tierhaltenden (Nummer 4) Betriebes zugeordnet werden. Denkbar als Anknüpfungspunkt sind zum Beispiel große Stallgebäude oder große Maschinenhallen. Für die bauplanungsrechtliche Beurteilung ist eine Einzelfallentscheidung erforderlich.

Der Verweis auf die erforderliche funktionale Zuordnung betont, dass die verwertende Nutzung der Biomasse auch in einem betriebstechnischen Zusammenhang mit der tatsächlich bereits vorhandenen Betriebsstruktur stehen muss. § 35 Abs. 1 Nr. 6 BauGB fordert damit, mit der Privilegierung der Biomasseanlage an eine vorhandene bauliche Struktur anzuknüpfen. Das bauliche Vorhaben darf also von dem Bezugspunkt nicht so weit räumlich abgesetzt sein, dass trotz betriebswirtschaftlich vernünftiger Betriebsabläufe und Wirtschaftsweisen ein Zusammenhang nicht mehr erkennbar ist. Das Vorhaben muss dem Betriebsstandort so zugeordnet sein, dass es in dem Bereich liegt, der durch den Betriebsstandort baulich vorgeprägt ist.

Bei landwirtschaftlichen Betrieben, die ausschließlich Ackerbau betreiben, kann eine Biomasseanlage unter folgenden Voraussetzungen auf einer Betriebsfläche (Anbaufläche für so genannte NaWaRo's) errichtet werden:

Es ist über die Betriebsfläche hinaus eine landwirtschaftliche Betriebsstruktur (zum Beispiel Gerätehalle, Wohnhaus, Transportfahrzeuge wie Schlepper und Anhänger, Acker- und Erntegeräte) vorhanden, die mit der Betriebsfläche in einem funktionellen Zusammenhang steht.

4 § 35 Abs. 1 Nr. 6 Buchstabe b BauGB

„die Biomasse stammt überwiegend aus dem Betrieb oder überwiegend aus diesem und aus nahe gelegenen Betrieben"

§ 35 Abs. 1 Nr. 6 BauGB eröffnet die Möglichkeit der Kooperation verschiedener Betriebe. Sie müssen jedoch die privilegierte Betriebsqualität nach § 35 Abs. 1 Nr. 1, 2 oder 4 BauGB besitzen. Ob ein Betrieb "nahe gelegen" ist, lässt sich entfernungsmäßig nicht näher festlegen. Maßgeblich kann nur eine Beurteilung im Einzelfall sein. Siedlungsstrukturelle Besonderheiten sind zu berücksichtigen. Eine generelle Vorgabe durch Angabe maximaler Fahrleistungen oder Entfernungen ist daher nicht möglich. Die Einschränkung auf nahe liegende Betriebe soll aus ökologischen und auch volkswirtschaftlichen Gründen einen überregionalen Transport des Rohmaterials verhindern (siehe auch BT-Drucksache 756/03, S. 153).

Der Betreiber der Biomasseanlage muss entweder selbst mehr als 50 Prozent der Biomasse zur Verfügung stellen oder es müssen mehr als 50 Prozent von dem Betreiber und den nahe gelegenen Betrieben stammen (zum Beispiel 10 Prozent vom Betreiber und 41 Prozent von nahe gelegenen Betrieben).

Die nahe gelegenen Anlieferungsbetriebe müssen dabei nicht zwangsläufig Mitbetreiber der Anlage sein. Es ist nicht ausgeschlossen, dass kooperierende nahe gelegene Betriebe, die die privilegierte Betriebsqualität nach § 35 Abs. [1 Nr.] 1, 2 oder 4 BauGB aufweisen, zusätzlich noch eigene Biomasseanlagen betreiben.

5 § 35 Abs. 1 Nr. 6 Buchstabe c BauGB

„es wird je Hofstelle oder Betriebsstandort nur eine Anlage betrieben“

§ 35 Abs. 1 Nr. 6 Buchstabe c BauGB begrenzt die Zahl der Anlagen je Hofstelle oder Betriebsstandort auf eine Anlage. Erfasst sind damit die land- und forstwirtschaftlichen Betriebe, die Gartenbaubetriebe und die Betriebe der Tierhaltung. Die Erweiterung der Privilegierung auf den Betriebsstandort bedeutet, dass in einem Betrieb, der über mehrere Betriebsstandorte verfügt, an jedem Betriebsstandort Biomasseanlagen errichtet werden können. Zur Vermeidung von Gülletransporten und zur regionalen Energieerzeugung können in einem Unternehmen, das über mehrere Betriebsstandorte verfügt, an jedem Betriebsstandort des Unternehmens Biomasseanlagen errichtet werden (siehe auch BR-Drucksache 756/03B, S. 21).

6 § 35 Abs. 1 Nr. 6 Buchstabe d BauGB

„die installierte elektrische Leistung der Anlage überschreitet nicht 0,5 MW“

Die Begrenzung der elektrischen Leistungshöhe der Biomasseanlage auf 0,5 MW soll dem Schutz des Außenbereichs dienen. Bei einer Überschreitung dieses Wertes entfällt die Privilegierung. Der Wert von 0,5 MW entspricht etwa 2,0 MW Eingangsleistung oder auch Feuerungswärmeleistung der eingesetzten Biomasse. Für Anlagen, die nicht ausschließlich elektrische Energie, sondern auch Wärme oder Gas zur Weiterleitung erzeugen, sind entsprechende Umrechnungen erforderlich: 0,5 MW/a entsprechen einer Biogaserzeugung der Anlage bis zu 2,3 Mio. Nm3/a (Normkubikmeter).

Zu beachten ist ferner, dass Biomasseanlagen mit einer höheren installierten elektrischen Leistung als 0,5 MW im Einzelfall auch nach § 35 Abs. 2 [BauGB] zulässig sein könnten oder aber aufgrund einer entsprechenden Bauleitplanung der Gemeinde, zum Beispiel eines vorhabenbezogenen Bebauungsplans, errichtet werden können.

7 § 35 Abs. 5 Satz 2 und 3 BauGB

„Rückbauverpflichtung“

Auch bei Biomasseanlagen ist als weitere Zulässigkeitsvoraussetzung eine Verpflichtungserklärung abzugeben, dass das Vorhaben nach dauerhafter Aufgabe der zulässigen Nutzung zurückzubauen und Bodenversiegelungen zu beseitigen sind. Die Einhaltung dieser Rückbauverpflichtung soll durch die Baugenehmigungsbehörde in geeigneter Weise sichergestellt werden. Eine diesbezügliche Regelung enthält der § 67 Abs. 3 der Brandenburgischen Bauordnung (BbgBO):

> *„In den Fällen des § 35 Abs. 1 Nr. 2 bis 6 des Baugesetzbuchs wird die Baugenehmigung erst erteilt, wenn der Bauaufsichtsbehörde die Verpflichtungserklärung nach § 35 Abs. 5 Satz 2 des Baugesetzbuchs vorliegt und ihr für*

die Einhaltung der Rückbauverpflichtung Sicherheit in Höhe der Kosten der Beseitigung der baulichen Anlage oder gleichwertige Sicherheit geleistet ist."

Auf welche Weise und zu welchem Zeitpunkt Sicherheitsleistungen zu erbringen sind, wird im Erlass 24/01.06 des Ministeriums für Infrastruktur und Raumordnung vom 28. März 2006 geregelt.

8 Geltungsdauer

Der Erlass verliert am 31. Dezember 2011 seine Gültigkeit, sofern er nicht erneut in Kraft gesetzt wird.

V. Hinweise zum Immissionsschutz bei Biogasanlagen – Anforderungen zur Vermeidung und Verminderung von Gerüchen und sonstigen Emissionen, Runderlass des MU Niedersachsen vom 2.6.2004, Az.: 33 – 40501/208.13/1 Stand 27.2.2007

(in Auszügen)

Inhaltsverzeichnis (Auszüge)

Einleitung und Zielsetzung

In den vergangenen Jahren hat sich die Zahl der Biogasanlagen in Niedersachsen auf zurzeit ca. 550 Anlagen erhöht. Das Land Niedersachsen unterstützt die Ausweitung der Biogaserzeugung und -verwertung unter den Gesichtspunkten der Nutzung regenerativer und damit klimaschonender Energiequellen und der Erschließung neuer Einkommensquellen im ländlichen Raum.

Gleichzeitig kommt es bei einem Teil der in Betrieb befindlichen Biogasanlagen immer wieder zu Nachbarschaftsbeschwerden, wobei insbesondere Geruchsbelästigungen durch den Anlagenbetrieb und bei der Aufbringung des erzeugten Gärrückstandes beklagt werden.

Diese Hinweise beschreiben Maßnahmen an Biogasanlagen (Kofermentationsanlagen, Anlagen zur Vergärung nachwachsender Rohstoffe u.ä.), wie sie sich in der Überwachungspraxis der niedersächsischen Gewerbeaufsicht und im Rahmen eines Gutachtens der Fachhochschulen Wolfenbüttel und Höxter als notwendig herausgestellt haben, um den gesetzlich geforderten Immissionsschutz bei landwirtschaftlichen Biogasanlagen – gerade auch in Hinblick auf die Vermeidung von Geruchsbelästigungen in der Nachbarschaft – sicherzustellen.

Die Hinweise zum Immissionsschutz bei Biogasanlagen sollen den zuständigen Behörden als Grundlage für Maßnahmen im Rahmen von Genehmigungs- und Überwachungsvorgängen mit dem Ziel dienen, Emissionen aus Biogasanlagen soweit zu vermindern, wie es nach dem aktuellen Stand der Technik verlangt werden kann. Die Hinweise geben die zum Zeitpunkt der Veröffentlichung gültige Rechts- und Gesetzeslage sowie die gegenwärtig in Niedersachsen gültigen Zuständigkeiten wieder.

Der dadurch angestrebte erhöhte Immissionsschutz im Umfeld von Biogasanlagen soll den Nachbarn der Anlagen zugute kommen, kann aber längerfristig auch einen Beitrag leisten, die Akzeptanz bestehender und geplanter Biogasanlagen zu erhöhen.

1 Rechtsgrundlagen

1.1 Rechtliche Anforderungen an Biogasanlagen

Das Betreiben von Biogasanlagen unterliegt rechtlichen Anforderungen sowohl in Bezug auf den Bau und Betrieb der Anlagen als auch in Bezug auf die Verwertung des in den Anlagen erzeugten Gärrückstandes. Hinzu kommen tierseuchenrechtliche Bestimmungen, wenn tierische Nebenprodukte in den Anlagen eingesetzt werden.

Nachstehend sind die geltenden bundes- und EU-rechtlichen Vorgaben unter besonderer Berücksichtigung der ergänzenden Regelungen in Niedersachsen und der hier bestehenden Genehmigungs- und Überwachungszuständigkeiten zusammengestellt (Fundstellen s. Anhang).

1.2 Genehmigung von Biogasanlagen

Unabhängig davon, ob die Anlage bau- oder immissionsschutzrechtlich genehmigungsbedürftig ist, sind die Anforderungen an Bauprodukte und Bauarten nach der NBauO einzuhalten. Je nach Art und Menge der Einsatzstoffe und der Feuerungswärmeleistung der dazugehörigen Verbrennungsmotorenanlage sind Biogasanlagen im baurechtlichen oder immissionsschutzrechtlichen Verfahren zu genehmigen.

Die Abgrenzung ergibt sich aus den Festlegungen in der Vierten Verordnung zur Durchführung des Bundes-Immissionsschutzgesetzes (4. BImSchV).

Entscheidend im Hinblick auf die Festlegung des einschlägigen Genehmigungsverfahrens ist die Feuerungswärmeleistung der Verbrennungsmotoren- oder Gasturbinenanlage (Ziffern 1.1, 1.2 b, 1.4 b oder 1.5 b im Anhang zur 4. BImSchV) sowie der Durchsatz an Abfällen, auf die die Vorschriften des Kreislaufwirtschafts- und Abfallgesetzes Anwendung finden (Ziffern 8.6 und 8.12 im Anhang zur 4. BImSchV), vgl. Abschnitt 1.2.2.

Auf den Durchsatz an Abfällen ist neben der Einsatzmenge der Bioabfälle auch die der sonstigen Kofermente anzurechnen, nicht jedoch die gezielt als Energiepflanzen angebauten nachwachsenden Rohstoffe wie Mais, Roggen etc. und Pflanzenbestandteile oder Futterreste, die im laufenden Produktionsprozess eines land- oder forstwirtschaftlichen oder gartenbaulichen Betriebes als Nebenprodukte anfallen. Ebenfalls nicht anzurechnen auf die Mengenschwelle beim Durchsatz sind Wirtschaftdünger wie Gülle, Stallmist und Geflügelkot sowie sonstige tierische Nebenprodukte im Sinne der Verordnung (EG) Nr. 1774/2002.

Hinweis: Der Geltungsbereich des KrW-/AbfG hat sich nach Inkrafttreten des Gesetzes zur Durchführung gemeinschaftsrechtlicher Vorschriften über die Verarbeitung und Beseitigung von nicht für den menschlichen Verzehr bestimmten tierischen Nebenprodukten vom 25.1.2004 und der damit verbundenen Änderungen des KrW-/AbfG dahingehend geändert, dass diese Stoffe (Gülle, Stallmist, Hühnertrockenkot, Küchen- und Speiseabfälle, Schlachtnebenprodukte und tierische Fette) nicht mehr vom KrW-/AbfG erfasst werden.

Gemäß der Verordnung (EG) Nr. 1774/2002 wird Gülle wie folgt definiert: *„Gülle sind Exkremente und/oder Urin von Nutztieren, mit oder ohne Einstreu, sowie Guano, entweder unverarbeitet oder verarbeitet in Übereinstimmung mit Anhang VII Kapitel III, oder auf andere Weise in Biogas- oder Kompostieranlagen umgewandelt“.* Keine Nutztiere sind demnach z. B. Zootiere, Tiere, die zu Liebhaberzwecken gehalten werden oder kleine Haustiere.

Gefährliche Abfälle, also Sonderabfälle i.S. des Niedersächsischen Abfallgesetzes (NAbfG), sind in der Regel nicht geeignet, in Biogasanlagen eingesetzt zu werden. Sollte dies dennoch angestrebt werden, sind im Genehmigungsverfahren das Niedersächsische Umweltministerium als Sonderabfallplanungsbehörde und die Niedersächsische Gesellschaft zur Endablagerung von Sonderabfällen (NGS) zu beteiligen. Gleichzeitig gelten spezielle Mengenschwellen in Hinblick auf das erforderliche Genehmigungsverfahren (Ziffern 8.6 a und 8.12 im Anhang zur 4. BImSchV).

Beispiele für den Einsatz von Sonderabfällen sind Glycerin aus der Biodieselproduktion oder bestimmte Wasser-/Alkoholgemische.

Im Genehmigungsverfahren wird geprüft, ob die beantragte Anlage einschließlich des Verwertungskonzeptes für die erzeugten Gärrückstände den Anforderungen des Baurechtes, des Immissionsschutzrechtes, der sicherheitstechnischen Regeln, des Abfallrechtes, des Düngerechtes und des Wasserrechtes, des Naturschutzrechtes sowie ggf. den tierseuchenrechtlichen Bestimmungen und den Belangen des Arbeitsschutzes genügt.

Die immissionsschutzrechtlich genehmigungsbedürftigen Anlagen unterliegen zur Gewährleistung eines hohen Schutzniveaus für die Umwelt insgesamt den weitergehenden Anforderungen gemäß § 5 Bundes-Immissionsschutzgesetz (BImSchG).

Die beim Einsatz von tierischen Nebenprodukten ggf. erforderliche Zulassung gemäß Art. 15 der Verordnung (EG) Nr. 1774/2002 (s. Rechtsgrundlagen, geändert durch Verordnung (EG) Nr. 808/2003 v. 12.5.2003) erfolgt bei Neu- und – soweit vom Antragsgegenstand erfasst auch bei Änderungsgenehmigungen – nach dem BImSchG im Rahmen der Anlagengenehmigung (Konzentrationswirkung). In den übrigen Fällen, also bei baurechtlich genehmigten Anlagen und bei bestehenden immissionsschutzrechtlich genehmigten Anlagen außerhalb von laufenden Genehmigungsverfahren ist die Zulassung bei der zuständigen Veterinärbehörde (Landkreis/kreisfreie Stadt) einzuholen.

Biogasanlagen mit einer Genehmigung nach Immissionsschutzrecht oder Baurecht, die zum Zeitpunkt des Inkrafttretens des Tierische Nebenprodukte-Beseitigungsgesetzes (TierNebG) am 29.1.2004 zulässig betrieben wurden, galten nach § 16 Abs. 4 dieses Gesetzes zunächst als vorläufig zugelassen. Die vorläufige Zulassung ist jedoch erloschen, wenn nicht binnen sechs Monaten nach diesem Zeitpunkt eine endgültige oder befristete Zulassung nach Maßgabe des Gesetzes beantragt worden ist. Lediglich die Frist für Übergangsmaßnahmen nach der Verordnung (EG) Nr. 810/2003 für vor dem 02.11.2002 genehmigte Biogasanlagen wurde durch Verordnung (EG) Nr. 12/2005 der Kommission vom 6. Januar 2005 (ABl. L 5 v. 7.1.2005, S. 3) bis zum 31.12.2005 verlängert.

1.2.1 Baurechtliches Genehmigungsverfahren

Biogasanlagen mit

- einer Durchsatzleistung von weniger als 10 Tonnen je Tag bzw. von weniger als 1 Tonne je Tag, wenn gefährliche Abfälle, auf die die Vorschriften des Kreislaufwirtschafts- und Abfallgesetzes Anwendung finden, eingesetzt werden (Ziffer 8.6 b Anhang 4. BImSchV), oder
- Verbrennungsmotorenanlagen mit einer Feuerungswärmeleistung von insgesamt weniger als 1 MW (Ziffern 1.4/1.5 Anhang 4. BImSchV)

bedürfen keiner immissionsschutzschutzrechtlichen Genehmigung, sondern sind nach Baurecht zu genehmigen. Zusätzlich ist eine gesonderte Zulassung gemäß

Art. 15 der Verordnung (EG) Nr. 1774/2002 erforderlich. Zuständige Genehmigungsbehörden sind die unteren Bauaufsichtsbehörden i.S.v. § 63 NBauO; dies sind die Landkreise und kreisfreien Städte sowie die großen selbstständigen Städte, die Region Hannover und diejenigen regions- und kreisangehörigen Gemeinden, denen diese Rechtsstellung verliehen worden ist.

Die planungsrechtliche Zulässigkeit von Biogasanlagen beurteilt sich nach § 29 ff. BauGB. Hierbei ist zwischen der Genehmigung einer baulichen Anlage im Geltungsbereich eines Bebauungsplans und im Innenbereich sowie im Außenbereich zu unterscheiden.

Im **Geltungsbereich eines Bebauungsplanes** kann eine Biogasanlage in folgenden Gebieten nach der Baunutzungsverordnung(BauNVO) zulässig sein:

- Dorfgebiet (§ 5 Abs. 2 Nr. 1 im Rahmen eines land- oder forstwirtschaftlichen Betriebes)
- Dorfgebiet (§ 5 Abs. 2 Nr. 6 als sonstiger, nicht wesentlich störender Gewerbebetrieb)
- Mischgebiet (§ 6 Abs. 2 Nr. 4 als sonstiger, nicht wesentlich störender Gewerbebetrieb)
- Kerngebiet (§ 7 Abs. 2 Nr. 3 als sonstiger nicht wesentlich störender Gewerbebetrieb)
- Gewerbegebiet (§ 8 Abs.2 Nr. 1 als Gewerbebetrieb aller Art)
- Industriegebiet (§ 9 Abs. 2 Nr. 1 als Gewerbebetrieb aller Art)

Eine städtebauliche Grundlage kann auch ein vorhabenbezogener Bebauungsplan gemäß § 12 BauGB sein.

Auch im **Innenbereich** gemäß § 34 BauGB kann eine Biogasanlage zulässig sein, wenn sie sich in die Eigenart der näheren Umgebung einfügt oder wenn die nähere Umgebung einem der o.g. Baugebiete entspricht (§ 34 Abs. 1 und 2 BauGB).

Im **Außenbereich** ist eine Biogasanlage gem. § 35 Abs. 1 Nr. 6 BauGB zulässig, wenn sie der energetischen Nutzung von Biomasse im Rahmen eines Betriebes nach Nrn. 1 oder 2 oder eines Betriebes nach Nr. 4 der Tierhaltung betreibt, sowie dem Anschluss solcher Anlagen an das öffentliche Versorgungsnetz dient und folgende Voraussetzungen erfüllt sind:

a. das Vorhaben steht in einem räumlich-funktionalen Zusammenhang mit dem Betrieb,

b. die Biomasse stammt überwiegend aus dem Betrieb oder überwiegend aus diesem und aus nahe gelegenen Betrieben nach den Nrn. 1, 2 oder 4, soweit letzterer Tierhaltung betreibt,

c. es wird je Hofstelle oder Betriebsstandort nur eine Anlage betrieben und

d. die installierte elektrische Leistung der Anlage überschreitet nicht 0,5 MW.

Das Niedersächsische Ministerium für Soziales, Frauen, Familie und Gesundheit und das Niedersächsische Ministerium für den ländlichen Raum, Ernährung, Landwirtschaft und Verbraucherschutz haben Hinweise zu der bauplanungsrechtlichen Zulässigkeit von Biomasseanlagen nach § 35 Abs. 1 Nr. 6 BauGB herausgegeben. Diese Hinweise sind im **Anhang 3** aufgeführt, oder im Internet unter www.ms.niedersachsen.de /Themen/öffentliches Planungs-und Baurecht abrufbar.

Überwachung:

Die immissionsschutzrechtliche Überwachung der baurechtlich genehmigten Anlagen obliegt den Landkreisen, kreisfreien und großen selbstständigen Städte[n] sowie der Region Hannover als unterer Immissionsschutzbehörde, sofern die Anlagen dem Wirtschaftszweig Landwirtschaft zuzuordnen sind (Verordnung über die Zuständigkeiten auf den Gebieten des Arbeitsschutz-, Immissionsschutz-, Sprengstoff-, Gentechnik- und Strahlenschutzrechts sowie in anderen Rechtsgebieten – ZustVO-Umwelt-Arbeitsschutz).

Bei Zuordnung zu den Wirtschaftszweigen Energieerzeugung oder Abfallentsorgung ist die Anlage abweichend von der vorgenannten Regelung vom Staatlichen Gewerbeaufsichtsamt immissionsschutzrechtlich zu überwachen. Die Festlegung der Zugehörigkeit zu einem Wirtschaftszweig nach der sogenannten NACE-Klassifikation erfolgt durch das Staatliche Gewerbeaufsichtsamt (GAA).

1.2.2 Immissionsschutzrechtliches Genehmigungsverfahren

Biogasanlagen mit

- einer Durchsatzleistung von 10 Tonnen je Tag oder mehr, in denen nicht gefährliche Abfälle, auf die die Vorschriften des Kreislaufwirtschafts- und Abfallgesetzes Anwendung finden, eingesetzt werden (Ziffer 8.6 b Anhang 4. BImSchV), (wenn gefährliche Abfälle eingesetzt werden sollen, s. S. 6 oben),
- einer Verbrennungsmotoren- oder Gasturbinenanlage mit einer Feuerungswärmeleistung von einem 1 MW oder mehr (Ziffern 1.4/1.5 Anhang 4. BImSchV)

oder

- Güllelager mit einem Fassungsvermögen von 2.500 m³ oder mehr (Ziffer 9.36 Anhang 4. BImSchV)

bedürfen einer immissionsschutzrechtlichen Genehmigung.

Hinweis: Beim Einsatz von Gülle in Biogasanlagen ist Gülle im Sinne der Nr. 9.36 des Anhangs zur 4. BImschV auch das nach dem Gärprozess anfallende Gärsubstrat. Bei der Prüfung, ob die Anlagengröße von 2.500 m³ Fassungsvermögen erreicht oder überschritten wird, ist das Fassungsvermögen des Lagers für Rohgülle und des Lagers für Gärsubstrat zu addieren. Fermenter von Biogasanlagen, in denen die eigentliche Biogasreaktion stattfindet, sind Anlagen zur biologischen Behandlung der eingesetzten Stoffe und damit **keine** Anlagen zur Lagerung von Gülle, so dass das Fassungsvermögen der Fermenter nicht angerechnet werden kann.

Ob ein Nachgärbehälter als Reaktionsbehälter oder als Lagerbehälter einzustufen ist, ist vom Einzelfall abhängig. Maßgeblich ist, ob der Hauptzweck dieses Behälters der Erzeugung von Biogas oder der Lagerung des Gärsubstrats dient. Wenn die Biogasanlage neben Haupt- und Nachfermenter noch mit einem separaten Endlager betrieben werden soll, wird Hauptzweck des Nachfermenters in der Regel die Gaserzeugung sein.

Unabhängig von diesen Leistungsmerkmalen kann eine immissionsschutzrechtliche (Änderungs-) Genehmigung erforderlich sein, wenn eine Biogasanlage gemäß § 1 Abs. 2 Nr. 2 der 4. BImSchV als Nebeneinrichtung z. B. einer immissionsschutzrechtlich genehmigungsbedürftigen Tierhaltungsanlage anzusehen ist.

Voraussetzung ist unter anderem, dass die Biogasanlage den Charakter einer Nebeneinrichtung hat, also eine gegenüber der Tierhaltungsanlage als Hauptanlage untergeordnete, dienende Funktion hat. Hierbei sind die Gesamtumstände des Einzelfalls zu berücksichtigen; bei der Beurteilung kann es unter anderem darauf ankommen, ob und inwieweit die Biogasanlage dem Betreiber der Tierhaltungsanlage zur Verwertung seiner tierischen Nebenprodukte dient, ob und inwieweit der Betreiber die durch die Produktion des Biogases erzeugte Energie in seinem Betrieb nutzt, auf die Größe der jeweiligen Einrichtungen, auf das Verhältnis des Eigenanteils an der Gesamteinsatzmenge oder der eigengenutzten Energie am Gesamtvolumen oder die Verwertung der Gärrückstände.

Der Funktionszusammenhang kann sich insbesondere daraus ergeben, dass die Biogasanlage dem Betreiber der Tierhaltungsanlage zur Verwertung der in dem Betrieb anfallenden Gülle dient (VG Stade, Beschluss vom 30.01.2004 – 1 B 2059/03) oder dass der Betreiber die durch den Betrieb der Biogasanlage erzeugte Energie (Strom oder Wärme) in seinem Tierhaltungsbetrieb tatsächlich nutzt. Es ist nicht erforderlich, dass die in der Anlage eingesetzten Stoffe ausschließlich aus dem Hauptbetrieb stammen (siehe auch VG Stade, s.o.). Eine dienende, untergeordnete Funktion kommt grundsätzlich aber nur dann in Betracht, wenn die Biogasanlage dem Tierhaltungsbetrieb – sei es durch die Verwertung der Gülle und/oder die Eigennutzung der erzeugten Energie – überwiegend dient.

Wie sich aus § 1 Abs. 2 Nr. 2 der 4. BImSchV ergibt, werden nur solche Einrichtungen vom Genehmigungserfordernis erfasst, die Bedeutung für den Immissionsschutz haben können, was bei Biogasanlagen regelmäßig der Fall sein wird, und die in einem räumlichen und betriebstechnischen Zusammenhang mit den Anlagenteilen und Verfahrensschritten der Nr. 1 stehen. Auch dies ist aufgrund der konkreten Umstände des Einzelfalls zu beurteilen. Zuständige Genehmigungsbehörden sind in diesem Fall die Landkreise, die kreisfreien und großen selbständigen Städte sowie die Region Hannover als untere Immissionsschutzbehörde.

Zuständige Genehmigungsbehörde für eigenständige Biogasanlagen ist bei Anlagen der Spalte 2 der 4. BImSchV (vereinfachtes Genehmigungsverfahren) das Staatliche Gewerbeaufsichtsamt. Das vereinfachte Genehmigungsverfahren ist ausreichend, wenn erstens die Menge der Einsatzstoffe unter 50 Tonnen je Tag und die Feuerungswärmeleistung der Verbrennungsmotorenanlage unter 50 MW bleiben und zweitens die Pflicht zur Durchführung einer Umweltverträglichkeitsprüfung nicht besteht.

Wird jedoch eine der beiden Mengenschwellen (50 Tonnen Einsatzstoffe, wenn kein gefährlicher Abfall eingesetzt wird, im Input, oder eine Feuerungswärmeleistung von 50 MW) erreicht, ist die Genehmigung im förmlichen Verfahren mit Öffentlichkeitsbeteiligung (§ 10 BImSchG) zu erteilen. Das gleiche gilt, wenn für Vorhaben, die diese Mengenschwellen nicht erreichen, in einer sog. Vorprüfung des Einzelfalls nach dem Gesetz über die Umweltverträglichkeitsprüfung (UVPG) die UVP-Pflichtigkeit festgestellt wurde.

Zuständige Behörden für die Durchführung des förmlichen Genehmigungsverfahrens mit Öffentlichkeitsbeteiligung sind die zentralen Staatlichen Gewerbeaufsichtsämter (GAA-Z).

Zuständige Behörden für die Genehmigung von Güllelagern mit einem Fassungsvermögen von 2.500 m^3 oder mehr (Ziffer 9.36 im Anhang zur 4. BImSchV)sind die Landkreise, die kreisfreien und großen selbstständigen Städte sowie die Region Hannover als untere Immissionsschutzbehörde. Sofern das Güllelager als Nebeneinrichtung zu einer Biogasanlage betrieben wird, entscheidet die für die Genehmigung der Biogasanlage zuständige Behörde.

Die Lagerung von Gärrückständen aus der Kofermentation von Bioabfällen in einer Anlage mit einer Aufnahmekapazität von 10 Tonnen oder mehr je Tag oder einer Gesamtlagerkapazität von 100 Tonnen oder mehr ist als Abfalllager ebenfalls immissionsschutzrechtlich zu genehmigen, soweit nicht nur eine zeitweilige Lagerung im Sinne einer Bereitstellung vorliegt. (Ziffer 8.12 b in Spalte 2, bzw. Ziffer 8.6 Spalte 2 des Anhangs zur 4. BImSchV). Genehmigungsbehörde ist in diesem Fall das Staatliche Gewerbeaufsichtsamt. Sofern das Lager als Nebeneinrichtung zu einer Biogasanlage betrieben wird, entscheidet die für die Genehmigung der Biogasanlage zuständige Behörde.

Überwachung:

Die immissionsschutzrechtliche Überwachung der als eigenständige Anlage nach dem BImSchG zugelassenen Anlagen obliegt dem Staatlichen Gewerbeaufsichtsamt.

Die immissionsschutzrechtliche Überwachung von Biogasanlagen, die Nebeneinrichtungen zu einer Tierhaltungsanlage sind, obliegt den Landkreisen, kreisfreien und großen selbständigen Städten sowie der Region Hannover als untere Immissionsschutzbehörde.

1.3 Anlagenbezogene Anforderungen an Biogasanlagen

Immissionsschutzrechtlich **nicht genehmigungsbedürftige** Biogasanlagen (also baurechtlich zu genehmigende Anlagen) sind nach dem Bundes-Immissionsschutzgesetz so zu errichten und zu betreiben, dass schädliche Umwelteinwirkungen, die nach dem Stand der Technik vermeidbar sind, verhindert werden. Nach dem Stand der Technik unvermeidbare schädliche Umwelteinwirkungen sind auf ein Mindestmaß zu beschränken (§ 22 BImSchG).

Bei den **immissionsschutzrechtlich genehmigungsbedürftigen** Anlagen (siehe Ziffer 1.2.2) gelten weitergehende Anforderungen (§ 5 BImSchG). Schädliche Umwelteinwirkungen und sonstige Gefahren, erhebliche Nachteile und erhebliche Belästigungen für die Allgemeinheit und die Nachbarschaft dürfen nicht durch den Betrieb der Anlagen hervorgerufen werden. Gegen das Entstehen derartiger Einwirkungen und Gefahren ist Vorsorge insbesondere durch die dem Stand der Technik entsprechenden Maßnahmen zu treffen. Konkrete Vorgaben in Bezug auf die Begrenzung von Emissionen und Immissionen bei Biogasanlagen finden sich in der Technischen Anleitung Luft (TA Luft), z. B. technische Anforderungen und Emissionswerte für die Motorenabgase. Die Grenzwerte stellen den Stand der Luftreinhaltetechnik dar. Die zulässigen Immissionswerte einschl. der Mess- und Prognoseverfahren für Gerüche sind in der Geruchsimmissions-Richtlinie (GIRL) festgelegt.

Daneben können Geräusche auftreten (z. B. durch die Verbrennungsmotoren oder dem der Anlage zuzurechnenden Anlieferverkehr), die nach der Technischen Anleitung Lärm (TA Lärm) zu begrenzen sind.

Die Biogasanlagen müssen sicherheitstechnisch mindestens den „Sicherheitsregeln für landwirtschaftliche Biogasanlagen" des Bundesverbandes der landwirtschaftlichen Berufsgenossenschaften entsprechen.

Die Maschinenrichtlinie ist zu berücksichtigen.

Soweit in den Anlagen in mehr als nur untergeordneten Mengen Bioabfälle (im Siedlungsabfall enthaltene biologisch abbaubare nativ- und derivativ-organische Abfallanteile – die keine tierischen Nebenprodukte sind) eingesetzt werden, sind bei der Festlegung der betrieblichen Genehmigungsauflagen die Anforderungen der TA Siedlungsabfall an die Betriebsorganisation und Dokumentation zu beachten.

Vorsorglicher Hinweis: Die TA Siedlungsabfall hat als Verwaltungsvorschrift keine bindende Außenwirkung. Die Bestimmungen der TA Siedlungsabfall sind deshalb nur insoweit vom Betreiber zu beachten, als sie in Form von Bedingungen oder Auflagen in die konkrete Anlagengenehmigung eingeflossen sind.

Soweit in den Anlagen tierische Nebenprodukte eingesetzt werden, sind die Anforderungen (technische Hygienisierungsmaßnahmen) der Verordnung (EG) Nr. 1774/2002 und die entsprechenden Vorschriften aus dem Tierische Nebenprodukte-Beseitigungsgesetz (Tier-NebG) sowie die Anforderungen der Tierische Nebenprodukte-Beseitigungsverordnung (TierNebV), die auch umfangreiche Regelungen für Biogasanlagen enthält, zu beachten.

Die wasserrechtlichen Anforderungen an Biogasanlagen ergeben sich maßgeblich aus der Einstufung der Anlagen nach dem Niedersächsischen Wassergesetz – NWG und der Verordnung über Anlagen zum Umgang mit wassergefährdenden Stoffen – VAwS. Die im Sinne der VAwS technischen und betrieblichen Anforderungen an Biogasanlagen sind an das Wasser[er]gefährdungspotential der in einer Biogasanlage eingesetzten Substrate und damit auch der Gärrückstände gekoppelt. Die maßgebenden Regelungen sind in der mit Erlass vom 15.11.2006 eingeführten Veröffentlichung „Errichtung und Betrieb von Biogasanlagen – Anforderungen für den Gewässerschutz" aufgeführt. Die Veröffentlichung ist auf der Internetseite des NLWKN unter der Adresse http://www.nlwkn.niedersachsen.de/master/C8729160 N5908988 L20 D0 I5231158.html abrufbar.

Überwachung:

Die immissionsschutzrechtliche Überwachungszuständigkeit richtet sich danach, ob eine immissionsschutzrechtliche Genehmigung (zuständig GAA) oder eine Baugenehmigung (zuständig Landkreise, kreisfreie Städte, große selbstständige Städte, Region Hannover (s. 1.2.1)) vorliegt und – bei den baurechtlich genehmigten Anlagen – zusätzlich nach der Wirtschaftsklassenzugehörigkeit (NACE).

Die abfallrechtliche Überwachungszuständigkeit knüpft hieran an: Wenn das Staatliche Gewerbeaus[f]sichtsamt für die immissionsschutzrechtliche Überwachung zuständig ist, obliegt dem GAA auch die anlagenbezogene abfallrechtliche Überwachung. Anderenfalls sind die Landkreise, die kreisfreien und großen selbstständigen Städte und die Region Hannover als untere Abfallbehörde zuständig (§ 42 Niedersächsisches Abfallgesetz -NAbfG – i.V. mit ZustVO-Abfall und Gesetz über die Region Hannover).

Die seuchenhygienische Überwachung wird von den Landkreisen durchgeführt.

Die wasserrechtliche Überwachung wird, soweit sie sich auf die Aufgaben und die Aufsicht nach den §§ 161 und 162 Abs.1 und den §§ 163 bis 165 des Nieders. Wassergesetzes (NWG) und der Verordnung über Anlagen zum Umgang mit wassergefährdenden Stoffen und über Fachbetriebe – Anlagenverordnung – (VAwS) erstreckt, von den Staatlichen Gewerbeaufsichtsämtern in den Betrieben durchgeführt, die ebenfalls immissionsschutzrechtlich von den GAÄ überwacht werden (§ 4 ZustVO-Wasser vom 29.11.04 , Nds. GVBl. S. 550).

Im Übrigen liegen die sonstigen wasserrechtlichen Zuständigkeiten bei der unteren Wasserbehörde oder gem. § 1 Nr. 1 ZustVO-Wasser beim NLWKN. Ist bei bestehenden Anlagen eine aus wasserrechtlicher Sicht anzuordnende Maßnahme immissionsschutzrechtlich von Bedeutung oder berührt Bestimmungen der immissionsschutzrechtlichen Genehmigung, hat die zuständige Wasserbehörde vor ihrer Anordnung die immissionsschutzrechtliche Überwachungsbehörde zu informieren und sich mit ihr abzustimmen. Diese veranlasst oder ergreift die gegebenenfalls erforderlichen parallelen immissionsschutzrechtlichen Maßnahmen, wie z. B. Aufforderung an den Betreiber zur Durchführung eines Genehmigungs- oder Anzeigeverfahrens.

1.4 Stoffbezogene Anforderungen an Biogasanlagen

1.4.1 Zulässigkeit von Einsatzstoffen

In Biogasanlagen, deren Gärrückstände zur Verwertung auf Böden bestimmt sind, dürfen nur solche Stoffe eingesetzt werden, die sich für eine landbauliche Verwertung nach der Behandlung in der Biogasanlage – gemessen an den bestehenden rechtlichen Anforderungen – uneingeschränkt eignen. Stoffe, die wie z. B. Eisensalze, Glycerin und Entschäumer wegen ihres produktions- oder anwendungstechnischen Nutzens in Biogasanlagen verwertet werden, dürfen nur in den hierfür erforderlichen Mengen eingesetzt werden. Jegliche Überdosierung ist zu vermeiden.

Als Einsatzstoffe sind geeignet:

- Stoffe, die nach Düngemittelverordnung als Ausgangsstoffe für Düngemittel zugelassen sind, insbesondere
  - nachwachsende Rohstoffe (Energiepflanzen),
  - eingesetzte Wirtschaftsdünger oder zugelassene tierische Nebenprodukte,
- Bioabfälle, die grundsätzlich für die Verwertung auf Flächen geeignet und in Anhang 1 Bioabfallverordnung (BioAbfV) genannt sind und keine tierischen Nebenprodukte darstellen. In Anhang 1 Nr. 2 BioAbfV sind darüber hinaus auch die mineralischen Abfälle genannt, die als Zuschlagstoffe grundsätzlich für die Verwertung auf landwirtschaftlich, forstwirtschaftlich und gärtnerisch genutzten Böden geeignet sind.

Bioabfälle und tierische Nebenprodukte müssen zugleich die Anforderungen des Düngemittelrechts erfüllen. Nur die Schadstoff-Grenzwerte der BioAbfV sind gegenüber dem Düngemittelrecht vorrangig.

Soweit es sich bei den Einsatzstoffen um Bioabfälle ohne tierische Nebenprodukte handelt, gelten die Anforderungen der BioAbfV für die Behandlung der Stoffe sowie die Verwertung der Gärrückstände. Für Anlagen, in denen tierische Nebenprodukte eingesetzt werden, gelten die Anforderungen der Verordnung (EG) Nr. 1774/2002 und des Tierische Nebenprodukte-Beseitigungsgesetzes und der

Tierische Nebenprodukte-Beseitigungsverordnung[1]. Werden sowohl Bioabfälle als auch tierische Nebenprodukte vergoren, gelten die Anforderungen beider Rechtsgebiete gleichzeitig, d. h. bei Parallelvorschriften die jeweils strengeren Anforderungen. Werden ausschließlich nachwachsende Rohstoffe (NaWaRo's) aus dem landwirtschaftlichen Bereich eingesetzt, ist für die Verwertung der Gärrückstände ausschließlich das Düngerecht anzuwenden.

Weitere Bioabfälle können im Einzelfall nach § 6 Abs. 2 BioAbfV zugelassen werden. Sofern eine landwirtschaftliche Verwertung der Gärrückstände vorgesehen ist, kommt eine solche Zulassung nur in Betracht, wenn die Stoffe nach der DüMV verwertet werden dürfen. Ist diese Voraussetzung erfüllt, so sollte die Ausnahme nach § 6 Abs. 2 BioAbfV i. d. R. erteilt werden, weil im Düngemittelrecht bereits eine Entscheidung über die Zulässigkeit der landbaulichen Verwertung getroffen wurde. Da für eine Entscheidung nach § 6 Abs. 2 BioAbfV ohnehin das Einvernehmen der Landwirtschaftskammer als landwirtschaftliche Fachbehörde erforderlich ist, sollte deren Stellungnahme vorab eingeholt werden. Zuständig für die Entscheidung nach § 6 Abs. 2 BioAbfV ist die untere Abfallbehörde, sofern nicht eine Konzentration gemäß § 13 BImSchG stattfindet.

Eine Beteiligung der Zentralen Unterstützungsstelle Abfallwirtschaft und Gentechnik (ZUS AWG) beim Staatlichen GAA Hildesheim kommt in Betracht, wenn besondere Schwierigkeiten bei der Bezeichnung oder Einstufung von Abfällen nach der AVV auftreten.

Beim Einsatz von tierischen Nebenprodukten sind insbesondere die Hygienevorschriften für die Verarbeitung gemäß den Anhängen V und VI der Verordnung (EG) Nr. 1774/2002 sowie die §§ 13 ff. TierNebV zu beachten. Weitere Anforderungen an die Einsatzstoffe ergeben sich aus § 23 TierNebV im Hinblick auf eine nachfolgende landwirtschaftliche Verwertung der Gärrückstände (vgl. Nr. 1.4.2). Ein vereinfachtes Schema der Verwendungsmöglichkeiten tierischer Nebenprodukte mit den dazugehörigen Verarbeitungsmethoden ist als **Anhang 1** beigefügt. Weitere Einzelheiten sind dem Merkblatt[2] des Landesamtes für Verbraucherschutz und Lebensmittelüberwachung (LAVES) zu entnehmen. Hingewiesen wird auch auf die Durchführungshinweise des BMU und des BMVEL zu den Auswirkungen der Verordnung (EG) Nr. 1774/2002 auf Biogas- und Kompostierungsanlagen vom 08.04.2004.

---

1 Die TierNebV verweist bei der Verwertung bestimmter Gärrückstände auf die BioabfallV.

2 Merkblatt befindet sich zur Zeit noch in der Bearbeitung.

1.4.2 Anforderungen an Gärrückstände

a) Bioabfallverordnung

Werden in Biogasanlagen Bioabfälle **angenommen**, die keine tierischen Nebenprodukte darstellen, ist neben der Zulässigkeit als Einsatzstoff auch die Zulässigkeit der **Ausbringung** des erzeugten Gärrückstandes zu beurteilen. Es gelten die Schadstoffgrenzwerte der BioAbfV und ggf. weitere von der zuständigen Behörde für den Einzelstoff festgesetzte Schadstoffgrenzwerte. Bei der Behandlung und der Ausbringung auf landwirtschaftlich oder gärtnerisch genutzte Böden sind die Anforderungen der BioAbfV bezüglich Mengenbeschränkungen und Nachweispflichten (z. B. seuchen- und phytohygienische Un[be]denklichkeit) zu beachten. Eine Übersicht über Anforderungen an die landwirtschaftliche Verwertung von Gärrückständen aus Biogasanlagen ist in **Anhang 2** dargestellt.

Zuständige Behörden für die Überwachung und die Entscheidungen nach BioAbfV in Bezug auf die landbauliche Verwertung der Gärrückstände sind die unteren Abfallbehörden (§ 42 NAbfG) und die Landwirtschaftskammer als landwirtschaftliche Fachbehörde, deren Einvernehmen bei verschiedenen Ausnahmezulassungen nach der Bioabfallverordnung einzuholen ist.

b) Verordnung (EG) Nr. 1774/2002 und TierNebV

Werden tierische Nebenprodukte in Biogasanlagen eingesetzt, ist zu prüfen, ob die beantragte Verwertung im Einklang mit den Anforderungen der Verordnung (EG) Nr. 1774/2002 (Anhänge V und VI), des TierNebG und der TierNebV steht. Die Behandlung muss sicherstellen, dass die Ausbringung der Gärrücksta[ä]nde seuchenhygienisch unbedenklich ist. Für die Ausbringung und das Inverkehrbringen sind zusätzlich Anhang VIII Kapitel III der VO (EG) Nr. 1774/2002 sowie § 23 TierNebV zu beachten. Die Unbedenklichkeit ist entsprechend dem Leitfaden Merkblatt des Landesamtes für Verbraucherschutz und Lebensmittelüberwachung (LAVES) zu beurteilen. Anforderungen im Hinblick auf die landwirtschaftliche Verwertung anderer tierischer Nebenprodukte als Gülle enthält zudem die Verordnung (EG) Nr. 181/2006. Auf sie wird in § 23 TierNebV z.T. verwiesen. Zuständige Behörden sind die Landkreise (vgl. Abschnitt 1.2).

c) Düngemittelgesetz, Düngemittelverordnung

Die Anforderungen des Düngemittelrechts sind hinsichtlich

- der zulässigen Einsatzstoffe,
- der zulässigen Schadstoffgehalte und
- der Ermittlung der Nährstoffgehalte als Grundlage für eine pflanzenbedarfsgerechte Düngung

einzuhalten. Für den zulässigen Schadstoffgehalt von eingesetzten Bioabfällen gilt vorrangig die BioAbfV. Die erforderlichen Begrenzungen der Einsatzstoffe und die

Untersuchungspflichten sind im Genehmigungsbescheid festzulegen. Die genannten Begrenzungen und Prüfanforderungen gelten sowohl dann, wenn die Gärrückstände in den Verkehr gebracht werden, als auch – als Ausfluss der gebotenen guten fachlichen Praxis – bei einer Ausbringung auf betriebseigenen Flächen (vgl. § 8 Abs. 1 DüV). Die Häufigkeit, mit der die Gärrückstände untersucht werden müssen, hängt wesentlich davon ab, ob eine größere Bandbreite verschiedener Einsatzstoffe genutzt werden soll oder stattdessen ein gleichmäßiger Anlagenbetrieb zu erwarten ist.

Gärrückstände, die als Düngemittel in Verkehr gebracht werden sollen, müssen einem zugelassenen Düngemitteltyp nach der Düngemittelverordnung entsprechen. Dies gilt grundsätzlich, wenn Gärrückstände gewerbsmäßig in Verkehr gebracht werden, es sei denn, die Abgabe erfolgt durch einen landwirtschaftlichen Betrieb an landwirtschaftliche Betriebe in unmittelbarer Nähe **und** es handelt sich um einen Wirtschaftsdünger. In diesem Fall würde auch eine Kennzeichnung nicht erfolgen müssen. Mengen bis zu einer Tonne pro Jahr müssen ebenfalls nicht gekennzeichnet werden. Zuständig in Zweifelsfragen ist die bei der Landwirtschaftskammer angesiedelte Düngemittelverkehrskontrolle.

Ausnahmen von diesen Anforderungen sind nach § 8 Abs. 1 Satz 3 u. 4 DüV nur in einem sehr engen Rahmen möglich, wenn Wirtschaftsdünger, Bodenhilfsstoffe, Kultursubstrate oder Pflanzenhilfsmittel erzeugt werden. Die Gärrückstände von Biogasanlagen sind in der Regel kein reiner Wirtschaftsdünger und – wegen eines relativ hohen Gehalts an N, P, K oder Calcium – auch keine Bodenhilfsstoffe, Kultursubstrate oder Pflanzenhilfsmittel.

d) Übersicht über Anforderungen an Gärrückstände

Eine Übersicht über Anforderungen an die landwirtschaftliche Verwertung von Gärrückständen aus Biogasanlagen ist in **Anhang 2** dargestellt. Für die Untersuchungen nach der BioAbfV hat sich der Betreiber entweder einer regelmäßigen Güteüberwachung (Gütegemeinschaft) anzuschließen, § 11 Abs. 3 BioAbfV, oder eine von der Genehmigungsbehörde festgelegten Untersuchungsstelle zu beauftragen, § 3 Abs. 8 BioAbfV. Im letzteren Fall muss die Untersuchungsstelle ihre Qualitätssicherung durch eine regelmäßige erfolgreiche Teilnahme an Ringversuchen nachweisen oder eine Anerkennung in einem anderen Bundesland besitzen.

1.4.3 Aufbringen von Gärrückständen

a) Immissionsschutz

Vorgaben zum Immissionsschutz beim Aufbringen des Gärrückstandes auf den landbaulich oder gartenbaulich genutzten Flächen enthält die Bioabfallverordnung nicht. Die Aufbringung des Gärrückstandes unterliegt der DüV, nicht dem Anwendungsbereich des Bundes-Immissionsschutzgesetzes. Allerdings müssen die

Gärrückstände zum Zeitpunkt des Ausbringens ausreichend behandelt sein (vgl. Nr. 2.6 letzter Anstrich).

b) Düngeverordnung

Die Aufbringung des Gärrückstandes hat aber – unabhängig ob Bioabfälle, nachwachsende Rohstoffe und/oder Wirtschaftsdünger in der Biogasanlage eingesetzt werden – so zu erfolgen, dass die gute fachliche Praxis beim Düngen eingehalten wird. Die entsprechenden Anforderungen sind in der Düngeverordnung festgelegt und zielen u. a. auf die Sicherstellung einer pflanzenbedarfsgerechten Düngung ab, haben aber auch Einfluss auf die Verminderung von Emissionen.

Stickstoffhaltige flüssige Gärrückstände sind so aufzubringen, dass durch möglichst bodennahe Ausbringung unter Berücksichtigung von Vegetationsstand und Witterung Ammoniakverflüchtigungen weitgehend vermieden werden. Auf unbestellten Ackerflächen sind die Gärrückstände – wie flüssige, stickstoffhaltige Wirtschaftsdünger – unverzüglich einzuarbeiten. Das Aufbringungsverbot vom 1./15. November bis zum 31. Januar gilt ebenfalls.

Die Verfolgung von Verstößen gegen die gute fachliche Praxis beim Düngen obliegt der Landwirtschaftskammer Niedersachsen als Düngebehörde.

Durch die Einhaltung der guten fachlichen Praxis wird gleichzeitig der Vorsorgepflicht des Bodenschutzrechtes entsprochen (§ 17 Bundes-Bodenschutzgesetz).

c) Tierische Nebenprodukte

In den Vorschriften für tierische Nebenprodukte sind zum einen Beschränkungen hinsichtlich der Stoffe, die auf Weideland ausgebracht werden dürfen, geregelt und zum anderen Wartezeiten vor der Nutzung des Aufwuchses (Art. 22 VO (EG) Nr. 1774/2002, VO (EG) Nr. 181/2006, § 23 TierNebV).

...

Anhang 3

Hinweise des Niedersächsischen Ministeriums für Soziales, Frauen, Familie und Gesundheit (MS) und des Niedersächsischen Ministeriums für den ländlichen Raum, Ernährung, Landwirtschaft und Verbraucherschutz (ML) zu der bauplanungsrechtlichen Zulässigkeit von Biomasseanlagen nach § 35 Abs. 1 Nr. 6 BauGB

Stand: 6.12.2006

0. Allgemeines

Anlagen zur energetischen Nutzung von Biomasse können städtebaurechtlich im Innenbereich und im Außenbereich zulässig sein. Ihre Zulässigkeit im Außenbereich ist insbesondere dadurch eingeschränkt, dass sie nach § 35 Abs. 1 Nr. 6 BauGB nur dort privilegiert sind, wo sich bereits privilegierte Vorhaben, nämlich land- und forstwirtschaftliche Betriebe im Sinne von Nr. 1, Gartenbaubetriebe im Sinne von Nr. 2 und tierhaltende Betriebe im Sinne von Nr. 4 befinden. Der Privilegierungstatbestand wird durch zahlreiche Zielkonflikte und politische Kompromisse geprägt. Das erschwert seine Auslegung.

Mit der Regelung des § 35 Abs. 1 Nr. 6 BauGB sind Vorhaben zur Nutzung der aus Biomasse erzeugten Energie unter im Einzelnen in dieser Vorschrift bestimmten Voraussetzungen privilegiert zulässig. Die Regelung bildet gegenüber der nach bisherigem Recht möglichen Privilegierung nach Nr. 1 auf Grund der „dienenden Funktion" oder als „mitgezogene Nebennutzung" die speziellere Vorschrift und ist insofern abschließend (vgl. BT-Drs. 15/2250 S. 55); dieser Vorrang gilt auch gegenüber § 35 Abs. 1 Nr. 4 BauGB.

Die Privilegierung umfasst nicht nur die Herstellung und Nutzung der Energie von aus Biomasse erzeugtem Gas, sondern jede energetische Nutzung von Biomasse, einschließlich der thermischen Energienutzung der Biomasse. Mit § 35 Abs. 1 Nr. 6 BauGB soll zum einen ein Beitrag zum Klimaschutz, zur Ressourcenschonung und zu einer effizienten Energienutzung geleistet und zum anderen den Landwirten zusätzliche Einkommensalternativen eröffnet werden.

Darüber hinaus haben die Gemeinden, insbesondere unter den Voraussetzungen des § 1 Abs. 5 und 6 BauGB, die Möglichkeit, von den Instrumenten der Bauleitplanung (qualifizierter Bebauungsplan, vorhabenbezogener Bebauungsplan) Gebrauch zu machen, um die bauplanungsrechtliche Zulässigkeit einer nicht nach § 35 Abs. 1 Nr. 6 BauGB privilegierten „Biomasseanlage" herbeizuführen. Das Instrument des vorhabenbezogenen Bebauungsplanes bietet für die Gemeinde den Vorteil, dass die Planungskosten vom Investor übernommen werden können und ist für den Investor insoweit vorteilhaft, als er über die notwendige Planungssicherheit verfügt.

Ferner kann in einem städtebaulichen Vertrag nach § 11 Abs. 1 Satz 2 Nr. 3 BauGB vereinbart werden, dass der Investor auch die verwaltungsinternen Kosten (Personal- und Sachkosten) zu tragen hat, die der städtebaulichen Planung einer Gemeinde zurechenbar sind; ausgenommen hiervon sind Kosten für Aufgaben, die die Gemeinde durch eigenes Personal wahrnehmen muss (BVerwG, Urteil vom 25.11.2005 – 4 C 15.04).

1. § 35 Abs. 1 BauGB

1.1 § 35 Abs. 1 Nr. 6, 1. Halbsatz BauGB

„im Rahmen eines Betriebes nach Nummer 1 oder 2 oder eines Betriebes nach Nummer 4, der Tierhaltung betreibt"

Die Nutzung von Biomasse ist demnach nur im Rahmen eines Betriebes nach § 35 Abs. 1 Nr. 1, 2 oder 4 BauGB, der Tierhaltung betreibt, privilegiert. Auch der Anbau von nachwachsenden Rohstoffen (wie z. B. Mais oder Winterroggen) fällt unter den Landwirtschaftsbegriff im Sinne des § 201 BauGB. Unter Berücksichtigung dieser Auffassung wird die Privilegierung nach § 35 Abs. 1 Nr. 6 BauGB auch dann ausgelöst, wenn die Tätigkeit des Betriebes nach § 35 Abs. 1 Nr. 1 BauGB darin besteht, ausschließlich nachwachsende Rohstoffe anzubauen und die Voraussetzungen in Ziffer 1.2, Absatz 2 (siehe unten) erfüllt sind. Der Betrieb muss zum Zeitpunkt der Entscheidung über die Zulässigkeit der Biomasseanlage privilegiert sein.

Die Biomasseanlage muss dem Betrieb, „in dessen Rahmen" sie errichtet werden soll – dem so genannten „Basisbetrieb" –, vergleichbar den Fällen des § 35 Abs. 1 Nr. 1 BauGB, rechtlich zugeordnet sein.

Diese Zuordnung liegt jedenfalls dann vor, wenn der Betreiber der Biomasseanlage identisch ist mit dem Eigentümer des Basisbetriebs. Darüber hinaus ist die erforderliche Zuordnung aber auch nicht schon allein deshalb zu verneinen, weil die zu beurteilende Biomasseanlage nicht im (Allein-) Eigentum des Inhabers des Basisbetriebs steht. Eine Biomasseanlage kann dem Basisbetrieb vielmehr auch dann als zugeordnet angesehen werden, wenn sie sich im Eigentum einer Betreibergesellschaft befindet. Dies gilt jedenfalls dann, wenn die Betreibergesellschaft dauerhaft überwiegend aus dem Eigentümer des Basisbetriebs sowie aus Gesellschaftern, bei denen die Voraussetzungen im Sinne des § 35 Abs. 1 Nr. 6 Buchst. b) BauGB vorliegen, besteht. Der Eigentümer des Basisbetriebs muss dabei allerdings maßgeblichen Einfluss auf die Gesellschaft haben, so dass gegen seinen Willen keine Beschlüsse, die die Führung der Geschäfte der Gesellschaft betreffen, gefasst werden können. Dies muss nachvollziehbar, z. B. durch einen im Gesellschaftsvertrag enthaltenen Zustimmungsvorbehalt des Eigentümers des Basisbetriebs für Beschlüsse der Gesellschaft, dokumentiert und auf Dauer gewährleistet sein. Sowohl der land- oder forstwirtschaftliche sowie gartenbauliche oder tierhaltende Betrieb, als auch die Biomasseanlage kann in den nach dem Gesellschaftsrecht möglichen Rechtsformen (z. B. GbR, GmbH) betrieben werden.

1.2 § 35 Abs. 1 Nr. 6 a) BauGB

„das Vorhaben steht in einem räumlich-funktionalen Zusammenhang mit dem Betrieb"

Zwischen der Biomasseanlage und dem Basisbetrieb muss ein räumlich-funktionaler Zusammenhang bestehen. § 35 Abs. 1 Nr. 6 BauGB übernimmt hier eine Formulierung, die der Gesetzgeber erstmals in § 4 Abs. 3 Maßnahmengesetz zum Baugesetzbuch 1993 verwendet hatte und die dann in § 35 Abs. 4 S. 1 Nr. 1 Buchst. e) BauGB übernommen wurde. Damit soll eine Zersiedelung des Außenbereichs verhindert werden. Die Biomasseanlagen sind nicht isoliert privilegiert. Der räumliche Zusammenhang kann nicht in absoluten Größen, d. h. durch die Angabe der Entfernung in Metern, bestimmt werden. Für die bauplanungsrechtliche Beurteilung ist vielmehr eine Einzelfallentscheidung erforderlich.

Bezugspunkt ist der Basisbetrieb, der die Privilegierung der Biomasseanlage rechtfertigt, also in der Regel im Fall der Nr. 1 die Hofstelle. Sofern die Biomasseanlage im Zusammenhang mit einem forstwirtschaftlichen (Nr. 1), gartenbaulichen (Nr. 2) oder tierhaltenden Betrieb (Nr. 4) errichtet werden soll, ist als Bezugspunkt der Betriebsstandort anzunehmen. Kann die Biomasseanlage in besonders gelagerten Einzelfällen nicht im räumlich-funktionalen Zusammenhang mit der Hofstelle bzw. dem Betrieb errichtet werden, können Standorte für die Biomasseanlage in Betracht kommen, die als Schwerpunkt der Hofstelle bzw. des Betriebs erkennbar und durch bauliche Anlagen des Betriebs von einigem Gewicht geprägt sind, wie z. B. Stallgebäude, Maschinenhallen oder Güllesilos, nicht jedoch untergeordnete bauliche Anlagen, wie z. B. Fahrsilos oder Viehunterstände.

Es ist umstritten, ob auch eine landwirtschaftliche Betriebsfläche („Feld") den in § 35 Abs. 1 Nr. 6 Buchst. a) BauGB geforderten räumlich-funktionalen Zusammenhang herstellen kann.

Diese Fragestellung ist bisher in der Rechtsprechung nicht geklärt.

Der funktionale Zusammenhang der Biomasseanlage mit dem Betrieb erfordert eine Verknüpfung der Biomasseverwertung mit der vorhandenen Betriebsstruktur.

1.3 § 35 Abs. 1 Nr. 6 b) BauGB

„die Biomasse stammt überwiegend aus dem Betrieb oder überwiegend aus diesem und nahe gelegenen Betrieben"

§ 35 Abs. 1 Nr. 6 BauGB eröffnet die Möglichkeit der Kooperation des Basisbetriebs mit anderen Betrieben. Die kooperierenden Betriebe müssen jedoch ebenfalls die privilegierte Betriebsqualität nach § 35 Abs. 1 Nr. 1, 2 oder 4 BauGB besitzen. Ob ein Betrieb „nahe gelegen" ist, kann nur im Einzelfall beurteilt werden. Siedlungsstrukturelle und betriebsspezifische Besonderheiten sind zu berücksichtigen. Eine Entfernung von mehr als 30 Minuten Fahrzeit dürfte im Allgemeinen nicht mehr als „nahe gelegen" anzusehen sein.

Im Umkehrschluss sind als „nahe gelegen" stets angrenzende Betriebe, also im räumlichen Umkreis gelegene Betriebe anzusehen.

Der Betreiber der Biomasseanlage muss darüber hinaus entweder selbst mehr als 50 % der Biomasse zur Verfügung stellen oder es müssen mehr als 50 % gemeinsam von dem Betreiber und den nahe gelegenen Betrieben stammen.

1.4 § 35 Abs. 1 Nr. 6 c) BauGB

„es wird je Hofstelle oder Betriebsstandort nur eine Anlage betrieben"

§ 35 Abs. 1 Nr. 6 Buchst. c) BauGB begrenzt die Zahl der Anlagen je Hofstelle oder Betriebsstandort auf eine Anlage. Die Begrenzung dient dem Schutz des Außenbereichs. Während sich die Hofstelle auf den landwirtschaftlichen Betrieb bezieht, spricht man bei forstwirtschaftlichen Betrieben, Gartenbaubetrieben oder tierhaltenden Betrieben nach § 35 Abs. 1 Nr. 4 BauGB von Betriebsstandorten. Die Begrenzung auf eine Biomasseanlage je Hofstelle bzw. Betriebsstandort gilt auch dann, wenn bereits eine Anlage auf Grund der früheren Rechtslage nach einer anderen planungsrechtlichen Grundlage des § 35 BauGB zugelassen worden war.

1.5 § 35 Abs. 1 Nr. 6 d) BauGB

„die installierte elektrische Leistung der Anlage überschreitet nicht 0,5 MW"

Die Begrenzung der elektrischen Leistungshöhe der Biomasseanlage auf 0,5 MW soll ebenfalls dem Schutz des Außenbereichs dienen. Diese Regelung korrespondiert mit einer Bestimmung im EEG, wonach für Anlagen bis zu einer Größe von 150 kW eine Grundvergütung von 11, 5 ct/kWh für nach dem 31.12.2003 in Betrieb genommene Biomasseanlagen gewährt wird. Im Übrigen ist darauf hinzuweisen, dass Biomasseanlagen mit einer höheren installierten elektrischen Leistung als 0,5 MW aufgrund einer entsprechenden Bauleitplanung der Gemeinde, z. B. eines vorhabenbezogenen Bebauungsplans, errichtet werden können.

2. § 35 Abs. 2 BauGB

Im Einzelfall ist die Zulassung einer Biomasseanlage als sonstiges Vorhaben auf der Grundlage des § 35 Abs. 2 BauGB zwar nicht ausgeschlossen. Eine solche Anlage dürfte jedoch regelmäßig eine Beeinträchtigung öffentlicher Belange im Sinne von Abs. 3 der Vorschrift, hier insbesondere der Nummern 5 und 7, darstellen und damit unzulässig sein.

B. Urteile und Beschlüsse

I. Privilegierung nach § 35 Abs. 1 Nr. 6 BauGB

1. OVG Schleswig-Holstein, Beschluss vom 8.8.2006 – 1 MB 18/06, NordÖR 2007, 41

Amtliche Leitsätze

...

3. Biogasanlagen im Außenbereich sind nicht mehr – wie bis 2004 – nur als unselbständige Nebenanlagen eines landwirtschaftlichen Betriebes zulässig, sondern auch dann, wenn sie im funktionalen Zusammenhang mit einem landwirtschaftlichen Betrieb stehen und eine Kooperation mehrerer landwirtschaftlicher Betriebe unterstützen.

4. Ein Betrieb der Tierproduktion, der im Vollerwerb auf Dauer genügend Eigen- und Pachtflächen bewirtschaftet, ist als landwirtschaftlicher Betrieb anzuerkennen. Die Nachhaltigkeit einer landwirtschaftlichen Nutzung kann insbesondere bei Nebenerwerbsbetrieben Zweifeln unterliegen, wenn sie überwiegend auf Pachtflächen erfolgt oder wenn – im Einzelfall – nur kurzzeitige oder (häufig) wechselnde Pachtungen erfolgen oder die Pachtflächen so weit vom Betrieb entfernt sind, dass eine nachhaltige Zuordnung zu der jeweiligen Betriebseinheit nicht mehr festzustellen ist.

5. Sofern die verwertete Biomasse zu einem erheblichen Teil aus den bewirtschafteten eigenen Betriebsflächen oder den Flächen von Kooperationsbetrieben stammt, wird eine Biogasanlage „im Rahmen" eines landwirtschaftlichen Betriebes genutzt.

6. Eine Biogasanlage muss im Einzelfall eine objektiv erkennbare Zuordnung zur Hofstelle des Betreibers aufweisen. Auch unter Beachtung des Gebots einer größtmöglichen Schonung des Außenbereichs ist im Hinblick auf mögliche Immissionen der Biogasanlage ein größerer Abstand zur bewohnten Hofstelle sachgerecht.

7. Eine Biogasanlage ist zulässig, wenn die zu verarbeitende Biomasse überwiegend aus dem Betrieb des Vorhabenträgers bzw. aus diesem und aus nahe gelegenen Betrieben stammt. Je (flächen-)größer die Betriebe und je weiter sie auseinander liegen, desto größer darf – dem gesetzgeberischen Ziel einer Kooperation mehrerer landwirtschaftlicher Betriebe folgend – auch der im Rahmen des § 35 Abs. 1 Nr. 6 BauGB anzuerkennende Belieferungsradius der Biogasanlage gezogen werden.

8. Die Begrenzung der installierten elektrischen Leistung von 0,5 MW wird auch dann eingehalten, wenn neben einem (Haupt-) Generator eine weiterer Motor installiert ist, der nur bei Ausfall des Hauptmotors eingesetzt werden darf.

Gründe

I. Die Antragstellerin wendet sich gegen die Anordnung des Sofortvollzugs einer gem. § 4 BImSchG erteilten Genehmigung für eine Biogasanlage.

Gegen die am 26. April 2006 erteilte immissionsschutzrechtliche Genehmigung der Biogasanlage erhob die Antragstellerin Widerspruch. Der gegen den angeordneten Sofortvollzug der Genehmigung gerichtete Antrag der Antragstellerin auf Wiederherstellung der aufschiebenden Wirkung ihres Widerspruchs wurde durch Beschluss des Verwaltungsgerichts vom 01. Juni 2006 – 12 B 24/06 – abgelehnt. Dagegen richtet sich die vorliegende Beschwerde.

II. Die gem. § 146 VwGO zulässige Beschwerde ist unbegründet. [...] Der in Bezug auf die Genehmigung vom 26. April 2006 gestellte Antrag gem. § 80 Abs. 5 VwGO bleibt [...] ohne Erfolg, denn gegen den Sofortvollzug dieser Genehmigung sind keine durchgreifenden Einwände zu erheben und die materiell-rechtlichen Einwände der Antragstellerin aus §§ 4 Abs. 1 S. 1, 6 Abs. 1, 13 BImSchG i.V.m. §§ 29, 35 Abs. 1 Nr. 1, 6, Abs. 2 BauGB sind unbegründet.

...

3. Unabhängig davon hat die Antragstellerin das nach § 36 Abs. 1 BauGB erforderliche (vgl. VGH München, Beschl. v. 14.03.1991, 22 CS 90.3224, NVwZ-RR 1991, 523) Einvernehmen zu Unrecht versagt.

...

Die planungsrechtliche Zulässigkeit der Biogasanlage, deren Standort ca. 700 m nordwestlich der Hofstelle des Landwirts (hinter einem genehmigten Wall) liegt, beurteilt sich nach § 35 Abs. 1 Nr. 6 BauGB. Sie ist danach zulässig, wenn die Biomasse-Nutzung „im Rahmen eines" landwirtschaftlichen Betriebes und mit diesem in einem „räumlich funktionalen Zusammenhang erfolgt, wenn – weiterhin – die Biomasse überwiegend aus dem Betrieb oder aus diesem und aus nahe gelegenen Betrieben stammt und die installierte elektrische Leistung der Anlage 0,5 MW nicht überschreitet. Biogasanlagen sind nicht mehr – wie nach dem bis 2004 geltenden Planungsrecht – nur als unselbständige Nebenanlagen eines landwirtschaftlichen Betriebes i. S. d. § 35 Abs. 1 Nr. 1 BauGB zulässig, sondern – erweitert – auch dann, wenn sie im funktionalen Zusammenhang mit einem landwirtschaftlichen Betrieb stehen oder eine Kooperation mehrerer landwirtschaftlicher Betriebe unterstützen.

Diese Voraussetzungen sind im Rahmen des angefochtenen Genehmigungsbescheides zu Recht bejaht worden.

a) Entgegen der Ansicht der Antragstellerin ist unerheblich, ob die Hofstelle der[s] Vorhabenträgers planungsrechtlich im Innenbereich liegt. Nach § 35 Abs. 1 S. 1 Nr. 6 BauGB kommt es auf den Standort des „Vorhabens" – hier also der Biogasanlage – an; dieser liegt nach den vorliegenden Planunterlagen eindeutig im Außenbereich.

b) Der (künftige) Betreiber der Biogasanlage hat einen „landwirtschaftlichen" Betrieb i. S. d. § 35 Abs. 1 Nr. 6, § 201 BauGB. Nach der den Verwaltungsvorgängen zu entnehmenden Stellungnahme des Amtes für ländliche Räume (ALR) in ... vom 16. November 2005 umfasst der Betrieb des Vorhabenträgers eine Nutzfläche von 54 ha, wovon ca. 8 ha Eigentumsfläche sind. Auf dem Betrieb werden eine Sauenhaltung mit 150 Tieren sowie eine Schweinemast mit 500 Mastplätzen betrieben. Das ALR hat – auch im Hinblick auf die Pachtflächen – keine Zweifel an der Nachhaltigkeit des landwirtschaftlichen Betriebes bzw. des Vorliegens einer Landwirtschaft (§ 201 BauGB) geäußert; solche Zweifel sind auch nicht begründet: Bei kleineren Betrieben (insbesondere an der Grenze zur Hobbytierhaltung) kann die Nachhaltigkeit einer landwirtschaftlichen Nutzung Zweifeln unterliegen, wenn sie – im Nebenerwerb – überwiegend (nur) auf Pachtflächen erfolgt (vgl. Urt. d. Senats v. 28.10.1991, 1 L 69/91, RdL 1992, 176 [Pferdehaltung], v. 10.11.1992, 1 L 320/91, v. 27.04.1994, 1 L 141/02, v. 23.03.1994, 1 L 76/93, juris und v. 07.02.1995, 1 L 121/94). Gleiches gilt, wenn – im Einzelfall – nur kurzzeitige oder (häufig) wechselnde Pachtungen erfolgen oder die Pachtflächen so weit vom Betrieb entfernt sind, dass eine nachhaltige Zuordnung zu der jeweiligen Betriebseinheit nicht mehr festzustellen ist (vgl. VG Mainz, Beschl. v. 05.04.2005, 6 L 113/05, n. v.: 45 km). Dem Gesetz ist – ansonsten – kein bestimmtes Verhältnis von Eigentums- zu Pachtflächen als Voraussetzung für das Vorliegen eines landwirtschaftlichen Betriebes zu entnehmen. Aus diesem Verhältnis kann nur ein Indiz bei der Prüfung der Dauerhaftigkeit des Betriebes gewonnen werden (BVerwG, Beschl. v. 19.05.1995, 4 B 107.95, Buchholz 406.11 § 35 BauGB Nr. 310). Solange ein Betrieb für die (vorliegend betriebene) Tierproduktion – jedenfalls – auf Dauer genügend Eigen- und Pachtflächen bewirtschaftet, kann dessen Eigenschaft als „landwirtschaftlicher" Betrieb i.S.d. § 35 Abs. 1 Nr. 6 i.V.m. Nr. 1 BauGB nicht in Abrede gestellt werden; dies gilt auch dann, wenn – im Rahmen einer erheblichen Gesamtwirtschaftsfläche – hinsichtlich einzelner Flächen Pachtungen beendet werden oder neue hinzutreten (vgl. dazu VGH München, Beschl. vom 25.09.2005, 1 ZB 05.501, juris). Abgesehen davon gehört zur Landwirtschaft i. S. d. § 201 BauGB auch die Erzeugung von Biogas durch die Vergärung von Biomasse (vgl. OVG Koblenz, Urt. v. 24.10.2001, 8 A 10125/01, RdL 2003, 295).

c) Der Vorhabenträger hat belegt, dass die Biogasanlage „im Rahmen" seines landwirtschaftlichen Betriebes genutzt werden soll. Dieser Betrieb ist der Anknüpfungspunkt für die Biogasanlage (vgl. dazu Hentschke/Urbisch, AUR 2005, 41/43). Die verwertete Biomasse stammt zu einem erheblichen Teil von den ihm bewirtschafteten Betriebsflächen, zum anderen von Kooperationsbetrieben (s. dazu unten e). Abzugrenzen sind hier insbesondere sog. „Lohnunternehmen", die keine eigene Flächenbewirtschaftung betreiben, sondern nur Dienstleistungen für landwirtschaftliche Betriebe erbringen (s. dazu VG Mainz, a.a.O.).

d) Die genehmigte Anlage steht gem. § 35 Abs. 1 Nr. 6 a BauGB auch in dem erforderlichen „räumlich-funktionalen" Zusammenhang mit dem Betrieb. Das Gesetz verwendet hier den „Betrieb" als Oberbegriff für Hofstelle bzw. Standort (vgl. OVG Koblenz, Urt. v. 08.12.2005, 1 A 11016/05, Juris).

Der räumliche Zusammenhang erfordert eine objektiv erkennbare Zuordnung der Biogasanlage zur Hofstelle (Hentschke/Urbisch, a.a.O.); dieser Zusammenhang muss nicht „äußerlich" sichtbar sein. Er kann sich – wie vorliegend – auch aus der Lage der Biogasanlage auf den Betriebsflächen des Vorhabenträgers ergeben. Der räumliche Zusammenhang ist auch im Hinblick auf die Entfernung zwischen der Anlage und der Hofstelle des Vorhabenträgers von ca. 700 m gewahrt. Auch unter Beachtung des Gebots einer größtmöglichen Schonung des Außenbereichs ist ein größerer Abstand zur bewohnten Hofstelle im Hinblick auf mögliche Immissionen der Biogasanlage sachgerecht (vgl. Lampe, NuR 2006, 152/154).

Auch ein funktioneller Zusammenhang zwischen der Biogasanlage und dem landwirtschaftlichen Betrieb ist gegeben. Dieser ergibt sich bereits daraus, dass die Biogasanlage Biomasse (auch) aus dem Betrieb des Vorhabenträgers verarbeitet (vgl. Schreiben des Landesamts für Natur und Umwelt v. 15.09.2005, Bl. 29 der Beiakte A; vgl. dazu näher unten zu e). Weiter werden die Gärreste (Kompost aus dem Fermenter; ca. 7.600 t/a) auf den landwirtschaftlichen Nutzflächen des Vorhabenträgers bzw. der kooperierenden Zulieferbetriebe ausgebracht (s. Schreiben des ALR vom 16.11.2005, S. 2 und vom 08.02.2006 / Anlage: S.I.G.-Stellungnahme, zu 4.). Für den funktionellen Zusammenhang genügt es, wenn die Biogasanlage für den landwirtschaftlichen Betrieb des Vorhabenträgers von Nutzen ist, sie muss ihm nicht – im Sinne des § 35 Abs. 1 Nr. 1 BauGB – „dienen" (Lampe, a.a.O.).

e) Die zu verarbeitende Biomasse stammt nach den Genehmigungsunterlagen überwiegend aus dem Betrieb des Vorhabenträgers bzw. aus diesem und aus nahe gelegenen Betrieben (§ 35 Abs. 1 Nr. 6 b BauGB).

Die Einbeziehung von Biomasse aus nahe gelegenen Betrieben dient dem – vom Gesetzgeber ausdrücklich unterstützten – Ziel einer Kooperation mehrerer landwirtschaftlicher Betriebe. Die Zulässigkeitsvoraussetzung nach § 35 Abs. 1 Nr. 6 b BauGB ist nur dann nicht erfüllt, wenn die Biomasse überwiegend weder aus dem Betrieb des Vorhabenträgers noch aus nahe gelegenen Betrieben stammt. Ergibt – m.a.W. – die Summe der „eigenen" Biomasse plus der aus nahe liegenden Betrieben verwerteten Biomasse mehr als 51 %, ist die Anlage nach § 35 Abs. 1 Nr. 6 b BauGB privilegiert.

Diese Voraussetzung ist hier erfüllt: Dem Antragsgegner sind – auf entsprechende Frage – dazu Zahlen und Kooperationsvereinbarungen vorgelegt worden, aus denen sich ergibt, dass (weit) mehr als 50 v.H. der Biomasse („Substrat") aus Betriebsflächen stammt, die überwiegend bis zu 5 Kilometern, in Einzelfällen bis zu

10 Kilometern von der Anlage entfernt liegen (Bl. 178 der Beiakte A). Bei diesen Entfernungen kann noch von „nahe gelegenen" Betrieben i.S.d. § 35 Abs. 1 Nr. 6 b BauGB ausgegangen werden. Dabei ist – zum einen – das gesetzgeberische Ziel zu berücksichtigen, überregionale Transporte von Biomasse zu verhindern (Lampe, a.a.O., m.w.N. bei Fn. 12). Andererseits schließt die vom Gesetzgeber unterstützte betriebliche Kooperation notwendig ein, dass bei der „Nähe" der Betriebe i.S.d. § 35 Abs. 1 Nr. 6 BauGB die im jeweiligen Umfeld tatsächlich vorhandene Standortdichte landwirtschaftlicher Betriebe zu berücksichtigen ist. Je (flächen-)größer die Betriebe und je weiter sie auseinander liegen, desto größer darf – dem gesetzgeberischen Ziel folgend – auch der im Rahmen des § 35 Abs. 1 Nr. 6 BauGB anzuerkennende Belieferungsradius gezogen werden (Hentschke/Urbisch, a.a.O., S. 44).

f) Die Biogasanlage erfüllt – schließlich – auch die Voraussetzung nach § 35 Abs. 1 Nr. 6 d BauGB. Die installierte elektrische Leistung überschreitet 0,5 MW nicht.

Es trifft – zwar – zu, dass in der Anlage zwei zur Stromerzeugung eingesetzte Motoren vorgesehen sind, wobei ein Motor eine elektrische Gesamtleistung von 500 kW und ein zweiter von 345 kW erbringt; daraus ergäbe sich eine Überschreitung der in § 35 Abs. 1 Nr. 6 d bestimmten Privilegierungsgrenze. Diese ließe sich nicht durch einen Rückgriff auf § 35 Abs. 1 Nr. 1 oder Nr. 4 BauGB überwinden da § 35 Abs. 1 Nr. 6 d BauGB eine abschließende Spezialvorschrift enthält (Lampe, a.a.O., S. 155; z.T. a. A. Hentschke/O[U]rbisch, a.a.O., S. 45).

Demgegenüber ist – aber – in der angefochtenen Genehmigung hinreichend und verlässlich sichergestellt worden, dass die installierte elektrische Leistung der Anlage den Grenzwert von 0,5 MW einhält. Dies ergibt sich bereits aus dem ersten Satz der Genehmigungsurkunde vom 26. April 2006, der die Genehmigung ausdrücklich auf eine Anlage „mit einer elektrischen Leistung, die 0,5 MW nicht überschreitet" beschränkt. Die darin liegende – klare – Regelung wird in den „Nebenbestimmungen" (Abschnitt III, Bereich Immissionsschutz, Ziff. 10 des Genehmigungsbescheides) gestützt, wo es heißt:

> *„Die installierte elektrische Leistung der Anlage darf 0,5 MW nicht überschreiten. Die Möglichkeit, 0,5 MW zu überschreiten, ist technisch zu verhindern. Es ist eine Bescheinigung der installierenden Firma vorzulegen, dass 0,5 MW nicht überschritten werden."*

Die Begründung dafür, dass (gleichwohl) zwei Motoren mit einer die Grenze von 0,5 MW überschreitenden „Leistungssumme" vorgesehen sind, ist den Genehmigungsunterlagen klar zu entnehmen. Danach soll der zweite (kleinere) Motor für den „Notbetrieb" eingesetzt werden, und zwar für den Fall, dass der (größere) Hauptmotor ausfällt. Als „Notbetrieb" wird der Fall erfasst, dass bei plötzlichem Ausfall des Hauptmotors das anfallende Biogas schadlos beseitigt werden muss. Dies würde ansonsten über eine Notfackel erfolgen. Die Lösung durch einen zweiten Motor ist demgegenüber als besser beurteilt worden (Schreiben der Antragsgegnerin an den Kreis vom 25.01.2006, Bl. 147 der Beiakte A). Dagegen bestehen keine rechtlichen Bedenken.

Der Annahme der Antragstellerin, als „installierte" Leistung der Anlage sei die Summe der Leistungen der beiden Motoren anzusehen, kann nicht zugestimmt werden. Nach dem Genehmigungsinhalt sind die Motoren technisch so zu installieren, dass entweder nur der eine oder nur der andere Motor läuft, so dass auf diese Weise sichergestellt ist, dass die im Genehmigungsbescheid – eindeutig – vorgegebene Leistungsgrenze nicht überschritten werden kann. Damit wird klar geregelt, dass nicht mehr als 500 [0,5] MW elektrischer Leistung installiert sind. Der Überprüfung im vorliegenden Fall kann – demgegenüber – nicht die Annahme zugrunde gelegt werden, dass diese Regelung – die (allein) hier zu beurteilender Inhalt des angefochtenen Genehmigungsbescheides ist –, missachtet werden wird. Die Kontrolle und Überwachung der Einhaltung der erteilten Genehmigung obliegt dem Antragsgegner ohnehin; diese Aufgabe hat mit dem vorliegenden Streit nichts zu tun. Sollte es (technisch) zutreffen, dass aufgrund der mit dem Stromnetzbetreiber abgeschlossenen Vereinbarungen eine Stromeinspeisung von mehr als 500 kW aus „netztechnischen Gründen" ausgeschlossen ist (s. S.I.G.-Stellungnahme vom 09.02.2006, zu 3.), wäre damit für den Anlagenbetrieb die Einhaltung der in der angefochtenen Genehmigung vom 26. April 2006 und in Abschnitt III.10 der Nebenbestimmungen (s. o.) bestimmten Vorgabe hinreichend sicher gestellt. Dies ist im Rahmen der Anlagenüberwachung (§ 20 BImSchG) jederzeit nachprüfbar.

...

2. VG Mainz, OVG Rheinland-Pfalz und Bundesverwaltungsgericht

Die folgenden drei Urteile befassen sich mit der Aufhebung einer immissionsschutzrechtlichen Genehmigung. Der Kläger beantragt die Aufhebung eines Widerspruchs und die Erteilung einer Genehmigung nach § 6 Abs. 1 BImSchG.

Der Kläger ist Landwirt und bewirtschaftet im Außenbereich eine ca. 50 ha große Fläche. Davon standen ca. 5 ha in seinem Eigentum. Die weiteren 45 ha hatte er langfristig angepachtet. Im Jahre 2003 hatte der Kläger die Errichtung einer Biogasanlage beantragt. Die beantragte Genehmigung wurde zunächst ausgereicht. Jedoch legte ein Dritter Widerspruch gegen die Genehmigung ein. Im Laufe des Widerspruchs hob der Beklagte die Genehmigung auf, da das Vorhaben bauplanungsrechtlich nicht zulässig gewesen sei. Hiergegen erhob der Kläger Klage zum Verwaltungsgericht Mainz, welches die Klage zurückwies. Die Berufung zum OVG Rheinland-Pfalz hatte Erfolg. Der Beklagte legte Revision zum Bundesverwaltungsgericht ein.

a. VG Mainz, Urteil vom 23.1.2007 – 3 K 194/06.MZ, NUR 2007, 286

Amtliche Leitsätze

1. Der Privilegierungstatbestand des § 35 Abs. 1 Nr. 6 BauGB für eine einem landwirtschaftlichen Betrieb zuzuordnende Biogasanlage setzt voraus, dass die Herstellung von Biomasse nicht Primärzweck des landwirtschaftlichen Betriebes ist.

2. Die gezielte Herstellung von Biomasse innerhalb eines landwirtschaftlichen Betriebes ist im Rahmen des § 35 Abs. 1 Nr. 6 BauGB zulässig. Die Biogasanlage wird aber dann nicht „im Rahmen" eines landwirtschaftlichen Betriebes errichtet und betrieben, wenn der Betrieb sowohl hinsichtlich seiner Flächen wie auch hinsichtlich der Betriebsabläufe dergestalt auf die Produktion von Biomasse ausgerichtet wird, dass der Schwerpunkt des Betriebes auf der Produktion von Biomasse liegt.

3. Die Anforderungen, die sich in dem in § 35 Abs. 1 Nr. 6 BauGB enthaltenen Tatbestandsmerkmal „im Rahmen" eines der dort genannten Betriebe ergibt [ergeben], sind vergleichbar mit den Anforderungen, die das Vorliegen der Voraussetzungen des „Dienens" bei einem Teil der in § 35 Abs. 1 BauGB enthaltenen Privilegierungstatbestände ergeben.

Entscheidungsgründe

...

Die zulässige Klage ist nicht begründet.

Der im Wege der Anfechtungsklage angefochtene Widerspruchsbescheid des Beklagten (§ 79 Abs. 1 Nr. 2 VwGO) ist rechtlich nicht zu beanstanden.

Der Beklagte hat zu Recht die dem Kläger unter dem 30. November 2004 erteilte immissionsschutzrechtliche Genehmigung zur Errichtung und zum Betrieb einer Biogasanlage im Außenbereich der Ortsgemeinde B. auf den Widerspruch der Beigeladenen hin aufgehoben. Die im Zusammenhang mit der Erteilung der immissionsschutzrechtlichen Genehmigung vom 30. November 2004 erfolgte Ersetzung des gemeindlichen Einvernehmens ist zu Unrecht erfolgt.

Auszugehen ist zunächst davon, dass die Errichtung und der Betrieb der in Frage stehenden Biogasanlage gemäß §§ 4, 10, 6 Abs. 1 Nr. 2, 13 Bundesimmissionsschutzgesetz – BImSchG – i.V.m. §§ 1 und 2 der 4. BImSchV (Anhang Nr. 8.6 Spalte 2 b) der immissionsschutzrechtlichen Genehmigung bedarf. In deren Rahmen ist gemäß § 6 Abs. 1 Nr. 2 BImschG zu prüfen, ob der Errichtung und dem Betrieb der Anlage „andere öffentlich-rechtliche Vorschriften nicht entgegenstehen". Von daher ist insbesondere zu prüfen, ob dem Vorhaben Bestimmungen des Bauplanungsrechts entgegenstehen.

Da das Vorhaben unstreitig auf einem im Außenbereich stehenden Grundstück verwirklicht werden soll, richtet sich die bauplanungsrechtliche Zulässigkeit des Vorhabens nach § 35 BauGB mit der Folge, dass nach § 36 BauGB das Einvernehmen der Gemeinde erforderlich ist. § 36 Abs. 1 Satz 2 BauGB regelt ausdrücklich, dass das Einvernehmen der Gemeinde auch erforderlich ist, wenn – wie vorliegend – in einem anderen Verfahren als dem Baugenehmigungsverfahren über die Zulässigkeit des Vorhabens entschieden wird. Das gemeindliche Einvernehmen wird also von der Konzentrationswirkung des § 13 BImschG nicht verdrängt. Die gemäß § 36 Abs. 1 Satz 1 und 2 BauGB vorgesehene Mitwirkung der Gemeinde dient der Sicherung und dem Schutz der gemeindlichen Planungshoheit (vgl. BVerwG, Urteil vom 31. Oktober 1990, in NVwZ 1991, 1076, und vom 19. August 2004, in NVwZ 2005, 83). Dort wo die Gemeinde noch nicht geplant hat, wird sie im Genehmigungsverfahren an der Beurteilung der bauplanungsrechtlichen Zulässigkeit des Vorhabens mitentscheidend beteiligt. Über den Weg der Einvernehmensversagung kann sie verhindern, dass ein bauplanungsrechtlich unzulässiges Bauvorhaben verwirklicht wird. Die Voraussetzungen des § 35 BauGB sind auf das Rechtsmittel der beigeladenen Gemeinde hin in vollem Umfang nachzuprüfen. Die Gemeinde kann also insbesondere auch geltend machen, dass ein Vorhaben nicht nach § 35 Abs. 1 BauGB privilegiert sei und öffentliche Belange im Sinne von § 35 Abs. 3 BauGB beeinträchtige (vgl. hierzu OVG Rheinland-Pfalz, Urteil vom 02. März 2006 – 1 A 10884/05. OVG – mit Hinweisen auf die Rechtsprechung des Bundesverwaltungsgerichts).

Der Beklagte hätte daher gemäß § 36 Abs. 2 Satz 3 BauGB das fehlende Einvernehmen der Beigeladen im Rahmen der immissionsschutzrechtlichen Genehmigung vom 30. November 2004 nur dann ersetzen dürfen, wenn die Versagung des Einvernehmens rechtswidrig erfolgt wäre. Das ist jedoch nicht der Fall. Die Beigeladene hat vielmehr ihr Einvernehmen zu Recht deshalb verweigert, weil die Voraussetzungen, unter denen gemäß § 35 BauGB das Vorhaben des Klägers im Außenbereich bauplanungsrechtlich zulässig wäre, nicht vorliegen.

Die Voraussetzungen des im Laufe des Genehmigungsverfahrens in Kraft getretenen Privilegierungstatbestandes für Biogasanlagen in § 35 Abs. 1 Nr. 6 BauGB, der durch das Europarechtsanpassungsgesetz – EAGBau 2004 – vom 24. Juni 2004 (BGBl. I S. 1359) eingeführt wurde, lagen zu keinem Zeitpunkt des Genehmigungsverfahrens, insbesondere auch nicht im Zeitpunkt des Erlasses des Widerspruchsbescheides, vor.

Nach § 35 Abs. 1 Nr. 6 BauBG ist im Außenbereich ein Vorhaben nur zulässig, wenn öffentliche Belange nicht entgegenstehen, die ausreichende Erschließung gesichert ist und wenn es der energetischen Nutzung von Biomasse im Rahmen eines Betriebs nach Nr. 1 oder 2 oder eines Betriebs nach Nr. 4, der Tierhaltung betreibt, sowie dem Anschluss solcher Anlagen an das öffentliche Versorgungsnetz dient, unter folgenden Voraussetzungen: das Vorhaben steht in einem räumlich-funktionalen Zusammenhang mit dem Betrieb, die Biomasse stammt überwiegend aus dem Betrieb oder überwiegend aus diesem und aus nahe gelegenen Betrieben nach den Nrn. 1, 2 oder 4, soweit letzterer Tierhaltung betreibt, es wird je Hofstelle oder Betriebsstandort nur eine Anlage betrieben und die installierte elektrische Leistung der Anlage überschreitet nicht 0,5 MW.

Während nach bisherigem Recht Anlagen zur Nutzung von Biomasse nur als sog. „mitgezogene" Nutzungen landwirtschaftlicher Betriebe nach § 35 Abs. 1 Nr. 1 BauGB privilegiert im Außenbereich genehmigungsfähig waren, handelt es sich bei § 35 Abs. 1 Nr. 6 BauGB in Bezug auf Biogasanlagen um die speziellere und abschließende Regelung (vgl. Söfker in: Ernst-Zinkahn-Bielenberg, BauGB Stand Juli 2006, Rn. § 35/11 und 59 unter Hinweis auf die Amtliche Begründung in BT-Drucks. 15/2250 S. 55).

Die Privilegierung der vom Kläger geplanten Biogasanlage muss unter Berücksichtigung aller Umstände, insbesondere auch des Ergebnisses der mündlichen Verhandlung, bereits daran scheitern, dass sie nicht „im Rahmen" eines landwirtschaftlichen Betriebs (Betriebs nach Nr. 1) errichtet und betrieben werden soll. Es handelt sich insoweit um eine Einschränkung des Privilegierungstatbestandes, mit der, zusammen mit den weiteren in Nr. 6 Buchst. a bis d enthaltenen Voraussetzungen – ungeachtet der beabsichtigten Unterstützung des Strukturwandels in der Landwirtschaft und der stärkeren Förderung der Nutzung von Biomasse in der Landwirtschaft (vgl. Amtliche Begründung Drucks. 15/2250 S. 54/55) dem Gebot des Außenbereichsschutzes Rechnung getragen werden soll.

Wenn in der Nr. 6 des § 35 Abs. 1 BauGB vor den in 6 Buchst. a bis d genannten Einzelvoraussetzungen gewissermaßen grundlegend gefordert wird, dass die Anlage zur energetischen Nutzung von Biomasse „im Rahmen eines der in Nr. 1, 2 oder 4 genannten Betriebe" betrieben wird, so werden damit Erfordernisse aufgestellt, wie sie mit dem Begriff des „Dienens" bei anderen Privilegierungstatbeständen des § 35 Abs. 1 verbunden sind (vgl. hierzu Söfker in: Ernst-Zinkahn-Bielenberg, BauGB, Rn. § 35/59 b; Dürr in: Brügelmann, BauGB, Rn. § 35/63). Soweit es sich um den Privilegierungstatbestand des § 35 Abs. 1 Nr. 1 BauGB handelt, gehören zu einer „dienenden Funktion" u. a. eine bestimmte funktionale Beziehung des Vorhabens zum landwirtschaftlichen Betrieb im Sinne einer Zu- und Unterordnung. Das Vorhaben muss in Bezug auf den landwirtschaftlichen Betrieb ähnlich wie Zubehör eine Hilfsfunktion erfüllen (vgl. BVerwG, Urteil vom 22. November 1985 – 4 C 71/82 – m.w.N.). Von daher wird eine privilegiert im Außenbereich zulässige Biogasanlage nur dann „im Rahmen" eines landwirtschaftlichen Betriebes errichtet und betrieben, wenn sie gegenüber dem landwirtschaftlich geprägten Schwerpunkt des Betriebes von untergeordneter Bedeutung ist. Eine Biogasanlage die demgegenüber den Schwerpunkt des landwirtschaftlichen Betriebs dergestalt darstellt, dass der Betrieb insgesamt, sowohl in Bezug auf die bewirtschafteten Flächen als auch bezüglich der Betriebsabläufe, ausschließlich auf die Erzeugung von Biomasse ausgerichtet ist, wird nicht mehr „im Rahmen eines landwirtschaftlichen

Betriebs" errichtet und betrieben. Hiervon ist jedoch hinsichtlich der vom Kläger geplanten Biogasanlage auszugehen mit der Folge, dass eine Privilegierung des Vorhabens nach § 35 Abs. 1 Nr. 6 BauGB ausscheidet.

Ob es aus den gleichen Gründen auch an der Voraussetzung des § 35 Abs. 1 Nr. 6 Buchst. a fehlt, wonach das Vorhaben in einem räumlich-funktionalen Zusammenhang mit dem (landwirtschaftlichen) Betrieb stehen muss oder ob dieser Bestimmung keine weitergehende Bedeutung zukommt, als sie bereits mit dem Begriff des Dienens („im Rahmen") verbunden ist (so Dürr in: Brügelmann, BauGB, Rn. § 35/63) kann dahinstehen.

Keiner abschließenden Entscheidung bedarf die zwischen den Beteiligten umstrittene Frage, ob der Betrieb des Klägers die an einen landwirtschaftlichen Betrieb nach der Rechtsprechung des Bundesverwaltungsgerichts zu stellenden Anforderung[en] in Bezug auf Nachhaltigkeit und Dauerhaftigkeit erfüllt (BVerwG, Urteil vom 03. November 1972 – 4 C 9.70 –; Urteil vom 19. April 1985 – 4 C 13.82 –; Urteil vom 19. April 1984 – 4 C 54.82 –). Ob die vom Gericht in seinem Beschluss vom 30. März 2005 (6 L 113/05.MZ) insoweit geäußerten Bedenken, die sich daraus ergeben, dass nur etwa 1/10 der dem Betrieb des Klägers zuzurechnenden landwirtschaftlichen Flächen in seinem Eigentum stehen, weiterhin berechtigt sind oder ob sich aus den in der mündlichen Verhandlung vorgelegten Pachtverträgen eine hinreichende Dauerhaftigkeit der Bewirtschaftung entnehmen lässt, kann letztlich offen bleiben.

Es fehlt jedenfalls, wie bereits dargelegt, daran, dass die Biogasanlage nicht „im Rahmen" eines landwirtschaftlichen Betriebes errichtet und betrieben werden soll. Bereits die Angaben des Klägers im Genehmigungsantrag vom 01. September 2003 in Verbindung mit der Betriebsbeschreibung vom 09. September 2003 lassen deutlich erkennen, dass er beabsichtigt, seinen Betrieb in vollem Umfang auf die Erzeugung nachwachsender Rohstoffe zur Belieferung der Biogasanlage auszurichten. ... entscheidend ist aber im Zusammenhang der hier zu beurteilenden Frage allein, ob davon auszugehen ist, dass der Kläger seinen Betrieb nach einer etwaigen Genehmigung der Biogasanlage dergestalt zu einem reinen „agrarindustriellen" Betrieb umstrukturieren wird, dass von einem landwirtschaftlichen Betrieb im herkömmlichen Sinne nichts übrig bleibt. Hiervon ist aber dann auszugehen, wenn die gesamten, dem Betrieb zu Eigentum oder zur Pacht zur Verfügung stehenden landwirtschaftlichen Flächen nur noch der Produktion von Biomasse zur Belieferung der Biogasanlage dienen.

Der Umstand, dass es sich bei der Bewirtschaftung der landwirtschaftlichen Flächen des Betriebs mit nachwachsenden Rohstoffen um landwirtschaftliche Betätigung im Sinne von § 201 BauGB („Ackerbau") handelt, weil der Boden zum Zwecke der Nutzung seines Ertrages planmäßig eigenverantwortlich bewirtschaftet wird (vgl. BVerwG, Urteil vom 13. Dezember 1974 – 4 C 22.73 – in DVBl. 1975, 504), vermag nichts daran zu ändern, dass unter den dargestellten Voraussetzungen der Schwerpunkt des Betriebes auf der Biogasanlage liegt und daher eine Privilegierung nach § 35 Abs. 1 Nr. 6 BauGB ausscheidet.

Zwar ist auch die „gezielte" Herstellung von Biomasse zulässig, um die Privilegierung des § 35 Abs. 1 Nr. 6 BauGB auszulösen, sie darf aber die primäre Tätigkeit des nach § 35 Abs. 1 Nr. 1 BauGB zu beurteilenden Betriebs nicht überwiegen (vgl. Söfker in: Ernst-Zinkahn-Bielenberg, BauGB, Rn § 35/59 a; Bitterwolf-de Boer in: Gemeinde und Stadt, Beilage 6/2005 zu Heft 4/2005, „Bauplanungsrechtliche Zulässigkeit von Biogasanlagen nach dem EAG Bau").

Etwas anderes ergibt sich insbesondere auch nicht aus § 35 Abs. 1 Nr. 6 Buchst. b BauGB, wonach die Biomasse überwiegend aus dem Betrieb oder überwiegend aus diesem und aus nahe gelegenen (landwirtschaftlichen) Betrieben stammen muss. Es handelt sich insoweit hinsichtlich der Biomasse um eine zusätzliche Voraussetzung des Privilegierungstatbestandes ohne dass sich daraus rechtliche Folgerungen für die hier interessierende Frage, unter welchen Voraussetzungen eine Biogasanlage noch „im Rahmen" eines landwirtschaftlichen Betriebes errichtet und betrieben wird, herleiten ließen. ...

Auch in Anbetracht der Äußerungen des Klägers in der mündlichen Verhandlung, dass er die gesamte Fläche des im Januar 2006 aus 7 ha Eigentumsfläche und 43 ha Pachtfläche bestehenden Betriebes für den Anbau von Biomasse (Triticale mit Untersaat) vorgesehen habe muss davon ausgegangen werden, dass er offenbar vor dem Hintergrund staatlicher Zuschüsse nach dem EEG (Erneuerbare-Energien-Gesetz) den Betrieb insgesamt auf die Gewinnung von Bioenergie umstellen will.

Zwar würde er möglicherweise unter Verwendung von Biomasse auch aus nahe gelegenen Fremdbetrieben die Voraussetzungen des § 35 Abs. 1 Nr. 6 Buchst. b BauGB erfüllen können, ohne die gesamten Flächen seines Betriebes für die Biomasse einzusetzen, es ist aber davon auszugehen, dass er aus wirtschaftlichen Gründen hierzu gezwungen sein wird, weil der Ankauf von Biomasse aus Fremdbetrieben sich wirtschaftlich ungünstiger darstellt als die Eigenproduktion. ...

Liegen demnach die Voraussetzungen des Privilegierungstatbestandes des § 35 Abs. 1 Nr. 6 BauGB aus den genannten Gründen nicht vor, kann offen bleiben, ob die ausreichende Erschließung des Grundstücks gesichert ist und ob dem Vorhaben öffentliche Belange entgegenstehen (§ 35 Abs. 1 Satz 1 BauGB).

Als „sonstiges Vorhaben" i.S. von § 35 Abs. 2 BauGB kann das Vorhaben nicht genehmigt werden, weil es öffentliche Belange i.S. von § 35 Abs. 3 BauGB in mehrfacher Hinsicht beeinträchtigt.

Das Vorhaben widerspricht den Darstellungen des Flächennutzungsplans (§ 35 Abs. 3 Satz 1 Nr. 1 BauGB). Der Flächennutzungsplan der Verbandsgemeinde G.-A. – Zweite Fortschreibung – vom 23. Mai 2002 weist für den Bereich, in dem das Grundstück liegt „Flächen für die Landwirtschaft" aus. Zwar können nach der Rechtsprechung des Bundesverwaltungsgerichts (BVerwGE 68, 311; 79, 318) einem privilegierten Bauvorhaben gegenüber Ausweisungen im Flächennutzungsplan nur dann entgegen gehalten werden, wenn es sich um konkrete standortbezogene Aussagen handelt, wobei die Darstellung von Flächen für die Landwirtschaft in einem Flächennutzungsplan im allgemeinen keine solche qualifizierte Standortzuweisung darstellt, sondern dem Außenbereich lediglich die ihm ohnehin nach dem Willen des Gesetzes in erster Linie zukommende Funktion zuweist, der Land- und Forstwirtschaft und dadurch zugleich auch der allgemeinen Erholung zu dienen.

Etwas anderes hat jedoch in Bezug auf nicht privilegierte Vorhaben zu gelten. Sofern die Darstellungen des Flächennutzungsplans den besonderen örtlichen Verhältnissen entsprechen, stellen sie gegenüber nicht privilegierten Bauvorhaben einen öffentlichen Belang dar (vgl. hierzu BVerwG, Beschluss vom 01. April 1997 – 4 B 11/97 – in NVwZ 1997, 899 m.w.N.). Da vorliegend die Ausweisung von Flächen für die Landwirtschaft durch den Flächennutzungsplan im fraglichen Bereich den tatsächlichen Gegebenheiten fraglos entspricht und sich die Errichtung einer Biogasanlage als landwirtschaftsfremde gewerbliche Betätigung darstellt, ist das Vorhaben mit den Darstellungen des Flächennutzungsplans nicht zu vereinbaren.

...

Das Vorhaben des Klägers beeinträchtigt jedenfalls „die natürliche Eigenart der Landschaft und ihren Erholungswert" im Sinne von § 35 Abs. 3 Satz 1 Nr. 5 BauGB. Das Bundesverwaltungsgericht hat in ständiger Rechtsprechung ausgesprochen, dass der Außenbereich grundsätzlich von allen nicht unmittelbar seinem Wesen und seiner Funktion entsprechenden Baulichkeiten freigehalten werden soll. Dieser Grundsatz rechtfertigt sich nicht nur aus der bodenrechtlichen Eigenart und Sonderstellung des Außenbereichs, sondern in gleicher Weise auch in der Einsicht, dass das dringende Bedürfnis nach einer gesunden Siedlungsstruktur im allgemeinen eine nicht der Funktion des Außenbereichs zugeordnete Bebauung als eine zu missbilligende Zersiedlung erscheinen lässt (vgl. BVerwG, Urteil vom 26. Mai 1967 – 4 C 25.66 –, BVerwGE 27, 137; Urteil vom 30. April 1969 – 4 C 63.68 – in NJW 1970, 346). Da die Umgebung des in Frage stehenden Baugrundstücks in einem durch die Landwirtschaft geprägten Umfeld liegt, stellt sich die einer gewerblichen Zweckbestimmung zuzuordnende Biogasanlage als wesensfremde Bebauung in diesem Umfeld dar. Hierbei ist es unerheblich, dass durch die im landespflegerischen Begleitplan genannten Maßnahmen das äußere Erscheinungsbild der Biogasanlage als „agrarindustrielle Anlage" zumindest abgemildert werden kann. Dies wäre allenfalls für die Frage von Bedeutung, ob das Vorhaben zu einer Verunstaltung des Landschaftsbildes im Sinne von § 35 Abs. 3 Satz 1 Nr. 5 BauGB führt. Es kommt hier nicht auf die optische, sondern auf die funktionelle Abweichung des Vorhabens von der Umgebung an, so dass die natürliche Eigenart der Landschaft auch dann beeinträchtigt sein kann, wenn das Vorhaben durch Bepflanzung, Farbanstrich oder Lage so versteckt ist, dass es aus einer gewissen Entfernung nur schwer oder sogar gar nicht zu sehen ist (vgl. BVerwG – 4 C 63.68 – a.a.O.).

...

b. OVG Rheinland-Pfalz, Urteil vom 22.11.2007 – 1 A 10253/07, BauR 2008, 794

Amtliche Leitsätze

1. Ein landwirtschaftlicher Betrieb im Sinne von § 35 Abs. 1 Nr. 1 BauGB kann auch dann vorliegen, wenn er überwiegend auf angepachteten Flächen betrieben wird, sofern hinreichende Indizien für die Dauerhaftigkeit des Betriebes vorliegen (vgl. Urteil vom 21. März 2002 – 1 A 11700/01.OVG).

2. Eine Biogasanlage wird auch dann gemäß § 35 Abs. 1 Nr. 6 BauGB „im Rahmen" eines landwirtschaftlichen Betriebes betrieben, wenn der Landwirt und Betriebsinhaber den landwirtschaftlichen Betrieb vollständig auf die Erzeugung von Biomasse ausrichtet und beabsichtigt, diese in der geplanten Biogasanlage einzusetzen. Die Erzeugung von Biomasse ist nämlich Landwirtschaft im Sinne von § 201 BauGB. Einer darüber hinausgehenden – anderen – landwirtschaftlichen Produktion bedarf es deshalb nicht, um die Voraussetzungen für eine Privilegierung der Biogasanlage gemäß § 35 Abs. 1 Nr. 6 BauGB zu erfüllen, wonach diese nur „im Rahmen" eines landwirtschaftlichen „Basis"-betriebes im Außenbereich zulässig ist.

3. An den Nachweis, dass die Voraussetzungen des § 35 Abs. 1 Nr. 6 b BauGB vorliegen, wonach die für die Anlage benötigte Biomasse überwiegend aus dem Betrieb oder überwiegend aus diesem und nahe gelegenen Betrieben stammen muss, dürfen keine überzogenen Anforderungen gestellt werden. Die Genehmigungsbehörde hat insoweit eine Prognose aufzustellen, dass dies für die voraussichtliche Dauer des Betriebes der Biogasanlage anzunehmen ist.

Entscheidungsgründe

Die Berufung ist zulässig und begründet.

Das Verwaltungsgericht hätte der Klage stattgeben und den angefochtenen Widerspruchsbescheid des Beklagten vom 6. Februar 2006 aufheben müssen, weil dieser Widerspruchsbescheid, der gemäß § 79 Abs. 1 Nr. 2 VwGO im vorliegenden Fall alleiniger Gegenstand der Anfechtungsklage ist, den Kläger in seinen Rechten verletzt. Der Beklagte als Widerspruchsbehörde hätte nämlich den Widerspruch der Beigeladenen gegen die dem Kläger erteilte immissionsschutzrechtliche Genehmigung vom 30. November 2004 zurückweisen müssen, weil die in dem Genehmigungsbescheid enthaltene Ersetzung des gemeindlichen Einvernehmens der Beigeladenen zu Recht erfolgt ist. Die Versagung des Einvernehmens zu dem Bauvorhaben des Klägers durch die Beigeladene wäre nur dann rechtens gewesen, wenn das Vorhaben des Klägers deshalb gegen bauplanungsrechtliche Vorschriften verstoßen würde, weil es im Außenbereich gemäß § 35 BauGB nicht zugelassen werden könnte. Das ist jedoch nicht der Fall, weil hier die Voraussetzungen des § 35 Abs. 1 Nr. 6 BauGB erfüllt sind. Bei dem Betrieb des Klägers handelt es sich um einen landwirtschaftlichen Betrieb i.S. von § 35 Abs. 1 Nr. 1 BauGB. Darüber hinaus soll die streitige Biogasanlage „im Rahmen" dieses Betriebes verwirklicht werden. Schließlich ist auch nicht ersichtlich, dass die ausreichende Erschließung nicht gewährleistet wäre.

Das streitige Vorhaben soll unstreitig im Außenbereich der Beigeladenen errichtet werden. Seine bauplanungsrechtliche Zulässigkeit richtet sich demgemäß nach § 35 BauGB. Unter welchen Voraussetzungen die Beigeladene ihr daher grundsätzlich erforderliches Einvernehmen versagen kann bzw. unter welchen Voraussetzungen der Beklagte ein fehlendes Einvernehmen im Rahmen des hier durchzuführenden immissionsschutzrechtlichen Genehmigungsverfahrens ersetzen kann, hat das Verwaltungsgericht in seinem Urteil im Einzelnen dargelegt, worauf zur Vermeidung von Wiederholungen Bezug genommen wird. Im vorliegenden Fall ist die Ersetzung des gemeindlichen Einvernehmens durch den Beklagten entgegen der Auffassung des Verwaltungsgerichts indessen zu Recht erfolgt, weil das Bauvorhaben des Klägers mit § 35 Abs. 1 Nr. 6 BauGB in Einklang steht.

...

Das von dem Kläger im Verlauf des Genehmigungsverfahrens modifizierte Vorhaben ist gemäß § 35 Abs. 1 Nr. 6 BauGB zulässig, weshalb der Beklagte seinerzeit zu Recht die erforderliche immissionsschutzrechtliche Genehmigung unter Ersetzung des von der Beigeladenen verweigerten Einvernehmens erteilt hat.

Bei dem Betrieb des Klägers handelt es sich entgegen der Auffassung der Beigeladenen um einen landwirtschaftlichen Betrieb i.S. von § 35 Abs. 1 Nr. 1 BauGB. ... Die Beigeladene vertritt nämlich insoweit den Standpunkt, die Tatsache, dass der Kläger seine landwirtschaftliche Tätigkeit fast ausschließlich aus [auf] Pachtland ausübe, spreche dagegen, die von der Rechtsprechung im Zusammenhang mit § 35 Abs. 1 Nr. 1 BauGB geforderte Nachhaltigkeit zu bejahen. Bei dieser Argumentation lässt die Beigeladene allerdings außer Acht, dass das Bundesverwaltungsgericht in seiner Rechtsprechung (Urteil vom 3. November 1972, BVerwGE 140, S. 138 ff.; Urteil vom 3. Februar 1989, BauR 1989, 182 f.) keineswegs eine starre Regel dahingehend aufgestellt hat, ein privilegierter landwirtschaftlicher Betrieb liege dann nicht vor, wenn er weitestgehend auf Pachtflächen geführt werde. Das Bundesverwaltungsgericht hat lediglich ausgesprochen, dass in aller Regel eine landwirtschaftliche Betätigung, die ausschließlich oder weit überwiegend auf fremden Grund und Boden verwirklicht wird, nicht den Voraussetzungen für eine Privilegierung i.S. des § 35 Abs. 1 Satz 1 BauGB genügt. So führt es in seinem Urteil vom 3. November 1972 (a.a.O.) zwar aus:

> *„Der Schutzzweck des § 35 Abs. 1 Nr. 1 BauGB gebietet, wenn er sein planungsrechtliches Ziel verwirklichen soll, dass nicht jede auch nur kurzfristige land- oder forstwirtschaftliche Tätigkeit die Zulassung von Bauten im Außenbereich rechtfertigen kann. Das entspricht dem Begriff des – zumal land- oder forstwirtschaftlichen – Betriebs im Allgemeinen, es gilt aber erst recht dann, wenn im Zusammenhang mit § 35 Abs. 1 Nr. 1 BauGB in Frage steht, ob zugunsten einer land- oder forstwirtschaftlichen Betätigung dauerhafte Bauten errichtet werden dürfen".*

Hieraus leitet das Bundesverwaltungsgericht ab, dass das Merkmal der Nachhaltigkeit erfüllt sein muss, es sich also um einen dauerhaften Betrieb handeln muss. Dabei ist jedoch zu sehen, dass die genannte Entscheidung wie auch die ansonsten ergangenen einschlägigen höchst- und obergerichtlichen Entscheidungen vorwiegend im Zusammenhang mit der Errichtung von Wohnbauten im Außenbereich stehen. In derartigen Fällen stellt sich die Problematik der Nachhaltigkeit in ganz anderer Weise. Dem Schutzzweck des § 35 Abs. 1 Nr. 1 BauGB ist nämlich nicht genügt, wenn über eine lediglich kurzfristige landwirtschaftliche Tätigkeit ein dauerhaftes Gebäude im Außenbereich ermöglicht wird, das auch dann im Außenbereich fortbesteht und die Gefahr einer nicht privilegierten Umnutzung in sich birgt, wenn der nicht nachhaltige, also nicht ernsthaft betriebene Betrieb nicht mehr existiert. Abgesehen von dieser Intention des Bundesverwaltungsgerichts, die bei der Anwendung der in seiner Rechtsprechung niedergelegten Maßstäbe an den jeweils zu beurteilenden Betrieb nicht außer Acht gelassen werden kann, verkennt die Beigeladene aber auch, dass in Bezug auf die [zu] prüfende Nachhaltigkeit der landwirtschaftlichen Betätigung dem Umstand, ob dies auf Eigentumsflächen erfolgt, nicht gleichsam die Bedeutung einer Tatbestandsvoraussetzung, sondern allenfalls indizielle Bedeutung beizumessen ist (so BVerwG, Urteil vom 3. Februar 1989, a.a.O.). Mithin sind auch Ausnahmefälle denkbar, in denen § 35 Abs. 1 Nr. 1 BauGB selbst dann nicht ohne weiteres ausscheidet, wenn sich der Antragsteller für das Vorhandensein eines Betriebes einzig auf gepachteten Grund und Boden beruft (BVerwG, Urteil vom 3. November 1972, a.a.O., S. 144). Somit ist es keinesfalls so, dass nach der Rechtsprechung des Bundesverwaltungsgerichts ausschließlich oder zumindest vorrangig die Privilegierung daraus abzuleiten wäre, dass der Landwirt seine Tätigkeit überwiegend auf eigenen Flächen ausübt. Ob es sich im konkreten Fall tatsächlich um eine beständige und auf Dauer angelegte wirtschaftliche Betätigung handelt, ist anhand verschiedener, von der höchstrichterlichen Rechtsprechung entwickelter Merkmale zu beurteilen, denen indizielle Bedeutung zukommt (vgl. auch Urteil des Senats vom 21. März 2002, BauR 2002, 1213).

Im vorliegenden Fall bestehen hinreichende Indizien dafür, dass der Kläger einen dauerhaften landwirtschaftlichen Betrieb im Sinne der Rechtsprechung des Bundesverwaltungsgerichts betreibt. Dabei ist zunächst zu sehen, dass es sich um einen bereits von dem Vater des Klägers geführten Betrieb handelt, den der Kläger 1987 übernommen hat und der von ihm im Zeitpunkt der Erteilung der immissionsschutzrechtlichen Genehmigung bereits seit fast 20 Jahren fortgeführt worden war. ... Des Weiteren ist der Kläger ausgebildeter Landwirt und Winzermeister. Deshalb kann es keinem Zweifel unterliegen, dass es sich hier um einen – in der Generationenfolge – langjährig und ernsthaft geführten Betrieb handelt, der von dem Kläger zudem deutlich ausgeweitet worden ist.

...

Das streitige Vorhaben soll auch „im Rahmen" dieses landwirtschaftlichen Betriebes verwirklicht werden. Insoweit folgt der Senat nicht der Auffassung des Verwaltungsgerichts, die von dem Beklagten und der Beigeladenen im Berufungsverfahren ebenfalls vertreten wird, der Kläger betreibe lediglich einen „Biomasse-Betrieb" und es ermangele deshalb eines „landwirtschaftlichen Basisbetriebs", der aber vorliegend gegeben sein müsse, damit das Vorhaben gemäß § 35 Abs. 1 Nr. 6 BauGB als privilegiertes Vorhaben im Außenbereich zugelassen werden könne, weil er beabsichtige, die gesamte landwirtschaftliche Erzeugung seines Betriebes als Biomasse der geplanten Biogasanlage zuzuführen.

Diese Überlegungen knüpfen, wie das sowohl in dem Urteil des Verwaltungsgerichts als auch in den Ausführungen des Beklagten und der Beigeladenen zum Ausdruck kommt, an den Begriff des „Dienens" i.S. des von § 35 Abs. 1 Nr. 1 BauGB und die hierzu in der Rechtsprechung des Bundesverwaltungsgerichts entwickelten Grundsätze an und schlagen außerdem die Produktion der Biomasse im Sinne eines gedanklichen Konstruktes eines „Biomassebetriebes" dem eigentlichen Bauvorhaben – der Biogasanlage – zu, was weder in § 35 Abs. 1 Nr. 6 BauGB noch in der Kommentarliteratur hierzu eine Stütze findet, auf die sich die vorstehend geschilderte Auffassung indessen stützt. Schon der gedankliche Ansatz, gleichsam uneingeschränkt auf die bezüglich des „Dienens" in § 35 Abs. 1 Nr. 1 BauGB sowie bezüglich der von landwirtschaftlicher Nutzung mitgezogenen Nutzungen von der Rechtsprechung entwickelten Kriterien auch bezüglich der für Biogasanlagen geltenden Anforderung zurückzugreifen, wonach die Biogasanlage „im Rahmen" eines landwirtschaftlichen Betriebes verwirklicht werden soll, wird der Intention des Gesetzgebers bei der Neuschaffung des § 35 Abs. 1 Nr. 6 BauGB nicht gerecht. Biogasanlagen waren zwar auch in der Vergangenheit im Außenbereich zulässig, soweit sie einem landwirtschaftlichen Betrieb dienten oder als nichtlandwirtschaftliche Nutzung von der landwirtschaftlichen Nutzung mitgezogen wurden. Diese Rechtslage trug aber nach der Auffassung der Bundesregierung, wie sie in der Begründung des Gesetzentwurfes vom 17. Dezember 2003 (BT-Drucks. 15/2250, S. 54 f.)

zum Ausdruck kommt, den Bedürfnissen der Praxis nicht hinreichend Rechnung. Deshalb war es das gesetzgeberische Motiv für die Neuschaffung des § 35 Abs. 1 Nr. 6 BauGB, die Zulässigkeit dieser Anlage im Außenbereich wesentlich zu erweitern und zwar über die Möglichkeiten hinaus, die § 35 Abs. 1 Nr. 1 BauGB hierfür eröffnete. Dies sollte den Strukturwandel in der Landwirtschaft fördern (vgl. Berliner Kommentar zum BauGB, 3. Aufl., § 35 BauGB, Rdnr. 52; Söfker in Ernst/Zinkahn/Bielenberg/Krautzberger, § 35 BauGB, Rdnr. 59; Krautzberger in Battis/Krautzberger/Löhr, BauGB, 10. Aufl., Rdnr. 38a). Deshalb kann bei bei der Klärung, was der Gesetzgeber mit den Worten „im Rahmen eines Betriebes" regeln wollte, nicht uneingeschränkt auf die Kriterien zurückgegriffen werden, die die Rechtsprechung zu dem Begriff des „Dienens" entwickelt hat. Vielmehr muss der gesetzgeberischen Intention, die Möglichkeiten für die Zulassung derartiger Anlagen zu erweitern, Rechnung getragen werden. Angesichts dessen können auch die Ausführungen in der Kommentierung von Söfker (a.a.O., Rdnr. 59 b), wonach in Bezug auf den „Basisbetrieb" (Betrieb, in dem die Biomasseanlage betrieben werden soll) die Merkmale der „dienenden Funktion" des Vorhabens in Fällen des landwirtschaftlichen Betriebes i.S. des § 35 Abs. 1 Nr. 1 BauGB entsprechend angewandt werden können, worauf sich das Verwaltungsgericht in seinem Urteil ausdrücklich stützt, nicht dergestalt verstanden werden, dass die bezüglich des „Dienens" entwickelten Kriterien gleichsam 1:1 auf das Verhältnis von der Biogasanlage zu dem Basisbetrieb übertragen werden könnten. Das gilt auch für die Überlegungen des Verwaltungsgerichts wie des Beklagten und der Beigeladenen, ob die landwirtschaftliche Betätigung des Klägers noch den Schwerpunkt des Betriebes darstelle, dem sich die Biogasanlage unterordne, oder die Biogasanlage als gewerblicher Betriebsteil den Gesamtbetrieb derart präge, dass der landwirtschaftliche Charakter verloren gehe und der klägerische Betrieb dadurch den Charakter eines „Biomassebetriebes" annehme. Gerade die Problematik des rentablen Betriebes von Biomasseanlagen bei kleineren landwirtschaftlichen Betrieben ist nämlich von dem Gesetzgeber gesehen worden, bei denen im Verhältnis zum Umfang der von ihnen betriebenen Landwirtschaft und ihres eigenen Strombedarfs auch nur kleinere und damit weniger rentable Vorhaben zur Nutzung von Biomasse nach der bisherigen Rechtslage genehmigungsfähig waren, was aber den Bedürfnissen der Praxis nicht hinreichend Rechnung trug (Berliner Kommentar zum BauGB, a.a.O.). Der Gesetzgeber hat also ersichtlich von dem Grundsatz Abstand nehmen wollen, eine Biogasanlage müsse sich in dem Maße der landwirtschaftlichen Betätigung unterordnen, wie dies bezüglich des „Dienens" i.S. von § 35 Abs. 1 Nr. 1 BauGB gefordert wird. Das gleichermaßen verfolgte Ziel, keine „Biogasfabriken" im Außenbereich entstehen zu lassen, hat der Gesetzgeber deshalb nicht unter Rückgriff auf das Kriterium der Unterordnung im Sinne des „Dienens" verfolgt, sondern durch die Beschränkung der maximalen elektrischen Leistung durch die Regelung des § 35 Abs. 1 Nr. 6 Buchst. d BauGB.

Die Überlegungen des Verwaltungsgerichts, ob die Biogasanlage gegenüber dem landwirtschaftlichen Basisbetrieb den Schwerpunkt des Gesamtbetriebes darstelle, erscheinen zudem vor dem Hintergrund der Regelung in § 35 Abs. 1 Nr. 6 Buchst. b) BauGB problematisch, der gerade auch eine Kooperation naher landwirtschaftlicher Betriebe zur Erzeugung der benötigten Biomasse ermöglicht. Die Forderung einer strengen Unterordnung der Biogasanlage unter den „Basisbetrieb“, in dessen Rahmen sie verwirklicht werden soll, würde im Fall einer derartigen Kooperation verschiedener naher Betriebe im Ergebnis darauf hinauslaufen, dass losgelöst von den jeweiligen günstigen oder ungünstigen betrieblichen Gegebenheiten und sonstigen Standortbedingungen die Biogasanlage nur bei demjenigen Kooperationspartner genehmigt werden könnte, der einen so großen „Basisbetrieb“ führt, dass sich die Biogasanlage demgegenüber unterordnet. Eine derartige Vorstellung des Gesetzgebers ist der Kommentierung der Vorschrift indes nicht zu entnehmen.

Auch die Erwägungen des Verwaltungsgerichts, im vorliegenden Fall werde nach der Verwirklichung der Biogasanlage gar kein landwirtschaftlicher „Basisbetrieb“ mehr vorliegen, in dessen Rahmen die Biogasanlage betrieben werde, weil hierdurch der Gesamtbetrieb einen nicht landwirtschaftlichen Charakter annehme, erweisen sich nicht als schlüssig. Das Verwaltungsgericht wie auch der Beklagte und die Beigeladene stellen nämlich im Kern darauf ab, der Betrieb sei, weil die gesamten landwirtschaftlichen Flächen des Klägers zur Erzeugung von Biomasse eingesetzt werden sollen, insgesamt – zusammen mit der Biogasanlage – ausschließlich auf die Erzeugung und Verwertung von Biomasse ausgerichtet, wodurch hier ein landwirtschaftsfremder „Biomassebetrieb“ entstehe. Damit fehle es aber dann aber an einem landwirtschaftlichen Betrieb i.S. von § 35 Abs. 1 Nr. 1 BauGB, „in dessen Rahmen“ die streitige Biogasanlage verwirklicht werden solle. Dem folgt der Senat nicht.

Es ist nämlich zu trennen zwischen der Biogasanlage einerseits und der landwirtschaftlichen Tätigkeit des Klägers andererseits. Gegenstand des Genehmigungsverfahrens wie auch des Verwaltungsstreitverfahrens ist zunächst einmal allein die von dem Kläger geplante Biogasanlage. Den Begriff des „Biomassebetriebes“ kennt das Gesetz nicht. Es stellt vielmehr darauf ab, ob ein landwirtschaftlicher Betrieb vorliegt. Den Begriff der Landwirtschaft hat der Gesetzgeber in § 201 BauGB definiert. Daraus lassen sich bestimmte Grundmerkmale entnehmen. Das sind die planmäßige und eigenverantwortliche Bewirtschaftung des Bodens sowie die unmittelbare Bodenertragsnutzung (vgl. Söfker in Ernst/Zinkahn/Bielenberg, § 201 BauGB, Rdnr. 11). Zu dieser unmittelbaren Bodenertragsnutzung ist auch die Gewinnung von Biomasse zu zählen, die der Kläger beabsichtigt (vgl. OVG RP, Urteil vom 24. Oktober 2001 – 8 A 10125/01.OVG –, RdL 2003, 295 f.; OVG Schleswig-Holstein, Beschluss vom 8.August 2006 in juris). Das stellt auch das Verwaltungsgericht in seinem Urteil (S. 14 UA) nicht in Abrede. Diesen Charakter als

Landwirtschaft i.S. des § 201 BauGB verliert eine derartige Bodenertragsnutzung nicht dadurch, dass die gesamte Bodenertragsnutzung eines landwirtschaftlichen Betriebes auf die Erzeugung von Biomasse ausgerichtet ist. Auch einem Landwirt, der seinen gesamten landwirtschaftlichen Betrieb auf die Erzeugung von Biomasse und deren Ablieferung in eine – fremde – Biogasanlage oder in eine Anlage zur Erzeugung von Biokraftstoffen umstellt, kann nicht abgesprochen werden, dass er einen landwirtschaftlichen Betrieb i.S. von § 35 Abs. 1 Nr. 1 BauGB führt. Gerade vor dem Hintergrund der Überlegungen des Gesetzgebers, einen Strukturwandel in der Landwirtschaft positiv zu begleiten und den Landwirten zusätzliche oder andere, bessere Einnahmemöglichkeiten zu eröffnen, wäre eine gegenteilige Auffassung verfehlt. Die Einordnung eines Betriebes als landwirtschaftlichen Betrieb gemäß § 35 Abs. 1 Nr. 1 BauGB kann also nicht daran geknüpft sein, dass ein derartiger Betrieb zu einem wie auch immer festzulegenden Anteil außer Biomasse auch andere landwirtschaftliche Produkte erzeugt. Somit verliert eine Bodenertragsnutzung ihren landwirtschaftlichen Charakter nicht dadurch, dass sie nicht auf die Erzeugung von Lebensmitteln, sondern auf die Verwertung der im Betrieb erzeugten Produkte zur Biogas- oder Biokraftstoffherstellung ausgerichtet ist. An dieser die Voraussetzungen des § 201 BauGB grundsätzlich erfüllenden, auf die Erzeugung von Biomasse ausgerichteten landwirtschaftlichen Betätigung ändert sich rechtlich aber auch nichts dadurch, dass eine Biogasanlage, wie hier, in einem solchen Betrieb verwirklicht werden soll, der ausschließlich Biomasse produziert. Hierdurch entsteht aus dem bisherigen und nach wie vor fortbestehenden landwirtschaftlichen Betriebsteil und der neu hinzukommenden Biogasanlage keineswegs ein neuartiger, der Landwirtschaft nicht mehr zuzuordnender Gesamtbetrieb im Sinne eines „Biomassebetriebes". Vielmehr liegen nach wie vor zwei Betriebsteile vor, die gesondert zu betrachten sind und von denen der fortbestehende landwirtschaftliche Teilbetrieb den landwirtschaftlichen Charakter nicht dadurch verliert, dass er auf die Erzeugung von Biomasse für die – eigene – Biogasanlage ausgerichtet ist. Ebenso wie ein ausschließlich für eine fremde Biogasanlage Biomasse produzierender landwirtschaftlicher Betrieb wird ein Betrieb, wie ihn der Kläger beabsichtigt, durch die ausschließliche Erzeugung von Biomasse nicht dergestalt landwirtschaftsfremd geprägt, dass er nicht mehr als landwirtschaftlicher Betrieb ab[an]gesehen werden könnte. Soweit hier die Erzeugung von Biogas stattfindet, indem die Biomasse einer Umwandlung in Biogas unterzogen wird, stellt dies letztlich nichts anderes als eine Veredelung von Bodenprodukten der Landwirtschaft dar, wie sie auch bei der Vergärung von Most zu Wein oder Vergärung von Gras zu Silage vorkommt. Dabei ist es unerheblich, dass der eigentliche Grundstoff, die Biomasse, nicht erhalten bleibt, sondern in Form des Biogases ein Stoff in einem anderen Aggregatzustand entsteht (vgl. OVG RP, Urteil vom 24. Oktober 2001, a.a.O.; OVG SH, Beschluss vom 8. August 2006, a.a.O.).

Der Zielsetzung rein gewerbliche Biogasanlagen oder „Biogasfabriken" im Außenbereich zu verhindern, hat der Gesetzgeber durch die Regelungen in § 35 Abs. 1 Nr. 6 Buchst. a und d BauGB bereits Rechnung getragen. Danach muss die Biogasanlage in einem räumlich-funktionalen Zusammenhang mit dem landwirtschaftlichen Betrieb stehen, was hier zwischen den Beteiligten nicht streitig und nach den vorliegenden Unterlagen auch gegeben ist. Darüber hinaus ist die insgesamt zulässige elektrische Leistung der Biogasanlage durch den Gesetzgeber begrenzt worden, worauf der Kläger, wie oben ebenfalls bereits dargelegt worden ist, durch eine entsprechende Anpassung seines Genehmigungsantrages reagiert hat. Das Ziel, unerwünschte Fehlentwicklungen zu verhindern, erfordert deshalb nicht das Vorhandensein eines nicht Biomasse erzeugenden landwirtschaftlichen Betriebsteiles.

Entgegen der Auffassung des Beklagten und der Beigeladenen erfüllt das Vorhaben auch die Voraussetzungen des § 32 [35] Abs. 1 Nr. 6 Buchst. b BauGB. Danach ist ein derartiges Vorhaben nur dann zulässig, wenn die Biomasse überwiegend aus dem Betrieb, in dem die Biogasanlage errichtet werden soll, oder überwiegend aus diesem und aus nahe gelegenen landwirtschaftlichen Betrieben stammt. ... Bei den benannten weiteren Betrieben handelt es sich darüber hinaus um Betriebe ..., die demgemäß in einer solchen Entfernung liegen, dass sie als „nahe Betriebe" im Sinne der Vorschrift verstanden werden können (vgl. hierzu OVG SH, Urteil vom 8. August 2006, a.a.O., wonach solche Betriebe bis zu 10 km von der Anlage entfernt liegen können).

... So dürfte die Forderung nach bei der Antragstellung bereits fest abgeschlossenen Verträgen mit den kooperierenden nahen Betrieben, nach der konkreten Benennung jeder einzelnen Parzelle, die zur Produktion von Biomasse eingesetzt werden soll, und möglichst noch der Festlegung der darauf – dauerhaft – zu ziehenden Früchte, die der Erzeugung der Biomasse dienen sollen, an der auch in einem solchen Genehmigungsverfahren zu beachtenden Lebenswirklichkeit vorbeigehen. Allerdings ist zu sehen, dass der Gesetzgeber eine weitere Konkretisierung, wann die Erfüllung der Voraussetzungen des § 35 Abs. 1 Nr. 6 b BauGB von dem Antragsteller hinreichend dargetan ist, nicht vorgenommen hat, und dass auch, soweit ersichtlich, keine Verwaltungsvorschriften existieren, welche diesbezüglichen Antragsunterlagen mit dem Genehmigungsantrag hierzu einzureichen wären. Im vorliegenden Fall hat, wie sich aus den Verwaltungsakten ergibt, eine kontinuierliche Abstimmung zwischen dem Kläger und dem Beklagten auch über diese Frage stattgefunden, als deren Ergebnis festzuhalten ist, dass aus der Sicht des Beklagten die Frage als geklärt angesehen werden konnte. Mehr ist in diesem Zusammenhang allerdings auch nicht zu leisten, wie sich Anhaltspunkte hierfür der Kommentarliteratur entnehmen lassen. Danach ist erforderlich eine Prognose darüber, dass die Erfüllung der Voraussetzung des § 35 Abs. 1 Nr. 6 b BauGB – der überwiegenden Verwendung von Biomasse aus dem eigenen bzw. einem eigenen und nahen Betrieben in der zur Genehmigung stehenden Biomasseanlage für die voraussichtliche Dauer des Betriebes – anzunehmen ist, wobei mögliche Produktionsschwankungen und dergleichen zu berücksichtigen sein können (vgl. Söfker, a.a.O., Rdnr. 59 d). Eine derartige Prognose hat der Beklagte hier indessen aufgestellt und ist dabei zu einem positiven Ergebnis gelangt. Das genügte.

... Ob die von dem Beklagten vorgenommene positive Prognose bei dem Betrieb der zu genehmigenden Anlage auch tatsächlich umgesetzt wird, ist dann eine Frage der nachträglichen Kontrolle durch den Beklagten. Das Bemühen, diese Kontrolle zu erleichtern und Fehlverhalten bei der Erfüllung der Voraussetzung des § 35 Abs. 1 Nr. 6 BauGB möglichst von vornherein zu verhindern, darf allerdings nicht dazu führen, an die Antragstellung überzogene Anforderungen zu stellen.

...

c. BVerwG, Urteil vom 11.12.2008 – 7 C 6.08, NVwZ 2009, 585

Amtliche Leitsätze:

1. Eine Biogasanlage wird auch dann „im Rahmen“ eines landwirtschaftlichen Betriebs im Sinne von § 35 Abs. 1 Nr. 6 BauGB betrieben, wenn der landwirtschaftliche Betrieb ausschließlich Biomasse erzeugt.

2. Die Tatbestandsvoraussetzungen des § 35 Abs. 1 Nr. 6 Buchst. b BauGB dürfen von der Genehmigungsbehörde nicht lediglich prognostisch abgeschätzt werden.

3. Den Kooperationsvereinbarungen mit nahe gelegenen Betrieben müssen die Lage der Betriebsflächen und die Menge der zu liefernden Biomasse zu entnehmen sein. Das Fehlen von Preisabsprachen kann ein Indiz für die fehlende Dauerhaftigkeit einer privilegierten Betriebsführung sein.

Entscheidungsgründe:

...

Zwischen den Verfahrensbeteiligten ist allein streitig, ob der begehrten immissionsschutzrechtlichen Genehmigung nicht andere öffentliche Vorschriften im Sinne von § 6 Abs. 1 Nr. 2 BImSchG entgegenstehen. Dabei geht es wiederum ausschließlich um die Voraussetzungen des durch das Europarechtsanpassungsgesetz (EAG) Bau im Jahre 2004 neu in das Baugesetzbuch eingefügten Privilegierungstatbestands des § 35 Abs. 1 Nr. 6 BauGB.

Zwar ist das Oberverwaltungsgericht zu Recht davon ausgegangen, dass eine Biogasanlage auch dann „im Rahmen“ eines landwirtschaftlichen Betriebs im Sinne von § 35 Abs. 1 Nr. 6 BauGB betrieben wird, wenn der landwirtschaftliche Betrieb überwiegend oder ausschließlich Biomasse erzeugt (1). Bundesrechtswidrig ist aber die Annahme, dass das Vorliegen der Tatbestandsvoraussetzungen des § 35 Abs. 1 Nr. 6 Buchst. b BauGB nur prognostisch zu beurteilen ist (2).

1. Entgegen der Revision verlangt das Tatbestandsmerkmal „im Rahmen eines Betriebs" – § 35 Abs. 1 Nr. 6 Halbs. 1 BauGB – lediglich, dass die Biogasanlage nur im Anschluss an eine bereits bestehende privilegierte Anlage im Außenbereich errichtet und betrieben werden darf. Der Eingriff in den Außenbereich soll somit nicht in Form eines solitär stehenden Vorhabens erfolgen, vielmehr wird an einen schon vorhandenen landwirtschaftlichen Betrieb (Nr. 1), an einen Gartenbaubetrieb (Nr. 2) oder an einen Tierhaltungsbetrieb (Nr. 4) angeknüpft und damit bereits bestehende Bebauung lediglich erweitert.

Diesem einschränkenden Privilegierungsmerkmal kann nicht zusätzlich entnommen werden, dass die Biogasanlage gegenüber dem „klassischen" landwirtschaftlichen Basisbetrieb, an den angeknüpft wird, von untergeordneter Bedeutung sein müsse. Das in § 35 Abs. 1 Nr. 1 BauGB enthaltene Merkmal des „Dienens" kann auf § 35 Abs. 1 Nr. 6 BauGB ebenso wenig übertragen werden, wie die (räumliche) Beschränkung der Anlage auf die Maße einer noch zulässigen „mitgezogenen" Nutzung (vgl. hierzu Beschluss vom 28. August 1998 – BVerwG 4 B 66.98 – Buchholz 406.11 § 35 BauGB Nr. 336 m.w.N.). Auch ein im Außenbereich gelegener landwirtschaftlicher Betrieb, der ausschließlich auf die Produktion von Biomasse ausgerichtet ist, kann geeigneter Anknüpfungspunkt für die Privilegierung einer angeschlossenen Biogasanlage sein. Die Begründung hierfür folgt zum einen schon daraus, dass es sich auch bei der Produktion von Biomasse um Landwirtschaft im Sinne von § 201 BauGB handelt; deren Gewinnung erfolgt durch Ackerbau, eine unmittelbare Bodenertragsnutzung steht in Mitten. Zum anderen lassen auch die gängigen Auslegungskriterien an diesem Ergebnis keine Zweifel aufkommen: Schon der Gesetzeswortlaut der Bestimmung, aber auch die Systematik der gesetzlichen Neuregelung sprechen hierfür. § 35 Abs. 1 Nr. 6 BauGB stellt in seinem Wortlaut nicht auf das Merkmal des „Dienens" ab. Wollte der Gesetzgeber eine Biogasanlage lediglich in dienender Abhängigkeit zu einem Betrieb nach Nr. 1, 2 oder 4 privilegieren, hätte er die entsprechende Formulierung verwandt, wie sie andere Privilegierungstatbestände des § 35 Abs. 1 BauGB enthalten. Die Anfügung eines entsprechenden Tatbestandsmerkmals an die Buchstaben a bis d bzw. eine Einfügung in den Buchstaben a wegen der dort ähnlichen Thematik hätte sich angeboten. Hieran fehlt es. Auch den Gesetzesmaterialien lässt sich für eine restriktive Auslegung des § 35 Abs. 1 Nr. 6 BauGB in diesem Sinne nichts entnehmen. Das Gegenteil ist der Fall. Die vor Inkrafttreten des EAG Bau 2004 für die bauaufsichtliche Genehmigung einer Biogasanlage im Außenbereich einzuhaltenden Kriterien einer nur „dienenden Funktion" bzw. „mitgezogenen Nutzung" sollten nach dem Willen des Gesetzgebers nicht aufrecht erhalten bleiben. Die Motive (BT-Drucks 15/2250 S. 54 f.) beziehen sich auf den Strukturwandel in der Landwirtschaft, wobei „die bisherige Rechtslage den Bedingungen der Praxis nicht hinreichend Rechnung trägt". Dieser bewusste Verzicht des Gesetzgebers auf das einschränkende Tatbestandsmerkmal des

„Dienens" des Vorhabens darf nicht durch eine einengende Auslegung des gesetzlichen Anknüpfungspunktes „im Rahmen eines Betriebs" überspielt werden. Einer weitergehenden einschränkenden Auslegung bedarf das Tatbestandsmerkmal „im Rahmen" auch deshalb nicht, weil dem Gebot der größtmöglichen Schonung des Außenbereichs vor Bebauung auch durch die zusätzlichen Tatbestandsvoraussetzungen in § 35 Abs. 1 Nr. 6 Buchst. a bis d BauGB Rechnung getragen wird, von denen hier nur Buchst. b streitig ist. Bereits mit der Beschränkung der elektrischen Leistungsfähigkeit des nachgeschalteten Blockheizkraftwerks auf 0,5 MW verbindet sich zugleich eine Obergrenze des baulichen Maßes der das Biogas erzeugenden Anlagekomponenten. Die bauliche Anlage darf nicht auf die Gewinnung von mehr Biogas ausgelegt sein, als es vom Blockheizkraftwerk abgenommen werden und dort Verwendung finden kann (Buchst. d).

Ebenso darf je Hofstelle nur eine Anlage betrieben werden (Buchst. c). Ferner muss die Biogasanlage mit dem bestehenden Betrieb in einem räumlichen-funktionalen Zusammenhang stehen, was nicht nur die Nähe des Vorhabens zur Hofstelle bedingt, sondern sich auch auf die Möglichkeit der Verwendung in der Anlage anfallender Reststoffe als Dünger auf den Betriebsflächen bezieht und insbesondere die gemeinsame Nutzung bestehender baulicher Anlagen im Betrieb der Hofstelle und der Biogasanlage sicherstellt; die Notwendigkeit neuer baulicher Anlagen wird damit reduziert (Buchst. a). All diese Vorgaben sind Prüfungsgegenstand des immissionsschutzrechtlichen Genehmigungsverfahrens. Nur bei deren Einhaltung kann eine Genehmigung des privilegierten Vorhabens erfolgen und kommt es zu dem auch unter diesen Rahmenbedingungen gebotenen Schutz des Außenbereichs.

2. Als bundesrechtswidrig erweist sich jedoch insoweit die Annahme des Oberverwaltungsgerichts, das (dauerhafte) Vorliegen der Tatbestandsvoraussetzungen unter § 35 Abs. 1 Nr. 6 Buchst. b BauGB müsse im Genehmigungsverfahren nur prognostisch beurteilt werden.

Nach § 35 Abs. 1 Nr. 6 Buchst. b BauGB muss die für den Betrieb der Anlage erforderliche Biomasse überwiegend, also zu mehr als 50%, aus dem eigenen Betrieb oder aus diesem und aus nahe gelegenen Betrieben stammen. Damit beschränkt der Gesetzgeber Kooperationsmöglichkeiten auf den näheren Umkreis und setzt so einer überwiegend überregionalen Anlieferung des benötigten Rohmaterials aus ökologischen und volkswirtschaftlichen Gründen Grenzen, um „Biomasse- bzw. Gülletourismus" zu unterbinden (BT-Drucks 15/2250 S. 55). Entgegen der Auffassung des Oberverwaltungsgerichts muss die Behörde auch diese einschränkenden Tatbestandmerkmale im Genehmigungsverfahren prüfen und die immissionsschutzrechtliche Genehmigung versagen, wenn der Antragsteller nicht nachweisen kann, dass die Biomasse überwiegend entweder von eigenen oder aber von eigenen und nahe gelegenen Betriebsflächen der Kooperationspartner stammt und ihr Bezug zumindest mittelfristig gesichert ist.

Eine lediglich prognostische Abschätzung der Tatbestandsvoraussetzungen des § 35 Abs. 1 Nr. 6 Buchst. b BauGB ist dem Wesen einer bauaufsichtlichen Genehmigungsentscheidung fremd und würde zudem dem beabsichtigten Schutz des Außenbereichs zuwider laufen. Im Bau- und Fachplanungsrecht liegt für die Verwaltung ein Prognosefreiraum nur vor, wenn eine Prognose entweder zu einer Planungsentscheidung oder zu einem auf anderen Gründen beruhenden Beurteilungsspielraum hinzutritt (Urteil vom 29. Januar 1991 – BVerwG 4 C 51.89 – NVwZ-RR 1991, 601, 608 f. (Flughafen München II) einerseits und Urteil vom 19. Januar 1989 – BVerwG 7 C 31.87 – BVerwGE 81, 185, 191 f. = Buchholz 451.171 AtG Nr. 27 (Werkschutz in atomaren Anlagen) andererseits). Beides liegt bezogen auf den Tatbestand des § 35 Abs. 1 Nr. 6 Buchst. b BauGB nicht vor: Von einem eingeschränkten gerichtlichen Überprüfungsmaßstab auszugehen liegt neben der Sache. Das Gesetz räumt der Verwaltung auch keinen Beurteilungsspielraum ein, noch weniger ist Raum für eine prognostische Entscheidung. Auszugehen ist bezüglich der Privilegierungstatbestände des § 35 Abs. 1 BauGB von gebundenen Entscheidungen, d.h. nur bei Vorliegen der jeweiligen tatbestandlichen Voraussetzungen ist ein Vorhaben im Außenbereich privilegiert genehmigungsfähig. Eine entsprechende Prüfungsverpflichtung der Behörde ist somit unausweichlich. Zudem erfordert der Schutzzweck des § 35 BauGB über die einzelnen Privilegierungstatbestände hinausgehend, dass der Außenbereich nicht lediglich für kurzfristige, nicht abgesicherte Tätigkeiten in Anspruch genommen wird. Es entspricht in diesem Zusammenhang der gefestigten Rechtsprechung des Bundesverwaltungsgerichts (Urteil vom 16. Dezember 2004 – BVerwG 4 C 7.04 – BVerwGE 122, 308, 310 = Buchholz 406.11 § 35 BauGB Nr. 367; Urteil vom 4. März 1983 – BVerwG 4 C 69.79 – Buchholz 406.11 § 35 BBauG Nr. 198; Beschluss vom 9. Dezember 1993 – BVerwG 4 B 196.93 – Buchholz 406.11 § 35 BauGB Nr. 289), dass ein im Außenbereich privilegiertes, der Landwirtschaft dienendes Vorhaben auf eine gesicherte Nachhaltigkeit der Bewirtschaftung und Dauerhaftigkeit des Betriebs (auch im Sinne einer Überlebensfähigkeit) angelegt sein muss. An diesem, dem jeweiligen Privileg angemessenen Erfordernis der Nachhaltigkeit und Dauerhaftigkeit müssen sich sämtliche in § 35 Abs. 1 BauGB vorgesehenen Privilegierungstatbestände messen lassen (Urteil vom 24. August 1979 – BVerwG 4 C 3.77 – Buchholz 406.11 § 35 BBauG Nr. 158). Daraus folgt, dass sowohl der landwirtschaftliche Betrieb selbst als auch die Biogasanlage auf eine gesicherte Nachhaltigkeit und Dauerhaftigkeit angelegt sein müssen.

3. Zu all diesen Fragen hat das Oberverwaltungsgericht keine tatsächlichen Feststellungen getroffen. Der Senat kann diese im Revisionsverfahren nicht nachholen. Dies zwingt zur Zurückverweisung der Streitsache, wobei das Oberverwaltungsgericht die Sach- und Rechtslage im Zeitpunkt der letzten mündlichen Verhandlung zu prüfen haben wird. Allein das Vorliegen einer Anfechtungsklage zwingt nicht stets dazu, auf den Zeitpunkt des Abschlusses des Verwaltungsverfahrens abzuhe-

ben. Denn mit der Aufhebung der immissionsschutzrechtlichen Genehmigung im Widerspruchsverfahren ist diese dem ursprünglichen Kläger auf Verwaltungsebene versagt worden. Der Kläger begehrt damit weiterhin – einer Verpflichtungsklage ähnlich – eine behördliche Entscheidung zu seinen Gunsten. Auch erfordert die Prozessökonomie – zur Vermeidung eines zweiten „Durchgangs" vor den Verwaltungsgerichten – maßgeblich auf den Zeitpunkt der letzten Gerichtsentscheidung abzustellen (Urteil vom 15. Februar 1985 – BVerwG 4 C 42.81 – Buchholz 406.19 Naturschutz Nr. 65).

a) Das Oberverwaltungsgericht wird klären müssen, ob (mithilfe der Anbau- und Abnahmeverträge vom 12./13. Januar 2006) hinreichend nachgewiesen ist, dass die Biomasse überwiegend von Betriebsflächen des eigenen oder des eigenen und nahe gelegenen Betriebsflächen von Kooperationspartnern stammt und dies auf Dauer, zumindest mittelfristig, gesichert ist. Dabei kommt es angesichts der gesetzgeberischen Zielsetzung, überregionale Biomasse- und Gülletransporte zu vermeiden, nicht auf die Lage der Hofstellen der Kooperationspartner, sondern derjenigen Betriebsflächen an, auf denen die Biomasse angebaut werden soll. Vorbehaltlich siedlungsstruktureller oder betriebsspezifischer Besonderheiten des Einzelfalls sind Betriebsflächen dann „nahe gelegen", wenn sie nicht weiter als 15 bis 20 km von der Biogasanlage entfernt sind.

Zum Nachweis der Voraussetzungen des § 35 Abs. 1 Nr. 6 BauGB wird es regelmäßig der Vorlage von Kooperationsverträgen bedürfen, aus denen die Lage der Anbauflächen, der Umfang der anzubauenden Biomasse und die Bezugsdauer (Laufzeit) hervorgehen und die eine Entgeltvereinbarung aufweisen. Nur dann kann auf die Dauerhaftigkeit des Vorhabens im Sinne eines lebensfähigen Unternehmens geschlossen werden. Kurze oder nur jährliche Laufzeiten können ein Indiz dafür sein, dass der Betrieb der Anlage nur kurzfristig gesichert ist, was unzureichend wäre. Eine ähnliche Indizwirkung kann unter Umständen auch dem Fehlen von Preisabsprachen zukommen, sofern es nicht der landwirtschaftlichen Praxis entspricht, auf schriftliche Preisregelungen zu verzichten und die vertraglichen Anbau- und Abnahmeverpflichtungen auch ungeachtet etwaiger Preisschwankungen verbindlich sind. Jedenfalls wird der Betreiber der Anlage aber unverändert nachweisen müssen, dass auch bei stark schwankenden Preisen der zum Einsatz kommenden Biomasse der Betrieb der Anlage rentierlich und damit auf Dauer gesichert ist. Denn die immissionsschutzrechtliche Genehmigung einer Biogasanlage, deren entprivilegierter Betrieb von vorneherein bereits absehbar ist, verbietet sich (Urteil vom 24. August 1979 a.a.O.).

...

II. Nachbarschutz gegen Biogasanlagen

1. Schutz vor schädlichen Umwelteinwirkungen bei Biogasanlagen – OVG Lüneburg, Beschluss vom 4.10.2006 – 7 Me 43/06, NUR 2007, 41

Gründe

I. Mit seiner Beschwerde wendet sich der Antragsteller gegen den im Tenor bezeichneten Beschluss, mit dem das Verwaltungsgericht seinen Antrag, die aufschiebende Wirkung seines Widerspruchs gegen die der Beigeladenen erteilte immissionsschutzrechtliche Genehmigung wiederherzustellen, abgelehnt hat.

...

II. Die Beschwerde hat keinen Erfolg. Sie ist zwar zulässig aber unbegründet.

...

2. ... b) Die auf § 4 Abs. 1 BImSchG i.V.m. § 6 Abs. 1 BImSchG in der Fassung vom 26. September 2002 (BGBl. I S. 3830), zuletzt geändert durch Art. 1 des Gesetzes vom 25. Juni 2005 (BGBl. I S. 1865), gestützte Genehmigung verletzt voraussichtlich keine Rechte des Antragstellers. Die Genehmigung stellt hinreichend sicher, dass von der Anlage keine schädlichen Umwelteinwirkungen (§ 3 Abs. 1 BImSchG) ausgehen, die den Antragsteller in seinem Recht aus § 5 Abs. 1 Nr. 1 BImSchG verletzen. Auch ist ein Verstoß gegen andere öffentlich-rechtliche Vorschriften im Sinne von § 6 Abs. 1 Nr. 2 BImSchG nicht ersichtlich, die zumindest auch dem Schutz des Antragstellers zu dienen bestimmt sind.

aa) Von der Biogasanlage gehen keine unzumutbaren Geruchsbelästigungen aus. Zwar liegt die landwirtschaftlich genutzte Eigentumsfläche des Antragstellers ausweislich des der Genehmigung zugrunde liegenden Geruchsimmissionsgutachtens von Prof. Oldenburg innerhalb des Bereichs, in dem die von der Anlage ausgehenden Gerüche wahrnehmbar sind (vgl. Antragsunterlage Ziffer 4.1, S. 16 ff.). Diese Geruchsbelastung, die der Antragsteller ausschließlich bei der Bewirtschaftung seiner Flächen wahrnimmt, vermag jedoch eine Verletzung seiner Rechte nicht zu begründen. Denn nach Ziffer 3.1 der für die Beurteilung der Schädlichkeit von Geruchsimmissionen als Auslegungshilfe heranzuziehenden Verwaltungsvorschrift zur Feststellung und Beurteilung von Geruchsimmissionen – Geruchsimmissionsrichtlinie (GIRL) – sowohl i. d. F. vom 14. November 2000 (Nds. MBl. 2001, S. 224) als auch i. d. F. vom 30. Mai 2006 (Nds. MBl. 2006, 657) sind landwirtschaftlich genutzte Flächen grundsätzlich nicht schutzwürdig, da sie nicht dem dauernden Aufenthalt von Menschen dienen.

bb) Der Antragsteller wird auch nicht durch die in der Biogasanlage vorkommenden Clostridien, die nach seiner Auffassung zu einer Schädigung der auf seinen landwirtschaftlich genutzten Flächen angebauten Produkte und seiner körperlichen Unversehrtheit führen könnten, gemäß § 6 Abs. 1 Nr. 1 BImSchG i.V.m. § 5 Abs. 1 Nr. 1 BImSchG in seinen Rechten verletzt. Vielmehr ist der Senat der Auffassung, dass der Genehmigungsbescheid vom 17. November 2005, ergänzt durch Bescheid vom 6. Dezember 2005, sicherstellt, dass von Clostridien ausgehende Gefahren für die Allgemeinheit und Nachbarschaft aufgrund der anlagebedingten Schutzvorkehrungen nach dem gegenwärtigen Stand von Wissenschaft und Technik auch bei Störfällen nicht hervorgerufen werden.

Die immissionsschutzrechtliche Genehmigung enthält hinsichtlich der Verarbeitung von Bioabfällen und von nicht für den menschlichen Verzehr bestimmten tierischen Nebenprodukten zahlreiche Nebenbestimmungen betreffend tierseuchen-, hygiene-, abfall- und düngemittelrechtliche Anforderungen (vgl. Punkte H. und I. des Genehmigungsbescheides), die mögliche Gefahren ausschließen. Sie genügt damit zugleich den tierseuchen- und hygienerechtlichen Anforderungen der VO (EG) Nr. 1774/2002 des Europäischen Parlaments und des Rates vom 3. Oktober 2002 mit Hygienevorschriften für nicht für den menschlichen Verzehr bestimmte tierische Nebenprodukte (ABl. L 273/1 – nachfolgend VO (EG) Nr. 1774/2002), die verhindern, dass u. a. durch die Behandlung und Verarbeitung tierischer Nebenprodukte die Gesundheit von Mensch und Tier gefährdet wird (vgl. Art. 1 Abs. 1 Buchst. a der VO (EG) Nr. 1774/2002). Denn die genehmigte Biogasanlage hat im Rahmen ihrer Konzentrationswirkung (§ 13 BImSchG) die Zulassung nach Art. 15 der Verordnung (EG) Nr. 1774/2002 ... erhalten. Der Senat geht davon aus, dass die in der Genehmigung der Beigeladenen auferlegten Schutzvorkehrungen dem Stand der Wissenschaft und Technik (vgl. zu Letzterem § 3 Abs. 6 BImSchG) genügen ... Denn die in der VO (EG) Nr. 1774/2002 enthaltenen tierseuchen- und hygienerechtlichen Anforderungen sind nicht nur wissenschaftlich fundiert (vgl. Erwägungsgrund 16 dieser Verordnung), sondern werden neueren wissenschaftlichen Erkenntnissen kontinuierlich angepasst. Dies ist zuletzt durch die Verordnung EG-VO Nr. 208/2006 vom 7. Februar 2006 zur Änderung der Anhänge VI und VIII der VO (EG) Nr. 1774/2002 hinsichtlich der Verarbeitungsstandards für Biogas- und Kompostieranlagen sowie der Bestimmungen über Gülle geschehen, und zwar aufgrund des Gutachtens der Europäischen Behörde für Lebensmittelsicherheit (EFSA) vom 7. September 2005 zur Sicherheit von Verarbeitungsstandards in Biogas- und Kompostieranlagen für tierische Nebenprodukte hinsichtlich biologischer Risiken (vgl. Erwägungsgrund 3 der VO (EG) Nr. 208/2006).

...

cc) Die Erfolgsaussichten des Widerspruchs sind auch nicht wegen eines Verstoßes der Genehmigung gegen andere relevante öffentlich-rechtliche Vorschriften im Sinne von § 6 Abs. 1 Nr. 2 BImSchG, wozu auch baurechtliche Vorschriften zählen können (vgl. BVerwG, Beschl. v. 2.2.2000 – 4 B 87.99 –, NVwZ 2000, 679), abweichend von der erstinstanzlichen Entscheidung zu beurteilen. Denn es ist nicht ersichtlich, dass der Antragsteller durch die Erteilung der Genehmigung in seinen baurechtlichen Nachbarrechten verletzt wird.

Das Immissionsschutzrecht und das Bebauungsrecht stehen in einer Wechselwirkung zueinander: Einerseits konkretisiert das BImSchG die gebotene Rücksichtnahme u. a. auf die Nachbarschaft allgemein und damit auch für das Bebauungsrecht; andererseits bemisst sich die Schutzwürdigkeit eines Gebiets nach dem, was dort bauplanungsrechtlich zulässig ist. Da sowohl im Immissionsschutzrecht als auch im Bebauungsrecht die Allgemeinheit und die Nachbarn durch das Vorhaben nicht erheblichen Belästigungen, Störungen oder Nachteilen ausgesetzt werden dürfen, ist das Schutzniveau des § 5 Abs. 1 Nr. 1 BImSchG identisch mit demjenigen des das Gebot der Rücksichtnahme enthaltenden § 15 Abs. 1 Satz 2 BauNVO (vgl. BVerwG, a. a. O.).

Dementsprechend ist davon auszugehen, dass der Antragsteller auch unter baurechtlichen Gesichtspunkten nicht in seinen Nachbarrechten durch die genehmigte Biogasanlage verletzt wird, weil von ihr schädliche Umwelteinwirkungen im Sinne von § 5 Abs. 1 Nr. 1 i.V.m. § 3 Abs. 1 BImSchG ersichtlich nicht ausgehen und deshalb die landwirtschaftliche Nutzung seiner Flächen nicht beeinträchtigt wird. Insoweit hat der Antragsteller nicht einmal im Ansatz dargelegt, dass die Nutzung des in seinem Eigentum stehenden Flurstücks nach Maßgabe des § 35 BauGB zukünftig nicht mehr möglich sein wird. Ein Anspruch des Antragstellers auf einen „gebietswahrenden Charakter“ ist über § 35 BauGB hinausgehend nicht anzuerkennen.

...

Bei einer Beurteilung der bauplanungsrechtlichen Zulässigkeit der Biogasanlage als sonstiges Vorhaben nach § 35 Abs. 2 und 3 BauGB vermag der Senat nicht zu erkennen, dass die Genehmigung der Biogasanlage gegen baurechtliche nachbarschützende Vorschriften verstößt. Aus den zuvor dargelegten Gründen ist weder eine Verletzung des Rücksichtnahmegebots ersichtlich noch liegen die Voraussetzungen des § 35 Abs. 3 Nr. 3 BauGB vor, wonach eine Beeinträchtigung öffentlicher Belange, die der Zulassung eines sonstigen Vorhabens im Sinne von § 35 Abs. 2 BauGB entgegenstehen, u. a. dann gegeben ist, wenn das Vorhaben schädliche Umwelteinwirkungen hervorrufen kann oder ihnen ausgesetzt wird.

...

2. Nachbarschutz bei Biogasanlagen in Dorfgebieten

a. VGH Mannheim, Beschluss vom 3.5.2006 – 3 S 771/06, ZfBR 2006, 579

Leitsatz

Gerüche, die von einer ausschließlich mit Festmist bzw. Gülle aus Rinderhaltung sowie nachwachsenden Rohstoffen betriebenen, im Außenbereich liegenden Biogasanlage ausgehen, stellen dorfgebietstypische Emissionen dar, denn es handelt sich um Gerüche, die ihrer Art nach auch schon bei der landwirtschaftlichen Nutzung selbst (hier: bei Rinderhaltung) erzeugt werden. Bei der Bewertung dieser Gerüche im Rahmen des Rücksichtnahmegebots (hier: Verhältnis zu Wohnbebauung im Dorfgebiet) kommt es nicht darauf an, ob es sich bei der Biogasanlage rechtlich um einen landwirtschaftlichen Betrieb im Sinne des § 5 Abs. 2 Nr. 1 BauNVO i.V.m. § 201 BauGB handelt.

Gründe

Die Beschwerden des Beigeladenen und des Antragsgegners sind zulässig, insbesondere sind sie fristgerecht eingelegt und begründet worden. Sie haben auch in der Sache Erfolg.

...

Das unstreitig im Außenbereich gelegene Vorhaben dürfte vorliegend nach § 35 Abs. 1 Nr. 6 BauGB privilegiert zulässig sein, wie bereits das Verwaltungsgericht in dem angefochtenen Beschluss vom 16.3.2006 festgehalten hat. Ob es sich bei der Biogasanlage des Beigeladenen um eine genehmigungsbedürftige Nebeneinrichtung im Sinne des § 1 Abs. 2 Nr. 2 der 4. BImSchV zum seinerseits wohl grundsätzlich immissionsschutzrechtlich genehmigungsbedürftigen landwirtschaftlichen Betrieb der Gesellschaft bürgerlichen Rechts, bestehend aus dem Beigeladenen und seiner Ehefrau, handelt, oder ob die Biogasanlage als selbstständige Anlage zu werten ist, die aufgrund ihrer Kapazität für sich alleine keine immissionsschutzrechtliche Anlage darstellt, kann der Senat offenlassen. Denn auch im Falle einer genehmigungsbedürftigen Anlage nach dem Bundesimmissionsschutzgesetz kann sich der Nachbar nur darauf berufen, ob mit dieser Anlage die Pflichten des § 5 Abs. 1 Nr. 1 BImSchG eingehalten werden, d.h. ob schädliche Umwelteinwirkungen und sonstige Gefahren, erhebliche Nachteile und erhebliche Belästigungen für die Nachbarschaft hervorgerufen werden können. Diese Frage ist im Rahmen des Rücksichtnahmegebots gleichermaßen zu untersuchen (BVerwG, Urteil vom 14.1.1993 – 4 C 19.90 –, BRS 55, Nr. 175). Auf Einhaltung der Werte des § 5 Abs. 1 Nr. 2 BImSchG, bei denen es sich um Vorsorgewerte und nicht um drittschützende Gefahrenwerte handelt, kann ein Nachbar ohnedies nicht bestehen (BVerwG, Urteil vom 18.5.1982 – 7 C 42.80 –, BVerwGE 65, 313).

Das im Begriff der öffentlichen Belange in § 35 Abs. 3 BauGB verankerte Gebot der Rücksichtnahme soll einen angemessenen Interessenausgleich gewährleisten. Die dabei vorzunehmende Abwägung hat sich daran zu orientieren, was dem Rücksichtnahmebegünstigten und dem Rücksichtnahmeverpflichteten jeweils nach Lage der Dinge zuzumuten ist. Je empfindlicher und schutzwürdiger die Stellung des Rücksichtnahmebegünstigten ist, desto mehr kann an Rücksichtnahme verlangt werden. Je verständlicher und unabweisbarer die mit dem Vorhaben verfolgten Interessen sind, um so weniger braucht derjenige, der das Vorhaben verwirklichen will, Rücksicht zu nehmen. Berechtigte Belange muss er nicht zurückstellen, um gleichwertige fremde Belange zu schonen. Sind von dem in Rede stehenden Vorhaben Immissionen zu erwarten, so kann bezüglich der Zumutbarkeit auf Grundsätze und Begriffe des Bundesimmissionsschutzgesetzes zurückgegriffen werden. Immissionen, die das nach § 5 Abs. 1 Nr. 1 BImSchG zulässige Maß nicht überschreiten, begründen auch unter dem Gesichtspunkt des baurechtlichen Rücksichtnahmegebots keine Abwehr- oder Schutzansprüche. Ob Belästigungen im Sinne des Immissionsschutzrechts erheblich sind, richtet sich nach der konkreten Schutzwürdigkeit und Schutzbedürftigkeit der betroffenen Rechtsgüter, die sich ihrerseits nach der bebauungsrechtlichen Prägung der Situation und nach den tatsächlichen oder planerischen Vorbelastungen bestimmen, und ggf. die Schutzwürdigkeit der Betroffenen mindern. Die Schutzwürdigkeit der Umgebung hängt wiederum von dem Umfang der bereits gegenwärtig zulässigen Immissionen ab; die daraus folgende Vorbelastung bestimmt das Maß der gebotenen Rücksichtnahme. Führt ein hinzukommendes Vorhaben zu keinen stärkeren Belastungen, so ist es grundsätzlich unbedenklich (BVerwG, Urteile vom 22.6.1990 – 4 C 6.87 – BRS 50, Nr. 84 und vom 14.1.1993 – 4 C 19.90 – BRS 55, Nr. 175).

Im vorliegenden Fall dürfte ein Verstoß gegen das Rücksichtnahmegebot wegen einer Verschlechterung der Immissionslage ausscheiden,

...

Dabei ist jedenfalls im vorläufigen Rechtsschutzverfahren davon auszugehen, dass sich das Wohngrundstück des Antragstellers in einem faktischen Dorfgebiet befindet.

...

Entgegen der Auffassung des Verwaltungsgerichts stellen Gerüche, die von einer mit Festmist und nachwachsenden Rohstoffen betriebenen Biogasanlage ausgehen, dorfgebietstypische Emissionen dar. Maßgeblich ist insofern nicht, ob es sich bei der Biogasanlage rechtlich um einen landwirtschaftlichen Betrieb im Sinne des § 5 Abs. 2 Nr. 1 BauNVO i.V.m. § 201 BauGB handelt, sondern welche Gerüche tatsächlich auf etwaige betroffene Nachbargrundstücke einwirken können. Das sind im konkreten Fall die durch das Silagelager und den Silagetransport entstehenden Gerüche sowie die beim Einbringen des Festmistes auftretenden Geruchsemissionen. In beiden Fällen handelt es sich um Gerüche, die schon durch die normale Rinderhaltung des Beigeladenen verursacht werden. Wie der ESKD zutreffend ausführt, werden bei einer ausschließlich mit Festmist – bzw. Gülle aus der Rinderhaltung und nachwachsenden Rohstoffen betriebenen Biogasanlage keine anderen Gerüche als bei einer Rinderhaltung selbst erzeugt, denn die Gerüche kommen überwiegend aus der Lagerung der Silage und der Einspeisung derselben bzw. der Einspeisung des Festmistes – bzw. der Lagerung der „Biogasgülle". Diese ist sogar wesentlich weniger geruchsintensiv als Rindergülle und insgesamt einem Wohngrundstück in einem faktischen Dorfgebiet, das zudem aufgrund seiner Lage zum angrenzenden Außenbereich weniger schutzwürdig ist, als dorfgebietstypisch zumutbar. Ein solches Wohngrundstück ist vorbelastet damit, dass auf den angrenzenden im Außenbereich gelegenen landwirtschaftlich genutzten Grundstücken entsprechend guter fachlicher Praxis der landwirtschaftlichen Bodennutzung (vgl. § 17 Abs. 2 Ziff. 7 BBodSchG) Gülle aus Tierhaltung als Dünger aufgebracht wird. Mit dem Aufbringen der weniger geruchsintensiven Biogasgülle tritt insofern sogar eine Verbesserung ein.

...

b. OVG Lüneburg, Beschluss vom 14.3.2007 – 1 ME 222/06, ZfBR 2007, 476

Amtliche Leitsätze

1. Grundstücke, die im Dorfgebiet liegen oder nur den Schutz dort gelegener Grundstücke beanspruchen können, sind in verstärktem Umfang verpflichtet, Gerüche hinzunehmen, die mit dem Betrieb von Biogasanlagen, insbesondere der Siloplatte verbunden sind (wie B.-W. VGH, B. v. 3.5.2006 – 3 S 771/06 –, BauR 2006, 1870 = ZfBR 2006, 759).

...

Gründe

Der Antragsteller erstrebt einstweiligen Rechtsschutz gegen Errichtung und Betrieb einer Biogasanlage. Er sieht sich durch diese unzumutbaren Geruchs- und Lärmeinwirkungen, außerdem der Gefahr ausgesetzt, dass sein Grundstück in seinem Wert gemindert und das dort stehende denkmalgeschützte Ensemble in seinem Erscheinungswert erheblich herabgesetzt wird.

...

Die Beschwerde hat keinen Erfolg.

...

Dabei kann der Senat unentschieden lassen, ob das Grundstück noch in einem unverplanten Innenbereich liegt oder – was angesichts der vorliegenden Pläne näher liegt – ebenso wie das Baugrundstück schon dem Außenbereich zuzuordnen ist. Der Schutzanspruch, den das Grundstück des Antragstellers danach beanspruchen kann, ist in beiden Fällen gleich. Er entspricht nämlich dem eines Dorfgebietes. Schon der Betrieb der Beigeladenen sowie ein benachbarter landwirtschaftlicher Nebenerwerbsbetrieb führen zur Annahme, dass die nähere Umgebung aller Voraussicht nach als Dorfgebiet einzustufen sein wird. Nach der Rechtsprechung des Bundesverwaltungsgerichts (vgl. z. B. Beschl. v. 19.1.1996 – 4 B 7.96 – BRS 58 Nr. 67) stellen Dorfgebiete „ländliche Mischgebiete", das heißt Bereiche dar, in denen Wohnen, dieses nicht wesentlich störendes Gewerbe und landwirtschaftliche Betriebe untergebracht werden dürfen. Seinen Charakter verliert ein Dorfgebiet nach dieser Rechtsprechung nicht schon dann, wenn die Wohnbebauung zunimmt, solange noch landwirtschaftliche Betriebe vorhanden sind, welche der näheren Umgebung ein dörfliches Gepräge geben. Das ist aller Voraussicht nach für den fraglichen Bereich hier anzunehmen. Die landwirtschaftlichen Aktivitäten und Gebäude der Beigeladenen haben ein solches Maß, dass sie nicht mehr als Fremdkörper aus der Betrachtung ausgeschieden und bei der Einordnung der näheren Umgebung vernachlässigt werden könnten.

Es kommt selbständig tragend hinzu, dass das Grundstück des Antragstellers, wäre es noch dem unverplanten Innenbereich zuzuordnen, wegen der dann anzunehmenden Randlage zum Außenbereich ebenfalls nur den Schutzanspruch genösse, den Wohngrundstücke in einem Dorfgebiet genießen (vgl. hierzu z. B. BVerwG, Urt. v. 12.12.1975 – IV C 71.73 – BVerwGE 50, 49 = DVBl. 1976, 214 – BRS 29 Nr. 135) Denn der Außenbereich dient in hervorragender Weise insbesondere dazu, landwirtschaftliche Betriebe unterzubringen bzw. seinen Boden in einer Weise zu bewirtschaften, welche zu Geruchsbelastungen der Umgebung führt.

Insgesamt ist damit festzustellen, dass den Antragsteller in verstärktem Maße die Pflicht zur Hinnahme landwirtschaftlicher Immissionen, neuerlich von Geruch und Lärm trifft. Zu Recht weist die Beigeladenenseite in diesem Zusammenhang darauf hin, dass der Antragsteller indirekt davon auch profitiert. Denn in einem allgemeinen Wohngebiet wäre es wohl kaum zulässig, Schafe und Pferde auf dem Grundstück zu halten.

Dieses Schutzniveau wird durch die dem angegriffenen Vorhaben zuzurechnenden Immissionen aller Voraussicht nach nicht verletzt. Zum Geruch sind die folgenden Ausführungen veranlasst:

Feste Abstandsregeln existieren für die Verträglichkeit von Biogasanlagen zu benachbarter Wohnbebauung nicht. Es kommt auf die Umstände des Einzelfalls an. Auch die „Hinweise zum Immissionsschutz bei Biogasanlagen" (RdErl. d. Nds. MU v. 2.6.2004 – Az.: 33 – 40501/208.13/1 – i. d. F. der Überarbeitung Stand: 27.2.2007, VORIS 28500, auch über die Homepage des Nds. MU aufzufinden) enthalten keine Empfehlungen zu einem nach Leistungsfähigkeit und/oder Betriebsweise der Biogasanlage zu ermittelten Abstand von benachbarter Wohnbebauung. Es trifft zwar zu, dass in den Gärbehältern ganz erheblichen Umfangs unangenehme Gerüche entstehen. Schon um das Gas für das Blockheizwerk vollen Umfangs nutzen zu können, ist der Biogasanlagenbetreiber jedoch gehalten, diese mit einer dichten Hülle zu versehen. Das Beschwerdevorbringen enthält keine Anhaltspunkte für die Annahme, die genehmigte Anlage sei insoweit in der einen oder anderen Weise insuffizient.

...

Insgesamt ist damit zusammenzufassen:

Grundstücke, die im Dorfgebiete liegen oder nur den Schutz dort gelegener Grundstücke beanspruchen können, sind in verstärktem Umfang verpflichtet, Gerüche hinzunehmen, die den Betrieb von Biogasanlagen, insbesondere der Siloplatte verbunden sind (wie B.-W. VGH, B. v. 3.5.2006 – 3 S 771/06 –, BauR 2006, 1870 = ZfBR 2006, 759).

...

C. Originalgenehmigung einer Biogasanlage durch das Landesumweltamt Brandenburg[1]

LAND BRANDENBURG

Landesumweltamt
Regionalabteilung

Bearbeiter:
Gesch.-Z.:
Hausruf:
Fax:
Internet: www.brandenburg.de/lua
E-Mail: @lua.brandenburg.de

Genehmigungsbescheid Nr. xxxxxxxxx

<u>Anlagen</u>
Antragsunterlagen Blatt 0001 bis xxxx
Formblatt „Anzeige des Baubeginns"
Formblatt „Anzeige der Fertigstellung"
Baustellenschild

Sehr geehrter Herr xxxxxxxxxxxx,

auf Ihren Antrag vom xx.xx.xxxx ergeht nach der Durchführung des immissionsschutzrechtlichen Genehmigungsverfahrens folgende

Entscheidung

I. Der Firma xxxxxxxxxx wird die Genehmigung nach § 4 des Bundes-Immissionsschutzgesetzes (BImSchG) erteilt, eine Verbrennungsmotorenanlage zur Erzeugung von Strom aus Biogas (Biogasanlage) auf dem Grundstück in xxxxxxxx
Gemarkung: xxxxxxxxxx
Flur: x
Flurstück: xxx
zu errichten und zu betreiben.

---

1 Der Abdruck des Bescheids erfolgt mit freundlicher Genehmigung des Landesumweltamtes Brandenburg. Die Autoren danken herzlich für die Kooperation.

II. Für diese Biogasanlage wird die Zulassung nach Art. 15 der Verordnung (EG) Nr. 1774/2002 erteilt. Die Zulassungsnummer wird Ihnen nach angezeigter Inbetriebnahme durch die zuständige Überwachungsbehörde schriftlich mitgeteilt.

III. Für die Erteilung dieser Genehmigung ist eine Verwaltungsgebühr in Höhe von xxxxx € (in Worten: xxxxxxxxxx Euro) zu erheben. Unter Berücksichtigung Ihrer Vorschusszahlung wird mit diesem Bescheid der Restbetrag in Höhe von xxx € festgesetzt.

Die Gebühr wird mit der Bekanntgabe fällig und ist zur Vermeidung von Säumniszuschlägen spätestens innerhalb eines Monats nach Bekanntgabe auf das Konto des Landesumweltamtes Brandenburg bei der

XXXbank
Konto-Nr.: xxx
BLZ: xxx

zu überweisen. Als Verwendungszweck geben Sie bitte unbedingt **xxxxxxxxxx** an. Nur mit dieser Angabe ist eine eindeutige Zuordnung Ihrer Einzahlung möglich.

Beschreibung des Vorhabens

Die Biogasanlage besteht im Wesentlichen aus:
- Einrichtungen zur Annahme der Einsatzstoffe: Waage, Fahrsilo,
- zwei Anlagenstrecken mit jeweils
  - zwei Hydrolysebehältern,
  - einem Fermenter mit integriertem Gasspeicher,
  - einem Nachgärer mit integriertem Gasspeicher,
  - einem Blockheizkraftwerk mit einem Gasmotor,
  - einem Gärresteseparator,
  - einem Gärrestelager für die Flüssigprodukte,
  - einer Notfackel,
  - einer Gärrestetrocknungsanlage und
  - einer Lagerfläche für den getrockneten Gärrest.

Sie wird kontinuierlich 24 h/d bzw. 8760 h/a betrieben. Zur Vergärung werden Rindermist, Entenmist und die nachwachsenden Rohstoffe Maishäcksel und Getreideganzpflanzenhäcksel eingesetzt. Die Gärreste werden in Fest- und Flüssigphase getrennt. Der Feststoff wird bis zu einem Trockensubstanzgehalt von 85 % getrocknet und in der Trocknungshalle bis zur Abnahme zwischengelagert. Überschüssige Flüssigphase wird im Gärrestelager zwischengelagert und von dort aus auf landwirtschaftliche Flächen ausgebracht.

Nebenbestimmungen

1. Allgemein

1.1 Die Anlage ist entsprechend den eingereichten und mit Prüfvermerk versehenen Antragsunterlagen und darüber hinaus unter Beachtung und Einhaltung der in den Sicherheitsregeln für landwirtschaftliche Biogasanlagen des Bundesverbandes der landwirtschaftlichen Berufsgenossenschaften e.V. (Stand 06.11.2008 – Bundesverband der landwirtschaftlichen Berufsgenossenschaften e.V., Weißensteinstraße 70 – 72 in 34131 Kassel) aufgeführten Anforderungen zu errichten und zu betreiben. Sofern in den übrigen Nebenbestimmungen abweichende Anforderungen gestellt werden, sind diese einzuhalten bzw. umzusetzen.

1.2 Diese Genehmigung erlischt, wenn die mit diesem Bescheid erfasste Anlage nicht innerhalb von drei Jahren ab Bestandskraft der Genehmigung in Betrieb genommen wurde.

1.3 Diese Genehmigung oder eine Kopie ist an der Betriebsstätte oder in der zugehörigen Verwaltung jederzeit bereitzuhalten und den Beauftragten der Überwachungsbehörden auf Verlangen vorzulegen.

1.4 Der Baubeginn, der Abschluss der Errichtung, die Aufnahme des Probe- und des Dauerbetriebes und die Betriebseinstellung der mit diesem Bescheid erfassten Anlage sind der unteren Bauaufsichtsbehörde, dem LUA XXX, dem Landesamt für Arbeitsschutz, Regionalbereich xxxxx, und der unteren Wasserbehörde spätestens zwei Wochen vorher schriftlich anzuzeigen.

1.5 In einer erstmaligen Begehung und Revision ist dem LUA XXX und den am Genehmigungsverfahren beteiligten Fachbehörden nachzuweisen, dass die Anlage entsprechend den genehmigten Unterlagen und den Bestimmungen des Genehmigungsbescheides errichtet wurde bzw. betrieben wird.
Der Zeitpunkt der Revision wird nach erfolgter Anzeige der Inbetriebnahme gemäß Nebenbestimmung 1.4 dieses Bescheides vom LUA XXX festgelegt.

1.6 Sie müssen das LUA XXX über alle Betriebsstörungen und andere Ereignisse, die im Zusammenhang mit der durch diesen Bescheid erfassten Anlage stehen und durch die insbesondere die Nachbarn gesundheitlich gefährdet und/oder erheblich belästigt werden oder zu Schäden an der Umwelt führen können, sofort mündlich oder per Telefax unterrichten. Die Meldungen müssen Angaben über das Ausmaß, die Ursachen, den Zeitpunkt, die Zeitdauer und die Maßnahmen zur Beseitigung der Betriebsstörung enthalten. Unabhängig davon sind sofort alle Maßnahmen zu ergreifen, die zur Abstellung der Störung erforderlich sind. Die Betriebsstörungen mit Abweichungen vom Normalbetrieb und die eingeleiteten Maßnahmen sind im Anlagenbuch zu dokumentieren.

2. Bauordnungsrecht/Brandschutz

2.1 Der Prüfbericht über die Prüfung der bautechnischen Nachweise (Standsicherheit der Fahrsiloanlage, der Hydrolysebehälter, der Fermenter/Nachgärer) ist der unteren Bauaufsichtsbehörde vor Baubeginn vorzulegen. Der Nachweis der Löschwasserverfügbarkeit von 96 m^3/h für 2 Stunden ist bei der unteren Bauaufsichtsbehörde vor Baubeginn einzureichen.

Vor Zugang der gesonderten Baufreigabe „Baufreigabeschein“ darf mit der Bauausführung nicht begonnen werden.

Die Standsicherheit der Radialklärbecken ist durch einen Prüfingenieurs für Baustatik baufachlich einzuschätzen. Die baufachliche Einschätzung ist bei der unteren Bauaufsichtsbehörde vor Nutzung der Becken als Gärrestlager einzureichen.

2.2 Für die Ausführung der Konstruktion sind die geprüften statischen Unterlagen maßgebend. Alle grünen Prüfeintragungen sind zu beachten, sofern kein neuer Nachweis geführt wird. Die Bauüberwachung ist vom Prüfingenieur durchführen zu lassen. Die erforderlichen Bauzustandsbesichtigungen sind rechtzeitig bei ihm zu veranlassen. Die geprüften statischen Unterlagen müssen auf der Baustelle vorliegen.

2.3 Vor Baubeginn muss die Grundfläche der baulichen Anlage abgesteckt und ihre Höhenlage festgelegt sein. Die Einhaltung der festgelegten Grundfläche und Höhenlage ist der unteren Bauaufsichtsbehörde binnen zwei Wochen nach Baubeginn durch Vorlage einer Einmessungsbescheinigung eines Vermessungsingenieurs nachzuweisen. Der Nachweis kann auch durch eine Einmessungsbescheinigung erfolgen, die auf einer nach § 15 des Vermessungs- und Liegenschaftsgesetzes durchgeführten Einmessung beruht.

2.4 Die Abweichung hinsichtlich der Überlagerung der Abstandsflächen der baulichen Anlagen wird zugelassen.

2.5 Der Baubeginn und die abschließende Fertigstellung sind der unteren Bauaufsichtsbehörde auf den beigefügten Formblättern anzuzeigen.

Mit der Anzeige der Fertigstellung hat der Bauherr der unteren Bauaufsichtsbehörde folgende Unterlagen vorzulegen:

- die Erklärung des Objektplaners, mit der die Bauausführung entsprechend den genehmigten oder angezeigten Bauvorlagen bescheinigt wird und
- die Bescheinigung des Prüfingenieurs oder bauaufsichtlich anerkannten Sachverständigen, mit der die Bauausführung entsprechend den geprüften bautechnischen Nachweisen bestätigt wird.

2.6 Es ist ein Feuerwehrplan nach DIN 14095 in zweifacher Ausfertigung (ein Exemplar laminiert) zu erstellen und vor Inbetriebnahme der unteren Bauaufsichtsbehörde zu übergeben.

3. Arbeitsschutz und Sicherheitstechnik

3.1 Auf Grund der Tätigkeiten in der Biogasanlage sind für die Beschäftigten gemäß § 6 Arbeitsstättenverordnung geeignete Umkleide-, Wasch- und Toilettenräume vorzusehen.

3.2 Für die Biogasanlage ist eine Gefährdungsbeurteilung gemäß § 3 Betriebssicherheitsverordnung anzufertigen. Die Gefährdungsbeurteilung muss zur Inbetriebnahme der Anlage vorliegen.

3.3 Für den Betrieb der Biogasanlage ist ein Flucht- und Rettungsplan, gemäß § 4 (4) Arbeitsstättenverordnung zu erstellen. Dieser muss mindestens die Angaben über erforderliche Sicherheitsvorkehrungen und Verhaltensregeln
- bei normalem Betrieb,
- bei Wartungs- und Inspektionsarbeiten,
- bei Arbeiten im Innern der Anlage,
- bei Feuer und anderen Gefahren

sowie Angaben über besondere Einrichtungen zum Personenschutz enthalten.

3.4 Vor der Aufnahme von Wartungs-, Service- und Reparaturarbeiten sind die an den Anlagen tätigen Personen über die nach dem Flucht- und Rettungsplan erforderlichen Arbeitsschutzmaßnahmen zu unterweisen.

3.5 Vor Inbetriebnahme ist für die Biogasanlage ein Explosionssschutzdokument unabhängig von der Zahl der Beschäftigten zu erarbeiten.

3.6 Für die Biogasanlage müssen Feuerlöscheinrichtungen nach Art und Umfang der Brandgefährdung und der Größe des zu schützenden Bereiches in ausreichender Anzahl bereitgehalten werden. Die Feuerlöscheinrichtungen müssen als solche dauerhaft gekennzeichnet und leicht zu erreichen sein.

3.7 Vor Inbetriebnahme sind die Gefährdungen zu beurteilen, die beim Befüllen oder Verdichten des Fahrsilos mit Fahrzeugen zu erwarten sind.

3.8 Die Schacht- und andere Bodenöffnungen müssen durch feste oder abnehmbare Geländer oder durch Lukendeckel gesichert sein. Die Lukendeckel müssen für die zu erwartende Belastung ausreichend tragfähig sein.

3.9 Die elektrischen Betriebsmittel sind so anzuordnen, dass ihre betriebsgemäße Bedienung, ihre Inspektion, ihre Wartung und der Zugang zu den lösbaren Verbindungen möglich sind. Vor Schaltanlagen und Verteilungen ist ein Freiraum von mind. 700 mm zu gewährleisten.

4. Immissionsschutz

4.1 Zur Erzeugung von Biogas dürfen jährlich nur xxx t Rindermist, xxx t Entenmist, xxx t Maissilage sowie xxx t Getreide/ Ganzpflanzensilage eingesetzt werden. Die Einsatzstoffe dürfen nur aus Deutschland bezogen werden.

4.2 Es ist ein Einsatzstoffbuch zu führen, in dem die in die Biogasanlage eingebrachten Stoffe in Qualität und Menge dokumentiert sind. Das Einsatzstoffbuch ist vor Ort aufzubewahren und auf Verlangen dem LUA XXX vorzulegen. In dem Einsatzstoffbuch sind die Herkünfte der Einsatzstoffe zu dokumentieren.

4.3 Der Rinder- und Entenmist ist abgedeckt zu lagern und nur die Anschnittfläche zur Entnahme darf geöffnet sein. Von den Pflanzensilos darf nur ein Silo angeschnitten werden.

4.4 Durch geeignete Maßnahmen ist sicher zu stellen, dass der Entenmist nicht durchfeuchtet wird und einen TS-Gehalt von mind. 45 % hat.

4.5 Die Ableitung von unverbranntem Biogas in die Atmosphäre ist grundsätzlich nicht zulässig.

4.6 Die Biogasanlage ist mit einer stationären, automatischen Notfackel auszurüsten, die das im Notfall oder bei Überproduktion entstehende Biogas vollständig verbrennen kann bevor die Überdrucksicherung anschlägt. Das Abgas der Notfackel ist senkrecht nach oben 1 m über der Traufhöhe des Fermenters abzuleiten. Die Mündung der Notfackel ist zum Schutz vor Aufhellung bzw. Blendung mit einem Sichtschutz auszuführen. Eine offene Flamme ist unzulässig.

4.7 Bei Störungen der Anlage ist unverzüglich die Zufuhr der Biogasanlage mit Inputstoffen einzustellen. Ursache und Dauer der Störung, sowie die eingeleiteten Maßnahmen einschließlich der Dauer des Fackelbetriebes sind zu dokumentieren. Die Unterlagen dazu sind 1 Jahr aufzubewahren und auf Verlangen der zuständigen Kontrollbehörde vorzulegen.

4.8 An der Abgasführung der Verbrennungsmotoren sind Messplätze einzurichten, die der DIN EN 15259:2008-01 genügen. Eine normenkonforme Probenentnahmestelle ist im Motorenabgasstrom nach dem Wärmetauscher einzurichten.

4.9 Folgende Emissionskonzentrationen (bezogen auf einen O_2-Gehalt von 5 %, trocken, Normbedingungen) dürfen beim Betrieb der Gasmotoren nicht überschritten werden:

Kohlenmonoxid	1,0 g/m³
Stickstoffoxide	0,5 g/m³ (angegeben als NO_2)
Schwefeloxide	0,31 g/m³ (angegeben als SO_2)
Formaldehyd	60 mg/m³

Frühestens 3 und spätestens 6 Monate nach Inbetriebnahme und anschließend wiederkehrend alle 3 Jahre sind diese Parameter im Abgas von einer nach § 26 BImSchG bekannt gegebenen Stelle zu messen. Die Formaldehydmessungen sind dabei nach den Verfahren der VDI-RL 3862 Blatt 2 oder 3 (DNPH-Verfahren) bzw. VDI-RL 3862 Blatt 4 (AHMT-Verfahren) durchzuführen.

4.10 Der Beurteilungspegel der von der Anlage einschließlich aller Nebeneinrichtungen und dem der Anlage zuzurechnenden Fahrzeugverkehr verursachten Geräusche (ermittelt nach TA Lärm), darf im gesamten Einwirkungsbereich der Anlage zu keiner Überschreitung der gebietsbezogenen Immissionsrichtwerte beitragen.

Die folgenden anteiligen anlagenbezogenen Immissionsbeurteilungspegel dürfen nicht überschritten werden:

Immissionsort	Tagespegel	Nachtpegel
IO 4		36 dB(A)
IO 8		40 dB(A)
IO 9	65 dB(A)	50 dB(A)

Frühestens 3 und spätestens 6 Monate nach Inbetriebnahme und anschließend wiederkehrend alle 3 Jahre sind die Lärmimmissionen von einer nach § 26 BImSchG bekannt gegebenen Stelle zu messen. Wird bei der Erstmessung eine Unterschreitung der in der TA Luft festgelegten Immissionsgrenzwerte von 6 dB(A) festgestellt, können die wiederkehrenden Messungen entfallen.

4.11 Die Abluft der Gärrestseparierung sowie der nachfolgenden Gärresttrocknung in der Halle ist abzusaugen und einer Abgasreinigung zuzuführen, die Staub, Gerüche und Ammoniak herausfiltert. Die Abluft ist in einer Höhe von 22 m abzuleiten.

Folgende Emissionskonzentrationen dürfen im Reingas nach der Trocknung nicht überschritten werden:

Staub	10 mg/m³
Ammoniak	< 9 mg/m³ (trocken und bezogen auf das Reingas bei 273 K und 1013 hPa)
Geruchsintensive Stoffe	300 GE/m³

Frühestens 3 und spätestens 6 Monate nach Inbetriebnahme und anschließend wiederkehrend alle 3 Jahre sind diese Parameter im Abgas von einer nach § 26 BImSchG bekannt gegebenen Stelle zu messen.

4.12 Mindestens zwei Wochen vor Beginn der unter 4.9, 4.10 und 4.11 geforderten Messungen ist dem LUA XXX ein Messplan vorzulegen. Eine Nachweismessung ohne vorher fristgerecht eingereichten Messplan wird nicht akzeptiert.

Der Messbericht ist dem LUA XXX spätestens vier Wochen nach Abschluss der Messung in zweifacher Ausfertigung zu übergeben.

4.13 Für die Abluftreinigungsanlage (ALR) ist ein Betriebstagebuch zu führen. Es ist vor Ort aufzubewahren und auf Verlangen dem LUA XXX vorzulegen.

4.14 Die Wartung der Abluftreinigungsanlage darf nur erfolgen, wenn sicher gestellt ist, dass aus der Halle keine Gerüche entweichen können. Bei Ausfall der ALR ist umgehend die Separation und Trocknung der Gärreste einzustellen. Havarie- und Wartungszeiten sind im Betriebstagebuch zu dokumentieren.

4.15 Durch ein geeignetes Betriebsregime und technische Maßnahmen ist sicherzustellen, dass durch die Separation und Trocknung sowie des Abtransportes des Trockengutes keine diffusen Emissionen außerhalb der Halle entstehen.

4.16 Vor Baubeginn ist dem LUA XXX eine Dokumentation der Anlagentechnik und eine Betriebsanweisung, die die Erfüllung der Nebenbestimmung 4.15 sicherstellt, zur Bestätigung vorzulegen. Ohne Bestätigung darf mit der Bauausführung nicht begonnen werden.

4.17 Es sind geeignete Einrichtungen zur Reinigung und Desinfektion von Fahrzeugen und Behältern beim Verlassen der Biogasanlage zu schaffen.

5. Gewässerschutz

Allgemeines

5.1 Die Fertigstellung der Siloanlage sowie die Aufnahme des Probebetriebes der Biogasanlage sind der unteren Wasserbehörde formlos anzuzeigen.

5.2 Die Biogasanlage ist vor Inbetriebnahme von der unteren Wasserbehörde abnehmen zu lassen. Im Rahmen der Abnahme sind der unteren Wasserbehörde die im Folgenden genannten Unterlagen und Nachweise zur Prüfung vorzulegen.

Fahrsilo

5.3 Die Innenwände der Silokammern müssen nachweislich gegen Silagesickersaft beständig sein. Der Eignungsnachweis, z. B. für einen Schutzanstrich, ist durch Vorlage einer Bauartzulassung oder eines amtlichen Prüfzeugnisses zu erbringen.

5.4 Die Eignung verwendeter Dichtungselemente (Fugenmassen, Fugenbänder) ist durch Vorlage einer Bauartzulassung oder eines amtlichen Prüfzeugnisses nachzuweisen.

5.5 Die Sickersaftpumpe ist nachweislich für mindestens folgendes Regenereignis auszulegen: n= 0,2 und Regendauer = 15 min. Der Nachweis der ausreichenden Pumpendimensionierung ist der unteren Wasserbehörde spätestens 4 Wochen vor Baubeginn zur Prüfung vorzulegen.

5.6 Die Bodenbefestigung der Siloanlage muss folgenden Anforderungen entsprechen:

1. Die Trag- und Deckschichten müssen entsprechend den zusätzlichen Technischen Vertragsbedingungen und Richtlinien für Tragschichten im Straßenbau (ZTV T-StB) ausreichend standfest, tragfähig, profilgerecht und eben sein.
2. Die Asphaltbefestigung ist an Bord- und Rinnensteine sowie an aufgehende Wände wasserdicht und beständig anzuschließen.

3. Der Baubetrieb hat die ordnungsgemäße Bauausführung gemäß den hier genannten Anforderungen zu bestätigen.

5.7 Der Anlagenbetreiber hat sicherzustellen, dass die vorliegende Betriebsbeschreibung für die Siloanlage strikt eingehalten wird. Eine entsprechende Betriebsanweisung, die auch die arbeitstägliche Kontrolle der Gärsaftabscheider/der Schachteinstellung regelt, ist zu erarbeiten und betrieblich umzusetzen. Die regelmäßige Unterweisung des Personals und die regelmäßige Durchführung von Reinigungsarbeiten sind sicherzustellen.

Beschickung der Hydrolysebehälter

5.8 Die Stellfläche des Radladers beim Einbringen der Silage in den Bunker ist wasserundurchlässig (Straßenbeton, Asphalt) zu befestigen und vom umgebenen Gelände durch Borde, Rinnen, Aufkantungen oder Gefälle abzugrenzen. Das auf diesen Flächen anfallende Niederschlagswasser ist der Biogasanlage zuzuführen.

Hydrolysebehälter, Fermenter und Nachgärer

5.9 Die Behälterböden sind fugenlos herzustellen.

5.10 Fermenter und Nachgärer sind so zu errichten, dass der Fußpunkt zwischen Behältersohle und aufgehender Wand ständig einsehbar ist.

5.11 Die Nachweise zur ordnungsgemäßen Herstellung des für die Behälter verwendeten Stahlbetons gemäß DIN 1045 sind zur Abnahme vorzulegen.

5.12 Die Eignung verwendeter Dichtungselemente (Fugenmassen, Fugenbänder) ist durch Vorlage einer Bauartzulassung oder eines amtlichen Prüfzeugnisses nachzuweisen.

5.13 Die Dichtungsbahnen unter den Hydrolysebehältern sind eben auf einem Feinplanum zu verlegen, bis zur Geländeoberkante hochzuziehen und so an den Seitenwänden zu befestigen, dass kein Niederschlagswasser zwischen Behälterwand und Folie eindringen kann. Die Kontrollrohre der Leckerkennung sind so herzustellen, dass ihnen kein Niederschlagswasser zufließt.

5.14 Die ordnungsgemäße Herstellung der Foliendichtungen sowie der Ringdrainagen ist gesondert vom Errichter/Hersteller bescheinigen zu lassen (mit Bezug zur Art, Stärke und Verarbeitung der Dichtungsbahnen sowie zur Art der Drainschicht).

5.15 Die Dichtheit aller Behälter ist vor der Inbetriebnahme durch eine mindestens 0,5 m hohe Füllung mit Wasser am freistehenden oder am nicht hinterfüllten Behälter nachzuweisen. Dabei dürfen über einen Beobachtungszeitraum von mindestens 48 Stunden kein sichtbarer Wasseraustritt, keine bleibenden Durchfeuchtungen und kein messbares Absinken des Wasserspiegels auftreten.

5.16 In Fahr- u. Rangierbereichen sind Fermenter, Nachgärer und Hydrolysebehälter mit einem Anfahrschutz zu versehen.

Gärrestaufbereitung

5.17 Die Bodenflächen der Gärrestseparation müssen in ihrer Gesamtheit dicht (wasserundurchlässig) und beständig ausgeführt sein. Ungesicherte Bodenabläufe sind unzulässig.

Gärrestlager

5.18 Der Beginn der Abdichtungsarbeiten ist der unteren Wasserbehörde anzuzeigen.

5.19 Es sind grundsätzlich nur Dichtungsbahnen einzubauen, die über eine entsprechende, gültige Zulassung des Deutschen Institutes für Bautechnik verfügen.

5.20 Die Arbeiten zur Herstellung der Dichtung und der Drainage sind nach den allgemein anerkannten Regeln der Technik auszuführen.

5.21 Schweißarbeiten an den Kunststoffbahnen dürfen nur von Personen ausgeführt werden, die in Besitz eines gültigen Schweißausweises gemäß Richtlinie 2212 Teil 3 des Deutschen Verbandes für Schweißtechnik Düsseldorf (DVS) sind. Darüber hinaus muss für diese Personen eine Autorisierung des Folienherstellers vorliegen.

5.22 Beim Einbau der Dichtungen ist darauf zu achten, dass die Dichtungsbahnen in einem einwandfreien Zustand geliefert, sorgsam auf der Baustelle zwischengelagert, während und nach dem Einbau nicht beschädigt und auch in ihren Eigenschaften nicht verändert werden.

5.23 Schweißarbeiten auf der Baustelle sind auf ein unumgängliches, notwendiges Maß zu beschränken. Es sind möglichst vorkonfektionierte Bahnen zu verwenden.

5.24 Schweiß- und Umgebungsbedingungen sind in Schweißprotokollen durch den Verleger zu dokumentieren.

5.25 Alle Nähte sind im Rahmen der Eigenkontrolle mindestens auf Nahtabmessungen, Festigkeit und Dichtigkeit zu prüfen und zu dokumentieren. Die Prüfung der Nahtfestigkeit hat mit Prüfgeräten zu erfolgen, die die Anforderungen der DVS-Richtlinie 2225 Teil 4, Punkt 6.4.3 erfüllen. Die Prüfprotokolle für jede Naht sind dem Bauherren auszuhändigen.

5.26 Nach Beendigung der Arbeiten ist durch den Verleger ein Bestandsplan zu erstellen. Darin sind die Nähte mitsamt Prüfbezeichnung sowie die Kennzeichnungen der verwendeten Bahnen an der jeweiligen Stelle zu erfassen.

5.27 Die Behälter sind mindestens einmal pro Jahr nach Erreichen des betriebsbedingt tiefstmöglichen Füllstandes einer Sichtkontrolle durch den Betreiber zu unterziehen. Diese Prüfungen sind zu dokumentieren und der Behörde auf Verlangen zur Prüfung vorzulegen.

5.28 Der Abstand der Drainrohre der Leckerkennung (Sauger) soll 2,5 m nicht überschreiten. Das Gefälle der Sauger und der Sammelrohrleitung zum Kontrollrohr muss mindestens 2 % betragen.

5.29 Die ordnungsgemäße Herstellung der Drainagen ist gesondert vom Errichter/Hersteller bescheinigen zu lassen.

<u>Rohrleitungen für verunreinigtes Niederschlagswasser, Silosickersaft, Gärsubstrat, Presswasser</u>

5.30 Rohrleitungen sind gemäß den Anforderungen der DIN EN 1610 zu verlegen. Der ordnungsgemäße bauliche Zustand aller Rohrleitungen ist durch den Errichter zu bescheinigen.

5.31 Die Dichtheit aller Rohrleitungen ist vor Inbetriebnahme durch einen fachkundigen Betrieb zu überprüfen. Die Prüfung für Freispiegelleitungen ist mit Wasser (0,5 bar Überdruck) oder mit Luft gemäß DIN EN 1610 durchzuführen. Die Prüfung für Druckleitungen ist nach DIN EN 805 in Verbindung mit DIN 4279 Teil 1 bis 10 durchzuführen. Die entsprechenden Prüfberichte sind zur Abnahme vorzulegen.

5.32 Rohrleitungen mit Behälteranschlüssen unterhalb des maximalen Behälterfüllstandes müssen zur sicheren Absperrung mit zwei Schiebern versehen sein. Einer davon soll ein Schnellschlussschieber sein.

Umgang mit Frisch- u. Altölen

5.33 Frisch- und Altöle sind grundsätzlich nur in bauaufsichtlich zugelassenen Behältern zu lagern. Die Bestimmungen der jeweiligen allgemeinen Bauaufsichtlichen Zulassung sind bei Aufstellung und Betrieb der Anlagen zu beachten.

5.34 Im Bereich der Lageranlagen sind Bindemittel in ausreichender Menge vorzuhalten. Auftretende Leckagen sind stets umgehend aufzunehmen. Gebrauchte Bindemittel sind ordnungsgemäß zwischen zu lagern sowie nachweislich zu entsorgen.

5.35 Das Befüllen von Anlagen mit Frischöl sowie das Absaugen des gebrauchten Öles ist bei jedem Vorgang ununterbrochen zu überwachen. Zum Befüllen vorgesehene Sicherheitseinrichtungen (Grenzwertgeber) sind zu benutzen.

Überwachung der Anlagen/ Betreiberpflichten

5.36 Der Anlagenbetreiber hat den bestimmungsgemäßen Betrieb und die Funktionssicherheit aller Anlagen ständig zu überwachen. Für wesentliche Arbeiten an den Anlagen, zur Eigenüberwachung und zur Beherrschung von Betriebsstörungen ist eine Betriebsanweisung mit Überwachungs-, Instandhaltungs- und Alarmplan aufzustellen und einzuhalten. Zugängliche Anlagenteile sind mindestens einmal jährlich einer Sicht- oder Funktionskontrolle zu unterziehen. Die Kontrollschächte der Leckerkennung sind mindestens monatlich zu kontrollieren. Über die durchgeführten Kontrollen, deren Ergebnisse sowie über eventuell eingeleiteten Maßnahmen ist Buch zu führen.

5.37 Alle Fahrwege der Biogasanlage sind stets sauber zu halten. Transportverluste sowie Verschmutzungen durch Reifenanhaftungen sind umgehend aufzunehmen und zu verwerten bzw. zu entsorgen.

5.38 Das Austreten von Gülle, Gärresten, Silosickersaft oder Mineralölen ist unverzüglich der unteren Wasserbehörde zu melden, wenn sie in ein Gewässer oder in den Untergrund eingedrungen sind oder einzudringen drohen oder aus sonstigen Gründen eine Verunreinigung oder eine Gefährdung eines Gewässers nicht auszuschließen ist.

6. Abfallwirtschaft und Bodenschutz

6.1 Vor Baubeginn ist mit der unteren Abfallwirtschaftsbehörde der Untersuchungsumfang für den altlastverdächtigen Standort „xxxxxxxx" abzustimmen. Das Untersuchungsprotokoll ist der unteren Abfallwirtschaftsbehörde nach Stilllegung der Tankstelle vorzulegen – siehe auch unter Hinweise, Abfallwirtschaft – Nr. 1.

6.2 Der Aushub aus dem Altlastenverdachtsbereich „Stapelbecken“ ist gesondert zu erfassen, auf der Grundlage der LAGA-Mitteilung M 20 und der LAGA-Richtlinie PN 98 zu beproben und ordnungsgemäß zu entsorgen.

6.3. Sollten im Zuge der geplanten Baumaßnahmen Kontaminationen oder Auffälligkeiten des Bodens festgestellt werden, ist die untere Abfallwirtschaftsbehörde zur Festlegung der weiteren Verfahrensweise umgehend darüber in Kenntnis zu setzen.

6.4 Baubedingt abgetragener Mutterboden ist gesondert zu erfassen, zu lagern und wieder als Mutterboden zu verwenden.

6.5 Bei den Bodenaufschüttungen zur Geländeangleichung und beim Tragschichteinbau sind die LAGA-Mitteilung M 20 und die Technischen Regeln Boden (TR Boden, Stand 05.11.2004) zu beachten. Recyclingmaterial für den offenen Einbau muss die Zuordnungswerte Z 1 im Feststoff und Z 1.1 bzw. Z 1.2 im Eluat nach den Technischen Regeln Boden einhalten.

6.6. Betankungen und Technikreparaturen sind auf versiegelten Flächen durchzuführen.

6.7 Für die Nachweisführung der Entsorgung der anfallenden nachweispflichtigen Abfälle, ist beim Landesumweltamt Brandenburg, xxxxx, eine Abfallerzeugernummer zu beantragen und zu verwenden. Alle Änderungen der Abfallerzeugerstammdaten (Firmenname, Anschrift usw.) sind dem LUA XXX unverzüglich mitzuteilen.

6.8 Die ordnungsgemäße Entsorgung aller bei Errichtung und Betrieb der BHKW anfallenden gefährlichen Abfälle, ist bis zur Abnahmeprüfung sicherzustellen. Die jeweiligen Entsorgungswege sind zur Abnahmeprüfung zu benennen und die gemäß Kreislaufwirtschafts- und Abfallgesetz (KrW-/AbfG), Nachweisverordnung (NachwV) und Sonderabfallentsorgungsverordnung (SAbfEV) erforderlichen Entsorgungsnachweise vorzulegen.

6.9 Über die Entsorgung der beim Betrieb der BHKW anfallenden gefährlichen Abfälle ist ein Register gemäß Nachweisverordnung (NachwV) zu führen. Es kann Bestandteil des Betriebstagebuches sein. Es hat die Nachweise über die jeweils entsorgten gefährlichen Abfälle zu enthalten. Die Nachweise sind im Register ab dem Datum ihrer Einstellung in das Register, 3 Jahre aufzubewahren und auf Verlangen dem LUA XXX vorzulegen.

Begründung

1. Verfahrensablauf

Sie haben am xx.xx.xxxx eine Genehmigung nach § 4 BImSchG für die Errichtung und den Betrieb eines BHKW zur Erzeugung von Strom aus Biogas in xxxxxxxxx beantragt.

Die standortbezogene Vorprüfung des Einzelfalls nach § 3c des Gesetzes über die Umweltverträglichkeitsprüfung (UVPG) ergab, dass keine UVP-Pflicht besteht.

Das LUA eröffnete am xx.xx.xxxx das immissionsschutzrechtliche Genehmigungsverfahren, indem es folgende Behörden zur Stellungnahme zum Genehmigungsantrag aufforderte:

- die Stadt xxxxxx,
- die Fachämter des Landkreises xxxxxxxxxxx,
- das Landesamt für Arbeitsschutz, xxxxxxxx
- die Referate Anlagen- und Umweltüberwachung Region xxxx (XXX) und Naturschutz (xxx) des Landesumweltamtes, Regionalabteilung xxxx

Am xx.xx.xxxx hatte die Stadt xxxxxxxx das gemeindliche Einvernehmen erteilt.

2. Rechtliche Würdigung

Das Genehmigungserfordernis ergibt sich aus Nr. 1.4 b) aa) und Nr. 9.1 b) der Spalte 2 des Anhangs der Verordnung über genehmigungsbedürftige Anlagen (4. BImSchV). Hauptnutzungszweck der Anlage ist die Stromerzeugung.

Gemäß § 1 Abs. 1 der Verordnung zur Regelung der Zuständigkeiten auf dem Gebiet des Immissionsschutzes (Immissionsschutzzuständigkeitsverordnung – ImSchZV) ist das Landesumweltamt Brandenburg, Regionalabteilung xxx, Referat xxx, xxxxxxxxxxxxxxxxxxx zuständige Genehmigungsbehörde.

Die Genehmigung zur Errichtung und zum Betrieb der Biogasanlage war antragsgemäß zu erteilen.

Nach § 6 Abs. 1 BImSchG ist eine Genehmigung dann zu erteilen, wenn sichergestellt ist, dass die Pflichten erfüllt werden, die sich aus § 5 und den auf Grund des § 7 BImSchG erlassenen Rechtsverordnungen ergeben und andere öffentlich-rechtliche Vorschriften und Belange des Arbeitsschutzes der Errichtung und dem Betrieb der Anlage nicht entgegenstehen.

Die Prüfung Ihres Antrages hat ergeben, dass die Voraussetzungen des § 6 Abs. 1 BImSchG erfüllt sind.

Die Nebenbestimmungen und Hinweise gründen sich auf § 12 BImSchG. Sie sind erforderlich, um die Erfüllung der in § 6 Abs. 1 Nr. 2 BImSchG genannten Genehmigungsvoraussetzungen sicherzustellen. Durch sie wird gewährleistet, dass von der Anlage für die Allgemeinheit oder die Nachbarschaft keine schädlichen Umwelteinwirkungen ausgehen.

Auf folgende Punkte wird gesondert hingewiesen:

Immissionsschutz

Zum Zeitpunkt der Genehmigung wird davon ausgegangen, dass es möglich ist, die Separation und Trocknung so zu errichten und zu betreiben, dass von dort keine diffusen Geruchsemissionen ausgehen. Da jedoch erst nach Ausschreibung der Trocknungs- und Abluftreinigungsanlage genaue Angaben zu deren Betreiben und damit zur Art des Vermeidens diffuser Geruchsemissionen gegeben werden können, sind diese Unterlagen vor Baubeginn vorzulegen und von der immissionschutzrechtlichen Fachbehörde bestätigen zu lassen.

Die Festlegung der Herkunft der Einsatzstoffe ist notwendig, weil der Betrieb mit dem Einsatz von Rinder- und Entenmist unter die Regelungen der EU-Verordnung 1774/2002 fällt.

Beim Einsatz von Fremdgülle muss entsprechend der Verordnung (EG) Nr. 808/2003 zur Änderung der Verordnung (EG) Nr. 1774/2002 über geeignete Einrichtungen zur Reinigung und Desinfektion von Fahrzeugen und Behältern beim Verlassen der Biogasanlage verfügen. Dies wurde mit der Nebenbestimmung 4.17 sichergestellt.

Gewässerschutz

Die Inhalte der einzelnen Nebenbestimmungen ergeben sich im wesentlichen aus der Verordnung über Anlagen zum Umgang mit wassergefährdenden Stoffen und über Fachbetriebe vom 19.10.95 (GVBl. II S. 634), zuletzt geändert durch Verordnung vom 12. März 2008 (GVBl. II S. 102), hier insbesondere aus der Anlage 2 „Anforderungen an Anlagen zum Lagern und Abfüllen von Jauche, Gülle, Festmist und Siliersäften“. Darüber hinaus wurden die §§ 19g, 19i, 19k und 19l des Wasserhaushaltsgesetzes (WHG) in der Fassung der Bekanntmachung vom 23.August 2002 (BGBl.I S.3246), die DIN 11622-1 und -2 (Gärfuttersilos und Güllebehälter) sowie als weitergehende Erkenntnisquelle das Biogashandbuch Bayern angewendet.

3. Kostenentscheidung

Die Amtshandlung ist gemäß §§ 1 Abs. 1 Nr. 1, 2 Abs. 1 des Gebührengesetzes für das Land Brandenburg (GebG Bbg) i.V.m. Tarifstelle 2.1.1 der Anlage 2 der Gebührenordnung des Ministeriums für Ländliche Entwicklung, Umwelt und Verbraucherschutz (GebOMLUV) gebührenpflichtig. Die Kosten des Verfahrens waren Ihnen gemäß §§ 11 Abs. 1, 13 GebG Bbg aufzuerlegen. Die Festsetzung der Gebührenhöhe ergibt sich aus §§ 1 Abs. 1 Nr. 1, 2 Abs. 1, 11 Abs. 1, 14 Abs. 1 GebG Bbg in Verbindung mit § 1 und den Tarifstellen 2.1.1 c) der Anlage 2 GebOMLUV.

Nach Tarifstelle 2.1.1 GebOMLUV waren für die Entscheidung über die Genehmigung Gebühren zu erheben. Die Gebühren bemessen sich nach den Errichtungskosten. Errichtungskosten sind die voraussichtlichen Gesamtkosten der Anlage oder derjenigen Anlagenteile, die nach der Genehmigung errichtet werden dürfen, einschließlich Mehrwertsteuer. Für Ihr Vorhaben haben Sie Errichtungskosten in Höhe von xxx € angegeben.

Entsprechend der Tarifstelle 2.1.1 c) der Anlage 2, Teil 1 GebOMLUV ist unter Anwendung der Berechnungsformel xxxxxxxx + xxxxxx x (E xxxxxxx,00) zunächst eine Verwaltungsgebühr in Höhe von xxx € ermittelt worden.

Nach Tarifstelle 2.1.1 der Anlage 2, Teil 1 GebOMLUV ist mindestens die höchste Gebühr zu berechnen, die für eine nach § 13 BImSchG eingeschlossene behördliche Entscheidung zu entrichten gewesen wäre – wenn diese selbständig erteilt worden wäre. Das ist hier der Fall. Die Gebühr für die eingeschlossene Baugenehmigung wurde gemäß der Brandenburgischen Baugebührenordnung (BbgBauGebO), Tarifstelle 1.1.1 und 1.9.1 auf eine Höhe von xxx € festgesetzt.

Für die Vorprüfung über die Feststellung der UVP-Pflicht im Einzelfall gemäß § 3 c UVPG mit negativen Ergebnis sind 3 v. H. des sich aus der Tarifstelle 2.1.1 h) GebOMLUV ergebenen Betrages, mindestens jedoch xxx € zu erheben. Somit sind xxx € anzurechnen. Daraus ergibt sich eine Gesamtgebühr vom xxx €.

Mit Eröffnung des Genehmigungsverfahrens hatten Sie bereits einen Vorschuss in Höhe von xxx € gezahlt, der Ihnen jetzt mit angerechnet wird.

Somit waren xxx € festzusetzen.

Hinweise

1. Allgemeines

1.1 Die Antragsunterlagen sind Bestandteil dieser Genehmigung.

1.2 Diese Genehmigung ergeht unbeschadet der Rechte Dritter.

1.3 Gemäß § 13 BImSchG schließt diese Genehmigung andere, die Anlage betreffende behördliche Entscheidungen ein, insbesondere öffentlich-rechtliche Genehmigungen, Zulassungen, Verleihungen, Erlaubnisse und Bewilligungen, mit Ausnahme von Planfeststellungen, Zulassungen bergrechtlicher Betriebspläne, behördlichen Entscheidungen auf Grund atomrechtlicher Vorschriften und wasserrechtlichen Erlaubnissen und Bewilligungen nach den §§ 7 und 8 WHG. Insbesondere wird mit dieser Genehmigung die Baugenehmigung gemäß § 67 Satz 1 der Brandenburgischen Bauordnung (BbgBO) erteilt.

1.4 Es besteht kein Rechtsanspruch auf weitere Entscheidungen nach anderen rechtlichen Vorschriften.

1.5 Gemäß Tarifstelle 2.2.12 a) der GebOMLUV ist für die Abnahmeprüfung der genehmigten Anlage eine Gebühr zu entrichten.

1.6 Gebühren für die Prüfung der Standsicherheitsnachweise und für Bauzustandsbesichtigungen sind nicht Gegenstand der Gebühr dieses Genehmigungsbescheides.

1.7 Jede Änderung der Lage, der Beschaffenheit oder des Betriebes einer genehmigungsbedürftigen Anlage ist gemäß § 15 Abs. 1 BImSchG, insofern eine Genehmigung nicht beantragt wird, dem Referat XXX der Regionalabteilung xxx des Landesumweltamtes Brandenburg mindestens einen Monat bevor mit der Änderung begonnen werden soll, schriftlich anzuzeigen. Der Anzeige sind Unterlagen im Sinne des § 10 Abs. 1 Satz 2 BImSchG beizufügen, soweit diese für die Prüfung erforderlich sein können, ob das Vorhaben genehmigungsbedürftig ist. Das Referat XXX prüft, ob die beabsichtigte Änderung wesentlich ist und einer Genehmigung nach dem BImSchG bedarf.

1.8 Für jede wesentliche Änderung der Lage, der Beschaffenheit oder des Betriebes der Anlage ist eine Genehmigung nach § 16 Abs. 1 BImSchG erforderlich, wenn durch die Änderung nachteilige Auswirkungen hervorgerufen werden können und diese für die Prüfung nach § 6 Abs. 1 Nr. 1 BImSchG erheblich sein können. Eine wesentliche Änderung der Anlage ohne Genehmigung kann gemäß § 20 Abs. 2 BImSchG zur Stilllegung der Anlage und ggf. zur Beseitigung der Änderung führen.

1.9 Wird die Anlage während eines Zeitraumes von mehr als 3 Jahren nicht betrieben, so erlischt nach § 18 Abs. 1 Nr. 2 BImSchG die Genehmigung. Das Referat XXX der Regionalabteilung xxxxx des Landesumweltamtes Brandenburg kann gemäß § 18 Abs. 3 BImSchG die genannte Frist auf Antrag aus wichtigem Grund verlängern, wenn hierdurch der Zweck des Gesetzes nicht gefährdet wird. Das Gleiche gilt für die Frist gemäß Nebenbestimmung 1.2.

1.10 Auf die Ahndung von Ordnungswidrigkeiten nach § 62 BImSchG sowie auf die Straftatbestände der §§ 325 und 327 Strafgesetzbuch (StGB) wird hingewiesen. Sollte der Anlagenbetrieb ohne Erfüllung der für den Betrieb festgesetzten Bedingungen aufgenommen werden, so käme dies einem ungenehmigten Betrieb gleich und würde eine Straftat gemäß § 327 Abs. 2 StGB darstellen.

1.11 Die Genehmigung hat keine einschränkende Wirkung auf die Möglichkeit, gemäß § 17 BImSchG nachträgliche Anordnungen zu erlassen und gemäß §§ 26, 28 BImSchG Messungen anzuordnen.

1.12 Dem Referat XXX der Regionalabteilung xxxx des Landesumweltamtes Brandenburg ist der beabsichtigte Zeitpunkt der Einstellung des Betriebes der Anlage oder von Anlagenteilen gemäß § 15 Abs. 3 BImSchG unaufgefordert schriftlich anzuzeigen.

2. Arbeitsschutz und Sicherheitstechnik

2.1 Sofern Schweiß- und Schneidarbeiten in den brand- und explosionsgefährdeten Bereichen der Biogasanlage erfolgen sind vorher die notwendigen Sicherheitsmaßnahmen festzulegen.
Die schriftliche Genehmigung für derartige Arbeiten kann mit einem Schweißerlaubnisschein erteilt werden.

2.2 Die Beschäftigten der Biogasanlage sind vor Aufnahme ihrer Tätigkeiten und wiederkehrend auf der Basis der aktuellen Betriebsanweisung gemäß den Forderungen des § 9 der Betriebssicherheitsverordnung (BetrSichV) zu unterweisen.

2.3 Bei der Erstellung der Gefährdungsbeurteilung sind insbesondere die Belange aus der Gefahrstoffverordnung, der Biostoffverordnung und der BGR 117 „Befahren von engen Gruben und Behältern" zu berücksichtigen.

2.4 Maschinen und Sicherheitsbauteile dürfen nur in Betrieb genommen werden, wenn für sie gemäß der Maschinenverordnung (9. GPSGV) eine EG-Konformitätserklärung vorliegt und die CE-Kennzeichnung erfolgt ist.

Die EG-Konformitätserklärungen sind zur Erstbesichtigung dem Landesamt für Arbeitsschutz vorzulegen.

2.5 Die vorhandenen Lärmbereiche sind fachkundig zu ermitteln und zu bewerten. Sie sind zu kennzeichnen, wenn der ortsbezogene Beurteilungspegel 85 dB(A) erreicht oder überschritten wird. Den Arbeitnehmern, die im Lärmbereich > 80 dB(A) beschäftigt werden, sind geeignete Gehörschutzmittel zur Verfügung zu stellen.

2.6 Für den Einstieg in die Biogasanlage, Schächte, usw. sowie zur Bergung Verunglückter ist persönliche Schutzausrüstung (PSA), wie z. B. umgebungsluftunabhängiges Atemschutzgerät und Sicherungsseil vorzuhalten. Die Sicherung der eingestiegenen Person ist durch mindestens zwei Sicherungsposten zu gewährleisten. Für ausreichend Frischluft ist zu sorgen. Die Arbeitnehmer sind vor Beginn der Arbeiten anhand von Betriebsanweisungen aktenkundig zu unterweisen.

2.7 Die ermittelten Prüffristen der Anlage und der Anlagenteile sind in einer Liste zusammenzustellen und dem Landesamt für Arbeitsschutz, Regionalbereich xxxxx innerhalb von 6 Monaten nach Inbetriebnahme der Anlage unter Beifügung anlagenspezifischer Daten mitzuteilen.

2.8 Sofern beabsichtigt ist, einen Druckbehälter der Kategorie IV zu betreiben, darf gemäß § 14 (1) BetrSichV dieser erstmalig nur in Betrieb genommen werden, wenn er einer Prüfung vor Inbetriebnahme durch eine zugelassene Überwachungsstelle unterzogen wurde.

3. Gewässerschutz

3.1 Benutzungen von Gewässern (z. B. Einleitung des Niederschlagswassers von gewerblich genutzten Flächen) bedürfen gemäß § 2 i.V.m. § 3 des WHG der gesonderten behördlichen Erlaubnis.

3.2 Altölsammelbehälter > 0,1 m^3 Fassungsvermögen unterliegen der Sachverständigenprüfpflicht gemäß § 22 VAwS.

4. Abfallwirtschaft und Bodenschutz

4.1 Das Grundstück des Anlagengeländes liegt auf dem ehemaligen Betriebsgelände der Zuckerfabrik Thöringswerder und ist im Altlastenkataster des Landkreises als Altlastverdachtsfläche registriert.

4.2 Westlich neben den beantragten Hydrolysebehältern liegt der Altlastverdachtsbereich „xxxx xxxxx". Nach dem dazu vorliegenden Untersuchungsbericht zur Detailuntersuchung (xxxxxxxxxxxxxxxxxxxxxxxxxxxxxxxxx) weist der Boden im Untergrund der Tankstelle keine Schadstoffbelastungen auf. Vor Abriss der Tankstelle muss diese ordnungsgemäß nach den wasserrechtlichen Vorschriften stillgelegt werden (Leerung, Reinigung, technische Abnahme).

4.3 Der Bereich „Fahrsiloanlage" der geplanten Anlage grenzt an den Altlastenverdachtsbereich „Stapelteiche". In einer Schlammprobe des angrenzenden Stapelteiches wurden Schadstoffbelastungen festgestellt, die mit kommunalem Abwasser vergleichbar sind.

4.4 Während der Errichtung und beim Betrieb der Biogasanlage dürfen keine wassergefährdenden Stoffe in den Boden und ins Grundwasser gelangen. Größere Leckagen sind der unteren Abfallwirtschaft- und Bodenschutzbehörde anzuzeigen und unverzüglich entsprechend den Vorgaben der Umsetzung des Runderlasses A3/00 des Ministeriums für Landwirtschaft, Umweltschutz und Raumordnung/Allgemeinverfügung des Landesumweltamtes Brandenburg vom 14.08.2000 (amtl. Anzeiger Nr. 38 vom 27.09.2000) zu entsorgen.

4.5 Abfälle sind gemäß §§ 5 (2) und 11 (2) KrW-/AbfG getrennt zu halten und zu behandeln. Dies trifft insbesondere für Ölfilter und sonstige ölverschmutzte Betriebsmittel zu.

4.6 Die bei der Errichtung und beim Betrieb der BHKW anfallenden Abfälle sind gemäß § 5 (2) KrW-/AbfG vorrangig einer ordnungsgemäßen und schadlosen Verwertung zuzuführen. Ist dies nachweislich nicht möglich, sind sie einer gemeinwohlverträglichen Beseitigung zuzuführen. Die jeweils gültige Abfallentsorgungssatzung des Landkreises Märkisch-Oderland ist zu beachten.

4.7 Fallen bei der Errichtung und beim Betrieb der BHKW gefährliche Abfälle zur Beseitigung an, sind sie zur Entsorgung gemäß Sonderabfallentsorgungsverordnung des Landes Brandenburg (SAbfEV) im Fall der Einzelentsorgung der Sonderabfallgesellschaft xxxxxxxxxxxxxxxx (xxxx) anzudienen. Erfolgt die Beseitigung über einen Einsammler/Beförderer unter Verwendung eines Sammelentsorgungsnachweises, so ist dieser zur Andienung verpflichtet. Im Fall der Verwertung ist die Verwertung der xxxx anzuzeigen. Die Überlassung der Abfälle an den Einsammler/Beförderer ist in diesem Fall der xxxx vom Abfallerzeuger vor der ersten Entsorgung mit dem Formular S anzuzeigen.

5. Denkmalschutz

5.1 Sollten bei den Erdarbeiten ur- und frühgeschichtliche Bodendenkmale Scherben, Knochen, Metall, Steinsetzungen, Verfärbungen o. ä.) entdeckt werden, sind diese unverzüglich dem Brandenburgischen Landesamt für Denkmalpflege und Archäologischen Landesmuseum xxxxxxxxxxxxxxxxxxxxxxxxxxxxxxxxxxxx oder der unteren Denkmalschutzbehörde des Landkreises xxxxxxxxxxxxx (Tel. xxxxxxxxxxxx) anzuzeigen.

5.2 Die Bodendenkmale und die Entdeckungsstätten sind für mindestens fünf Werktage in unverändertem Zustand zu erhalten.

5.3 Funde sind ablieferungspflichtig.

5.4 Sollten archäologische Ausgrabungen notwendig werden, sind die Kosten dafür im Rahmen des Zumutbaren vom Veranlasser des Vorhabens zu tragen.

Rechtsgrundlagen

Gesetz zum Schutz vor schädlichen Umwelteinwirkungen durch Luftverunreinigungen, Geräusche, Erschütterungen und ähnliche Vorgänge (Bundes-Immissionsschutzgesetz – BImSchG) in der Fassung der Bekanntmachung vom 26. September 2002 (BGBl. I S. 3830), zuletzt geändert durch Artikel 1 des Gesetzes vom 23. Oktober 2007 (BGBl. I S. 2470)

Vierte Verordnung zur Durchführung des Bundes-Immissionsschutzgesetzes (Verordnung über genehmigungsbedürftige Anlagen – 4. BImSchV) in der Fassung der Bekanntmachung vom 14. März 1997 (BGBl. I S. 504), zuletzt geändert durch Artikel 3 des Gesetzes vom 23. Oktober 2007 (BGBl. I S. 2470)

Neunte Verordnung zur Durchführung des Bundes-Immissionsschutzgesetzes (Verordnung über das Genehmigungsverfahren – 9. BImSchV) in der Fassung der Bekanntmachung vom 29. Mai 1992 (BGBl. I S. 1001), zuletzt geändert durch Artikel 4 des Gesetzes vom 23. Oktober 2007 (BGBl. I S. 2470)

Erste Allgemeine Verwaltungsvorschrift zum Bundes-Immissionsschutzgesetz (Technische Anleitung zur Reinhaltung der Luft – TA Luft) in der Fassung der Bekanntmachung vom 24. Juli 2002 (GMBl. S. 511)

Sechste Allgemeine Verwaltungsvorschrift zum Bundes-Immissionsschutzgesetz (Technische Anleitung zum Schutz gegen Lärm – TA Lärm) in der Fassung der Bekanntmachung vom 26. August 1998 (GMBl. S. 503)

Gebührenordnung des Ministeriums für Ländliche Entwicklung, Umwelt und Verbraucherschutz (GebOMLUV) in der Fassung der Bekanntmachung vom 17. Juli 2007 (GVBl. II S. 314), zuletzt geändert durch Artikel 5 des Gesetzes vom 23. April 2008 (GVBl. I S. 62)

Gebührengesetz für das Land Brandenburg (GebG Bbg) vom 18. Oktober 1991 (GVBl. S. 452), zuletzt geändert durch Artikel 11 des Gesetzes vom 17. Dezember 2003 (GVBl. I S. 298)

Gesetz zur Förderung der Kreislaufwirtschaft und Sicherung der umweltverträglichen Beseitigung von Abfällen (Kreislaufwirtschafts- und Abfallgesetz – KrW-/AbfG) in der Fassung der Bekanntmachung vom 27. September 1994 (BGBl. I S. 2705), zuletzt geändert durch Artikel 2 des Gesetzes vom 19. Juli 2007 (BGBl. I S. 1462)

Gesetz zur Ordnung des Wasserhaushaltes (Wasserhaushaltsgesetz – WHG) in der Fassung der Bekanntmachung vom 19. August 2002 (BGBl. I S. 3245), zuletzt geändert durch Artikel 2 des Gesetzes vom 10. Mai 2007 (BGBl. I S. 666)

Brandenburgisches Wassergesetz (BbgWG) in der Fassung der Bekanntmachung vom 8. Dezember 2004 (GVBl. I 2005 S. 50), zuletzt geändert durch Artikel 1 des Gesetzes vom 23. April 2008 (GVBl. I S. 62)

Verordnung über Anlagen zum Umgang mit wassergefährdeten Stoffen und über Fachbetriebe (VAwS) in der Fassung der Bekanntmachung vom 19. Oktober 1995 (GVBl. II S. 634), zuletzt geändert durch Verordnung vom 12. März 2008 (GVBl. II S. 102)

Baugesetzbuch (BauGB) in der Fassung der Bekanntmachung vom 23. September 2004 (BGBl. I S. 2414), zuletzt geändert durch Artikel 1 des Gesetzes vom 21. Dezember 2006 (BGBl. I S. 3316)

Brandenburgische Bauordnung (BbgBO) in der Fassung der Bekanntmachung vom 17. September 2008 (GVB. I S. 226)

Verordnung über die Gebühren in bauordnungsrechtlichen Angelegenheiten im Land Brandenburg (Brandenburgische Baugebührenordnung – BbgBauGebO) vom 1. September 2003 (GVBl. II S. 524), zuletzt geändert durch Artikel 1 der Verordnung vom 26. September 2007 (GVBl. II S. 424)

Gesetz über den Schutz und die Pflege der Denkmale im Land Brandenburg (Brandenburgisches Denkmalschutzgesetz) vom 24. Mai 2004 (GVBl. I S. 215)

Rechtsbehelfsbelehrung

Gegen diesen Genehmigungsbescheid können Sie innerhalb eines Monats nach Zustellung Widerspruch erheben. Der Widerspruch ist schriftlich oder mündlich zur Niederschrift beim Landesumweltamt Brandenburg, Regionalabteilung xxxxx, xxxxxxxx, xxxxxxxxxx einzulegen.

Mit freundlichen Grüßen
im Auftrag

xxxxxxxxxx

Verteiler:	1. Ausfertigung	Genehmigungsbehörde
	2. Ausfertigung	Antragsteller

Kopien:

- Stadt xxxxxxxxxx
- Untere Bauaufsichtsbehörde des Landkreises xxxxxxxxxxxxxxxx
- Landesamt für Arbeitsschutz, Regionalbereich xxxxxxx
- Referat Anlagen- und Umweltüberwachung Region xxxxx des Landesumweltamtes (XXX), Regionalabteilung xxxxxxx
- Referat Naturschutz des Landesumweltamtes (xxxxxxxx), Regionalabteilung xxxxxx

Autorenverzeichnis

Ass. iur. Andrea Radcke, akademische Mitarbeiterin am Lehrstuhl für Öffentliches Recht, insbesondere Verwaltungsrecht an der Europa-Universität Viadrina Frankfurt (Oder).

Prof. Dr. Dr. h.c. Franz-Joseph Peine, Inhaber des Lehrstuhls für Öffentliches Recht, insbesondere Verwaltungsrecht an der Europa-Universität Viadrina Frankfurt (Oder) und Mitdirektor des Zentrums für Rechts- und Verwaltungswissenschaften an der Brandenburgischen Technischen Universität (BTU) Cottbus.

Prof. Dr. Dr. h.c. Lothar Knopp, Inhaber des Lehrstuhls für Staatsrecht, Verwaltungsrecht und Umweltrecht sowie Geschäftsführender Direktor des Zentrums für Rechts- und Verwaltungswissenschaften an der Brandenburgischen Technischen Universität (BTU) Cottbus, Visiting Professor sowie Leiter der Anstalt für Verwaltungsrecht und Verwaltungsmanagement an der Universität Oppeln (Opole).

Literaturverzeichnis

Altrock, Martin/Oschmann, Volker/Theobald, Christian, Erneuerbare-Energien-Gesetz (EEG), Kommentar, 2. Auflage 2008 (zitiert: *Altrock/Oschmann/Theobald,* EEG)

Battis, Ulrich/Krautzberger, Michael/Löhr, Rolf-Peter, Baugesetzbuch (BauGB), Kommentar, 10. Auflage 2007 (zitiert: *Autor,* in: Battis/Krautzberger/Löhr, BauGB)

Bayerisches Landesamt für Umweltschutz (Hrsg.), Biogashandbuch Bayern, Stand: 2007 (zitiert: BayLfU (Hrsg.), Biogashandbuch Bayern 2007), abrufbar unter: http://www.lfu.bayern.de/abfall/fachinformationen/biogashandbuch/index.htm

Beaucamp, Guy, Öffentliches Baurecht in der Nussschale, JA 2005, 471–479

Bienek, Heinz G./Krautzberger, Michael, Aktuelle Fragen zum städtebaulichen Innenbereich nach § 34 BauGB und zum Außenbereich nach § 35 BauGB, UPR 2008, 81–93

Bundesministerium für Umwelt, Naturschutz und Reaktorsicherheit (Hrsg.), Erfahrungsbericht zum Erneuerbare-Energien-Gesetz (EEG-Erfahrungsbericht) 2007 (zitiert: BMU (Hrsg.), EEG-Erfahrungsbericht 2007), abrufbar unter: http://www.erneuerbare-energien.de/files/pdfs/allgemein/application/pdf/erfahrungsbericht_eeg_2007_zf.pdf

Bundesministerium für Umwelt, Naturschutz und Reaktorsicherheit (Hrsg.), Erneuerbare Energien in Zahlen, Stand: Dezember 2008 (zitiert: BMU (Hrsg.), Erneuerbare Energien in Zahlen), abrufbar unter: http://www.erneuerbare-energien.de/files/pdfs/allgemein/application/pdf/ee_zahlen_update.pdf

Danner, Wolfgang/Theobald, Christian, Energierecht, EEG, Kommentar in drei Bänden, Loseblattsammlung, Stand: Mai 2008 (zitiert: *Autor,* in: Danner/Theobald, Energierecht, EEG, Bd.)

Dombert, Matthias, Was bringt das EAG Bau im Bereich der Landwirtschaft?, AUR 2004, 393–398

Eder, Barbara/Schulz, Heinz, Biogas Praxis, 3. Auflage 2006

Fachagentur Nachwachsende Rohstoffe e.V. (Hrsg.), Handreichung Biogasgewinnung und -nutzung, 2004

Fluck, Jürgen, Die immissionsschutzrechtliche Nachsorgepflicht als neues Instrument zur Verhinderung und Beseitigung von Altlasten, BB 1991, 1797–1805

Fluck, Jürgen/Strack, Lutz, Die Verarbeitung und Beseitigung von tierischen Nebenprodukten nach der EG-VO Nr. 1774/2002 und dem TierNebG, NuR 2004, 503–510

Franckenstein, Georg von und zu, Zukünftige Anforderungen an die bauliche Nutzung landwirtschaftlicher Flächen, AUR 2003, 73–76

Frenz, Walter, Nebenzwecke und Zwischenlagerungen im Abfallrecht, UPR 2003, 281–284

Görisch, Uwe/Helm, Markus (Hrsg.), Biogasanlagen, 2006

Graf, Walter, Der Biogasreport, 2002

Hansmann, Klaus, Inhalt und Reichweite der Reststoffvorschrift des § 5 I Nr. 3 BImSchG, NVwZ 1990, 409–414

Hansmann, Klaus, Rechtsprobleme bei der Bewertung von Geruchsimmissionen, NVwZ 1999, 1158–1165

Hansmann, Klaus, Anwendungsprobleme der TA Lärm, ZUR 2002, 208–212

Hecker, Mischa, Die Konzentrationswirkung der Baugenehmigung am Beispiel der Brandenburgischen Bauordnung, BauR 2006, 629–638

Hentschke, Helmar/Urbisch, Kirsten, Baurechtliche Zulässigkeit für Biomasseanlagen im unbeplanten Außenbereich nach dem EAG Bau, AUR 2005, 41–46

Herbert, Georg, Zehn Jahre Kreislaufwirtschafts- und Abfallgesetz, NVwZ 2007, 617–623

Hinsch, Andreas, Rechtliche Probleme der Energiegewinnung aus Biomasse, ZUR 2007, 401–410

Hoppe, Werner/Bönker, Christian/Grotefels, Susan, Öffentliches Baurecht, 3. Auflage 2004

Jäde, Henning, Zur aktuellen Entwicklung des Bauordnungsrechts, ZfBR 2008, 538–549

Jarass, Hans D., Der Umfang einer immissionsschutzrechtlich genehmigungsbedürftigen Anlage, NVwZ 1995, 529–533

Jarass, Hans D., Bundes-Immissionsschutzgesetz (BImSchG), Kommentar, 7. Auflage 2007

Kälberer, Klaus Stefan, Nebeneinrichtung oder eigenständige Anlage?, AbfallR 2005, 7–11

Kloepfer, Michael, Umweltrecht, 3. Auflage 2004

Kothe, Peter, Rechtliche Beurteilung von Gerüchen, NuR 1998, 240–246

Kotulla, Michael (Hrsg.), Bundes-Immissionsschutzgesetz (BImSchG), Kommentar in drei Bänden, Loseblattsammlung, Stand: August 2008 (zitiert: *Autor,* in: Kotulla, BImSchG, Bd.)

Kraus, Stefan, Nochmals: Zur Privilegierung von Biogasanlagen im Außenbereich – eine Erwiderung, UPR 2008, 218–221

Lampe, Inken, Die unterschiedlichen rechtlichen Anforderungen an die Zulassung von Biomasseanlagen, NuR 2006, 152–160

Landmann, Robert von/Rohmer, Gustav, Umweltrecht, Kommentar in vier Bänden, Loseblattsammlung, Stand: 1.4.2008 (zitiert: *Verfasser,* in: Landmann/Rohmer, Umweltrecht, Bd.)

Lang, Mirjam, Die Beurteilung von Geruchsimmissionen aus Tierhaltungsanlagen nach GIRL 2008 – Ein Fortschritt für die Landwirtschaft?, NuR 2008, 841–844

Loibl, Helmut/Rechel, Janine, Die Privilegierung von Biogasanlagen im Außenbereich, UPR 2008, 134–141

Loibl, Helmut/Maslaton, Martin/von Bredow, Hartwig (Hrsg.), Biogasanlagen im EEG 2009, 2009 (zitiert: *Autor,* Titel des Beitrags, in: *Loibl/Maslaton/von Bredow* (Hrsg.), Biogasanlagen im EEG 2009)

Mache, Hans-Michael, Biogasanlage als Hauptschwerpunkt eines landwirtschaftlichen Betriebes ist kein privilegiertes Vorhaben im Außenbereich, ZNER 2007, 244–245

Mantler, Mathias, Biomasseanlagen im Außenbereich, BauR 2007, 50–62

Maslaton, Martin/Zschiegner, Andre, Genehmigungsrechtliche Auswirkungen der bauplanungsrechtlichen Privilegierung von Biogasanlagen bei Eigentümerwechsel/Betreiberwechsel, Immissionsschutz 2007, 122–128

Ministerium für Infrastruktur und Raumordnung des Landes Brandenburg (Hrsg.), Zulässigkeit von Biogasanlagen (zitiert: MIR Brandenburg (Hrsg.), Zulässigkeit von Biogasanlagen), abrufbar unter: http://www.mir.brandenburg.de/cms/media.php/2239/Arbeitshilfe%20Biomasseanlagen.pdf

Mitschang, Stephan, Die Bedeutung der Baunutzungsverordnung für die Innenentwicklung der Städte und Gemeinden, ZfBR 2009, 10–23

Moench, Christoph/Hamann, Christian, Geruchsbelästigungen und Immissionsschutzrecht, DVBl. 2004, 201–207

Oschmann, Volker, Die Novelle des Erneuerbare-Energien-Gesetzes, NVwZ 2004, 910–915

Petersen, Frank/Rid, Urban, Das neue Kreislaufwirtschafts- und Abfallgesetz, NJW 1995, 7–14

Salje, Peter, Erneuerbare-Energien-Gesetz (EEG), Kommentar, 4. Auflage 2007

Schumacher, Hanna, Die Neufassung des Erneuerbare-Energien-Gesetzes im Rahmen des Integrierten Energie- und Klimapakets, ZUR 2008, 121–126

Sobotta, Christoph, Die Abgrenzung von Nebenprodukten und Produktionsabfällen in der Rechtsprechung des EuGH, ZUR 2007, 188–193

Sparwasser, Reinhard/Komorowski, Alexis von, Die neue TA Lärm in der Anwendung, VBlBW 2000, 348–355

Sparwasser, Rheinhard/Engel, Rüdiger/Voßkuhle, Andreas, Umweltrecht, 5. Auflage 2003

Stuttmann, Martin, Der Rechtsbegriff Abfall, NVwZ 2006, 401–407

Vetter, Andrea, Bioabfallverordnung 1998, NVwZ 1999, 622–624

Weißenborn, Thomas, Tierkörper und Schlachtnebenprodukte – Einfluss von EG-Recht auf ein bewährtes nationales Rechtssystem, NVwZ 2003, 827–829

Wernsmann, Philipp, Die Verordnung zur Durchführung des Tierische-Nebenprodukte-Beseitungsgesetzes (TierNebV) vom 27-7-2006 und ihre Auswirkungen auf die Errichtung und den Betrieb von Biogasanlagen, AUR 2006, 384–389

Wernsmann, Philipp, Das neue EEG – Auswirkungen auf Biogasanlagen, AUR 2008, 329–336